JN312556

Motivation and Self-Regulated Learning: Theory, Research, and Applications

自己調整学習と動機づけ

ディル・H・シャンク
バリー・J・ジマーマン ❖編著

塚野州一 ❖編訳

中谷素之
伊藤崇達
岡田　涼 ❖訳
犬塚美輪
瀬尾美紀子
秋場大輔

北大路書房

MOTIVATION AND SELF-REGULATED LEARNING
by
Dale H. Schunk & Barry J. Zimmerman

Copyright©2008 by Taylor & Francis Group, LLC
All Rights Reserved. Authorized translation from English language
edition published by Routledge, part of Taylor & Francis Group LLC.
Japanese translation published by arrangement with
Taylor & Francis Group LLC through The English Agency (Japan) Ltd.

日本語版への序文

　最近の20年間に，自己調整学習者の特質について多数の本が書かれてきた。それらの本では，プランニング，方略使用，自己モニタリング，自己評価のような，自己調整のできる学習者がより効果的に学習するために使う，特有な方法に中心が置かれていた。自己調整学習者はまた，自己動機づけ——つまり個人の自発性，粘り強さ，目標達成の自己信念——によっても特徴づけられる。私たちの編集した，本書『*Motivation and Self-Regulated Learning: Theory, Research, and Applications*』で，シャンク教授と私は，国際的に著名な教育者を集め，動機づけの基本的起源を検討した。動機づけの基本的起源が，目標志向，興味，自己効力信念，課題価値，結果期待，意思，内発的動機づけ，原因帰属，時間展望，社会的動機づけ，アイデンティティのような，自分で学習をする努力を支えるのである。著者たちは，動因の1つかそれ以上と様々な自己調整の方法との理論的結合，およびその結合を検証した研究も検討した。さらに彼らは教室だけでなく，家庭での宿題や自習するときのような，学習者をもっと効果的にやる気にする研究への教育的提言について議論したのである。私たちの知る限り，本書は，自己調整の基にある動機づけの起源に焦点を当てた最初のものであり，英語圏の読者に大いに歓迎された。私は，本書の日本語訳の完成を嬉しく思い，塚野州一教授の良訳を一読されることをお薦めする。

2009年10月
バリー・J・ジマーマン

序　文

　自己調整学習（あるいは**自己調整**）は，学習者が，習得目標の達成をするように体系的に方向づけられた認知，情動，行動を自分で生起させ維持する過程のことである。自己調整学習の研究は，大人の自己制御と子どもの自己制御の発達の心理学的調査の結果から始まった。初期の多くの自己調整の研究は，治療法と関係して行われていた。その中で，研究者たちは，攻撃や依存症のような機能不全行動を改善することをクライエントに教えたのである。現在では，自己調整の原理は，社会的スキルと運動スキルといった教科学習以外の他の広汎な学習にも適用されている。

　自己調整学習の学びを推進する研究者たちの関心は，学習者のスキルと能力だけでは生徒の学力を十分には説明できず，自己調整と動機づけのような要因が重要だと示唆する研究に源がある。自己調整の教育への適用は，その適用範囲を，前もって学習された行動の遂行という過去の説明の域を越えて，実際の学習場面まで広げたことになる。今では自己調整学習は，生徒の学力差を説明するのに役立つメカニズムとして，また学力を向上する方法として理解されている。

　教育分野の初期のほとんどの自己調整研究は，モニタリング，組織化，リハーサル，時間管理，それに生産的な活動環境づくりのような，認知方略と行動に中心があった。しかし最近では，研究者たちは，目標，帰属，自己効力感，結果期待，自己概念，自己尊重，社会的比較，情緒，価値，それに自己評価のような動機づけ過程の役割にしだいに取り組むようになってきている。

本書の目的と焦点

　本書は，自己調整学習の動機づけ過程の役割を中心に，その最近の注目されている点を明らかにする。その主な目的は，(a) 自己調整学習の動機づけの役割を実証する理論的で実証的なエビデンスを提供すること，(b) 教育の文脈で，動機づけと自己調整の原理の詳細な適用を討論することである。この目的

のために，動機づけ変数を含む自己調整研究を行ってきた全国的に著名な研究者に執筆を依頼した。章全体の記述の仕方をある程度統一するために，執筆者たちには，各章に，動機づけ変数の記述，重要性の理論的説明，自己調整の役割を支持する研究のエビデンス，それに，自己調整スキルの発達を促し学力を高めるために動機づけ変数を学習の文脈へ組み込むやり方の提言を入れるように注文した。

本書は，教育研究者と実践家のリソースとして活用されるだけでなく，大学院生——その多くは教育の専門家（例えば，教師，管理者など）になるのだが——と教育と心理学をいくらかでも勉強してきた博士課程の院生によって使われることも意図している。また，ある程度自己調整に取り組んでいる，学習，人間発達，動機づけ，認知，教授法を専攻する人はもちろん，学習，発達，教育心理学，教授法の入門コースを専攻する人々にも推奨できるものである。

各章の編成

ジマーマンとシャンクが解説している第1章では，動機づけの過程と，認知，情動，行動を生じ調整する生徒の活動とが関わっている様々な形を概観する。本章は，さらに基本的問題を取り上げ，自己調整における動機づけの役割を研究するための枠組みを提供する。

後続の章は，動機づけ変数を対象にする自己調整研究の多様性を示してくれる。ドゥエックとマスターによる第2章では，知能の諸理論の役割と，その諸理論が，自己調整学習の目標志向と動機づけにどのように影響するかを検討している。

フライヤーとエリオット（第3章）は，熟達遂行目標と接近回避目標との違いと，異なるものの結合（例えば，熟達遂行目標と接近回避目標）が，自己調整学習の動機づけに，どのくらい異なる効果をもたらすかを扱っている。

ヒディとエインリー（第4章）は興味のタイプと，そのタイプと自己調整との関連を調べた。社会的認知理論の枠組みを使って，パハレス（第5章）は，自覚された自己効力感，あるいは，学習や課題を遂行する能力，自己効力感がどのように自己調整を動機づけるかについて述べている。レンズとファンステンキスト（第6章）は，自己調整学習の動機づけ要因として時間的展望を検討している。

第7章で，ウィグフィールド，ホア，クラウダは，期待価値理論の枠組みを

検討して，自己調整学習における価値に対する動機づけの影響を論じている。

　コーノ（第8章）は，動機づけと意思的調整方略との相互効果を討論している。リーブ，ライアン，デシ，ジャン（第9章）は，自己決定理論の視点から自己調整における内発的動機づけを扱っている。シャンク（第10章）は，自己効力感に及ぼす帰属の動機づけの影響と自己調整学習の他の達成結果を検討している。ジマーマン（第11章）は，強い動機づけ効果を持つ基本的過程である，目標設定を検討している。

　ウィンとハドウィンによる第12章では，学習を自己調整する努力の結果としての動機づけの問題を追及した。ニューマン（第13章）は，自己調整に影響する基本的動機づけの変数として，生徒の援助要請する意欲を検討した。第14章で，ミースとペインターは，生徒の自己調整の萌芽と動機づけの源としての性差を議論した。マキナニー（第15章）は，自己調整学習の動機づけにおける文化の異なるグループの類似性と差異性について述べている。

　全体として，これらの章は，動機づけの関心と自己調整学習の広がりを示し，また今後の研究に対する方向を示している。私たちの本書に寄せる願いは，この分野の現在の状況を読者に知らせるだけではなく，自己調整の動機づけ変数の効果に取り組む研究者と実践家の意欲を高めることなのである。

謝　辞

　私たちの構想に大きな影響を与え，本書の出版を支援してくれた，多くの人々に感謝する。アルバート・バンデューラには心から感謝する。彼は何年にもわたり，私たちの自己調整の関心に大きな影響を与えてきた。彼の本テーマについての初期の論文のおかげで，学習と動機づけを必要とする教育場面への自己調整過程を適用する方法を検討することになったのである。私たちは友人であり，同僚であり，動機づけと自己調整の輝かしい理論家，研究者である故ポール・ピントリッチから，大きな影響を受けてきた。ポールが今日生きていたら，彼の執筆による1つの章を入れることができただろう。私たちはまた，研究を援助し，自己調整と動機づけについて多くの議論をしてきたすぐれた同僚と学生から多くの恩恵を蒙ってきた。私たちは，一緒に仕事をしてきたローレンス・アーバーム社とテイラー＆フランシス社の編集スタッフであるナオミ・シルバーマン（本書の必要性に賛同してくれた），編集アシスタントのジョイ・タツコ，エリカ・キサ，企画編集者のリンダ・レジオに御礼申し上げる。最後に，本書の各章の著者たちに感謝する。動機づけと自己調整学習の理論と研究を発展させ続ける優れた人々が今も活躍を続けているのである。

目　次

日本語版への序文　*i*
序文　*iii*
謝辞　*vi*

第1章　モチベーション
　　　―自己調整学習の基本的特質― ……………………*1*

　はじめに　*1*
　動機づけと学習の基本的問題　*3*
　自己調整学習における基本的動機づけの諸構成因の役割　*6*
　結論　*22*

第2章　自己調整学習を動機づける知能観 ……………*25*

　はじめに　*25*
　知能観：定義とよくある質問　*26*
　知能観の学習への取り組みに対する影響　*28*
　知能観の学習プロセスに関する信念および調整に与える影響　*31*
　増大的知能観を教えると自己調整学習は促進されるのか？　*35*
　結論　*42*

第3章　達成目標の自己調整 ……………………………*45*

　はじめに　*45*
　達成動機づけの階層モデル　*46*
　実践への示唆　*55*
　結論　*59*

第4章　興味と自己調整
　　　―学習の規定因としての相互の関係性― …………*61*

　はじめに　*61*
　自己調整研究，動機づけ，興味　*65*
　興味研究と自己調整　*70*
　教育への示唆　*83*
　結論　*86*

vii

第 5 章　自己調整学習における動機づけ要因としての
　　　　　自己効力信念の役割 ……………………………………………… 89

　はじめに　*89*
　社会的認知理論の概観　*90*
　学習の文脈における自己効力感と自己調整学習　*97*
　実践への示唆　*104*
　結論　*113*

第 6 章　自己調整学習の促進
　　　　　―動機づけの観点からの分析― ……………………………… 117

　はじめに　*117*
　ミクロな動機づけ過程　*121*
　マクロな動機づけ過程　*125*
　実践的示唆　*135*
　結論　*136*

第 7 章　達成行動の調整における達成価値の役割 ……………………… 139

　はじめに　*139*
　達成価値の定義　*140*
　生徒の取り組みと自己調整を促す学習指導実践：概念志向的な読解指導　*152*
　結論と今後の研究の方向性　*158*

第 8 章　学習習慣と自己調整学習
　　　　　―方法から意志を見出すための援助― …………………… 161

　はじめに　*161*
　用語の定義とその理論的背景　*162*
　学習習慣を考える枠組み　*165*
　力動的システムの理論　*167*
　学習の流れを示す学習チャート　*170*
　学習習慣の研究に向けた教師との協同研究　*175*
　生徒に良い学習習慣を育成するには　*178*
　再考：なぜ学習習慣が問題となるか　*181*

目　次

第 9 章　自律的自己調整の理解と促進
　　　　　―自己決定理論の観点から―　　　　　　　　　　　　183

　はじめに　*183*
　自己決定理論　*185*
　生徒との教室での対話　*188*
　自己決定理論の教室研究　*191*
　自己調整学習の「どのように」に関する理論　*197*

第10章　自己調整学習の動機づけとしての帰属　　　　　201

　はじめに　*201*
　理論的背景　*203*
　研究によるエビデンス　*208*
　生徒に自己調整をする気にさせる　*214*
　結論　*220*

第11章　目標設定
　　　　　―学習の自己調整の基本的能動的源―　　　　　　　221

　はじめに　*221*
　効果的目標を設定すること　*222*
　他の自己調整過程と信念を目標設定に統合すること　*232*
　自己調整訓練によって生徒にやる気を起こさせること　*239*
　結論　*242*

第12章　動機づけと自己調整学習の絡みあい　　　　　　245

　はじめに　*245*
　自己調整学習とは何か　*246*
　生徒は課題にどのように取り組むか　*249*
　行動が自己調整的であるときとそうでないとき　*252*
　自己調整学習と動機づけをまとめること　*254*
　生徒は動機づけ状態をいかに方略的に調整しているか　*255*
　結論　*261*

第13章　自己調整学習の適応的援助要請における動機づけの役割 …… 263

　はじめに　*263*
　自己調整の適応的援助要請とは　*264*
　つまずきに対処する場面での非適応的行動　*270*
　教師の役割　*277*
　結論　*280*

第14章　ジェンダー，自己調整と動機づけ ………………… 283

　はじめに　*283*
　自己調整学習とジェンダー　*284*
　達成目標志向の性差　*288*
　自己効力感と能力の信念に関する性差　*289*
　自己効力感の源：性役割の概念と信念　*293*
　結論　*296*
　教育現場への示唆　*297*

第15章　文化的差異と文化アイデンティティの自己調整学習への動機づけの役割 …… 303

　はじめに　*303*
　文化とは何か　*305*
　自己調整学習　*309*
　文献の概観　*315*
　応用　*323*

引用文献　*329*
人名索引　*377*
事項索引　*380*
訳者あとがき　*387*

凡例
1．原著注は★マークで示した。
2．訳者注は☆マークで示した。

第 1 章

モチベーション
―自己調整学習の基本的特質―

ディル・H・シャンク
(Dale H. Schunk)
The University of North Carolina
バリー・J・ジマーマン
(Barry J. Zimmerman)
Graduate Center, City University of New York

❚ はじめに ❚

　自己制御や自己訓練のような，自己調整およびその同義語の辞書の定義はすべて，現在の行為を制御することであり，その行為は個人が自分自身の次の目標や理想目標と関係した動機に基づいている（English & English, 1958）。この定義の中心は，将来についての個人の動機（自己意識を含む）の役割であり，この動機の厳密な性格は，本書に見られるように理論ごとに異なるのである。自己調整の分析によって，学習の評価やテスト結果の標準化のような受動的結果測度に基づいた学習概念は，目標設定と方略使用のような，能動的過程測度を含むまでに広がるのである。

　これまでの自己調整学習についての文献は，学習者が行動上の行為をし続けるために使う過程だけではなく，認知と情動機能を活動させ続けるためにも使う過程に中心が置かれてきた（Boekaerts, Pintrich, & Zeidner, 2000; Schunk & Zimmerman, 1994, 1998; Zimmerman & Schunk, 2001）。この過程の研究から次のことが明らかにされている。自己調整の未熟な学習者に比べて，自己調整の

熟達した学習者は，優れた習得目標を設定し，効果的な学習方略を実行し，目標の進行をモニターおよび評価し，学習を促進するための環境を整備し，必要な援助を要請し，努力をし続け，方略を調整し，今の目標が達せられると，もっと効果的な新しい目標を設定する。この記述的研究のおかげで，未熟な調整段階の生徒が欠陥のある過程を克服するのを援助する介入ができるのである（例えば，Graham, Harris, & Troia, 1998; Schunk, 1998; Zimmerman, Bonner, & Kovach, 1996）。自己調整学習の介入は，教室場面では良い結果をもたらすのだが，よく整えられていない環境では諸過程を使い続けられなくなるのである。こうした限界のために，研究者たちは生徒の自己調整しようとする，目標志向，帰属，自己効力信念，結果期待，社会的起源，価値，関心のような，動機づけの源に集中するのである。当然のこととして，動機づけの多くの源は，熟達（つまり，目標志向），個人のコンピテンス（すなわち，自己効力感），それに個人の結果についての原因（つまり，帰属）のような，学習の多様な側面に関する自己認知を含んでいる。

　本章は，自己調整学習の動機づけの基本的源に焦点を当てた。この動機は，次の機能の1つ以上にはたらく。

（a）数学のような学習課題についての関心の個人差のような，自己調整学習の萌芽。

（b）訓練で生じた動機が自己調整学習への一層の取り組みをさせるような，自己調整学習の媒介。

（c）学習方略が，スキルの向上に伴い，作文のような課題についての内発的関心に変化を生じさせるような，自己調整学習の結果に随伴するもの。

（d）自己調整学習によって，外国語のコースを選択することにあまり尻込みしなくなるような，自己調整学習の本来の結果。

　あとに示す表1.1には，自己調整学習について今までに行われてきた諸タイプの研究と一緒に，動機づけのよく知られた源があげられている。

　以下の各章では，著者たちは，意思，社会的認知，目標志向，自己決定，関心，援助要請，期待価値，帰属などのような，自己調整学習の動機づけの役割についてはっきりした理論的視点を示している。本章では，まず，動機づけと学習の関係についての基本的問題を論じる。それから，学習者の自己調整学習過程の使用と関係してきた動機づけの基本的源をかいつまんで見ていく。

第1章 モチベーション —自己調整学習の基本的特質—

▌ 動機づけと学習の基本的問題 ▌

　第1の基本的問題は，学習を自己調整するときになぜ動機づけが大切なのかということである。どの学習の側面が動機づけの構成因に影響されるのだろうか？　まず1つ目として，高く動機づけられた生徒は，低い動機づけしかない生徒よりも，学習の過程と結果に注意を払っている（Bouffard-Bouchard, Parent, & Larivee, 1991）。生徒は1つの認知過程として自己モニタリングを教えられるが，もし，生徒が自分のフィードバックに注意を払わないと，このモニタリングによっても，学習を続けたり促進したりはしにくいのである。2つ目に，機会があると，課題を選択するように動機づけられている生徒は，そうされていない生徒よりずっと進歩する（Zimmerman & Kitsantas, 1999）。例えば，自由時間にひたすら外国語の単語を記憶する生徒は，そうする気のない生徒よりも，言語の習得が容易にできる。3つ目に，難しい課題を学ぶのに多くの努力をするように動機づけられている生徒は，そうすることで高い習得レベルを示すのである（Schunk & Hanson, 1985）。例えば，英語を話さない家族出身のアメリカ人の生徒は，英語を話す家族出身の生徒より，作文の授業で多くの努力をして良い成績を取るのである。4つ目に，学習を続けるように動機づけられている生徒は，そうでない生徒よりも，自分ひとりで学習する。例えば，毎日発音の練習をしている意欲的なアナウンサーは，週1回しか練習しない人よりも，高いレベルの話し方にまで上達するだろう。5つ目に，高く動機づけられた生徒は，学習の機会があれば，低い動機づけしかない生徒よりも，高い満足感と肯定的感情を経験する（Zimmerman & Kitsantas, 1999）。例えば，数学に関係した職業を希望している生徒は，数学に関係のない職業を選択しようとする生徒よりも，数学のテストで高得点を取ったときの満足感は高いだろう。明らかに，動機づけの過程は，学習を自己調整する生徒の努力を生じさせ，促進し，続けさせるのにきわめて重要な役割を果たすのである。

　自己調整学習指導の介入の際に生じる第2の基本的問題は，学習と動機づけとの葛藤の可能性である。読書中の自分への質問のように，自己調整過程を使うことは，普通は時間と努力をさらに必要とする。教師は，受け身の生徒に，自己調整過程を実行するのに必要な余分な努力をどうやって喚起させるのだろ

うか？　自己調整訓練は，動機づけの多くの形態を強化できるが，個人を成功させるこの訓練の効果がすぐに現れることはめったにない。訓練には，普通は熱心な練習が必要である。しかしながら，自己調整学習の介入によって，学習結果はもちろん，自己効力信念（Schunk & Pajares, 2005）のように，生徒の動機づけを同時に高められるのである。生徒の自己調整過程と動機づけ信念は相互に作用しあうというエビデンスが増えている。では，何が，自己調整学習と動機づけを葛藤的で自滅的サイクルではなく，自己向上的サイクルへと導くのだろうか？

　動機づけの自己の源を広げる．この「にわとりが先か卵が先か」というジレンマに対する答えは，親か教師がモデルになること，賞賛，あるいは報酬（例えば，学業成績）のような，社会的リソースを使うことである。ある理論家たちは，この社会的リソースを学習者の外的な制御として見る。他方，社会的認知（例えば，Schunk & Zimmerman, 1997; Zimmerman, 2000）とヴィゴツキー派（例えば，McCaslin & Hickey, 2001）のような他の理論家たちは，動機づけの社会的源を自己の源との相互依存関係として見ている。例えば，学習者の適切な援助要請は大切なスキルであることを示す研究が進んでいる（本書第13章参照）。驚いたことに，援助要請ができない学習者は，自分の限界を見せることになるので，依存するやり方の援助要請を嫌がるのである。しかしながら，熟達目標志向（Newman, 1994）のような役に立つ動機づけ信念を持つ生徒は，より適切な学習サイクルを教えてもらえるという確信があるので，進んで援助を求めるのである。これは，社会的支援形態が自己調整学習の学習と動機づけ信念をどれほど損なうかというよりは，むしろ向上させられるかの良い例である。

　第3の基本的問題は，学習者の動機づけが，どのように長期間の自己調整学習の結果を保証するように強化できるかということである。これまでは，教育者たちは，興味深い教育的課題を選ぶこと，成功のためにほめたり形のある報酬を与えること，生徒により自主性を与えることによって，カリキュラムをやる気の起きるものにする努力をしてきた。動機づけのそれぞれの方法は，学習にプラスの直接的効果をもたらすと考えられてきた。学習課題を面白く興味深くすることは，生徒だけではなく教師にとっても魅力的である。しかし，新しい外国語の単語を記憶するような，退屈でわずらわしいといわれる学習の側面もある。この学習の側面を避けようとする教師や生徒は，外的サポートに頼ら

ない動機づけの長期的形態（例えば，職業の自己効力感を使うなど）の出現を妨げることもあるかもしれない（Blumenfeld, 1992）。同様の関心が，形のある報酬の使用についても寄せられてきた（Deci & Ryan, 1987）。親や教師の中には，報酬が学習の動機づけに使えるかどうかと危ぶむ人たちがいる。生徒が報酬のない課題に乗り気でなくなるというのである。好きな学習課題だけを選ぶ自主性を生徒に与えると，一見面白そうなやさしい課題だけをえり好みするようになり，大切なコンピテンスが伸びなくなる。調査研究は，難しい目標の設定は生徒の動機づけと遂行を明らかに高めることを示している（Locke & Latham, 2002）。

　自己調整の熟達者の遂行についての研究（Ericsson, 1997, 2006; Zimmerman, 2006）から，次のことが明らかになっている。高いレベルまでスキルを発達させるには入念な練習が必要であり，その練習は，スキルのある側面を向上させるためには繰り返しする必要があるので，外部から見ている観察者には退屈に思える。でも，熟達者は，周到な練習の理由について尋ねられると，普通自分のやる気の高さを理由としてあげるのである。例えば，テニス界のスター，モニカ・セレシュは，念入りな練習のやる気を次のように述べている。「私は，子ども相手でも，試合はちっとも楽しくはない。私はただ，練習と訓練とスタッフが好きなだけだ」（Vecsey, 1999, p. D1）。女優のジーナ・デイヴィスは，若いときにアーチェリーを始め，合衆国のオリンピック・チームの入団テストに誘われるほど高レベルのスキルを身につけた。彼女は入念なアーチェリーの練習経験から得た楽しみを次のように述べている。「私はただはまってしまったのだと思う。人がどれだけ上手になれるかがわかるのは本当に楽しい。自分がどれだけうまいかは知らない。最高になったのでも，限界に達したのでもない。もっと上手になろうとしているだけなのだ」（Litsky, 1999, p. D4）。これらの引用から，成長する自己効力感の自覚，別の結果を得るときに課題の道具的特性よりも課題の固有な特性を価値づけること，熟達得目標志向の出現のような，動機づけの長く続く形態の存在と性質が浮き彫りにされる。明らかに，基本的問題は，動機づけの長く続く形態が，学ぼうとする自己調整への努力からどのようにして現れるかということである。

　第4の基本的問題は，自己調整学習に向けた努力の結果として動機づけを扱うことである（本書第12章参照）。自己調整学習の萌芽，媒介，随伴する結果としての動機づけ変数の役割に加えて，動機づけ変数は，自己調整過程の主要な結果としても機能する。ウォルター（Wolter, 1999, 2003）は，学習者の動機

づけを高める多様な自己調整方略を同定した。この方略は，上機嫌や自己満足のような動機づけの感情的形態と同じように，課題への粘り強さのような動機づけの行動的形態を増やすために使われる。自己調整学習方略は，不安のような負の情動反応と　無力，遅延，課題回避，認知的離脱，無気力のような，多様な防衛の形態を減らすためにも使われる（Boekaerts & Niemivirta, 2000; Garcia & Pintrich, 1994）。この方略の効果が認められたので，スポーツ心理学者は，スポーツ選手が競争場面で動機や関連した情動反応を制御するのを支援しようとして，方略を幅広く使ってきた（Loehr, 1991）。心理学者たちは，積極的な自己方向づけを言語化すること，結果目標より過程目標を設定すること，ゴルフのショット，テニスのサーブ，バスケットボールのフリースローのような，あるスキルをやる前に正確な形のイメージをつくるような，自己調整方略を使ってきた（Cleary & Zimmerman, 2001）。動機的結果を自己焦点化する1つのマイナス面は，もしこの介入が学習の実行を改善しないなら，生徒のテスト不安のようなマイナスの自己反応を減らすことが，うまく長続きしないことである。多数の自己調整を指導する教師とコーチが，動機づけの随伴物と同様に学習結果を向上することに集中するのはこの理由である。次に，動機づけのいくつかの基本的形態と一定の自己調整学習過程とのその関係を考えてみる。

▌ 自己調整学習における基本的動機づけの諸構成因の役割 ▌

◘目標志向と自己調整学習

大多数の目標志向の理論家たち（例えば，Ames, Dweck, Elliot, Harackiewiez; Midgleyや共同研究者たち）によると，遂行目標志向の目的は，習得目標，熟達目標および課題目標志向の目的がコンピテンスを実際に高めることであるのに対して，個人のコンピテンスについてプラスの評価を得ることだという。ドゥエックらは（本書第2章参照），遂行目標志向は知能の固定理論☆（entity theory, つまり，知能は不変である）に基づいていることを示唆した。この知能理論は，自信のある学習者に自分の優れた能力を示す機会を求めさせるが，自信のない学習者を落胆させ無力感に陥らせる。反対に，習得目標志向は，増

大理論(つまり,知能は変わる)に基づいている。そしてこの知能理論によって,自信のある学習者と自信のない学習者の両方が能力を向上する機会を求めるということになる。このように,学習者の知能についての見方は自己調整学習にとって大きな意味を持つ。増大理論の考えの人は,他者との社会的比較で優ることよりも自己の向上を求めるのである。

> ☆ 知能のレベルなどの心理学的な属性が,徐々に発展する属性というよりも,固定された必須の品質であるという信念。Dweck,C.S. が唱えた。(*APA Dictionary of Psychology*, 2007, p. 333より)

知能の固定理論と増大理論の考えは時間がたっても変わらず安定している(Robins & Pals, 2002)が,その考えは学習の随伴した結果(Nussbaum & Dweck, 2006)として生じ教えられたのである。研究は,生徒の目標志向の変化が学習の変化を媒介することを示している。例えば,ブラックウェル,トレンズニィスキィ,ドゥエック(Blackwell, Trzesniewski, & Dweck, 2003)は,訓練導入目標志向が,授業の際の生徒の動機づけに目に見える変化をさせ,この変化が今度は達成の向上と結びつくことを示した。調査研究は,固定理論を持つ生徒は,成功への障壁をあえて設けるセルフ・ハンディキャッピングのような,防衛の形態をとりやすいことを示している(Rhodewalt, 1994; Cury, Elliot, Da Fonseca, & Moller, 2006)。グラントとドゥエック(Grant & Dweck, 2003)は,高い習得目標を持つ生徒は,彼らが医学部進学課程のコースで学ぶときに高度な学習方略をより頻繁に使うことを報告している。習得目標志向を持つ生徒は,遂行目標志向を持つ生徒よりも,コースの最初の試験の悪い成績からすぐに立ち直り,コースの終わりまでに良い成績を取るのである。明らかに,生徒の目標志向は,自己調整学習過程の随伴物と同様に基本的萌芽なのである(表1.1参照)。

別の目標志向モデルは,エリオットとハラクウィッツ(Elliot & Harackiewicz, 1996)たちによって考案された(本書第3章参照)。彼らは,遂行目標志向のタイプを接近遂行と回避遂行の2つに区別した。前者の志向は,他者に優ることと自分のコンピテンスと優越性を示そうとする目標である。後者の志向は,失敗を避け,力がないと思わせるという目標である。エリオット(Elliot, 1999)とピントリッチ(Pintrich, 2000a, 2000b)は,習得目標志向や熟達目標志向は接近と回避の両方のタイプを含んでいるという理論を立てた。接近習得目標志向は,課題の習得,学習,理解を向上することに中心を置く。他方,回

表1.1 動機づけの源と自己調整学習における動機づけの役割

動機づけの源	自己調整の役割		
	萌芽	媒介	随伴的結果かそれだけの結果
目標志向	○	○	○
興味	○	○	○
自己効力感	○	○	○
結果期待	○		
時間展望	○		
課題価値	○	○	○
意思	○	○	○
内発的動機づけ	○	○	○
原因帰属	○	○	○
目標設定と自己反応	○	○	○
社会的動機づけ	○	○	
性同一性	○		
文化同一性	○		

避習得目標志向は，完全主義者の自己評価基準を採って，学習，誤解を避けることに中心を置く。接近習得目標志向は，「私はことによるとこの授業でできるはずの全部を学習していないのではないかと不安である」のような評価尺度項目を使って測定された。エリオットとマッグレイガー（Elliot & McGregor, 2001）は，分離可能ではっきりした目標志向の存在を支持する因子分析による4つの裏づけを見つけた。この2つの次元（習得／遂行×接近／回避）の複数目標志向の視点は，習得目標志向はよくて遂行目標志向はだめだという二分する見方から，目標は接近／回避の文脈により適応的だったり非適応的だったりするという見方へ移行する（Elliot, 1997; Harackiewicz, Barron, & Elliot, 1998）。

　この見方を支持して，研究者たちは，接近熟達目標は，生徒の興味と内発的動機づけを高め，接近遂行目標は，良い結果を生じさせることを見出してきた（Harackiewicz et al., 1998）。しかし，ミジェリー，カプラン，ミドルトン（Midgley, Kaplan, & Middleton, 2001）は，二次元モデルの必要性に疑問を投げかけた。というのは，目標志向の接近／回避の文脈は，ドゥエックとレガット（Dweck & Leggett, 1988）による，自己効力感の高い生徒は学習課題に接近し，自己効力感の低い生徒は課題を回避するという，知力についての高低の自信（つまり自己効力感）の区別とよく似ているからである。自己調整学習過

程については，調査研究は，接近習得目標志向を持つ生徒は，回避習得目標志向を持つ生徒よりも，学習中に，よく自己モニタリングをし，より高い処理方略を使うことを示した（例えば，Pintrich & DeGroot, 1990; Pintrich & Garcia, 1991）。明らかに，生徒の目標志向は，自己調整学習の大切な萌芽なのである。

◆興味と自己調整学習

　これまで，教師と生徒の両方が，学習の動機づけの差は興味の役割によるものだとしてきた。課題やスキルに興味のある生徒は学びたい気になるが，興味のない生徒は学びから離れたままである。ヘルバルト（Herbart, J. F.）やデューイ（Dewey, J.）のような，先駆的教育者たちは，動機づけと学習の萌芽としての興味は大切だと強調した。心理学的構成概念としての興味という考えは，今日でも支持者がある。現在の分析から，興味には状況的と個人特性的という2つの基本的形態があるとされる（本書第4章参照）。**状況的興味**は，集中した注意とプラスの情動反応に特徴づけられる心理学的状態である。この興味の形態は，動機づけの領域における固有課題と固有活動だという傾向があるが，それは必ずしもいつまでも続くわけではない。状況的興味を研究してきた人たちの間で，読みの研究者は，文章の違った面がどれほど学習者の興味を引き出し維持するかの知見を得てきた（Pintrich & Schunk, 2002）。これらの調査は，新奇性，驚き，複雑さ，曖昧さ，多様なテーマ（死，セックスなど）のような文章の特徴に中心を置いてきた。状況的興味を研究してきた研究者は，どれだけ小説の例文が教科書を面白くすることができるといった，特定の環境の一般的原則に主に中心を置いているのである。

　対照的に，**個人特性的興味**は，一定の活動（対象，刺激，観念）に注意を向け，それらをするために比較的長続きするという傾向である。この興味の形態は，内発的興味が結果への手段としてよりも過程として活動を価値づけていることを除けば，内発的な興味に似ている。個人の興味に取り組んでいる研究者たちは，学習と遂行における生徒の個人差と興味の影響に中心を置いている。ヒディとレニンジャー（Hidi & Renninger, 2006）は，4段階モデル内に2つの興味の形態を統合した。最初の2つの段階は状況的興味である。段階1は，自然に起きてくる状況的興味に中心がある。それに対して，段階2は，環境（他者，課題など）によって維持される状況的興味である。あとの2つの段階は，

個人特性的興味である。段階3の焦点は，生徒が，外的支援なしに課題や活動を繰り返しやろうとし始めるときにはっきりする。自己調整学習が可能になるのは，興味の発達のまさにこの時点においてである。段階4は，個人が課題や活動をする機会を繰り返し求め，自分でそれと同定し始めるときの，よく発達した興味である。ヒディとエインリーは，興味の第4段階を学習の自己調整の強いサポートの時期だと見ている。

興味の状況的形態と個人特性的形態の両方が自己調整学習のプラスの萌芽であることは明らかである。例えば，シーフェリー（Schiefele, 1992）は，大学生の個人特性的興味は，精緻化，問題に直面したときの情報収集，批判的思考をすること，自己報告した時間と努力の支出のような自己調整方略と，正の関係があることを見出した。サンソネ，ウェイル，ハープスター，モーガン（Sansone, Weir, Harpster, & Morgan, 1992）の研究は，大学生は，課題の遂行だけでなく学習課題の興味を高めるのに方略を使ったことを示している。これは，興味が萌芽の役割だけでなく動機づけにおける随伴的結果の役割ができることを示している（表1.1を参照）。興味は，起き方しだいで，学習の弁別的媒介的役割もすることがある。生徒の認知的興味を高めるように工夫された教科書は，生徒の理解と学習を高める。他方，情動的興味を高めるように工夫された教科書（例えば，魅力的なイラスト）は，理解や学習をさせることに失敗するのである（Harp & Mayer, 1997）。

◘自己調整学習における自己効力感と結果に対する信念

生徒がテストのために，たゆまず勉強を進んでやるかどうかは，(a) 自己調整学習の力量，(b) その力量によって生じた結果，に対する信念に大きく左右される。バンデューラ（Bandura, 1997）は，前者に対する信念を**自己効力感**と呼んだ。それは，予定されたタイプの目標に到達するために必要とされる行為の進行を組織し実行する個人の力量の評価である。彼は後者の信念を**結果期待**と呼んだ。それは行為の最終結果の評価である。本書の第5章で，パハレスは，自己効力信念は生徒の活動の選択，努力の支出，および粘り強さのような動機の結果の予測になると報告している。効果があげられる生徒は，自分の力量に疑いを持つ生徒よりも，熱心に勉強し長く続ける。バンデューラによると，自己効力信念は，言葉による説得や愚弄，成功や失敗のモデルの観察，活

力や疲労の身体的徴候，個人の実行のプラスやマイナスの結果のような経験から引き出されるという。自己効力感評価は，確信の信念それ自体を広げるよりも，数学の特殊なタイプの問題を学ぶなどの，特定の遂行状況に注意を向けるという点で，文脈的に具体的である。自己効力感評価は課題の形式的特性によるだけでなく，生徒がテストで数学の問題に答えるときにコンピュータが使用可能かどうかのような学習と遂行の条件によるのである。

　パハレスは，第5章で，学習の自己効力信念は，自己調整のすべての段階に影響することがわかってきたという。その段階とは，予見，遂行，それに自己内省である。この3つの段階は，萌芽か媒介としての動機づけと自己調整学習のそれのみの結果あるいは随伴的結果としての動機づけとの区別と似ている（表1.1参照）。自己調整学習の萌芽のように，自己効力感のある生徒は，自信喪失している生徒よりも，彼らの達成と能力のレベルに関係なく，もっと認知的でメタ認知的方略を使う。自己効力感のある生徒は，自信喪失している生徒よりも，困難に直面すると頑張り，長く続け，やりぬくのである。もっとはっきり言えば，自己効力感の高い生徒は，より有効な自己調整方略を使う。自己効力感の高い生徒は，自己効力感の低い生徒より，学習時間をもっと効果的にモニターし，学習課題に直面したときには取り組みを長く続け，正しい仮説にはこだわり，より概念的問題を解くのである。数学についての生徒の自己効力感は，ノートを復習する自己調整学習方略と正の相関があり，大人に援助要請するという非適応的な形と負の相関があった（Zimmerman & Martinez-Pons, 1990）。生徒の数学の能力レベルとは関係なく，自己効力感の高い生徒は，低い生徒よりも，問題を正しく解き，間違った問題をやり直すのである（Collins, 1982）。

　シャンク（Schunk, 1998；本書第10章参照）らは，有利な自己調整過程を使う訓練中の生徒は，非訓練のコントロール・グループの生徒と比較して，学力の向上と同時に自己効力感を増加するという大規模な研究をした。調査研究は，自己調整学習の際の生徒の自己効力信念の変化は，粘り強さだけでなく学習スキルでも向上度を調整することを示したのである（Schunk, 1981）。

　バンデューラ（Bandura, 1997）は，生徒の結果期待は，動機づけの重要な源でもあると述べてきた。例えば，自分の作文スキルに高い自己効力感を持つ生徒は，書き方を学んで卒業することには高い費用がかかり，あまりためにならないと思い大学教育を受けようとしない。しばしば，結果期待は，自己効力

信念に左右される。生物学のスキルに自信のない級友と比べると，自信のある生徒は，このテーマについての追加のコースを取る機会を求めようとする。そして彼らは職業に就くときに直接的で専門的な恩恵を受けることを期待するのである。研究者たちは，結果期待は，学力の重要な萌芽であることを見出してきた（Shell, Murphy, & Bruning, 1989）（表1.1参照）。結果期待と自己調整学習についてはごく少ない研究しか行われていないが，調査研究は，結果目標が，基本的スキルを超えて習熟を達成する生徒の動機づけと達成を高めることを示している（本書第11章参照）。魅力的な未来の所産についての夢は，個人の効力感への信念が成長することから生まれるのである。その個人の効力感とは自己調整学習が成功するための努力に根ざしている。

◘将来の時間的展望と自己調整学習

　本書の第6章で，レンズとファンステンキストは，将来の時間的展望の大切さとその時間的展望が即時の満足の役割をなくすかどうかを議論している。彼らは現在の時間展望は動機づけの包括的説明に含めるべきだと言う。しかしながら，彼らは，結果の内容，特に内発的特性か外発的特性かを考えるべきだと警告している。個人の発達のような未来の目標は内発的特性に動機づけられていて，富や名声のような未来の目標は外発的特性に動機づけられている。このモデルは，現在か未来に生じる内部に起きる結果と外部に生じる結果の4つの欄の設計を必要とする。このモデルを支持して，シモンズ，デウィット，レンズ（Simons, Dewitte, & Lens, 2000）は，課題関与の最も低いレベルは，活動を未来の外部に現れる結果にたどりつくための道具として認知して，現在の活動に外発的に動機づけられている大学生に見られると報告した。さらにある学習コースで培っているスキルは，仕事で役立つ（つまり，未来の内部で生じる結果）と信じた生徒は，高度なレベルの学習，粘り強さ，高い学力のような自己調整学習の特色を広範囲で示した。明らかに，将来の時間的展望は，生徒の自己調整学習過程の使用にあたっての大事な萌芽である（表1.1参照）。

◘課題価値と自己調整学習

　期待価値理論☆（Eccles, 1983; Wigfield & Schiefele, 1998）によると，価値と

第1章　モチベーション―自己調整学習の基本的特質―

は，生徒が，数学のような，ある課題をする必要性のことだという（本書第7章参照）。価値には達成の価値か重要性，内発的価値，課題の利用価値か有用性，それにコストという4つの主要な構成要因がある。**達成価値**は，化学のような，所定の課題をよくやることの大切さの自覚とされている。それは未来の化学者として自分を自覚するような，生徒のアイデンティティとつながっている。**内発的価値**や**興味**は，課題をやることから得られる直接の楽しみのことである。内発的価値や興味は，本書第4章のヒディとエインリーによって議論された興味の構成因に似ているし，内発的動機づけの構成因は，第9章で，リーブ，ライアン，デシ，ジャンによって議論されている。**重要性**や**ユーティリティ信念**は，例えば，化学の学位の必要要件を満たすために数学の授業を取るように，課題がなぜ，生徒にとって，未来のプランから見て大切なのかということである。ここで，活動は，それ自体のために行われるのではなく，未来の成果のような他の理由のために行われるもので，レンズとファンステンキストの将来の時間的展望の概念と似ている（本書第6章）。**コスト**は，必要な時間，費やされる努力，代替活動の損失のような，価値のある課題を達成しようとする際の成果を認識することである。期待価値理論によれば，価値は，実態のわずか半分でしかない。**期待**は，活動を遂行する自覚された能力とされている。ウィグフィールドたちは，生徒は所定の活動で自分が有能だと感じても，課題に価値がないと学びたいとは思わないのだと警告している。

☆　結果をもたらす動機はその結果の意味とそれを達成する可能性によるという考え。(*APA Dictionary of Psychology*, 2007, p. 353 より)

生徒にとっての価値は，学習を自己調整する大切な萌芽であることを示す研究がある（表1.1参照）。例えば，バトルとウィグフィールド（Battle & Wigfield, 2003）は，生徒が課題や活動に価値を見出すと，より頻繁に課題や活動に取り組み，よく遂行することを示した。活動に大変コストがかかるように見えると，生徒は，あまり活動をしなくなる。自己調整学習の萌芽としての価値の大切さに加えて，調査研究は，課題価値が中学生では認知方略と他の自己調整過程の使用と大いに関係していることを示した（Pintrich & De Groot, 1990）。ウォルターとピントリッチ（Wolters & Pintrich, 1998）は，中学1年生と中学2年生の課題価値評定によって，認知方略と自己調整方略の使用をはっきりと予測できるが，学習遂行，潜在的媒介動機づけ役割は予測できないと

報告した。そこで，課題や主題分野に価値を見出している生徒は，学習行動を調整する高い認知的処理と多くの方略を使うことは明らかである。

　本書第7章では，ウィグフィールドたちは，生徒の課題価値に及ぼす自己調整過程の効果（つまり随伴的結果の動機づけの役割であるが）の問題を対象にした。例えば，ウォルター，ユウ，ピントリッチ（Wolters, Yu, & Pintrich, 1996）は，生徒の習得目標志向と自己評価は，課題価値と認知的方略と自己調整方略の使用をはっきりと予測することを見出した。反対に，外に現れる目標志向を持つ生徒は，低い課題価値と未熟な自己調整学習を示した。他の研究で，ウォルター（Wolters, 1999）は，自己調整方略の使用が生徒の動機づけ結果に影響することを研究した。この方略は，関心を高めること，遂行目標のセルフ・トーク☆（良い成績の）と熟達目標のセルフ・トーク（学習したい要望の）を含んでいる。良い成績を取ることに中心を置く生徒は，学習したいという内的要求に中心を置く生徒よりも課題を高く評価するか，教材を面白くする課題を増加させた。しかしながら，熟達目標のセルフ・トークをする生徒は，遂行目標のセルフ・トークをする生徒よりもより努力し，粘り強いという。面白いことに，熟達目標のセルフ・トーク動機づけ方略を使う生徒は，遂行目標のセルフ・トークをする生徒よりももっと頻繁に学習方略を計画しモニタリングする。このことは，生徒の動機づけ調整方略の使用は，自己調整学習過程の使用にもまた媒介的効果を持つことを示している。

　　☆　セルフ・トークとは言語的に行う心的リハーサルのこと。心的リハーサルは現実の行動をするのに先立って行われる。（『心理学辞典』1999年　有斐閣　p.835 より）

◘意思と自己調整学習

　意思は，「人的，環境的の両方かいずれか一方の気を散らすものに直面したときに，集中と方向づけられた行為を守り，そのようにして学習と遂行を援助する心理学的な制御過程のダイナミックなシステム」（Corno, 1993, p.16）と定義されている。ヘックハウゼン（Heckhausen, 1991）とクール（Kuhl, 1984）によると，コーノは，本書第8章の中で動機づけと意思を区別しているという。**動機づけ**は目標選択をする前の過程であり，意思は方略の実行と目標達成をした後の過程である。

第1章 モチベーション―自己調整学習の基本的特質―

　コーノは，意思的調整方略（つまり"方法"）は，生徒の動機づけと情動（つまり"意志"）に影響するしその逆もあるという。この仮説は，彼女が担当した章の「方法から意志を見出すための支援」というタイトルで表現されている。コーノ（Corno, 1993）は，自己調整学習者が，課題がもっと意味を持ち面白くなるように，意思過程（つまり，目標に関連した意図とその遂行）と同様に動機づけ（つまり，目標設定すること）を制御するために使う様々な方略を区別した。この方略は，期待価値理論家によって強調されたもののように価値を高めるために設計されている（本書第7章参照）。動機づけの結果を向上するために設計された他の方略に，コーノは，自己報酬の随伴性を設定し，成功の結果を思い浮かべ，励ましのメッセージを自分で言葉にし，詳細な計画をつくり上げることを含めている。もしこの方略によって，新しい目標の設定ができるなら，そのとき，方略は，このモデルに応じて動機づけと定義される。しかし，方略が現在の目標の達成を向上させるように設計されるなら，そのときは，その焦点の意思として定義される。方略は，動機づけの効果と意思的な効果の両方を持つ可能性がある。自己報酬随伴性方略は数学でよい結果が出るので生徒は高い個人的な成績目標の設定をするのがその例である。

　生徒が動機づけの結果を調整する方略を使うことに加えて，生徒の意思的志向は，この自己調整の萌芽として役立つのである。クール（Kuhl, 1984）は，プラスの意思的志向（それを彼は「行動制御」と呼んだ）は，情動的「状態」意思的志向（熟考と動揺に圧倒されることを含む）と比べたときに，学習の自己調整に役立つ萌芽となることを見出した。研究（Oettingen, Honig, & Gollwitzer, 2000）は，意思方略訓練の媒介的効果をも示した。生徒にプランニングの方略を教えると，生徒は行動プランをつくるようになる。その行動プランのおかげで，統制群の生徒と比べて，多数の生徒が宿題を仕上げる結果になるのである（表1.1参照）。

◆内発的動機づけと自己調整学習

　自己調整学習と関連した別の基本的動機づけの構成概念は，内発的動機づけである。それは報酬の認知された役割を含んでいる。自己決定理論（Deci, 1975）によると，報酬は制御機能（つまり，報酬はある行動に付随する）と報告機能（つまり，報酬は個人のコンピテンスと自己決定の情報を受け手に与え

る）という2つの重要な特性を持つ。報酬の2つの機能のどちらが優位かによって，どの過程が生徒の動機づけに影響するかが決まるのである。もし制御機能が優位であると，生徒は，因果関係の認知された位置を外発的形態の動機づけに移行する。反対に，もし報告機能が優位であると，生徒は，因果関係の認知された位置を，内発的動機づけに移すのである。**内発的動機づけ**は，課題や活動への関心，楽しみ，固有な満足と結びついていて，リーブ，ライアン，デシ，ジャンは，本書第9章で，生徒が自己調整学習をする際の内発的動機づけの重要性を論じている。

　自己決定理論によれば，**外発的動機づけ**は，因果関係の認知された位置の4つのうちの（外的調整から統合までの範囲の）1つの形をとる。**外的調整**は，外発的動機づけの4つの形の最も外側である。それは，生徒が学習活動と結果を報酬の制御機能のせいにするときに生じる。反対に，**統合**は，外発的動機づけの一番内側であり，それは生徒が自己の感覚が大切なので，自分の活動を自己スキーマに帰属させ行動するときに生じるのである。統合は，外発的動機づけの4つの形の一番内側に位置するが，生徒の内面化された価値と目標に基づいている。それに対して，内発的動機づけは，生徒の活動自体の固有な興味に基づいている。内発的動機づけのように，外発的動機づけの内部の形態は，生徒の自律感（つまり，個人の制御や行動の感覚を感じたい要求）と自己調整法で学習したい気持ちを，高めることが予想されるのである。

　内発的動機づけの認知は自己調整学習の重要な萌芽であるというエビデンスは増えている。例えば，内在的目標へ実験的に方向づけられた生徒は，外在的目標へ方向づけられた生徒よりも，関連する学習課題で，より高度な学習，優れた遂行，粘り強さを示した（Vansteenkiste, Simons, Lens, Sheldon, & Deci, 2004）。他の研究は，自立の要求を支援することによって，生徒の内発的動機づけの程度を高めるように設計されている，指導的手続きについてである。例えば，デシら（Deci, Schwartz, Sheinman, & Ryan, 1981）は，教師がよく自立の支援をし，あまり行動のコントロールをしないときに，生徒は，学習に内発的に動機づけられ，学習により有能感を感じ，自己尊重を高いレベルにまで発達させた。あらゆる動機づけの随伴的結果がある（表1.1参照）。親は，子どもの内発的動機づけに影響を与える。親が自立的な支援をするとき，子どもはより内発的に動機づけられる。この動機づけ要因が，標準化されたアチーブメント・テストにおける生徒の自己調整コンピテンスと遂行に対する教師の評価を

調整する（例えば，Grolnick & Ryan, 1989; Williams & Deci, 1996）。調査研究は，高められた自立の自覚が，学習の向上を促すということもまた示した。例えば，ベンワーとデシ（Benware & Deci, 1984）とグロールニックとライアン（Grolnick & Ryan, 1987）の研究は，親や教師に支援されてきたのだという自立の自覚を持つ生徒は，より高い概念学習と大きな楽しみを持つことを示したのである。

◘原因帰属と自己調整学習

　自己調整学習に関係した別の基本的動機づけの構成概念は，生徒の**帰属**である。それは学習結果の原因についての認識である（Weiner, 1992）。内発的動機づけ信念のように，帰属は実際の原因ではなく，結果の原因の認識である。そして帰属は先行する個体的要因（例えば，自己効力信念）と環境条件（例えば，報酬随伴性）によって影響される。ワイナーの帰属モデル（Weiner, 1992）では，生徒の帰属は原因の3次元によって分類される。それは，位置，安定性，制御である。内発的動機づけ理論のように，**位置**次元は，個人の結果の原因が，外的か内的かのどちらとして認識されるかである。例えば，悪いテストの結果は難しいテスト（つまり，外的原因）が原因であるとするか，学習不足（つまり，内的原因）であるとするかである。**安定性**は，結果の原因が変わる可能性のことである。例えば，悪いテストの結果を能力不足（つまり，固定していて変えられない）とすることは，努力不足（つまり，不安定で変えられる）とすることよりも，生徒のやる気を失わせる。**制御**は原因が自分で制御できる可能性のことである。例えば，悪いテストの結果を運に帰属する（つまり，原因の制御が低い）と，結果を間違った学習方略の選択に帰属する（つまり，原因の制御が高い）よりもやる気が起きない。ワイナーのモデルの見方からすると，原因を内的，可変的，制御可能な学習法に帰属する生徒は，自己調整しようとする意欲が高いのである。

　本書第10章で，シャンクは，動機づけ結果に及ぼす帰属の影響についての広汎な研究を検討している。研究者たちは原因帰属が自己調整学習の大事な萌芽であることに気がついていたのである。例えば，シャンクとガン（Schunk & Gunn, 1986）は，割り算の指導を受け，自己調整の練習をした生徒たちを研究した。生徒が良くできた結果を能力に帰属することは，自己効力信念と正の相

関があり，生徒が良くできた結果を運に帰属することは，自己効力信念と負の相関があった。この自己効力信念は，生徒の効果的課題方略の使用と数学スキルの獲得の予測値であった。シャンク（Schunk, 1994）は，生徒の良くできた結果の能力への帰属と成績との間に正の相関もまた見出している。

調査研究は，原因帰属は，学習と随伴する動機づけ結果の大事な原因であることを示した（表1.1参照）。例えば，シャンクとコックス（Schunk & Cox, 1986）は，生徒が自己調整練習をする前に，引き算の指導をした。生徒は，指導プログラムの前半で努力フィードバックを受ける場合，後半で努力フィードバックを受ける場合，それにフィードバックなしの場合に分けられた。その結果，努力フィードバックは，努力フィードバックなしよりも，自己効力感，スキル，自己調整練習を向上させたのである。努力フィードバックはフィードバックなしよりも努力帰属もまた高めたのである。指導プログラムの前半で，努力フィードバックを受ける生徒は，後半でフィードバックを受ける生徒よりも，努力をより成功の重要な原因と判断した。この結果は，ワイナーの理論から生じた仮説と一致している。そしてその結果は，帰属判断は生徒の自己効力信念と密接な関係があることを示している。制御できる原因への帰属が，作文スキル獲得の方略訓練によって生じる変化を調整するというエビデンスも存在している（Zimmerman & Kitsantas, 1999）。

◘目標設定，自己反応，自己調整学習

目標設定は大切な自己調整学習過程である。それは，「例えば，ある時間の範囲で通常は熟達の一定の水準に到達するための行動の対象あるいは目的」だと定義されている（Locke & Latham, 2002, p. 705）。目標設定は，目標志向とは異なる。目標志向は文脈と時間に支えられた一定の目標を設定するという自己調整行為よりも，学習課題をする（つまり学習し，あるいは遂行する）理由に中心を置いているからである。本書第11章で，ジマーマンは，個別性，時間の近時性，困難性あるいはやりがいのような，目標設定の次元が，自己評価と自己満足反応のような随伴的動機づけの結果を高めることができることを示す研究を検討している（Bandura & Schunk, 1981; Zimmerman & Kitsantas, 1997, 1999）。

自己反応は，目標達成への進行についての自己判断に対する認知的，感情的，

行動的反応である。**自己満足**は，満足や不満足の認知的反応と高揚感や抑うつのような遂行に関連した情動のことである。研究は，生徒が自己満足とプラスの情緒を生じる行動の方向を選び，不満足やマイナスの情緒を生じる方向を避けることを示してきた（Bandura, 1991; Boekaerts & Niemivirta, 2000）。優れた自己調整学習者は，習得目標に達すれば自己満足する。そのことは学習者が行動を進め努力を続ける意欲を促進するのである（Schunk, 1983）。反対に，未熟な自己調整学習者は，自己満足を成功の特定の自己評価基準と結びつけない。このように，生徒の自己満足の自覚は，目標設定と自己評価という2つの萌芽的な自己調整過程の結果である。研究（Zimmerman & Kitsantas, 1999）は，満足の自覚が，次の学習の自己効力感の増加を仲立ちすることも示した（表1.1参照）。

　自己満足反応は，自己反応の第二の形態を引き起こす。それは**適応的推論**か**防衛的推論**であり，生徒が次の学習の際に方法を改めることが必要かどうかについての結論である。優れた自己調整学習者は，もっと効果的になるように方略を修正する（Cleary & Zimmerman, 2001）ように，適応的の推論をする。しかし，未熟な自己調整学習者は，自分たちをこのあとの不満足と嫌悪的情動から守るために防衛的反応（例えば，無力，引き伸ばし，課題回避，認知的離脱，無気力）に頼るのである（Gracia & Pintrich, 1994）。

◘社会的動機づけと自己調整学習

　自己調整学習は，どのように生徒が自らの学習の導き手となることができるかに中心があるが，社会的過程の役割も広く認めている。社会的過程は，子どもの自己調整発達の萌芽（McCaslin & Hickey, 2001; Schunk & Zimmerman, 1997; Zimmerman, 2002）として，また自己調整する今の努力の欠かせない要素（Karabenick, 1998; Newman, 1994）として認められている。自己調整学習と社会的動機づけに関連した大切なテーマは，援助要請である。多くの読者は，援助要請は自己調整の形態であるかどうかを問題にし，むしろそれを自己調整がないことだと見ている。しかし，援助要請が学習の非社会的方略の使用と関係しているというエビデンスがある（Zimmerman & Martinez-Pons, 1986, 1988）。本書第13章で，ニューマンは，適応的援助要請者による自己調整過程を使った援助要請の適応的な形態と非適応的な形態を区別した。そして彼は援

助要請が学習達成の大切な萌芽であると報告した（表1.1参照）。彼は，適応的援助要請者が学習困難にであったときに使う（a）援助を要求する必要性，（b）要求の内容，（c）要求の対象，という３つの重要な自己評価基準を同定した。適応的援助要請者は，必要なとき，要求の形が特定されているとき，理解している人にだけ，援助を求めるのである。

　生徒が進んで援助要請をするのは，教師からの対人的サポートはもちろん，動機づけの信念のためである。なお教師は援助要請に対する支援の主な源である。生徒は援助要請をすることをひるんでしまう。というのは，そのような要求は，支援や賞賛よりも拒否やあざけりを招きやすいからである。ニューマンは本書の中で，生徒は，（他者に自分たちの限界を認めるような）高いレベルの自己尊重と難しい課題に支援を求める高いレベルの自己効力感が必要だと述べている。この自己信念は，教師に援助要請する利点がコストを上回る支援的教室環境において高められるのである。小学校の初期に，生徒は，援助要請の利点がマイナスを超えることに気がつく。しかし，小学校後期と中学校とそれ以降では，生徒は援助要請のマイナスが利点を上回ることに気づくのである（Newman, 1990）。研究者たちは，生徒の目標志向が援助要請のコストと利点の判断に影響することを見出してきた（Newman, 1998）。生徒が媒介変数としての援助要請をするように設計された訓練によって，学習結果が良くなるという研究がある（表1.1参照）。ニューマンとシュエーガー（Newman & Schwager, 1995）は，生徒に数学の問題解決において，学習の遂行よりも学習の価値を教えると，生徒は間違いを正そうとする援助要請の適応的形態を求めるようになると報告した。

◆ジェンダー，性同一性，自己調整学習

　自己調整学習過程の使用に関連した動機づけには，興味深い性差がある。生物学的意味で生徒の性は，学習の動機づけにおける差異の直接の源とは一般に考えられていないが，性同一性は，もしも人がある種のコンピテンスあるいは自己調整学習過程の使用においてグループの優劣を男性あるいは女性のせいだと認知するなら，動機づけの差異の源となることがある。

　本書第14章で，ミースとペインターは，性差を，生徒の自己調整学習のある形態の使用と彼らの動機づけの源の萌芽として論じている（表1.1参照）。例え

ば，男子生徒の数学への関心が他の教科の成績に及ぼす影響は，女子生徒よりも大きい（Schiefele, Krapp, & Winteler, 1992）。数学と理科の自己効力感の違いは成績の違いと対応する。男子のほうが女子よりも数学と理科の遂行についての自己効力信念が高いという報告がある。コンピュータ利用の自己効力感では男性が女性を上回るという性差もある。対照的に，自己効力感の性差の方向は，国語の場合では逆である（Pajares & Valiante, 1997, 2001）。女子が男子よりも，理科の自己効力感のレベルが低いと報告されているが，女子が男子より，理科では学習方略に関心を持つが，能力ではそれほど違わないという研究がある（Anderman & Young, 1994）。性同一性は，自己調整学習の研究ではめったに直接には測定されてこなかったが（例えば，性関連のステレオタイプの個人的受容），性差は学習と動機づけの結果の萌芽として非常に目立つのである。

◆文化，民族同一性，自己調整学習

自己調整学習過程の使用と動機づけについての文化的集団差や民族的集団差の問題については，今まで，比較的少ない研究しかなかった。それは，文化や民族性を操作的に定義しにくいという事情もあるかもしれない。この困難性は，文化は客観性や物質的側面はもちろん主観性を持つという事実からくる（Triandis, 2002）。**物質的文化**は，集団のメンバーの容貌，家，コミュニティの物理的特性のことである。他方，**心の文化**は，ある文化集団のメンバーの行動を調整する価値，伝統，信念である。本書第15章では，マキナニーは，多様な自己調整過程の利用の文化的類似性だけでなく文化的差異性についても述べている。

文化的集団差は，生徒の自己調整学習過程の使用の重要な萌芽であることを示す研究がある。例えば，アメリカ人の子どもも韓国人の子どもも，自己調整について聞かれると，比較的高いレベルの自己調整反応を示すという。その自己調整反応は，次のような自己調整学習方略を含んでいる。自己評価，目標設定，プランニング，情報探索，自己モニタリング，環境再構成，リハーサルと記憶，仲間への援助要請，教師や大人への援助要請である（Gorrell, Hwang, & Chung, 1996）。しかし，学校教育に関係のない問題では，韓国人の子どもがアメリカ人の子どもよりも高い自己調整得点を取ったが，学校教育に関係のある問題では，アメリカ人の子どもが高い自己調整得点を取っている。動機づけの

民族差については，韓国の親たちは，子どもが宿題をやり終えることが大事だと考えると言う。それに対して，アメリカの親たちは，子どもが学校でやることが大事だと考えるのである。さらに，家で勉強を進める方法については，生徒の反応に民族差がある。韓国の子どもは，アメリカの子どもよりも，学習を熱心にやるというのに対して，アメリカの子どもは，韓国の子どもよりも多くの援助要請をするという。

　子どもの目標志向の民族差については，オーストラリアの研究が報告されている（McInerney, Hinkley, Dowson, & Van Etten, 1998）。アボリジニのオーストラリア人の子どもは，英国系オーストラリア人や移民オーストラリア人の子どもよりも，学校で成功しても熟達目標志向要求と遂行目標志向要求を満足できるとは信じていない。概して，アボリジニのオーストラリア人の子どもは，他の2つの文化集団の子どもよりも社会的志向であり，個人的志向ではない。これは，個人的達成よりも親和と社会的関心を大事にするアボリジニの文化価値と一致している。明らかに，文化差は，自己調整学習過程の使用と同様に子どもの動機づけの大切な萌芽である（表1.1参照）。

　マキナニー（本書第15章参照）は，自己調整学習過程と動機づけ信念が，教育の性格と価値づけ，親と他の社会的行為者が果たす役割，ある文化や教育場面のアフォーダンスや負債における民族差のせいで，文化を越えて表れるやり方の重要な問題を提起している。不幸なことに，文化は，自己調整学習と動機づけの説明的構成概念（つまり，媒介物や随伴的結果として）としてよりも記述的萌芽として研究されてきた。しばしば，研究者たちは，民族差が推測ではなく実際に見つけられた後に，民族差の文化的説明をうまくしてきた。文化アイデンティティ（例えば，文化的信念の個人的受容）は，今まで自己調整学習研究の中で直接的に評価されることはめったになかったのだが，これによって子どもが自己調整学習する際の民族的信念の変化を明らかにできるのである。

▮　結論　▮

　あとの章の中で，国際的に著名な研究者たちが，次のことについての科学的理解に及んできた重要な影響について討論している。そのこととは，学習を自己調整する力と，学ぶ力を生じさせ媒介し維持する動機づけの基本的源の関係

である。21世紀に入り，学習はますます一生続く過程としてとらえられるようになっている。その過程は，学術や職業の分野だけでなく個人の分野においても，自分ためのスキルを向上する繰り返しの努力を必要とするのである。熟達しようとする系統的な努力は，社会から個人までの，動機づけの重要な源に依存しているのである。学習者は，学習を進めるために自己調整過程を使い，また個人のアイデンティティ，実行の感覚，熟達への動機づけを向上させる自分に関係した情報を準備するのである。

第 2 章

自己調整学習を動機づける知能観

キャロル・S・ドゥエック
(Carol S. Dweck)
Stanford University
アリソン・マスター
(Allison Master)
Stanford University

❙❙ はじめに ❙❙

　自己調整学習では，学習プロセスを導き，向上させるために様々な学習方略が用いられる。これらの方略なくして認知的スキルを効果的に用いることやスキル習得をやる気にさせることはできない。様々な方略を蓄積した生徒は，学習の準備が万端整っていると考えられることが多いが，これは実際とはかけ離れている。私たちの研究の中で，多くの非常に有能な生徒が，最も必要であるときにこれらの方略を放棄するのを目にしてきた。なぜこのようなことが起きるのだろうか？

　生徒が学習方略を使用し，そして困難に直面した時でもその方略を使用し続けるとき，それはその学習方略が学習するために必要であり，困難を乗り越えるための効果的手段であるという信念に基づいている。しかし，このような信念を持つ生徒は少ない。むしろ，能力が高ければ新たな物事を身につけるための努力や入念な学習方略は必要ないと信じている。また，能力が高くない人には，努力や学習方略は効果的ではないと信じられている。このような考え方は

どこから生まれたのだろうか。

　本章では，これらの考え方が学習者自身の知能観に起因するものだということを示す。特に，自己の知能に対する固定的な見解は，学習に対して責任を持つことを妨げ，自己の知能に対する柔軟性のある見解は，自分自身の学習プロセスに責任を持ち，調整し，やる気にさせることを示すだろう。

　まず，生徒が持つ自己に対する知能観が，特に困難な場面での学習に対する態度に影響を与えることを示した研究をレビューする。次に，努力の効果性と困難な問題に対する入念な方略の使用の効果への信念が知能観によって左右されることを示す。最後に，生徒が様々な学習スキルを教えられる介入を提示し，その介入がいかにして柔軟な知能観を学んだ生徒のみの学習を向上させるかを示す。

∥ 知能観：定義とよくある質問 ∥

　生徒の中には，人は強固で変えられない一定の量の知能を有していると信じているものもいる。これらの「固定的」知能観は「人はある一定の知能を持っていて，それを変えるために実際にはできることが多くない」というような発言と一致する。一方，知能は柔軟で変えることができると信じる生徒もいる。これらの「増大的」知能観を持つものは「人の賢さは，いつでも大きく変えることができる」という意見に賛成する。知能観は達成場面に異なる意味合いを与えることによって生徒に影響を与える（Molden & Dweck, 2006）。このように，知能観は生徒の目標，価値感を形成し，失敗の意味を変え，困難に反応させる。

　2つの知能観は同程度支持されている。成人および子どもの約40％が固定的知能観を支持し，約40％が増大的知能観を支持し，約20％はどちらでもない。他の文化でもほぼ同様の割合での支持が普通であるが（Hong, Chiu, Dweck, Lin, & Wan, 1999），アジア圏の文化においては努力と自己向上に，より重点が置かれるというエビデンスもある。これらは増大的知能観を持つ人の特徴である（Heine et al., 2001）。

　生徒の知能観に対する支持は，長期にわたって比較的安定している（Robins & Pals, 2002）。しかし，これらの知能観は導かれるか教えられることができ，

それにより顕著な効果が得られる。ある研究では，生徒は説得力のある科学論文を読み，固定的，あるいは増大的知能観について学習した（Hong et al., 1999; Niiya, Crocker, & Bartmess, 2004）。また，別の研究では，参加者は，これから行われる課題には生来備わっている能力，あるいは練習により向上する能力を使用すると研究者から直接伝えられた（Martocchio, 1994; Wood & Bandura, 1989）。また，別の研究ではワークショップが行われ，生徒は増大的知能観を学んだ（Aronson, Fried, & Good, 2002; Blackwell, Trzesniewski, & Dweck, 2007）。その後，学習の結果と動機づけの結果が，暗黙理論を含まない介入を受けた統制群の結果と比較された。これらのことから，知能観はそっとしておけば比較的安定した信念であるが，それを変えることを目的として介入すれば変えることも可能だということになる。

別の領域では，違うタイプの自己観を持つ可能性もある（Dweck, Chiu, & Hong, 1995）。例えば，知能は固定されているが運動能力は変化する，あるいはその逆だと信じられることもある。関連性のある自己観のみが，ある状況下における反応に影響を与えるのだ。

心理学では，どちらの知能観が「正しいか」が物議を醸す問題となっていた。研究者の中には知能は不変だと信じるものもいる一方，知能は向上させられるとする研究者もいる（Sternberg, 2005）。どちらの説でも信じるように容易に説得できるので，どちらの説も説得力がある。しかし，多くのエビデンスが，重要な能力の多くは習得可能であるということを示している（Sternberg, 2005）。IQテストの発案者，ビネー（Binet, E. A.）でさえ，教育を受けると人の知能は向上すると言う（Binet, 1909, 1973）。IQテストは固定的な知能を測定するためではなく，知的スキルを向上させるために別のカリキュラムを必要とする子どもを判別するためにつくられたものなのだ。

知能観はどのように生徒が自己調整し，またどの程度効果的に学習するかに強い影響を与える。表2.1は固定的および増大的知能観の信念の概要および各知能観の信念と目標の概観を示す。これらを検証していくと，各自己観がそれぞれ強力な心理状態を生み出し，それが自己調整学習を妨げる，あるいは促進させるということがわかってくるだろう（Molden & Dweck, 2006を参照）。

表2.1　知能観（self-theories）

	固定的知能観	増大的知能観
定義	知能は固定的なものである	知能は柔軟なものである
生徒の目標	勉強を捨てても，見た目を賢くみせること	困難でリスクがあっても，新しいことを学習すること
学習の基となるのは？	生来の能力	努力と学習方略
成功とは？	他者より賢くあること	向上と習得
失敗とは？	知能が低いということ	必要な努力をせず，学習方略が優れていなかったこと
努力とは？	知能が低いことを示す	知能を活性化し，知能を用いること

知能観の学習への取り組みに対する影響

◆知能観と習得目標

　本節では，増大的知能観が生徒を学習へと向かわせ，固定的知能観は生徒を自己の能力の証明へと向かわせることを見ていく。
　自己調整学習の第一歩は，何かを学習したいという欲求である。非常に多くの研究が，増大的知能観を持つことが生徒の習得目標を促すことを，立証してきた。つまり，自分の知能が発展すると信じることで，学習に対する欲求が増すのである。例えば中学校に上がる数百人の生徒を対象とした研究（Blackwell et al., 2007）では，「いい成績を収めることよりも，学ぶことのほうが大切だ」という考えに賛成する生徒の数は，増大的知能観を持つもののほうが固定的知能観を持つものと比較して有意に多かった。これは増大的知能観を持つ生徒にとって成績が重要ではないということではなく，学ぶということに重点が置かれているだけにすぎない。同様に，数百人の大学生を在学中追跡したロビンスとパルス（Robins & Pals, 2002）の研究では，増大的知能観を持つことと，習得目標を持つことの有意な相関関係が示されている（「大学で得られる知識のほうが成績自体よりも重要である」）。一方で，固定的知能観を持つことと，遂行目標を重要と考えることに有意な相関関係が示されている。これ

は，テストの結果や成績を固定的な能力の指標と見ていることである。このため，学生が増大的知能観を強く持てば持つほど，大学で学びたいという気持ちは強くなり，固定的知能観を強く持てば持つほど，どの程度頭が良く見えるかということを強く気にする。

　知能観と，学習を価値づけることとの関連性は，学習領域だけではなく，努力の必要な他の分野でも見られる。ビドル，ワン，シャジサレイとスプレイ（Biddle, Wang, Chatzisaray, & Spray, 2003）はスポーツの領域では，増大的知能観を持つ学生は，新しいことが上達したり習得したりすると最も満足感を得るのに対し，固定的知能観を持つ学生は，相手を負かすことで自分の能力を示せたときに最も満足感を得ることを示した。この関連性は社会的な領域にも適応できる。ビア（Beer, 2002）は大学生の内気に対する自己観，つまり，内気が固定的な特性か，努力によって変えられるかの信念を測定した。増大的知能観を持つことは，対人関係を学習の機会であるとみなす傾向——つまり対人関係を避けるのではなく積極的に近づく傾向と，有意に関連していた。

◆知能観と自己の弱みを何とかしたいという欲求

　学習の機会に近づくことは，自分自身の重要な弱みに気がついたときには特に重要となる。しかし，これこそがまさしく固定的知能観を持つものが避けようとする状況である。弱みを直すということは，弱みを認め，向き合うことが必要だが，これは固定的知能観を持つものの賢くあるという目標と相いれないものである。

　ホンら（Hong et al., 1999）がこれについてすばらしい実証をしている。彼らは授業，試験などを含むすべてが英語で行われるエリート大学の香港大学で研究をした。すべてが英語で行われるにもかかわらず，入学時に英語が堪能ではない学生もいる。このため，英語力が弱い学生がこの弱みを早急に解決するという発想はすばらしいアイデアに思える。ホンらは，大学で必要な語学力をつけるために英語コースの開講を考えていることを学生に告げた。次に学生は，そのようなコースが開講された場合，受講するかどうか聞かれた。増大的知能観を持つ学生で，英語力に弱みを持つものは，コースに対して非常に興味を持った。しかし，固定的知能観を持つ学生で英語力に弱みを持つものは申し出をためらっていた。

これは固定的知能観を持つ学生は，堪能であるように見せたり感じることが大切で，そのことが，本当に堪能になることを阻んでいることを示している。この発見は，実験場面においても再現されている。不完全に課題をやった後に，その後の遂行を向上させるチュートリアルを受ける可能性は，増大的知能観を持つものよりも固定的知能観を持つもののほうが有意に低いのである（Hong et al., 1999, 研究3）。

　私たちは，これらの結果を裏づけし，3つの新たな研究に広げた（Nussbaum & Dweck, 2006）。まず，大学生に固定的あるいは増大的「知能観」を明らかにした説得力のある記事を読ませて，固定的あるいは増大的な考え方を教え込み，次に非常に困難で，成績が悪くなるような課題に取り組ませる。このときに，3つすべての研究において，増大的知能観を学んだ学生は，課題に戻ったり，修正したりした。一方，固定的知能観を学んだ学生は自己防衛的に反応した。彼らは自分の弱みを直すのではなく，自分を，より悪い結果になった学生と比較することや，すでによくやったものをまたやることで，自分を良い気分にしたのである。そうすることで彼らは自信を回復させたが，弱みも維持したのである。

　固定的知能観を持つものが自分を賢く見せたがり，また賢いと感じたがることは，学習に関連した情報に対する一般的無関心につながるのだろうか？

◪脳におけるエビデンス

　次に私たちは脳の研究に注目し，能力に関する情報と学習を援助する情報のどちらに学生が注目するかを追跡した（Dweck, Mangels, & Good, 2004; Mangels, Butterfield, Lamb, Good, & Dweck, 2006）。この研究では，コンピュータの前に座らされた大学生が一般情報に関する難しい問題に答える。例えば「ゲティスバーグの戦いにおける北軍司令官の名前は？」（答：ミード将軍）などである。学生らは答えを打ち込み，すぐに正誤の情報が表示され，またすぐ後に正しい答えが表示される。学生はどの種の情報に最も注目しているのだろうか？

　これを調べるため，参加者の頭皮の様々な部位に電極が取りつけられ，脳の様々な領域の活動が記録された。私たちは特に，学生が注意を何に役立てたかを反映する活動に興味を抱いた。彼らは能力に関係する情報（回答の正誤に関

する情報）に注意を向けるのかあるいは，学習に関連する情報（正解は何かについての情報）に注目するのか？

この結果，だれもが能力に関する情報に注意の明らかなパターンを示していることがわかった。つまり，主な関心が習得することだとしても，自分の答えの正誤を知る必要があるからだと思われる。しかし，固定的知能観を持つものはこの情報を得た時点で満足していた。その解答が間違えていても，学習関連情報にはまったく注目しなかったのだ。

これに対し，増大的知能観を持つものは学習指向型の情報に対して明らかに注目していた。そして，学習関連情報により注目した結果，増大的知能観を持つものは再テストにおいて固定的知能観を持つものより，よい成績を収めた（Mangels et al., 2006）。予想通り，増大的知能観を持つものは，最初のテストで間違えた解答をより多く正解にすることができた。

本節における発見は，自己調整学習の第一歩を踏み出すには（学習しようと決めること，学習する動機づけを持つこと），学生の知能観が重要であることを強調している。固定的知能が正しいことを強調する固定的知能観では，学習はあまり重要ではなく，しばしば威圧的なものであり，仕事なのである。知能の成長を強調する増大的知能観では，学習こそが最も重要なものとされる。

知能観の学習プロセスに関する信念および調整に与える影響

固定的知能観を持つものが学習をさせられても，彼らの自己観が効果的な自己調整学習の妨げとなることがある。これは，生来の能力に重点を置くあまり，努力や方略を使った学習を行わずしても，自分の能力だけで学習は可能だと彼らが感じているからである。この結果，彼らが効果的な学習の特徴である，継続的な努力や方略計画をしなくなるのである。表2.2に知能観が自己調整と学習に与える影響のあり方の概要を示す。

◆努力に関する信念

いくつかの研究から（Blackwell et al., 2007; Dweck & Leggett, 1988; Hong et al., 1999），固定的知能観を持つものは，能力があることは学習の十分条件であ

表2.2 知能観の影響

	固定的知能観	増大的知能観
困難な内容に対するアプローチ	低レベルの方略，より浅い思考	自己調整学習の増加と動機づけの向上
失敗した後の方略	努力の減少，より自己防衛的になる	より多く努力する，自己向上
セルフ・ハンディキャップ	多い	少ない
困難の後のパフォーマンス	低下する	同等あるいは向上している
困難な教科の成績	低い	高い

ると信じていることがわかった。能力があれば，努力は必要がないという考えである。彼らは「真の天才にはすべては容易である」「得意なものなら頑張らなくてもできるはずだ」というようなことに賛成する。

また，固定的知能観を持つものは，課題に一生懸命になることは，その課題が不得意であることだと信じている。彼らは「一生懸命何かをしなければならないということは，それがあまり得意ではないということだ」あるいは「実は，一生懸命勉強すると，自分は頭が悪いんじゃないかと思うんだ」というような意見に賛成する。課題が困難で努力が必要な場合，それがだれにとっても難しいものだとしても，固定的知能観を持つものは自分が無能だと感じる。これに対し，増大的知能観を持つものは能力があっても努力は必要だと認識している。彼らは「偉業を成し遂げるためには天才であっても努力が必要だ」「得意なものでも，一生懸命やることでさらに上達する」などの意見に賛成する。

要するに，固定的知能観を持つものは，能力があれば努力は必要なく，能力がなければ努力は貶むるものだとみなしている。固定的知能観を持つものが，学校の主な目標はなるべく努力をしないことだと言うのは多分驚くべきことではない（Blackwell et al., 2007）。勉強と学習には継続的努力がしばしば必要であるため，このことは自己調整には良い知らせではない。逆に，増大的知能観を持つものは，能力のレベルに関係なく，努力は達成の重要な役割をすることを理解している。

◧釈明と償いとしての努力

増大的知能観を持つものの努力の重要性の信念と見合うように，悪い結果の

言い訳やその償いとしての努力がしばしばあげられる。ブラックウェルの研究（Blackwell et al., 2007）では，増大的知能観を持つ生徒は，最初の試験結果が悪かったことを，努力不足や間違った学習方略で釈明をした。その結果，これからは頑張って，新しいやり方で勉強すると答えている。

　固定的知能観を持つものは，増大的知能観を持つものと比較して，悪い結果を自分の能力のせいにする傾向が強い。このため，次の試験では勉強時間を減らす，この先この教科は取らないようにする，試験でカンニングをすることも考えるなどと答えることが多かった。ある意味で，彼らは自己調整学習をやめてしまおうとしていた。

　同じ研究で，青年期の生徒が中学の最初の2年間追跡された。固定的知能観と増大的知能観を持つものの両者とも，中学入学時の数学の成績はほぼ同等であったのだが，次の2年間に増大的知能観を持つものは固定的知能観を持つものをどんどん引き離していった。パス解析から，この広がり続ける差は増大的知能観を持つものが学習により重点を置いていること，努力が報われることをより強く信じていること，困難に直面した時により努力志向的な反応をすることによることが示された。このため，この異なる知能観の違いが長期間にわたるスキルの習得に大きな影響を与えるのである。

　要するに，増大的知能観を持つものが努力を重視したことが，スキルを向上させたのである。そのことは，自分の弱みと向き合い償うことを促し，困難に直面してもやりぬくことにつながり，学校の移行期という困難の多い時期にも高い成績を収めることに寄与しているのである。

◘学習と動機づけ向上のために方略を使用すること

　しかし，効果的学習を進めるのは純粋な努力だけによるものではない。学生は効果的な方略を選択し，その方略がうまくいかないときにはそれを変えることを学ばなければならない。

　学生の運動能力に関する自己観の研究では，オムンゼン（Ommundsen, 2003）は増大的知能観を持つものは困難に直面したときに方略を変更すること（「活動や練習が理解するのが難しいときには，その取り組み方を変える」），困難に直面した際に努力を継続すること，学習の際により深い処理がされると予測できることが見出された。

グラントとドゥエック（Grant & Dweck, 2003）は医学部進学課程の化学を受講する大学生について研究を行った。この教科は医学部進学課程へ進むために非常に重要なものである。これは非常に難しく，厳しい採点方式を採用した教科であった。予想通り，実際すべての学生が良い成績を取りたいと願っていたが，すべての学生が方略的に勉強したわけではなかった。この研究では，すでに述べたようにその学生の知能観と関係のある勉強の目標を測定した。そこで，習得目標の強さはより良い成績を予測できることを見出した。これは習得目標を持つ学生が，教材に取り組む際，深い学習方略を用いたためである。例えば，いくつかの単元に共通するテーマや法則を探したり，理解が特に難しい個所を突き止め，習得するまで粘り強く勉強したりした。

　このため，入学時には，習得目標を強く持った学生のスキルは他の学生と同等であったにもかかわらず，自己調整学習をより多く用いたことが良い成績へとつながった。また，別の興味深い発見もあった。多くの学生がその専攻での最初の足がかりを見つけるのに苦労し，最初の試験での成績は芳（かんば）しくなかった。習得目標を強く持つ学生はこの体験から学び，次の試験では成績が改善した。遂行目標を強く持つ学生（特に勉強で自分を賢く見せることが目標の生徒）の成績は改善しない傾向が見られた。その後の試験でも成績は悪いままであった。すなわち，最初の成績が自分の能力を表したと考えたため，成績を向上させる手段を探さず，残念な成績にとらわれてしまったのだ。

　この他にも興味深いことがわかった。習得目標を強く持つことは，より高い学習方略を促すだけではなく，自己調整に対する動機づけが向上することがわかったのだ。習得目標を持つ学生は勉強をするための心構えを固め，内容に興味を持ち続ける工夫をしていたと報告している。これは，先生や教科書がどれだけ面白いかや，試験前にどれだけ勉強したくなるかなどの偶然の力には依存していないことを示す。彼らは，動機づけは管理できるものとしており，実際主導権を握っている。

　このため，能力の習得に対してできることがあると信じる学生は，そうなるようにする。逆に能力は生まれつき持っているもので，能力を有していれば自動的によい成果へとつながると信じている学生が自己調整学習を活発に行うことはほとんどない。

　主導権を握る増大的なアプローチに対して，固定的知能観の学習に対するアプローチでは，言い訳が顕著な特徴として見られた。固定的知能観を持つもの

は，良い成績を収めるために力のすべてを注ぐのではなく，成績の悪さは能力のせいではないという口実を探すことにエネルギーを費やすのである。例えば，ロードワルト（Rhodewalt, 1994），カリー，エリオット，ダフォンセカとモラー（Cury, Elliot, Da Fonseca, & Moller, 2006）は，固定的知能観を持つこととセルフ・ハンディキャップをなすことの間に有意な関連性があることを示した。**セルフ・ハンディキャップ**は自分の遂行を損なう行為のことである。試験前夜にバカ騒ぎをしたり，わざとレポートを提出期限ギリギリに書き始めたり，などである。これにより，成績が悪い場合でも面子を保つための言い訳ができるのだ。これは固定的知能観の枠組みでは，能力に対する悪い印象を防ぐことのほうが実際に成功することよりも重要とされていることを意味する。

増大的知能観を教えると自己調整学習は促進されるのか？

　本節では増大的知能観の育成が直接自己調整学習の増加を生じさせるかを考える。表2.3に固定的知能観に対立する増大的知能観を促進させる実践の概要を示す。

◆賞賛

　知能や努力を賞賛することにはどのような効果があるのだろうか？　どちら

表2.3　増大的あるいは固定的知能観を促進させる実践

	固定的知能観	増大的知能観
賞賛とは	才能や知能を有する人が受けるものである	過程，努力，方略のためのものである
天才とは	生まれつきのもので，努力を必要としない	情熱と努力によって達成されるものである
困難とは	能力が低い生徒が直面することである	価値ある学びの機会である
努力とは	能力の低い生徒が必要に応じてするものである	すべての生徒が必要に応じてするものである
脳とは	固定的なものである	学習することによって成長する

を賞賛すると，学習欲求が増すのだろうか？　揺るぎない自信と粘り強さを育成するのはどちらだろうか？　どちらがより良い成果につながるだろうか？　私たちは，いくつかの研究を通じて（Mueller & Dweck, 1998）これを調べていくことにした（より年少の児童に対する関連した研究についてはKamins & Dweck, 1999 を参照）。小学校高学年の児童に非言語的な知能テストであるレイブン式知能検査（Raven's Progressive Matrices Test; Ravens, 1976）から問題が出題された。

最初の問題群を終えた後，児童はその成績について賞賛された。3分の1の児童は知能への賞賛をうけた（すごいね，○問も正解だったね。とてもいい点数だよ。あなたは頭がいいね）。次の3分の1の児童は努力が賞賛された（すごいね，○問も正解だったね。とてもいい点数だよ。よく頑張って勉強したね）。残りの3分の1の児童は成果に対する賞賛のみを受けた（すごいね，○問も正解だったね。とてもいい点数だよ）。

私たちは，知能への賞賛と努力への賞賛の効果を調べることにした。というのは，自己尊重の活動は旺盛であり，その支持者の多くは，知能や才能の賞賛を主張しているからであった。彼らは知能や才能を賞賛することが子どもたちに自信を持たせ，動機づけを引き出し，学習を向上させると信じていた。親たちも同様だったのである。私たちが実施した調査では親の80％が子どもに自信を持たせ，良い成績を収めるのを助けるためには，子どもの知能をほめることが必要だと答えた。

しかし，動機づけの研究を長年続けてきた私たちは，固定的知能観を持つ児童，より傷つきやすい児童ほど自分の知能を気にし，知能を測定し，実証することに過度にとらわれることがわかっていた。このため，知能をほめることにより「大人が重要視するのは子どもの知能であり，成功は知能によって決められ，課題の成果から自分の知能が読み取られる」という誤ったメッセージを伝えることが懸念された。これに対し，努力（あるいは方略に）対する賞賛は，その過程こそが重要であり，生まれつきの能力だけではなく，その過程を通じてスキルが向上し，成功につながるというメッセージを伝えている。

まず，私たちの結果は，知能をほめることで固定的知能観が生じ，努力をほめることで増大的知能観が生じることを示した。これは，子どもの知能をほめることで，知能は固定的な性質であるというメッセージが伝わることを意味している。

これに合わせて，知能の賞賛は，児童を遂行目標（自分の知能を明らかにすることを目標とする）へと向かわせ，努力の賞賛は，児童を習得目標へと向かわせた。つまり，知能をほめられた大多数の児童は，どのような課題を次にやりたいかと問うと，何かを学ぶことができるより難しい課題ではなく，良い成績を収められる簡単な課題を選んだ。自分を賢く見せることを望んだのである。努力をほめられた子どもたちは，何かを学べる難しい課題を圧倒的に望んだのである。

次に，児童は数問しか答えられないような非常に難しい問題群を与えられた。知能の賞賛を受けた児童は問題に取り組む楽しさが急激に減少し，問題を家に持ち帰り練習する動機づけも低下した。また，これらの児童は自信をなくし，難しく感じるということは自分の能力が低いという意味だと考えた。一方，努力に関する賞賛を受けた児童は問題に没頭し続けた。問題に取り組む楽しさも，家に持ち帰り練習する動機づけも低下しなかった。私たちは，努力に対してほめられた児童の中には，難しい問題が一番好きな問題だと言うものさえいることに気がついた。

最後に，児童は3つめの問題群を与えられた。これはある程度良い成績を収めることができた最初の問題群と同等の難しさの問題群である。困難な問題を経験すると，どのような影響が見られるだろうか？　困難な問題の経験は新しい学習方略を身につける助けになっているのか，あるいは困難に直面したことでやる気を損なってしまっているのだろうか？

彼らの持つ習得目標と持続的な動機づけとを合わせて，努力に賞賛を受けた児童は，最初の問題群と比較して大幅な成績の向上を見せ，すべての群の中で最高の成績を収めた。このことから，努力をほめることが，問題解決の方略を培うことにつながり，IQテストの成績の向上につながったといえるだろう。一方，知能をほめられた群は，問題群の難易度は同等であったのだが，最初の問題群と比較して，有意な成績の低下が見られ，すべての群の中で最低の成績となった。知能を賞賛することは，学習を向上させ動機づけを高めると考えられているが，実際にはIQテストの成績を低下させる結果となったのである。

ここで重要なのは，3群の児童たちは実験開始時には同等レベルの成績で，ランダムにどの種類の賞賛を受けるか振り分けられたということである。これは，実験後の成績の変化は，賞賛の種類の影響によってもたらされたということである。賞賛の影響に関する今後の研究では，より直接的に努力と学習方略

への効果を調べていく必要があるが，成績の差はこの（つまり，課題に取り組む際の努力と，課題を解くために使い開発した学習方略両方の）2つの差によるものであると考えられる。

努力をほめるというのは，努力が重要視されるべきであることを表現する手段の1つにすぎない。教師が数学，科学やその他の分野における天才の話をするときには，その話し方に気をつけねばならない。私たちの研究では（Good, Dweck, & Rattan, 2006），非常に難しい問題を生まれつきの才能で解いてしまった，というように数学の天才の話をすることで，児童は固定的知能観を持つことになる。児童には，天才は生まれつきのもので，努力せず自己表現できるのだと解釈される。一方，数学の天才を，数学を愛し，多くの時間をかけ努力をした人と描写すると，児童は増大的知能観を持つようになる。

また，児童が問題を簡単にすばやく解いてしまったとき，その児童を必要以上にほめないように教師は気をつけるべきである。これも頭がいいことは，努力なしにできることだという考えを植えつけてしまうからである。そうではなく，教師はこの問題はその児童には簡単すぎたと伝え，より難しい，児童が何かを学べるレベルの問題を与えるべきである。こうすることで，教師が重要視しているもの（そして児童が重要視すべきもの）は努力を必要とし，何かを学べる課題に取り組むことだということを児童に伝えることができる。

賞賛の研究は，異なる知能観を育成する経験が自己調整学習を妨げる，あるいは促進させることを示している。次の研究は，児童に直接増大的知能観を教え，その効果を調べたものである。

◘脳科学を用いた介入 I

知能観は生徒が困難に直面しているときに最も効果が表れる。このときこそ自己調整学習方略が最も必要とされ，増大的知能観を持つ生徒がその方略を受け入れ，固定的知能観を持つ生徒はそれを放棄する。多くの生徒にとって中学校への移行期は非常に難しい時期である。学習内容は大幅に難しくなり，評価はより厳しく，環境もあまり養育的ではなくなる。多くの生徒が現在の成績は将来の成績を予想させるような気がするので，プレッシャーも大きくなる。

私たちは，固定的および増大的知能観を持つ生徒の数学の成績が中学校の間に分岐し，この差は学習に対する態度の違い，努力に対する信念の違い，そし

て困難に直面したときの方略の違いから生じることを実際に示した（Blackwell et al., 2007）。ここで私たちは増大的知能観を教えることが生徒の数学の成績を向上させるかどうかにも興味を抱いた。

この問題に取り組むため，ブラックウェルら（Blackwell et al., 2007）は中学1年の生徒に対する介入を計画した。介入は，特に数学の成績の低下が明らかになる2学期に実行された。生徒たちはランダムに実験群と対照群に振り分けられ，学習スキルに基づいた8セッションの介入を受けた。実験群では8セッション中，2セッションで増大的知能観が教えられた。

これらのセッションでは生徒たちは脳について学び，新しいことを学習するたびに脳内の細胞がつながっていくことを学んだ。そして，人と脳は賢くなっていくことを教えられた。生徒たちはこの概念を説明するような課題に取り組んだ。例えば，学習することで脳が賢くなることを示す「神経回路網の迷路」である。また，例えば何か難しいことがあっても努力して習得し，うまくなった，など増大的概念の認識を強化するような議論を行った。また，困難に陥って，自分はダメだと思い込み，あきらめたくなったときに，学習にこの概念をどのように応用するのかも学んだ。

対照群もしっかりとした介入を受けた。実験群と同様，生徒たちは学習スキルについての授業を受け，目標設定，時間管理，大きな課題を小さな部分に分解すること，読解力の方略，数学の応用問題や学習方略，暗記のコツ，重要な情報をインデックス・カードに書き復習すること，テスト勉強の方略，テストを受けるコツなどを学んだ。また，生徒たちには蛍光ペン，インデックス・カードなどが入った勉強キットが与えられ，学習方略の実行を援助した。私たちは，このような知識を行動に移すためには生徒の動機づけが必要で，学習スキルのみを教えても実行できないと考えた。事実，私たちの考えどおり対照群の生徒の数学の成績は低下し続けた。

一方，実験群に属した生徒たちの数学の成績は対照群と比べて学期末には大幅に高くなっていた。これによって，学習スキルと増大的知能観を両方教えることで，成績の低下を上昇に変えることができたのである。

増大的介入が教室行動に目に見える変化をもたらしたかどうかを調べるため，教師に生徒たちの動機づけに何か変化が見られたかを聞いた。教師たちは，どの生徒がどちらの群に属していたかや2群があったことは知らされていなかったのだが，増大的介入を受けた群に属していた生徒のうち27%を特定すること

ができ（対照群の生徒のうち9％のみが特定された），動機づけの良い変化が観察されたと報告した。興味深いことに，教師の報告では，生徒が学習やその過程に価値をおくようになったこと，より努力するようになったこと，自己調整学習をするようになったことなどが特に強調された。例えば，勉強の仕方の質問をするようになり，宿題や課題を早く提出して意見を求め，修正するようになった。教師からの報告のいくつかを下に記す。

　これまで絶対に努力をせず，宿題の提出も遅れがちだった生徒Lが，提出物を早く仕上げるために夜遅くまで起きて，何時間もかけて仕上げてきました。私がざっと目を通し，彼がそれを修正する時間があるようです。その提出物の成績はB＋でした（通常，彼の成績はCかそれより下です）。

　生徒Mは同学年の生徒にだいぶ遅れをとっていました。ここ数週間お昼休みにテストを受けるコツを教えて欲しいと自分から言い出すようになりました。彼女の成績は落第から，最近のテストでは84点までに大きく向上しました。

　生徒の中には自分からお昼休みや放課後にピア・チュータリング・セッションに参加し始めるものがいました。NやSなどは，特別の支援を求め成績が上がる期待でやる気になって，合格していきました。

◨脳科学を用いた介入Ⅱ

　増大的介入の成功に励まされ，それを実施するのに必要な作業量を負担に感じながら，私たちはコンピュータ・ベースのワークショップを開発した。このワークショップでは，生徒たちは脳について様々なことを学ぶことができる。具体的には，生徒たちは最先端の脳研究室をオンライン上で訪れる。そこでは，脳の構造や機能（どのように思考するか，学習や記憶がどのような仕組みで起きているのか）について学び，脳にバーチャルな実験を行うことができる。このように，生徒たちは脳がより良くはたらくことができるということを学ぶ（食事，睡眠，勉強の習慣や方略）。また，効果的に学習するために脳を使うことでニューロンが新たにつながっていき，これを繰り返すことでどんどん頭が良くなっていくという増大的な教えも学んだ。

　生徒たちは，10代のアニメーション・キャラが学校生活を送るのを体験し，

対話式の課題や練習をして，これらの考えを適用できる。生徒たちは，オンラインで学習日記もつけた。

　脳科学ワークショップをニューヨーク市内の20の学校で中学1年生を対象に実施した。また，比較対照の20校ですばらしい学習スキルのワークショップ（脳科学の概念を除く）が行われ，20校で観察のみが行われた。また，これらの生徒たちは1年間追跡され，この効果が長期に維持されるかを調べた。生徒の成績のデータは現在準備中だが，ほぼすべての生徒がワークショップは学習に役立ったと報告しており，勉強の習慣，継続性，楽しんで勉強すること，成績などを向上させたと答えた。

　生徒たちは脳科学プログラムを受けることで，何か考え方が変わったことはあるかと質問された。また，このプログラムで学んだ後，これから先これまでとは違ったやり方にすることはあるか，そしてそれは何か？　という質問をされた。下記に自己調整学習における変化や学習のモデルの変化についての生徒たちの答えを匿名で記載する。

　　　脳科学プログラムを受けて，物事を新しい見方で見ることができるようになりました。難しい教科に対しても，できないことが習得できるようにより頑張って勉強するようになりました。時間を有効に使うようになりましたし，毎日勉強をして，その日に取ったノートを復習するようになりました。このプログラムを受けて本当によかったと思います。このプログラムによって脳に対する知識が向上したからです。

　　　私の学習がどのように変わったのかというと，教科によっては不安になることもありますが，あきらめずに勉強し続ければそのうちできるようになると思うようになったことです。

　　　脳科学プログラムで脳がどのようにはたらいて，学ぶとどうなるのかがわかったので，勉強方法や練習方法が変わりました。

　　　私たちにもっと勉強させてくれて，脳が発達するのを助けてくれてありがとう！脳内のニューロンが大きく成長して，つながっていくのを思い描くようになりました。

　教師たちからは，それまでやる気が見られなかった生徒たちが脳科学で学ん

だことを話していると報告を受けた。例えば，生徒たちはよく勉強し，何かを学習すると，学んだことが一時的な記憶領域（作業記憶）から長期的な記憶領域に移されるということを学んだ。すると生徒たちは「これは長期的な記憶領域に入れておくね」「ごめん，まだ長期的な記憶領域には入ってないんだ」「作業記憶しか使ってなかったみたいだね」のように会話するようになった。

　また，最も能力の高い生徒たちにもワークショップを受けることは大変役立ったと，教師たちは報告している。これまでは，レベルの入り混じったクラスでたいした努力も必要とせず，楽に算数を勉強してきた生徒たちは，中学1年生になると方程式など新しい考え方に戸惑い，これまで比較的使わなかった学習スキルを使わなければならなくなると，多くの生徒がつまずいていた。学習スキルと様々な学習法に関する脳科学のカリキュラムの部分は，成績の悪い生徒だけではなく，生徒全体に非常に役立ったと，教師たちは報告している。

　要約すると，増大的知能観を教えるという私たちの介入は，生徒に学習スキルを実行する動機づけを与えたようだ。

結論

　本章では知能観が自己調整学習にどのように影響するかを示してきた。まず，増大的知能観は学習する動機づけを向上させるが，固定的知能観は賢く見せることに重みを置くのである。実際，固定的知能観を持つ生徒は，自己の能力不足が明らかになりそうな場合，学習しないことがわかった。これは固定的知能観の枠組みでは，賢い人には弱みはないことになっているからである。

　次に，増大的知能観では，学習の**プロセス**──知識を習得する際に役に立つ努力と方略──に焦点を当てている。これに対し，固定的知能観はたいした努力や方略を必要とせず，能力だけで目標は自然と達成されるという考えを育てる。その結果，増大的知能観を持つ人のほうが困難なコース，特に自己調整学習を必要とするコースで良い成績を収める。興味深いことに，増大的知能観を持つ生徒は，学習方略だけではなく，興味や動機づけ──うまく学ぶために必要とされる様々な過程を管理すること──も調整するのである。

　最後に，増大的知能観を教えることで，自己調整学習が促され，より良い成績につながることを示した。ある意味，増大的知能観を学ぶことで生徒は自分

の知力とその発展を主導することができる。このため自分の持つ様々な学習スキルを実行する動機づけが増すのである。新しい学習スキルだけを生徒に教えたワークショップでは，生徒の動機づけや達成への効果はあまり見られなかった。

　要するに，知能観に関する研究は，学習スキルを持つことと使うことは同一ではないことを示している。固定的知能観を持つ人は，学習スキルを持つがそれを使わないかもしれない。これは，頭の良い人はスキルを必要ないと思っているか，あるいは困難に直面してやる気をなくし，学習スキルは役に立たないと考えているからである。あるいは，困難に直面すると防衛的になり，やろうと思わない。このため，生徒には必要な学習方略を習得させるだけではなく，それを使うように動機づけることが重要である。

第 3 章

達成目標の自己調整

ジェームス・W・フライヤー
(James W. Fryer)
University of Rochester
アンドリュー・J・エリオット
(Andrew J. Elliot)
University of Rochester

▌ はじめに ▌

　自己調整学習のプロセス（Zimmerman, 1989）は，教育に関係した場面における知識活用や方略の概観，感情や認知，行動の調節によって，生徒が自らの教育に向かう促進的アプローチを取るという特徴を持つ。達成目標の追求（Dweck, 1986; Elliot, 1997; Nicholls, 1984）は，自己調整の重要な側面を表す。それは目標が，生徒が使うことを計画している状況固有の方略および生徒が達成するか回避しようとする結果との明確な見取り図を提供するからである。達成動機づけへの達成目標アプローチと，自己調整への社会－認知的アプローチは，教育研究における2つの異なる伝統を示すものだが，達成目標追求のプロセスは，自己調整研究（Zimmerman, 1989）で論じられる目標設定と方略プランニング過程に類似している。加えて，教師行動や教室の特徴といった外的要因は，自己調整学習の発達（Schunk, 1998; Schunk & Zimmerman, 1997; Zimmerman, 1989）と達成目標の採用（Ames & Archer, 1988; Church, Elliot, & Gable, 2001; Roeser, Midgley, & Urdan, 1996; Urdan & Turner, 2005）の両面に

影響することが知られてきた。私たちは達成動機づけに対する達成目標アプローチと自己調整の社会－認知的モデルを統合することが，影響力のある2つの研究系譜の両方にメリットがあると信じている。これらの伝統の幅広い統合ということは，本章や他の1つの章のみで論じる範囲を超えている。私たちのここでの目標はより控えめなものである。特に，自己調整の社会－認知的モデルの重要な特徴――達成努力の循環的性質――を，達成動機づけに対する達成目標アプローチに組み込むことに焦点を当てる。

本章では，達成動機づけと私たちの実証研究を促した達成目標概念の概観から始める。次に，私たちの行ってきた達成目標の長い間の安定性と変化の研究について述べる。この研究は，達成目標研究に自己調整の論点を加えるメリットを強調するものである。最後に，達成目標調整から得られた知識を現実の教室や学校へ適用することに関心を持つ研究者に向けた実践的な示唆について論じよう。

達成動機づけの階層モデル

達成動機づけの階層モデル（Elliot, 2006; Elliot & Church, 1997）は，いかにして目標が末端の動機づけ関連の基盤，例えば達成欲求（McClelland, Atkinson, Clark, & Lowell, 1953）や失敗恐怖（Birney, Burdick, & Teevan, 1969）といった動機特性から生じるかを記述するものである。動機は，達成場面あるいはその後に経験される感情の予期からエネルギーを与えられ（Elliot, 1997; McClelland, 1951; Murray, 1938），動機によって付与されたエネルギーに方向性を与えるために目標が形成される。目標選択の基礎となる基盤的な関心が，行動の理由とエネルギー源を与え（Elliot & Thrash, 2001），目標は固有の場面の文脈における行動の具体的目的を解明する。動機のような**幅広い関心**では，個人が普通の達成場面で何をしようとするかを表すが，対照的に，**目標**は，人が特定の達成場面で何をすることを計画するかを表す。達成目標概念に内在する固有性は，行動を活気づけ推進する一般的な，あるいは末端にある構成物に対するいっそう強い予測力をつくり出す。しかし目標はこれらの基盤的な影響と達成成果との関係を完全に媒介するものではない。むしろ目標は，「目標複合体（goal complexes）」（Elliot & Thrash, 2001）を形成するための潜在的理

由を結びつけるのである。複合体は達成場面全体で活動的である。個人は類似した目標パターンを選択するが，目標と関係のあるそのプロセスや成果は，目標の根底にある理由により異なるのである。

　学校風土（Ames & Archer, 1988），友人（Wentzel, 2005），知能観（Dweck, 1999），養育者との発達初期の関係（Elliot & Thrash, 2004），そして神経学的鋭敏さ（Elliot & Thrash, 2002）などの幅広い個人間あるいは環境の影響も，達成目標の形成に影響する。それぞれの場合，これらの要因は達成目標の選択に直接影響するだけではなく，課題達成過程での達成目標の追求に持続的に影響する（McGregor & Elliot, 2002）。この動機づけの階層モデルは学業文脈だけでなくスポーツ文脈でも（Conroy & Elliot, 2004; Elliot & Conroy, 2005），そして達成領域だけでなく社会的領域でも（Elliot, Gable, & Mapes, 2006）確認されている。

◤2×2達成目標枠組み

　達成目標は達成動機づけの階層モデルの概念的中核である。達成目標は行動を導く肯定的あるいは否定的なコンピテンス関連の可能性の認知的表象として定義される（Elliot & Thrash, 2001; 目標の構成概念がどのように最適に定義されるかの問題に関してはElliot & Fryer, 2007も参照のこと）。これらの目標概念はコンピテンスの2側面によって構造化される。すなわち定義（例：コンピテンスの評価に，絶対的／個人内あるいは規範的規準のいずれが用いられるか）と誘因価（例：肯定的可能性あるいは否定的可能性のいずれに焦点が当てられているか）である。これらのコンピテンスの側面を掛け合わせると4つの異なる達成目標が生まれる。すなわち熟達接近目標（正の絶対的／個人内規準），遂行接近目標（正の規範的規準），熟達回避目標（負の絶対的／個人内規準），遂行回避目標（負の規範的規準）である（要約した表3.1を参照）。この達成目標の定義は2×2達成目標枠組みと名づけられる（Elliot, 1999; Elliot & McGregor, 2001; 達成目標の3分類に関してはElliot & Harackiewics, 1996を参照のこと; 3×2達成目標枠組みへの考慮に関してはElliot, 1999を参照のこと）。

　2×2モデルの各達成目標は，それぞれ独自の先行要因や結果のプロフィールと関連している（Moller & Elliot, 2006; Van Yperen, 2006）。熟達接近目標は

表3.1　2×2達成目標の枠組みにおける目標への焦点

達成目標	焦点
熟達接近	正の絶対的あるいは個人内規準
遂行接近	正の規範的規準
熟達回避	負の絶対的あるいは個人内規準
遂行回避	負の規範的規準

達成目標の最も積極的な形として広く知られている。これらの目標は，達成欲求（Elliot & Church, 1997），接近傾向（Elliot & Thrash, 2002），増大的知能観（VandeWalle, 1997）に基づくものであり，深い情報処理（Elliot, McGregor, & Gable, 1999），難しい評価（McGregor & Elliot, 2002），遅延の減少（Wolters, 2004），自己調整の増大（Pajares & Valiante, 2001），適応的援助要請（Linnenbrink, 2005），破壊的行動の少なさ（Kaplan, Gheen, & Midgley, 2002），長期の記憶保持（Elliot & McGregor, 1999），耐性（Elliot et al., 1999），学習過程を楽しむこと（Pekrun, Elliot, & Maier, 2006），内発的動機づけ（Harackiewicz, Barron, & Elliot, 1998）といった積極的な過程をもたらす。先行研究では熟達接近目標と遂行成果との間には一貫した関係は見られておらず（Harackiewicz, Barron, Pintrich, Elliot, & Thrash, 2002; Midgley, Kaplan, & Middleton, 2001），この領域での重要な問題は，研究間で見られる差異を説明する条件を確認することである（例えば，Grant & Dweck, 2003; Senko & Harackiewicz, 2005a）。

対照的に，遂行回避目標は，達成場面において非常に問題のあるものと考えられている。失敗恐怖は遂行回避目標に潜在する動機特性として機能する（Elliot & Church, 1997）。そしてこれらの目標は，回避傾向（Elliot & Thrash, 2002），不安定な愛着（Elliot & Reis, 2003），能力の固定理論（Cury, Elliot, Da Foseca, & Moller, 2006），そして達成を不快な評価的環境であるとする認知（Church et al., 2001）からも生じる。遂行回避目標は表面的な情報処理（Elliot et al., 2001），評価不安（Elliot & McGregor, 1999），セルフ・ハンディキャッピング（Urdan, 2004），援助要請の回避（Middleton & Midgley, 1997），抑うつ（Sideridis, 2005），離脱（Wolters, 2004），遂行成果の低下（Elliot, Shell, Bouas, Henry, & Maier, 2005）へと導く。今日まで遂行回避目標と適応的なプロセスや成果を結びつける研究はなく，研究者たちは，遂行回避目標はあらゆる意味で動機づけを低下させるものだという共通認識を持っている。

遂行接近目標は，上記2つの目標に比べて先行要因と結果に関してより複雑

なプロフィールを持っている。それは一部には，達成欲求と失敗回避（Elliot & Church, 1997），そして接近と回避の傾向（Elliot & Thrash, 2002）の両方の根拠によるものである。熟達接近目標と遂行接近目標は，ともに耐性や努力，そして挑戦といった正のプロセスをもたらすという点で類似性を持つ（Elliot et al., 1999; Lopez, 1999; McGregor & Elliot, 2002）。しかし遂行接近目標は表面的な情報処理（Elliot et al., 1999），脅威の評価（McGregor & Elliot, 2002），そして援助要請の回避（Karabenick, 2003）と関連するという点で，遂行回避目標との共通性も持っている。達成目標研究者が直面する難解な問題は，遂行接近目標が一貫してパフォーマンスの促進に結びつく（Elliot et al., 2005; Moller & Elliot, 2006 も参照のこと）ものの，しかしそれにはあるコストがかかり，特に長期的に見れば，内発的動機づけや幸福感（Elliot & Moller, 2003; Midgley, et al., 2001）を損なう可能性があるというものである。達成目標研究の重要な問題は，遂行接近目標を長期的に追求することで生じる問題を被ることなく，短期的に個人は遂行接近目標の利益を得ることが可能かどうかについて結論を出すことである。

　熟達回避目標は，当初接近－回避の2分類が遂行目標に関してのみであった達成目標研究に，最も新しく加えられたものである。遂行回避目標と同様に，熟達回避目標でも失敗恐怖は潜在する単一の動機特性である（Elliot & McGregor, 2001）。これらの目標は能力の固定理論（Cury et al., 2006）や，達成環境は束縛的であるという認知（Elliot & McGregor, 2001），そして失敗に関する親の心配（Elliot & McGregor, 2001）から生じる。熟達回避目標は援助要請の回避（Karabenick, 2003）や内発的動機づけの低下（Cury et al., 2006）を導く。熟達回避目標は，基本的に個人が自らのスキルを失うことに第一の関心がある場面で用いられると考えられている。例えば，優秀さのピークを越えたエリートや，スキルや能力の低下に気がつき始めた高齢者がその例である（Elliot & McGregor, 2001）。しかし，新しい方法論を用いた研究データからは，熟達回避目標を用いることは当初考えられていたよりもより一般的であることが示されている（Van Yperen, 2006）。達成目標研究に比較的新しく加えられたために，熟達回避目標の研究は他の3つの目標に比べて数が少ない。しかし，熟達回避目標は広く概念的，実証的支持を受けており（例えば，Conroy, Kaye, & Coatsworth, 2006; Cury et al., 2006），これらの目標は達成目標研究においてより多くの注目に値するものである。

◘分析のレベルと多面的目標

　何年にもわたって，達成目標には数多くの違う概念が提唱されてきた（レビューとして Elliot, 2005; Pintrich, 2000 を参照）。これらの概念化は研究グループや伝統，分野によって異なってきた。特に，ある理論家は場面を越えた目標追求の普遍的パターンに焦点を当て，またある理論家は目標追求は所与の場面に固有なものだと考えてきた。このように，現在の達成目標研究では，目標が評価される固有のレベルによって異なっている。最も広いレベルでは，目標志向は，コンピテンス関連行動を起源とする深い生得的な特性である動機と類似したものとみなされる。しかし，目標は，個人の関心や環境的な影響によって時々刻々と変化する変わりやすいものであり，場面固有の目標のほうが普遍的な目標志向よりも達成成果のより良い予測因となる（Elliot, 2005）。このように，達成目標概念は分析のレベルにおいて普遍的（すなわち特性的）なものよりも固有なものに適していると考えられる（Elliot & Fryer, 2007 を参照）。

　さらに重要なことは，目標の採用とは，ある時点で唯一のものに制限される概念ではないということである。同様に，目標追求とは，ある特定の目標を選ぶか選ばないかという問題でもない。そうではなく，個人は関与のレベルによって，同時に多くの異なる達成目標を持つことが可能である。個人はある達成場面において様々な影響を受けるが（例えば，他者に優ることを支持する環境だが，同時に個人内での努力を強調するなど），これらの潜在する影響は達成目標を通じて行動に影響し（Elliot & Church, 1997），様々な影響や背景が多面的目標を用いさせるのである。

　多面的目標アプローチは多くの異なる研究において確認されてきた（例えば，Barron & Harackiewicz, 2001; Linnenbrink, 2005; Pintrich, 2000; Wentzel, 2003）。実験的研究では普通は，実験協力者に1つの目標を焦点づけてきたが，フィールド研究では研究者は，現実世界において人は自然に多様な達成目標を持つと評価してきた。このアプローチは，単一目標だけでなく達成目標のクラスターと関係のあるプロセスと成果を調査することによって，達成目標研究に概念的，実証的な柔軟性をもたらした。付加的，相互作用的な知識，そして多面的目標に伴う潜在的に競合的な効果（Barron & Harackiewicz, 2001）は，達成場面で個人がどのように動機づけられるのかに関する私たちの見方を広げたのである。

◆目標の循環的性質

これまでの実証研究では、達成目標と関係のある感情、認知、行動が関心を集めてきた。しかしそれらの多くの研究は単一の達成課題に対する目標だけを考慮するものであった。達成課題は時には1つの出来事として経験されるが、多くの場合連続するものである。例えば、一般に大学生は講義コースの中で一連の3つか4つの試験を経験する。個人はそれぞれの課題で同じ目標を持ち得るが、目標追求の中で時間の経過とともに変化する可能性もある。この目標の安定性と変化の問題は明らかに重要なものだが、今日まで達成目標研究ではほとんど注目されなかった。

達成目標研究とは対照的に、達成追求の循環的性質は、自己調整の社会的認知モデル（Zimmerman, 1998, 2000）の研究においてはっきりと注意を向けられてきた。はじめに、目標設定は、予見段階において個人の目標志向性や自己効力信念によって影響され生じる。遂行／意思コントロール段階とは、達成場面で活性化される注意焦点化やセルフ・モニタリングなどの過程のことである。遂行が完了すると、課題のために個人が設定した目標は、自己内省の段階で評価され、この評価でなされた判断は次の予見段階における目標設定プロセスに影響する。社会的認知モデルのすべての段階とプロセスは複雑に絡みあっており、このことは教育者が自己調整的介入を行う際に多くの介入ポイントがあることを意味する。教育を通じて、生徒は繰り返しコンピテンス関連の場面に遭遇するが、社会認知的モデルの循環的性質はこの出来事のパターンに明らかに適応するものである。

達成目標アプローチが、同様に達成努力の循環的性質を説明することで、その概念的枠組みや研究の方法論、そして教室への適応の点で大きな利益を得ることは明らかである（図3.1参照）。私たちの研究（Fryer & Elliot, 2007）では、時間の経過に伴う達成目標の安定性と変化の性質を吟味することによって、自己調整の社会的認知モデルの基となる目標の循環的性質を、達成目標研究へと組み込もうとしたのである。

◆達成目標の安定性と変化に関する先行研究

達成目標の時間的パターンとプロセスに関する研究は、現在始まったばかり

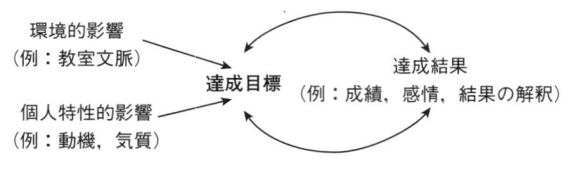

```
環境的影響
(例：教室文脈)  ┐
              ├→ 達成目標 ⇄ 達成結果 (例：成績，感情，結果の解釈)
個人特性的影響  ┘
(例：動機，気質)
```

図3.1　達成目標の循環的性質

達成課題はしばしば連続的であるが，はじめの目標選択による結果はその後の目標選択の先行要因としても機能する。環境的，個人特性的性質は達成目標に常に影響する。

の段階である。これまでの達成目標研究では，時間を越えた目標の順位相互相関によって測定されたように，目標はきわめて安定的であるととらえられてきた（例えば，Anderman & Midgley, 1997; Anderman & Anderman, 1999; Bong, 2005; Elliot & McGregor, 2001; Meece & Miller, 2001; Middleton, Kaplan, & Midgley, 2004; Seifert, 1996; Senko & Harackiewicz, 2005b; Stipek & Gralinski, 1996; Wolters, Yu, & Pintrich, 1996）。また研究の一部は時系列的な平均レベルの変化を分析してきた（例えば，Anderman & Midgley, 1997; Anderman & Anderman, 1999; Bong, 2005; Meece & Miller, 2001; Seifert, 1996; Senko & Harackiewicz, 2005b）。この分析では，サンプル・レベルにおけるある特定の目標の絶対的（absolute）使用の変化に焦点を当ててきた。これまでの研究では，平均レベルの分析結果は，順位の結果と一致したものではなかった。その理由は，測定の性質（目標対目標志向性），サンプルとなった学生の年齢（小学生から大学生まで），そして研究が行われた時間的枠組み（学年度内対重要な年度移行に渡るもの）における違いによるものである。平均レベルの分析結果に一貫性がないことは，目標の絶対的使用が，順位相関データから結論づけたくなるほど変化への抵抗がない可能性を提起している。

　私たちは3つの研究を実施した（Fryer & Elliot, 2007）。それは，学期中の3回の試験に先立って，達成目標が評価される大学の教室場面において行われた。私たちは目標の安定性の確かなエビデンスだけでなく，目標の変化に関するエビデンスも見出したのである。先行研究と同じく，目標の順序はきわめて安定していたが，これはサンプルとなった個人が，ある特定の達成目標タイプを長期にわたって用いる際に，類似した順序を維持しようとする傾向を持つことを意味している。平均レベル分析の結果から私たちは最初の目標の改定を行った。その結果は，熟達接近目標は低下し，遂行回避目標は上昇し，遂行接近目標と

熟達回避目標ではいずれも有意な変化は見られなかったのである。順序の安定性と平均レベルの変化の両方が存在することは矛盾したことではない。むしろ，両者の共存はきわめて合理的である。順序と平均レベルの分析は，目標の異なる側面に焦点を当てるものであり（相対的順序と絶対的レベルのそれぞれにおいて），目標の安定性と変化の問題の情報に，矛盾でなく相補性を与えるものである。

◪達成目標の安定性と変化を検証する新たな可能性

しかしながら，達成目標の自己調整に対して，先の分析では説明されていないあと2つの可能性が残されている。その第1として，目標の順序と平均レベルの分析は**サンプル**内における安定性と変化を記述することを目的とするが，それらの分析からの結果は，**個人**内の安定性と変化のパターンを見えなくする可能性がある。遂行接近目標と熟達回避目標に平均レベルの有意な変化が見られないことは，一部は目標の採用に潜在する多様な影響によって説明される（Elliot & Church, 1997）。すなわち，これらの目標に関わる目標複合体の大いなる多様性（Elliot & Thrash, 2001）は，サンプルに見られる有意差なしの結果を導き出すのである。第2に，順序と平均レベルの分析は，一度に1タイプの達成目標だけに焦点を当てるもので，多面的目標を含む自己調整行動を説明するものではない（Barron & Harackiewicz, 2001; Pintrich, 2000）。単に個人の達成目標に焦点を当てるのに対して，多面的目標のパターンを検証することは，長期にわたる目標の多様性を増大させる。加えて，多面的目標を考慮することは，達成場面を通して生徒が考える方略や，経験する様々な思考や感情の範囲に関する情報を明らかにする。目標の組み合わせは，（熟達接近目標や遂行接近目標に結びつく難しい評価のような）ある共有した特徴（Elliot & Reis, 2003; McGregor & Elliot, 2002）や，葛藤過程を活性化する目標（熟達接近目標は深い処理を，遂行回避目標は浅い処理を，というように; Elliot et al., 1999）を通じて互いを高める目標を含んでいる。多面的目標を同時に検証することは，達成目標アプローチの複雑さを増すだけでなく，生徒の自己調整の実践を通じた潜在的な機会を，より包括的に記述することを可能にする。

これらの自己調整の可能性を言及するために，私たちはさらに2つの分析的アプローチを行った（Fryer & Elliot, 2007）。これらはともに達成目標研究への

新しいアプローチである。その第1の分析では，信頼性変化指標（Reliable Change Index: RCI; Christensen & Mendoza, 1986; Jacobson & Truax, 1991）に焦点を当てた。この分析では，達成目標において時間的に見られた何らかの変化が，単にランダムなものか，あるいは目標の本当の変化であるかのエビデンスを見出す。信頼性変化指標は目標の絶対レベルを検討することに関する平均レベル分析に類似している。しかし，個人レベルの変化を測定するのとは異なり，またサンプル・レベルだけを焦点づけることによって見えにくくなった変化の可能性を明らかにするものである（Roberts, Walton, & Viechtbauer, 2006）。

第2の新たな分析は，イプサティブ安定性☆である（例えば，Cronbach & Gleser, 1953; Robins, Fraley, Roberts, & Trzesniewski, 2001）。イプサティブ安定性分析は，個人内の達成目標のクラスターを評価する3つの分析とは異なる。イプサティブ安定性は，標準的なピアソン積率相関係数と本質的には同じ相関係数をもたらすが，そこではサンプル内の個人の順序の代わりに，達成目標の配置に焦点を当てる。

> ☆ イプサティブ・スコア（ある特性に関して，個人間の比較ではなく，個人内での差異を表すために用いられるスコア。イプサティブ・スコアは個人ごとに構成された尺度上で分布する）を用いた安定性の分析のこと。フライヤーとエリオット（Fryer & Elliot, 2007）は，イプサティブ安定性（ipsative stability; 同論文ではipsative continuity）について，高度（elevation：プロフィール得点のレベル），形態（shape：プロフィール得点のパターン），分布（scatter：プロフィール得点の可変性）の3つの要素を持つものとして概念化している。なかでも目標の安定性を測定するものとして，形態に関してはプロフィール一貫性（profile consistency），分布に関してはプロフィール散布度（profile dispersion）が検討され，その分析にはQ相関（Q correlations）が用いられている（Cronbach & Gleser, 1953; Stephenson, 1952）。

信頼性変化の結果は，私たちが平均レベルで見出した変化に一致しており，その範囲を拡大するものであった。この分析のために，サンプルの多くは，平均レベルの変化と同様，熟達接近目標の低下と遂行回避目標の上昇を示した。遂行接近目標と熟達回避目標には平均レベルの有意な変化は見られなかったが，接近－回避の両方向においてこれらの目標の信頼性変化が見出された。これは，サンプル・レベルの分析は個人レベルの変化を相当見えにくくすることを意味する。さらに，これらの研究では，ほぼすべての調査協力者は，少なくとも1つの目標において確かな変化を示していた。

イプサティブ安定性の結果は，順位相関の結果と類似していた。相関の多くは非常に高く，個人内の達成目標の位置が本質的に安定していることを示していた。しかし，多くの個人が低い（あるいは負でさえある）相関係数を示して

おり，このことは，達成目標の本質的な改定が起こっていることを意味するものである。全般的に，達成目標の位置の分析は，単一目標の順位相関の結果と同様の安定性のレベルを実証したが，位置的な変化のエビデンスも同様に見られたのである。

　要約すれば，私たちの研究の主要な貢献は，新たなアプローチによって目標の安定性と変化への標準的アプローチを統合したことにある。私たちはそれを，異なる分析のレベル（サンプルレベル対個人レベル），異なる範囲（1時点の1つの目標対すべての目標の位置），そして異なる情報のタイプ（順位対絶対的使用）に焦点を当てることで行った。

　多様な方法の使用は，現在利用可能な方法よりも，より完全な目標の安定性と変化の測定をもたらした。そのため長期的な達成目標の自己調整の可能性をより包括的に評価することを可能にしたのである。

▌　実践への示唆　▐

◘達成目標に及ぼす環境の影響

　ここまで概観してきた研究から，達成動機づけの調整は個人レベルで生じ得ることが明らかとなった。しかし重要なのは，それは同じくシステム・レベルでも起こる可能性があることである。システム・レベルでの調整は，メリットのある達成目標を用いるよう促し，デメリットのある達成目標の使用を抑えようとする際，教室や学校で管理職や教師が監督し適用することが必要となる。

　達成目標研究では，システム・レベルの研究は個人レベルの研究に遅れをとっている。教師や教室，学校に対する生徒の認知が，達成目標に大きく影響することは明らかに実証されたことである（例えば，Ames & Archer, 1988; Church et al., 2001; Roeser et al., 1996; Urdan & Turner, 2005; Young, 1997）。これまであまり明確にされていないのは，達成環境の客観的特徴が，直接に，あるいは生徒認知を媒介して，どの程度達成目標に影響するのかということである（Urdan & Turner, 2005 を参照）。これは将来の研究のために明らかに重要な領域である。

　これまで達成目標に焦点を当てた介入的な実験研究はほとんど報告されてお

らず（例えば，Ames, 1992; Harwood & Swain, 2002; Meece & Miller, 1999），3分類あるいは2×2枠組みを用いて研究された例は全くない。とはいえ達成目標研究では，教師や管理職が生徒にあるタイプの達成目標を持つよう勧めることはきわめて重要だということが広く受け入れられている（Maehr & Midgley, 1996）。私たちの達成目標の循環的性質に関する議論は，はじめの目標の選択が，その後の目標選択の先行要因としても機能するという結論を提起する。このように，達成目標に関連したプロセスと成果に焦点を当てた介入は，達成目標それ自体を修正することを目指した介入と同様に，積極的で強いメリットをもたらし得る。

例えば前述したように，熟達接近目標は適応的な援助要請に結びつく（Linnenbrink, 2005; Ryan & Pintrich, 1997）。生徒が援助要請を回避するのは，他者に援助を求めることで自己尊重が脅かされる経験をするためという可能性がある（Karabenick, 2004）。教師は，課題を完成するには援助を求めることが必要で，その援助は友人や教師，その他の教室のリソースから得られる，という教室での活動を設定して，援助要請行動を促進することができる。熟達接近目標は内発的動機づけとも結びつく（Harackiewicz et al., 1998）。自己決定理論（Deci & Ryan, 1985）は，内発的動機づけと自律性あるいは選択の経験との関係についての豊富な研究を提供している。与えられた課題は選択された課題（たとえ選択数が限定的な場合でも）に比べてあまり面白くないととらえられる傾向にある（Deci & Ryan, 2000）。教師が生徒に選択肢とそれを選ぶ能力を与える機会を持つこと（例えば，一日中取り組めそうな課題，次のプロジェクトのために進んで調査しそうな話題）は，生徒の興味の発達を促すことを可能にし，将来的には熟達接近目標の促進をもたらすであろう（Church et al., 2001）。

目標選択に及ぼす環境的影響はもともと複雑であるが，それは部分的には生徒が達成場面で個人的な認知的予測を持つからである（Elliot & Moller, 2003）。例えば，教室で人気のある実践は，生徒の作品を掲示することである。この実践は生徒にとって，教室環境では規範的な有能さが評価されることを意味するものとなり，それは生徒の目標の変化をもたらす可能性がある。もちろん，教室において優れた作品を認めることが自動的に遂行接近目標の促進となるということではない。そうではなく，同じ教室環境であっても，ある生徒には熟達接近目標を促すものと解釈され，また別の生徒には，遂行接近目標が好まれる環境であると解釈されるということである。生徒の作品を掲示する理由が，明

確に過去の成果や課題に基づく規準の達成（例えば，プロジェクトをみごとに完成させること）によるのであれば，作品の掲示は熟達接近目標を促すものとなるだろう。教師や管理職にとって重要な問題は，教室や学校の環境を形成する際，生徒の認知の違いを考慮することである。研究者にとっての重要な問題は，教室や学校環境の客観的な変化が，生徒の認知や達成目標，そして実際の達成関連の成果にどのような影響を及ぼすかをより明確に実証することである。

◪ どちらの目標を促進するか？

　教師や管理職が，生徒があるタイプの達成目標を持つよう促す教室や学校を形成することができるならば，どのタイプの目標が奨励されるべきだろうか？前述のように，過去25年以上にわたる多くの研究では，熟達接近目標に対する決定的な積極的法則的ネットワークを同定してきた（あるいは概念的均衡；レビューとしてMeece, Anderman, & Anderman, 2006 を参照）。現在進行中の遂行接近目標の積極的効果に関する議論（Harackiewicz, Barron, Pintrich, et al., 2002; Midgley et al., 2001）を考えた場合でも，熟達接近目標が生徒の長期的な興味（Harackiewicz, Barron, Tauer, & Elliot, 2002）や幸福感（Kaplan & Maehr, 1999; Pekrun et al., 2006）を生起させ，維持するのに最も望ましいものであることは明らかである。熟達接近目標が遂行接近目標と同じレベルの遂行結果をもたらさないとしても，遂行接近目標の潜在的で長期的な問題の可能性から，将来の研究によって明確な判断規準が与えられるまでは，遂行接近目標を奨励するという議論には慎重を期すべきであろう（Elliot & Moller, 2003; Elliot et al., 2005）。

　しかしながら多面的目標アプローチを用いた達成目標研究（Barron & Harackiewicz, 2001; Fryer & Elliot, 2007; Pintrich, 2000）では，個人はある場面で多様な形態の達成目標を持つことができ，遂行接近目標をはっきりとは除外しようとせず，熟達接近目標の選択を勧めることができることを提起している。生徒に最も積極的な結果パターンをもたらす最上の実践的助言は，教室で低から中レベルの規準に照らした比較をなんとか阻止しようとすることではなく，熟達接近目標（例えば，教材への興味を引き出す，過去の試験成績を改善する，など）を強調する環境をつくり出すということかもしれない。生徒間の高いレベルの競争や，明らかに競争を奨励する環境にはありそうにないシナリ

オは，長期的に見て生徒の学習成果に本当の意味では利益をもたらさないだろう。しかし，規準との比較は教室文脈では自然に生じる傾向がある。規準との比較が生じることを認めることは，それが熟達への関心をなくさないことを確かめようとそのレベルをモニタリングする限りは，最適なバランスを意味するのである。ただしこれは特に教育システムの上位レベルに進む生徒に当てはまるケースであろう。就学の初期では，熟達接近目標のメリットのみに焦点を当てることが第一義的に望ましいのである。

　教師や管理職にとってとりわけ重要な問題は，誤りや失敗に対して未熟な反応をする生徒が存在するということである。教育制度の在学期間，生徒がいくつかの点において失敗を経験することは確かである。もちろん，「失敗」のフィードバックは否定的にのみ伝えられるとは限らない。すなわち，生徒たちに失敗経験をどのように解釈させ定義させるかということが最も重要なのである（例えば，自己価値を脅かす破滅的な出来事としてか，あるいは学習や発達の機会としてか; Covington, 1992; Elliot & Thrash, 2004）。どのクラスでも，最も聡明な，また最も有能な生徒でも，失敗経験に影響される。その影響は，自分自身が持つ期待や，あるいは外的資源から内在化した期待の程度によって左右される（Eccles, 1993; Ryan, Sheldon, Kasser, & Deci, 1996）。教師や管理職が認識すべきことは，教室や学校での失敗経験が大きな影響力を持つことであり，それを考慮して達成環境を創造することである。このことは今日の，競争志向のテスト制度（high-stakes testing）という評価に明け暮れる風土では，特に重要である。

　失敗が学習のための道具となる環境を構築しようという挑戦はきわめて困難なものである。なぜなら失敗への恐怖は，発達の初期経験に強く根ざすからである（Birney et al., 1969）。教育者がとり得る１つの方略は，失敗経験が将来の成功に必要な情報を与えるとき，主題に関連した歴史的な事例を強調することである。生徒は，エジソンのような発明家の多くの逸話の中で，そのような有名な人物が，数えきれない（そして驚くほどの）失敗に耐え，成長したことを知り，ある種の安堵を得るかもしれない。仮説が立てられ，検証され，新しい情報に基づいて改定されるという科学的プロセス自体の相互作用的性質は，失敗から立ち上がることができるという積極的な可能性を示し得ることは確かである。

　要するに，達成目標研究者は，いずれの目標があるいはどのような目標の組

み合わせが最善の達成成果をもたらすかを決めるだけでなく，教室や学校においてこれらの目標を促進する条件を創造するために教育者に何ができるのかを同定することが求められている。おそらく結果的には，達成目標研究は，自己調整の社会－認知的モデルがすでにそうであるように（レビューとしてBoekaerts & Corno, 2005; Schunk, 1995 を参照），生産性ある介入的研究になっていくであろう。

結論

　達成動機づけへの達成目標アプローチは教育心理学において人気のあるものであり，これまでの研究は，教室や学校環境において生徒がどのように意欲的になり方向づけられるかに関して，多くの知見を生み出してきた。しかし達成目標研究では，個人がいかに長期的に達成努力を調整するのかという重要な問題を見落としてきた。達成目標研究は，この問題や，その他の自己調整の社会－認知的モデルの中心的問題によりしっかりと関与することで成功するだろうと私たちは考えている。

第 4 章

興味と自己調整
―学習の規定因としての相互の関係性―

スザンヌ・ヒディ
(Suzanne Hidi)
University of Toronto
メアリー・エインリー
(Mary Ainley)
University of Melbourne

▍ はじめに ▍

　興味と自己調整は，過去20年間，教育心理学や発達心理学，社会心理学の中で注目され続けてきた概念といってよい。2つの概念は，初期のころは，研究者によって個別に検討がなされていた。最近になり，実証的な検証と理論の構築において重なりが見られるようになってきている。このことをふまえると，次の点について検討を進めるのが適切であると考える。2つの領域の研究知見にはどのような関連性が見られるか？　また，いかにして相互の領域に意義のある知見が提供できるか？

　本章では，感情の要素と認知の要素の両者を含んだ心理的状態として，興味をとらえており，また，付加的な前提として，興味は，発達とともに，その対象となる内容に何度も取り組もうとする傾向ともなり得るものととらえている（Hidi & Renninger, 2006; Renninger, 2000）。さらに，興味の経験には生理学的な側面があると考えられる。先行研究を見てみると，興味の定義は，様々になされている。動機づけに関する信念として，本来，それは認知的なものである

ととらえ，概念化を図っている立場もあれば（例えば，Zimmerman, 2002），基本情動として，もともと感情的なものであるととらえ，概念化を図っている立場もある（例えば，Panksepp, 2000; Silvia, 2001; Tomkins, 1962）。イザード（Izard, 1977）にいたっては，興味は，最も頻繁に経験されるポジティブな情動であると述べている。フレデリックソンとブラニガン（Fredrickson & Branigan, 2000）もまた，基礎的でポジティブな情動の1つとして興味を含めるべきだと強く主張している。そして，興味の情動は，(a) 変化，新奇性や，可能性の感覚（Izard, 1977），不思議さ（Kaplan, 1992）といったものをもたらす状況や，(b) 努力や注意を必要とし，重要性があると判断されるような状況（Ellsworth & Smith, 1988）において，喚起される傾向にあるとされている。興味という心理的状態が生じた瞬間のみを問題とするなら，興味を情動としてとらえるのが適切であろう（Hidi, 2006）。しかしながら，興味が発達し，維持されていくのに従って，認知と感情の両者が，興味のプロセスの重要な部分を構成していくようになる（Hidi & Berndorff, 1998; Hidi & Renninger, 2006; Hidi, Renninger, & Krapp, 2004; Krapp, 2000, 2002; Renninger, 1990, 2000; Sansone & Thoman, 2005）。さらには，時間の経過とともに2つの構成要素の相対的な強さが変化し，興味の発達とともに認知の重要性が高まっていく（Krapp, 2002; Renninger, 2000）。

　自己調整の定義に関して，これまでの文献の中で，異論が提出されるということはほとんどなかった。というのは，自己調整とは，個人が自らの思考や行動をいかに調整しているか，そのあり方について言及したものであると，一般的には理解されてきたためである。学習の自己調整というのは，とりわけ，学習上の適切な知識や技術を個人が身につけることに焦点を置いた，自ら行う操作のことをさしている（Schunk & Zimmerman, 1994, 1997）。初期の自己調整研究においては，自らの認知，動機づけ，行動のプロセスに積極的に関わる個人の能力というものに注意が向けられていたが（Boekaerts, 1997; Zimmerman & Bandura, 1994），近年では，感情を調整する能力を自己調整の重要な側面として含めるようになってきている（Boekaerts, 2002, 2006; Pintrich & Zusho, 2002; Zimmerman, 2002）。また，自己調整は目標達成に向けて行われるという特質を持っている，といったことが，研究者らによって強調されるようになってきている（例えば，Zimmerman, 1989; Pintrich & Schunk, 1996）。

　興味と自己調整に関する実証研究の多くは個別に行われてきたが，両者の概

念的枠組みを結びつけようとする試みも見られるようになってきている（Renninger & Hidi, 2002; Renninger, Sansone, & Smith, 2004; Sansone & Thoman, 2005）。自己調整が個人の特性としての興味の発達において不可欠な役割を担っていることが，興味研究者によって明らかにされつつある（例えば，Hidi & Renninger, 2006; Hidi et al., 2004; Renninger, 2000; Renninger & Hidi, 2002）。興味を高めることができる能力が，自己調整に伴う大きな力ではないかということに着目し，実証を試みている研究者もいる（例えば，Sansone & Harackiewicz, 1996; Sansone & Smith, 2000; Sansone & Thoman, 1995; Sansone, Weir, Harpster, & Morgan, 1992）。自己調整に関心を向けている研究者の多くは，次のように述べている。自己調整スキルを身につけているからといって，困難さや飽き，誘惑などに直面したときに，そういったスキルを使えるかといえば，必ずしもそうとは限らない（Bandura, 1997; Zimmerman & Bandura, 1994）。興味は，自己調整の維持や発達を促進する動機づけ要因ともなり得るといった指摘もなされている（例えば，Pintrich & Zusho, 2002; Zimmerman, 2002; Zimmerman & Bandura, 1994）。

　認知活動と教科学習に関する実証研究が明らかにしているのは，興味も自己調整も類似したプラスの影響力を持っているということである。興味は，「状態としての興味」「個人特性としての興味」，もしくは，感情状態の興味などと呼ばれたりするが，学習と発達において重要な役割を果たしていることが明らかにされている。注意過程，学習の量と水準，学習方略と達成目標の自己選択に対して，興味がポジティブな影響を及ぼしていることが研究によって示されており，課題遂行中における選択を取り上げた研究（Ainley, Corrigan, & Richardson, 2005 を参照）や，履修コースの選択を取り上げた研究（Harackiewicz, Barron, Tauer, & Elliot, 2002）などにおいても，そのような結果が示されている。重要な点は，粘り強さとポジティブな感情が，興味づけられた活動と強く関連しているということにある（文献レビューに関して，Hidi & Renninger, 2006 を参照のこと）。同様に，自己調整が個人の遂行に有利にはたらくという知見が，学習領域と学習以外の領域のいずれにおいても明らかにされてきた。多くの研究者によって，望ましい自己調整を行う者のほうが，より良い遂行を示すということが報告されている（例えば，Pintrich, 2000; Pintrich & Zusho, 2002; Zimmerman & Bandura, 1994 を参照のこと）。優れた学習成果を収めるうえで，自己調整が果たす役割が重要視されており

(Zimmerman, 2001, 2002），また，論文の執筆やスポーツなど様々な領域において，熟達者は，自己調整の技術を用いることで最適なレベルの遂行を可能にしていることが明らかにされている（Hidi & Boscolo, 2006; Kitsantas & Zimmerman, 2002; Pintrich, 2004; Zimmerman & Kitsantas, 1997, 2006）。

同じような結果を導くということに加えて，自己調整の発達と興味の発達のいずれにおいても，4つのレベルがあるものと考えられてきた。自己調整の場合，発達の階層レベルとして，「モデリングによる観察」「遂行の模倣」「自己制御」「自己調整」の4つが取り上げられてきた（例えば，Schunk & Zimmerman, 1997; Zimmerman & Schunk, 2004）。興味の発達の4つのレベルに関しても，段階が想定されているが，これは「喚起された状態としての興味」「維持された状態としての興味」「創発した個人特性としての興味」「十分に発達した個人特性としての興味」からなるものである（Hidi & Renninger, 2006）。自己調整の場合，4つのレベルは，自己調整スキルの発達を表しているが，ここで詳しく論じていく興味の発達の4つの段階は，心理的な状態である興味が，十分に発達した個人特性としての興味に向かってどのようにして発達していくのかを説明するものである。概念化の仕方に違いがあるにもかかわらず，両者の発達モデルは，力点が外部から内部へと展開していくという，その基本的な方向性において違いはないものと考えられる。自己調整スキルの発達は，受動性によるものから能動性によるものへ，目標を外から与えられる状態から自ら設定するようになる状態へと進んでいくものと思われる。興味の発達は，興味を喚起する外からのはたらきかけによって始まり，しだいに，自己生成によるプロセスへと進展していくものとして考えられている。

最後に，興味と自己調整のどちらも，**自己効力感**との関連が示されている。自己効力感とは，熟達したレベルで遂行が可能かどうかに関する自己の能力の認知のことである（Bandura, 1986）。この後のレビューの中で明らかにしていくが，興味，自己調整，自己効力感の概念は，ただ近接した関係にあるというだけでなく，発達の観点からも関わりがあるものと思われる。次節では，理論的，実証的な検討を行っている関連論文のレビューを行い，興味と自己調整が相互にどのような関係を持っているのか，さらには，自己効力感との関係はいかなるものであるかについて考察を行う。続いて，興味が自己調整過程の媒介要因であることを示す最新の研究について報告する。最後に，研究結果から教育上どのような示唆が得られるかについて検討を行い，また，興味研究と自己

調整研究の両者をどのように結びつけていけばよいか，今後の方向性について議論を行う。

▎ 自己調整研究★，動機づけ，興味 ▎

ジマーマンとバンデューラ（Zimmerman & Bandura, 1994）の指摘によれば，自らの学習を自己調整する過程について調べている初期の研究で，メタ認知的方略や記憶の符号化など，認知的要因にもっぱら注意が向けられていた。自己調整に関する社会的認知理論の登場とともに，その焦点がより広い視野からなるものへと変化してきている。認知的な観点を主としたものに加えて，個人の機能の社会的，動機づけ的，感情的な側面が取り上げられるようになってきている（Boekaerts, 2002; Pintrich, 2004; Schunk & Zimmerman, 1994, 1997; Zimmerman, 2000a）。こうした側面を通じて自己調整が教育可能であることを示している研究者たちもいる（例えば，Boekaerts, 1997）。ジマーマンらの研究グループは，自己調整の発達には，4つの段階レベルがあることを仮定している（例えば，Zimmerman, 2002; Zimmerman & Kitsantas, 1999; Zimmerman & Schunk, 2004）。第1のレベルは，学習者がモデルを観察するというものである。第2のレベルは，模倣に相当し，モデルの遂行をまねようと試みる段階である。自己調整の第3のレベルになると，学習者の自己制御が重要となってくるようになる。学習者は，方略について計画を立てたり，モデルとどのくらいうまく対応できているか，あるいは，モデルよりも優れているかどうかについて，その進み具合を自己モニターするようになるのである。最終的に，第4のレベルにおいて，内的，外的な諸条件にあわせて個人の遂行を自己調整することができるようになる。

★ 本書の全体が自己調整学習に関するものであり，私たちの議論は，当該テーマの包括的な文献レビューとなることを意図したものではない。むしろ，自己調整研究者が自己調整と興味の関連をどのようにとらえているか，このことと関わりが最も深いと考えられる論文に焦点を絞って見ていくこととする。

自己調整の領域では，自己効力感と自己調整の両者が近い関係にあることを認めている研究者がいる（Zimmerman, 2002）。ジマーマンとバンデューラ（Zimmerman & Bandura, 1994）によると，学習に関する自己効力感について

強い確信を抱いている子どもは，自己効力感の低い子どもと比べると，自己調整を行う傾向が高く，また，より望ましい取り組みを示す傾向にある。実験研究と相関研究をもとに（例えば，Harter, 1998; Pintrich, 1999; Schunk, 1994），ピントリッチとズショー（Pintrich & Zusho, 2002）は，自己効力感の判断は，自己調整や実際の遂行と正の相関があると結論づけている。つまり，様々な領域や課題にわたって，自らの遂行能力に確信を持っている生徒は，自己調整方略を利用する傾向が高いということである。また，ジマーマン（Zimmerman, 2000a, 2000b）は，自己調整の過程と自己効力感とは，相互に作用しあうとも述べている。自己効力感に関する信念は，目標設定，自己モニタリング，自己評価，方略の使用といった自己調整のプロセスを通じて，学習への動機づけをもたらすものでもあると明確に結論づけている。

社会的認知理論において，学習と動機づけは，個人，行動，環境が相互に規定しあう三項モデルとの関連でとらえられている（例えば，Bandura, 1986; Zimmerman & Schunk, 2004）。自己調整もまた，三項モデルの中で考えられてきた。特に，自己調整は，ひとまとまりの心理的な下位機能を操作することと関わっている（例えば，Bandura, 1991）。下位機能に含められてきた活動としては，目標設定，努力するよう動機づけること，自己モニタリング，自らの活動について自己判断すること，遂行に応じた方略を用いることなどがあげられ，多岐にわたっている（Zimmerman & Bandura, 1994）。下位機能によっては，興味が重要となってくることが，研究者らによって認められている。ジマーマン（Zimmerman, 2000a, 2002）の仮定によれば，自己調整過程とそれと関わりのある自己動機づけ信念が，予見，遂行，自己内省という3つの連続する段階からなる学習に影響を及ぼしており，各段階は，自己調整の様々な下位過程によって特徴づけられることになる。予見の段階には，大きな2つのカテゴリがあるが，その1つが自己動機づけ信念であり，そこには興味が含まれている。自己効力感，結果期待，目標志向なども，動機づけに関する構成概念に相当するものであり，**自己動機づけ信念**として言及されている。ジマーマンは次のように詳述している。**興味**は，その最終的な目的のために，というよりむしろ，それ自体に本来備わっている特性から，活動やスキルを価値づけるようになる信念のようなものであると定義づけることができる。また，興味を抱いている生徒は，興味を持たない生徒と比べて，自己調整に必要な学習方略を計画し，それを実行しようとする動機づけが非常に高い傾向にあるといえる。本章の次

節以降で説明していくが，こうした興味の概念化は，大半の興味研究者が行う定義の仕方とはかなり異なっている。興味研究者らは，興味を，第一義的には，信念のような認知的な変数としては考えていないからである（Hidi & Renninger, 2006）。

　ジマーマンのモデル（Zimmerman, 2002, Figure 1.1 を参照）の中で，遂行の段階においては，動機づけ全般と興味は，ほとんど主要なものとしてみなされていない。この段階に含まれる2つの重要なカテゴリとしては，自己制御と自己観察があげられる。**自己制御**とは，他のプロセスや出来事，気を散らす刺激を取り除いて，注意が集中できるように調整を行うはたらきのことをさしている。注意の焦点化は，自己制御の一形態であるが，集中力を高めるのに役立つものと考えられてきた。このことについて重要な指摘がある。興味理論によると，興味は，注意の焦点化において中心的な役割を担っている。先行研究によって（例えば，Hidi, 1995, 2001; Hidi et al., 2004; McDaniel, Waddill, Finstad, & Bourg, 2000; Renninger & Wozniak, 1985; Tomkins, 1962），興味が注意に及ぼす影響力について明確に示されてきている。さらには，課題を通して興味が喚起され維持される様子をモニターすることで，興味がどのように達成目標や自己効力感，自己信念を支えているのかが明らかにされている（例えば，Ainley & Patrick, 2006; Hidi et al., 2006）。ジマーマンの自己調整モデルの第3の段階，**自己内省**に関しては，感情の要因の役割が認められている。この段階の一側面である自己満足感が，興味や，価値の感覚，重要性といったものの影響を受ける傾向にあることが強調されているのである。

　自己調整の発達に関する論文の中で，ピントリッチとズショー（Pintrich & Zusho, 2002）は，ジマーマンのモデルと同様に，喚起された興味が，他の感情反応とともに，「予見，プランニング，活性化の段階」において最も重要となることを指摘している（p. 252）。興味と価値の信念が，自己調整学習の発達を規定する動機づけ要因であると彼らは結論づけている。ピントリッチらの研究グループ（レビューについては Pintrich & Zusho, 2002 を参照のこと）は，活動や課題に対して興味を抱いており，それは価値があることだ（重要性もしくは有用性）と認知している個人は，自己調整方略をよく用いる傾向にあることを見出している。これらの知見をもとに，ピントリッチとズショー（Pintrich & Zusho, 2002）は，興味と価値の信念が高まれば，自己調整のコストを低く見積もり，その利点を重視するような学習への目標を導く可能性につ

いて示唆している。

　自己調整のモデルでは，目標の観点から個人の動機づけについて着目することが多かった（Sansone & Harackiewicz, 1996; Sansone & Thoman, 2005; Schunk & Zimmerman, 1994）。さらに言うと，個人が目標をどのように価値づけ，達成を試みようとするのか，そのあり方によって動機づけは左右されるものと考えられている（Sansone & Thoman, 2005）。ボーカーツ（Boekaerts, 1997）にいたっては，目標を心の中に表象できる能力が，自己調整の必要条件であるとはっきり述べている。しかしながら，自己調整を動機づけるという重要な側面を別の方法で概念化している立場がある。興味研究者の見方によれば，認知的に表象された目標を持たなくとも，もしくは，持つ前であっても，活動に興味を抱けば自己調整が促される可能性があるとされている（Hidi & Renninger, 2006）。サンソネとハラクウィッツ（Sansone & Harackiewicz, 1996）は，自己調整における興味と目標の機能についてレビューを行い，次のような示唆を得ている。行動を活性化するうえでは短期の目標があれば十分なのかもしれない。だが，目標がもはや確固としたものではなく，いくつかの選択肢の中から選ぶ必要が出てきたような場合，目標に向けられた活動をさらに継続していくためには，ポジティブな「感知される状態としての興味」★を体験する必要があるのかもしれない。また，こうした興味の状態を経験することは，行動を開始し持続していくうえで欠かせないというだけでなく，望んだ目標に到達しようとする動機づけを維持する，そうした個人の能力にとっても不可欠のものと思われる。

> ★　**感知される状態としての興味**という用語は，ハラクウィッツとサンソネ（Harackiewicz & Sansone, 1991）によって説明がなされている。彼らの定義によれば，活動中に経験されるポジティブな感情の高まりのこと（例えば，興奮した，精力的な状態など）であり，課題に対する態度によって測定される**継続性のある興味**とは異なるものである。また，興味に関する研究論文の中では，これらの2種類の興味は，別の用語で記述されてきた。感知される状態としての興味は，「心理的状態としての興味」に相当するもので（レビューに関して Hidi & Renninger, 2006 を参照のこと），「実現した興味」とも概念的には類似したもので（Krapp et al., 1992），「興味の感情的な状態」とも対応するものである（Ainley et al., 2005）。ハラクウィッツとサンソネが提起した，課題に対する態度を通じて測定される，継続性のある段階としての興味は，文献の中では，伝統的には，「主題としての興味」（例えば，Schiefele & Krapp, 1996）や，あるいは，「創発した個人特性としての興味」の一種（例えば，Renninger, 2000）として表現されてきた。

　以上のように，サンソネとハラクウィッツ（Sansone & Harackiewicz, 1996）が提起したモデルによれば，自己調整の動機づけは，目標達成の動機づけのみに由来するものではなく，目標に向けて取り組みながら興味の状態を感知する

第4章　興味と自己調整―学習の規定因としての相互の関係性―

ことから生じてくるものでもあるということである。彼らは次のようなことを述べている。

　　個人が，一旦活動を始めると，目標に到達しようとする初期の動機づけよりも，継続したいと思う気持ちの程度のほうが，その後の行動に対して強い影響力を持つものと思われる（粘り強さ，努力や注意の程度などのように）。換言すると，長い間，遂行が維持されるためには，その成り行きの中から生じてくる動機づけが必要となるのかもしれない。例えば，子どもは，読みのスキルを高めるという目標を持って動機づけが高まれば，その結果として，読むことに取り組み始めるようになるかもしれない。しかしながら，長期にわたって読むことが持続されていくには，スキルを身につける過程において楽しさを体験することが必要になってくるものと思われる。(p. 208)

　サンソネとハラクウィッツは，また，同じような目標を持つ個人であっても，課題への取り組みの中で体験されることは異なるだろうし，どのような水準の興味を高めていくかにも違いがあるものと思われる，と述べている。
　サンソネとソーマン（Sansone & Thoman, 2005）は次のようなことを繰り返し述べている。自己調整が動機づけられるかどうかは，個人が目標を重視し，達成を予期する程度によってのみ規定される，ととらえるべきでない。むしろ，活動の中から生じてくるタイプの動機づけ――彼らは，目標追求のプロセスから，と表現したりしている――についても自己調整の重要な側面としてとらえるべきなのではないか。目標に基づく自己調整のモデルの中ではこれまで見落とされてきたものであるが，興味を経験することは，そうした動機づけを生み出す要因になるのである。
　大部分の自己調整研究者の考え方は，要約すると，次のようなことになる。認知的な視点から，動機づけは全般的なもので，興味は特定的なものであり，個人の信念システムを通して作用するが，目標の構造と評価において基本的な認知上の変化をもたらすものでもある。次節では，興味と自己調整の関連性が，従来考えられてきた以上に根本的なものであるということが確証を持って示される。人は，活動に興味がなかったとしても，一定の状況下において自己調整を行うことが可能であるが，興味を経験すれば，自己調整とその発達をさらに促す力を持つはずである。サンソネとソーマン（Sansone & Thoman, 2005）は，目標に基づく自己調整のモデルの中で，興味を，欠くことのできない構成要素

としてとらえている。だが，必要とされる自己調整スキルが適切に備わっている場合，興味は十分条件でしかないということもあるだろう。別の言い方をすると，明確な成果に関する目標によって活動が導かれていなくとも，ひとたび興味が生じれば，既存の自己調整スキルが活用されるようになるということでもある（Renninger & Hidi, 2002）。

▍ 興味研究と自己調整 ▍

　興味と自己調整を関連づけている興味研究の領域には2つの研究の流れがある。第1の研究の流れに属する研究者らは，次のように述べている。活動において特性として個人の興味が発達していくにつれて，自己調整もまた，遂行の不可欠な側面として発達していく。興味は，自己調整過程を媒介する変数の1つだといえる（Ainley & Chan, 2006; Ainley & Patrick, 2006; Hidi & Renninger, 2006; Renninger & Hidi, 2002; Sansone & Thoman, 2005）。第2の流れに属する研究者たちは，個人は，自己調整を通じて，活動への興味を高めることができるのではないか，と説明している。すなわち，様々な方略を通じて自己調整を行うことで，より大きな興味を持って新たな取り組みを始めることができ，また，それを続けることもできる，といったことが明らかにされてきている（例えば，Sansone & Harackiewicz, 1996; Sansone et al., 1992）。これらの2つの流れの研究結果についてレビューを行う前に，興味と他の動機づけ変数との違いはどこにあるか，手短に検討しておくことにする。

◘興味：独自の動機づけ変数

　本章のはじめに述べたように，ヒディとレニンジャー（Hidi & Renninger, 2006）の定義によれば，興味は，心理的状態であるが，発達が進むと，特定の種類の物，活動，考えなど，**内容**と呼ばれるものに何度も取り組もうとする傾性ともなり得るものとされる。傾性としての興味は，内容が継続的に与えられたり，それに何度も取り組んだりすることから発達していくもので，肯定的な感情が湧き，知識が増え，価値を感じるようになり，その結果として生じてくるものでもある。また，彼らは，興味と他の動機づけ変数★との区別の仕方に

ついて，いくつかの考え方があり得ることを論じている。興味を独自の動機づけ変数とみなす，とりわけ重要な3つの区別の仕方について以下に示しておく。1つ目は，興味には感情と認知の要素が含まれ，それぞれ個別のものであるが相互に作用するシステムである，というものである。これは，興味は認知的操作と表象作用の結果である，というような単純なとらえ方をするものではない（例えば，Ainley, Hidi, & Berndorff, 2002; Hidi et al., 2004; Krapp, 2002; Renninger, 1990, 2000）。興味と結びついた感情のトーンはポジティブなものであるが，興味は，ネガティブな感情経験とも関わりあいがあり得る（Hidi & Harackiewicz, 2000; Hidi & Renninger, 2006; Iran-Nejad, 1987; Renninger & Hidi, 2002）。しかしながら，興味が発達していくためには，感情の要素がネガティブなものからポジティブなものへと変化していく必要がある。

> ★　注意深い読者の中にはお気づきの方もおられると思うが，本章では**内発的，外発的動機づけ**の用語についてふれていない。ふれなかったのは，見過ごしたわけではなく，以下のような認識があったためである。2種類の動機づけの間の概念的差異は，容易に理解できるもので，実験的な操作も可能である。しかし，現実の生活場面において，内発的動機づけと外発的動機づけが互いに独立して作用することは，ほとんどあり得ず（Hidi & Harackiewicz, 2000），それぞれに独自の生理学的メカニズムを伴うものでもない。

2つ目は，興味の体験に関わる認知と感情の両方のシステムには，生物学的な根拠がある，というものである（Hidi, 2003, 2006）。脳には接近の回路がある（例えば，Davidson, 2000）とか，ヒトと動物には探索行動が見られる（例えば，Panksepp, 1998, 2000; Panksepp & Moskal, 2004）といった神経科学上の実証は，すべての哺乳動物において興味による活動の生物学的基礎があることを示している。パンクサップらの研究グループ（例えば，Panksepp, 1998; Panksepp & Moskal, 2004）が論じているのは，探索システム――進化論と遺伝による生得的な脳のシステム――が，「人が興味の対象に身体的，認知的，象徴的に取り組むという意味で，興味の心理的状態の生物学的基礎をなすものである」（Hidi & Renninger, 2006, p. 112）。興味の心理的状態に関する神経科学上の知見から，個人が興味のある活動に取り組み，その内容を処理しているときの脳の反応には特異性がある，ということが示されている。

3つ目の興味のとらえ方は，人と特定の内容の相互作用の結果とするものである（Hidi & Baird, 1986; Krapp, 2000; Krapp, Hidi, & Renninger, 1992; Renninger & Wozniak, 1985; Schiefele, Krapp, Prenzel, Heiland, & Kasten, 1983）。興味に関する可能性はその人間にあるが，一方で，内容と環境が，興味の方向

を規定し，興味の発達にも寄与するものと思われる。例えば，他者の存在，環境の構成，自己調整のような自分自身による努力が，興味の発達を支える力を持っている（Renninger, 2000; Renninger & Hidi, 2002; Renninger et al., 2004; Sansone & Smith, 2000; Sansone et al., 1992; Schraw & Dennison, 1994）。こうした相互作用という見方は，すべての活動にわたってあてはまる傾性というよりも，むしろ，内容特定的なものとして常に興味をとらえているものといえる（Krapp, 2000; Krapp & Fink, 1992; Renninger, 1989, 1990, 2000）。全般的に達成動機づけが高いとされる生徒であっても，特定の内容領域の個別的な部分にのみ興味を抱くものであろう（Renninger, Ewen, & Lasher, 2002）。

◘興味の発達の4つの段階と自己調整への影響

　ヒディとレニンジャー（Hidi & Renninger, 2006）は，心理的状態から傾性へと変化していく4段階からなる興味の発達モデルを提起している（表4.1参照）。当該分野の教育研究においては，状態としての興味と，個人特性としての興味という概念化がこれまで中心的な位置を占めてきたが，モデルは，この概念化を基盤とし，さらなる拡張を図ろうとするものである（例えば，Ainley et al., 2002; Alexander & Jetton, 1996; Harackiewicz et al., 2002; Hidi & Baird, 1986; Hidi, 1990, 2001; Krapp, 2002, 2005; Krapp et al., 1992; Renninger, 1990, 2000; Schraw & Lehman, 2001）。**状態としての興味**というのは，焦点化された注意とポジティブな傾向の感情反応によって特徴づけられる心理的状態である。特定の条件や環境の中の対象によって生じることが最も一般的であり，一定期間にわたって継続することもあるし，そうでない場合もあるだろう。**個人特性としての興味**というのは，特定の内容（物，刺激，考え）に関心を向けたり，特定の活動に取り組んだりする比較的持続的な傾性である。ヒディとレニンジャー（Hidi & Renninger, 2006）によれば，傾性の活性化と結びついた心理的状態も，個人特性としての興味に相当する。

　状態としての興味も個人特性としての興味も，認知的遂行に対してポジティブな影響力を持っていることが明らかにされてきている。興味を持って活動に取り組むことに関係した利点としては，注意を焦点化し，推論を精緻なものにし，持続性，努力，学習を促す，といったことがある（文献レビューに関して，Hidi & Renninger, 2006を参照のこと）。状態としての興味と個人特性としての

表4.1　興味の発達の4段階（Hidi & Renninger, 2006）

	段階1：喚起された状態としての興味	段階2：維持された状態としての興味	段階3：創発した個人特性としての興味	段階4：十分に発達した個人特性としての興味
定　義	感情と認知の処理における短期的な変化から生じてくる心理的状態。	喚起された状態に続く心理的状態――出来事がしだいに広がったり再び生起したりする過程において、注意を焦点化したり持続したりすることを含む。	心理的状態だけでなく、特定の種類の内容に繰り返し取り組もうとする比較的永続的な傾性の最初の段階。	心理的状態だけでなく、長い期間にわたって特定の内容に何度も取り組もうとする比較的永続的な傾性。
発達上の進展	維持された状態としての興味に先行するものとなり得る。	創発した個人特性としての興味に先行するものとなり得る。	十分に発達した個人特性としての興味に先行するものとなり得る。	
必要となる支援のタイプ	これに限定されるわけではないが、典型的には、外的な支援による――パズル、グループワーク、コンピュータなどの学習環境や教育上の条件が、状態としての興味を喚起し得る。	これに限定されるわけではないが、典型的には、外的な支援による――協同によるグループワークや1対1の個別指導など、意義があり、個人的な関与を伴う活動を提供する教育上の条件。	仲間や熟達者からの外的な支援や周囲にある課題などは、創発した個人特性としての興味の発達に寄与するものであるが、自ら生み出すようにもなり始める。	かなりの程度、自ら生み出すようになるが、外的な支援も、十分に発達した興味を維持するうえでは有用であろう。
特　徴	焦点化した注意と感情反応―感情反応は、最初はネガティブであるかもしれない。	継続した注意と感情反応―感情反応がネガティブであっても、個人特性としての興味に発達する前には、変化している必要がある。	ポジティブな感情と、内容に関連した価値と知識が蓄えられ始める――自己調整の開始：自己内省がその内容に疑問を感じる好奇心をもたらす。	ポジティブな感情、知識の増大、価値の集積。これらは創発した個人特性としての興味をしのぐものである――自己調整が増し、自己内省もより高い水準になる。

注：創発した，および十分に発達した個人特性としての興味の段階においても，その個人の状態としての興味が喚起されたり維持されたりすることがあり得ることを確認しておく必要がある。

興味のどちらも，それぞれ2つの段階を含んでいる。状態としての興味の場合，第1の段階は，興味の喚起であり，次の段階としては，興味の維持が続くことになる（例えば，Hidi & Baird, 1986; Mitchell, 1993 を参照）。個人特性としての興味の2つの段階は，「創発した個人特性としての興味」と「十分に発達した個人特性としての興味」である（Renninger, 2000）。個人としての興味の経験と，状態としての興味の段階とが，同時に生起することがあり得ることに注意を払っておく必要がある。

興味の発達の4段階モデルは，状態としての興味が，個人特性としての興味の発達の基盤になるととらえるものであり，4つの段階はそれぞれ異なるが連続するものとしてまとめられている（Alexander, 1997, 2004; Alexander & Jetton, 1996; Hidi & Anderson, 1992; Krapp, 2002; Renninger, 2000; Schraw & Lehman, 2001; Silvia, 2001）。興味は，個人がさらなる取り組みをどのように知覚し，感じ，認知的に表象し，考えるかということに基づいて形成される（Renninger, 1990, 2000）。興味の発達は，それぞれの前段階において，その個人の力であったり他者の努力によって維持されたり支えられたりすることで進展していくものと仮定されている。興味の発達は，経験や気質，遺伝的な傾性によって影響を受ける可能性がある。重要な点は，レニンジャー（Renninger, 2000）が述べているように，興味の発達のいずれの段階においても，個人の努力や他者の支援を失って，興味が現れなくなったり後退したり完全になくなってしまったりする可能性があるということである。

モデルによれば，興味の発達の各段階において，感情，知識，価値の程度が変化していく。とりわけ，興味の発達とともに自己調整の程度が向上していき，知識と価値が高まっていく。自己調整の高まりは，興味の発達の第3段階と第4段階において不可欠の部分となる。ヒディとレニンジャー（Hidi & Renninger, 2006）は，4つの段階モデルを次のようにまとめている。

> 興味の発達の4段階モデルの各段階は，感情によって特徴づけられ，何らかの形式の知識ないし認知的処理を含むものでもある。これらの要素は，興味の段階が進むに従い，より顕著なものとなっていく。第1段階である喚起された状態としての興味が，一旦，引き出されると，短期間か長期間かにわたって継続していくようになり，人が内容との結びつきを形成し始める基盤を提供するものでもあるだろう。興味の第2段階においては，維持された状態としての興味であるが，個人は，典型的には環境（他者や課題など）によって支えられることで，内容との結びつき

を形成する基盤を発展させ続け，こういった情報と，他に利用できる情報とを関係づける方法を見出すようになる。この段階では，興味が維持されていくにつれて，人は，内容に対する価値を形成するようにもなり始める。創発した個人特性としての興味の第3段階において，個人は，何度も内容に取り組むことを求めるようになり，それを継続していくが，はっきりとした外的な支援がある場合もあれば，ない場合もあり，また関連する知識をまとめて整理するようになる。好奇心による疑問を提起するようになり，その過程は，自己調整活動，より多くの情報の集積，価値づけの増大を導くことになる。十分に発達した個人特性としての興味の第4段階においては，個人は，何度も取り組める機会を繰り返し求める傾向がさらに強まるようになる。好奇心からの問い，自己調整，価値づけ，それに，欲求不満を減じて創造的思考を維持する能力などが，このように何度も取り組むことに力を与えるようになる。(pp. 119-120)

　ここでの議論に最も関わりがあるのは，興味と自己調整とのつながりであり，自己調整は，興味の発達の第3段階，第4段階においてきわめて重要な部分でもある。第3段階においては，自己調整行動に関するいくつかの側面が現れてくる。例えば，この段階の興味は，典型的には——この限りではないが——自己生成されるものであり，個人は，困難に直面しても頑張り通す傾向があり，興味の内容との相互交渉によって，何らかの内省が促されるようになったり，好奇心から疑問を抱くようになったりし始める（Renninger, 2000）。個人は，そうした好奇心からの疑問に対処しながら，課題の要求をしのいだり，あるいは，再定義をし直したりするかもしれない（Renninger & Hidi, 2002; Renninger et al., 2004）。こうした疑問には，自己調整をし，内容と同一化をする努力が付随するのである（Krapp, 2002, 2003）。
　自己調整し，内容と同一化する個人の能力が高まると，発達の最終段階へと移行する。創発した個人特性としての興味と対比して，十分に発達した個人特性としての興味の特徴は，よりポジティブな感情，特定の内容に対する価値と知識の増大といった点にある。十分に発達した個人特性としての興味に関して，最も重要な点としては，自己調整を向上すること（Lipstein & Renninger, 2006; Renninger & Hidi, 2002; Renninger et al., 2004; Sansone & Smith, 2000），イザードとアカーマン（Izard & Ackerman, 2000）とトムキンズ（Tomkins, 1962）が示唆していることであるが，長期にわたる建設的，創造的な努力に向けて人を促すことが可能であること，課題遂行に必要な方略を質的にも量的にも優れた

ものにする一因となること（Alexander & Murphy, 1998），以上の点があげられる。

　興味の発達の4段階モデルは，実証研究に基づいている（Hidi & Renninger, 2006を参照）。このモデルを支持する研究知見が積み重ねられてきている。例えば，ノーレン（Nolen, 2007）は，小学1年生から3年生までの子どもの読み書き活動の動機づけについて，3年にわたる縦断研究を行っている。子どもと教師を対象とした面接の内容分析とともに，授業観察も行われている。結果は，状態としての興味が個人特性としての興味に発達するという4段階モデルの説明を支持するものであった。また，データによって，子どもの読み書きの動機づけに関する認識が，ますます複雑なものとなっていくことが明らかにされている。子どもの認知の中でも，とりわけ，興味が，読み書きに対する大きな動機づけ要因として生じてくるものとされている。習熟することの重要性は，2年生の時点でピークとなり，読み書きの基礎スキルが身につくようになる。

　エインリーらの研究グループ（Ainley & Chan, 2006; Ainley & Patrick, 2006）は，興味が，自己調整過程との関係で，媒介的な役割を果たし得るということを実証的に明らかにしている。彼らの研究は次にまとめて示すこととする。

◆自己効力感，自己調整活動の媒介要因としての興味

　興味と自己効力感との間に有意な相関があることを報告している研究がいくつか見られる（例えば，Bandura & Schunk, 1981; Zimmerman & Kitsantas, 1997, 1999）。ヒディ，バーンドフ，エインリー（Hidi, Berndorff, & Ainley, 2002）は，論文を書くということで，どのような感情的，認知的な経験を促しているか，文章を書いている状況において，興味と自己効力感がどのように関連しているかについて調べている。著者らが示唆しているのは，興味と自己効力感の両者が，内容／領域固有のものであれば，同じ知識基盤と関係しているかもしれず，その発達は，相互に関わりを持ち，相互規定的なものとなる可能性がある。まず，個人が自らの活動からフィードバックを受け，その情報によって，自分は有能であり学習の継続が可能だということがわかれば，自己効力感はより強固なものとなるだろう（Bandura, 1986）。興味のある活動に取り組み，それを続けることで，個人がそうした情報を得ることがあるかもしれない。研究結果から，興味を抱いて取り組むことで，集中，粘り強さ，努力の傾向を

強め（努力が足りないと感じることもあるだろうが），ポジティブな感情を生起しやすくなること（Ainley et al., 2005; Hidi, 2001; Renninger, 2000; Renninger & Hidi, 2002; Renninger & Leckrone, 1991）が明らかにされており，また，そうした活動に個人が取り組むことで，遂行が向上し，それに応じて自己効力感が高まることが示されている。他方，既定の課題に対処できると自己認知している自己効力感のある個人は，その課題に取り組もうとする動機づけを高める傾向にあり，また，より大きな努力，持続性，ポジティブな感情反応を示す傾向にある（例えば，Bandura, 1997; Zimmerman, 2000b）。はじめは退屈に見えたかもしれない課題だとしても，こうした取り組みは，その個人の興味にポジティブな影響をもたらす可能性があるだろう。

　ヒディら（Hidi et al., 2002）の結果によれば，作文のジャンルに固有の自己効力感が，ジャンルに固有の感情（好み）と近い関係にあり，また，これらの両者の要因が作文の全般的な興味の測度と正の相関を示していた。科学に関する解説文の作文に焦点を当てた追試研究でも，テーマに対する興味と作文課題に対する自己効力感との間に正の相関があり，どちらの要因も作文の遂行に正の影響を及ぼすことが明らかにされている（Hidi, Ainley, Berndorff, & Del Favero, 2006）。エインリーらの研究グループ（Ainley & Chan, 2006; Ainley & Patrick, 2006）は，自己効力感と興味の関係について検討を行い，特に，課題遂行中のこれらのプロセスの随伴関係を確認しようとしており，また，こうした方向性で，自己調整学習の理解を深めようとしてきている。一般にこれまで用いられてきた課題は，時事的，社会的な問題が提示され，オンラインで作文に取り組むというものであった。加えて，テーマに関する情報源には画面上でアクセスできる状態にあり，作文に役立つ情報はノートにとることが可能であった。そのテーマの作文を書き始める準備が整うと，情報源はなくなるが，ノートを助けとして作文をまとめることはできた。課題の全体がオンラインで行われたため，課題を行う前，最中，後に自己評価と反応について報告を求めることができた。その内容は以下のとおりである。

　作文の課題の中で，そのテーマでの作文に対する自己効力感の評価は，「テーマの内容と作文に求められる条件がわかれば，良い作品を書くことができると思うか」という自信の程度に関して評定を求めることで行っている。作文を書き終えて提出したときにも，完成した作文の質について自信の程度の評定を求めている。喚起された状態としての興味についても，課題を始める前，一定

期間にわたって課題に取り組んだ後（課題遂行中の状態としての興味），作文を完了したときにも再び，評定を求めている。自己効力感や興味のような状態を測るうえで単一項目の尺度を用いることが適切かどうかに関して，他の所でも議論をしてきた（Ainley & Patrick, 2006; Goetz, Frenzel, Pekrun, & Hall, 2006 を参照）。

　全般的にこれらの実証研究の結果によって確かめられてきたことは，興味の状態が課題のテーマによって活性化されること，課題と相互交渉し，その支えを受け続けることで興味が維持されていくようになること，自己効力感が様々な自己調整過程に影響を及ぼしていくうえで，興味が媒介的な役割を果たす可能性があるということである。さらに詳しく言うと，作文課題のテーマと作文に関する個人特性としての興味が組み合わさることで，一定の状態の興味が喚起されるのである。同時に，作文課題とテーマの性質によって，一定レベルの自己効力感が生じることにもなる。課題の期間を越えて自己効力感がその後の処理過程に影響を及ぼしていくうえで，課題を超えて維持された興味の水準が，それを支えていくような役割を果たしたり，多くの場合，媒介するような役割を果たしたりする。また，ヒディら（Hidi et al., 2006）は，事前課題の自己効力感は，課題の終了後の作文の質に対する自信を予測する力を持っているが，課題遂行中の興味を取り上げれば，説明できる分散の量が増すことを明らかにしている。

　エインリーとチャン（Ainley & Chan, 2006）による，中学2年生の女子を対象にしてさらなる検討を行った研究では，Sobel test（Baron & Kenny, 1986; Preacher & Leonardelli, 2001）によって評価を行い，媒介効果の基準を満たしていること（十分な媒介というより部分的な媒介）を実証することができている。事前課題の自己効力感が，作文の質の自信を予測するというモデルに，課題遂行中の興味を含めた場合，興味が有意な予測因となり，自己効力感からの予測力は有意に減少した。ここで強調しておくべき重要な点は，事後課題の判断――自らの遂行の振り返り――が，熟達しているという情報の源となっていることであり，これは効力信念をより確かなものとする（Bandura, 1997）。これらの結果から，注意の集中，専念，ポジティブな感情の状態が，学習に関する先行する状態（例えば，自己効力感）や一般的な個人特性（例えば，個人特性としての興味）の効果を媒介することで，学習や達成を支えるはたらきをしていることが示唆されている。

対象が少ないが焦点を絞った未公刊の研究では，2クラスの高校生（N＝29，男女がおおよそ半数ずつ，平均年齢16.5歳）に対し，市の将来の開発計画に関する時事的な問題を取り上げ，400字から600字の論文にまとめる課題を課して，上述した効果の検証をさらに進めてきている（Scoble, 2005）。この詳細な検討を試みた研究では，課題を始める前と終えた後に，作文のジャンル（論説文）に関する興味と効力感の評定も求めている。作文のジャンルに関する効力感の評定は，課題を超えて比較的安定したままであったが，特定のテーマ（市の計画の青写真）に関する作文の効力感の評定は，課題の取り組みの期間を越えて有意な変化を示していた。課題を超えて維持された興味の水準が，作文の質に対する自信という形で表された効力信念の分散の説明力を押し上げることが，ここでも明らかにされている。課題を超えて維持されたテーマに関する興味のレベルの高さと，テーマに関する作文の自信のレベルの高さのいずれも，標準の評価基準を用いて担任教師によって評価された作文の質の高さと関連を示していた。課題に関する興味は，自己効力感を支え維持していた。

　個人特性としての興味と自己効力感に限らず，他のものに対しても媒介効果が明らかにされてきている。達成，目標志向，課題遂行中の目標の測度を取り上げた研究では，初めてテーマが示されたときのそれに対する興味と，課題遂行中の興味の状態のいずれもが，達成目標志向が課題遂行中の目標となって現れる過程を媒介していることが示されている（Ainley & Patrick, 2006を参照）。要約すると，ポジティブであり，集中した注意や覚醒といったような興味の状態が，自己効力感や達成目標などの関連のある自己調整過程の効果を媒介しているということである。

◘興味と自己調整の関係におけるポジティブな感情の役割

　フレデリックソン（Fredrickson, 1998）は，ポジティブな感情は，人を良い気分にしたり，主観的な生活経験をより良いものにしたりするだけでなく，人の考えを押し広げたり，身体的，知的，社会的な資源を構築するうえで，大きな可能性を秘めていると述べている。彼女は，ポジティブな感情として，とりわけ，楽しさ，興味，満足，愛をあげている。フレデリックソンとブラニガン（Fredrickson & Branigan, 2000）は，その後の研究の中で，ネガティブな感情は，身体的な行動の傾向を刺激するのに対して，ポジティブな感情は，想起さ

れる一連の思考や活動の選択肢を広げることで，主として認知活動の変化を刺激するということを述べている。さらには，イザード（Izard, 1977）の見解に基づいて，興味のポジティブな感情を経験することで，思考 – 行動の傾向が刺激されると論じている。思考 – 行動の傾向は，興味の対象を十分に経験することと，そこから得られる知識を増やすことに向けられたものである。結論として，興味は，短期的な探求をもたらすだけでなく，長きにわたって個人の知識を増やしたり認知能力を高めたりするはたらきを持っていると結論づけられている。つまり，将来の努力に資する心的資源（Hidi, 1990）として，興味をとらえることができるのである。

　また，実証的な知見を引用しながら，フレデリックソンとブラニガン（Fredrickson & Branigan, 2000）は，認知に対するポジティブな感情の正の影響が，脳のドーパミンのレベルの上昇（例えば，Ashby, Isen, & Turken, 1999）といった生理学的な変化と結びついていることや，ポジティブな感情による思考 – 行動のレパートリーの拡大と，ネガティブな感情による思考 – 行動のレパートリーの縮小が，生理学的には両立し得ないといったことを指摘している。別の言い方をすると，ポジティブな感情がネガティブな感情に対して「打ち消し効果」を持っていることを研究者たちは明らかにしてきた。興味が知識の獲得や認知的遂行のために生み出すポジティブな感情がなぜ重要なのかというと，個人が興味を持って取り組んでいる活動が，自己効力の形成を支援し，自己調整スキルの発達やその使用を続けることを促進させるという可能性を示唆するからである。そこで，自己調整スキルは，興味を持って学び練習すると，興味のない場面を乗り越える明確な利点があるはずである。

◖自己調整を通じた興味の高まり

　サンソネとソーマン（Sansone & Thoman, 2005）は，可能性として考えられる 2 種類の興味を高める方略に，個人内のものと個人間の（対人的な）もの（Sansone & Smith, 2000 も参照）があると論じている。サンソネらの研究グループは，個人内の（「個人特性内での」という表現もなされている）自己調整を通じて興味が高まるかどうかに関して，先駆的な研究に取り組んできている。興味と自己調整のつながりを調べた初期の研究の 1 つに，サンソネら（Sansone et al., 1992）があるが，個人が活動に参加し始めると，活動に対する

興味レベルの最初の判断が,活動を継続するか中止するかを決定づけるようになるということが提起されている。興味が低いレベルにあると,活動に取り組まなくなるか,もしくは,別の選択肢として,活動自体や活動に関する目標を修正して,興味をさらに高めることに一生懸命になろうとするかもしれない。そうした修正が可能かどうかは,環境の中に利用できるものや機会があるかどうかによるであろうし,また,これは,自己調整を必要とするものでもあり,その結果として,活動の定義が変更されることにもなる。サンソネら(Sansone et al., 1992)の研究は,この種の自己調整メカニズムに焦点を当てている。3段階からなる研究の第1の研究は,繰り返しの取り組みを要する課題で,面白さの程度が異なる3つの課題に対して,大学生がどのような反応をするかを比較検討するというものであった。最も面白いものは,隠し文字の課題で,次にレタリング課題,最も面白くないものは,単に複写するだけの課題であった。学生は,特別の方略を考えて,課題に興味がわくよう求められた。データによって明らかになったことは,興味レベルの実験操作上の変化とあわせて,学生の課題に対する認知が変化したことであり,また,学生らは,興味を調整する方略に関する宣言的知識と手続的知識の両方を持っていたということである。つまり,結果からわかることは,少なくとも大学生になるころまでには,課題の種類によって生じる興味レベルの違いに応じて,対応可能な,かなり洗練された自己調整過程を機能させることができるようになるということである。

　第2の研究では,面白くない課題の場合に,興味を高める方略がより実行されやすくなるだろうという予測を確かめるために,大学生を対象にして,面白いある隠し文字課題での実際の遂行と退屈な複写課題での遂行との比較検討が行われている。また,複写課題では,実験者によって条件が変更され,学生はその課題に取り組んだ。本章では,ここでのテーマにおいて最も重要となる実験上の変数に限って取り上げることとする。対象者の半数に対しては,通常の基準の(退屈な)活動と結びつけて,それに取り組めば健康上の利点があるだろうと告げられた。残りの半数は,何ら特別な活動の理由もなく,複写課題に取り組んだ。結果として明らかになったことは,面白くない課題を面白くする方略を使い,そうした自己調整による興味の高まりを通して,はじめは退屈だった活動にも取り組むようになっていく可能性が増していったということである。データからも,自己調整過程の認知的な要素と行動上の要素の両者が関与

していることが示されている。

　一連の研究の第3の，そして，最後の研究では，方略の効果性に関する信念が，方略使用の重要な指標である（Bandura, 1986; Schunk, 1991）という仮定に基づき，3つの日常活動（読書，音楽を聴くこと，運動）の動機づけを維持する様々な自己調整方略を取り上げ，それらに関する個人の信念がどのようであるかの検討がなされている。対象者には，3つの活動への動機づけを促す5種類の方略の効果性について評定をするよう求めた。この5種類の方略は，以下からなる。

・自分自身に報酬を与えること：「報酬」
・活動が良いことであるという情報を得ること：「自分にとっての良さ」
・活動をさらに面白いものにすること：「興味」
・活動にうまく取り組めているというフィードバックを得ること：「ポジティブな有能さのフィードバック」
・特別な方略は何も用いないこと：「なし」

　学生は3つの活動を別々に意味づけ，認知していたが，特定の種類の自己調整方略によって遂行をうまく維持できるという信念や活動の自己評価を反映して，3つの活動の内容に関わりなく，最も効果的な動機づけ方略が興味を高めるのだという評定をしていた。つまり，レジャー活動であれ普段の日常的な活動であれ，興味のレベルを調整することが長期間にわたって動機づけを促す重要な方略となることを認めていたのである。

　サンソネら（Sansone et al., 1992）は，3つの研究結果を通して，動機づけの自己調整における興味の重要性が明らかにされ，自己調整方略によって興味が高まり継続して取り組めるようになることが示されたと論じている。サンソネとソーマン（Sansone & Thoman, 2005）も，興味の個人内の調整について実証を行っている研究が他にも多数見られるようになってきていると述べている。例えば，ノーレン（Nolen, 2001）は，幼稚園に通うぐらいの子どもたちが，初歩的なレベルで，興味の自己調整を試みている可能性について明らかにしている。幼稚園の子どもに読み書きの動機づけが見られることを報告し，そして，ある1人の子ども（Kevin）を例として引きあいに出している。その子は書く練習をしなければならず，次のように言っている。「今から長い時間，これに取り組まなくちゃいけないと思う。だから，たぶん，これを楽しく始めるようにしたほうがいいと思うんだ」（Nolen, 2001, p.112）。マイヤーとターナー

(Meyer & Turner, 2002; Sansone & Thoman, 2005 を参照）は，小学5年生の子どもの中には，意図的に作文の課題の挑戦レベルを高めて，面白いものにしようとする子どもがいたことを指摘している。

対人的な目標を持って活動に取り組むことで，そうした目標が達成可能な状況に対してより大きな興味を抱くようになるという仮説を検証するために，アイザック，サンソネ，スミス（Isaac, Sansone, & Smith, 1999）は，他人の存在のような社会的要因が，活動に対する興味レベルにいかに有効に作用するかの検討を行っている。研究結果から，対人志向性の高い人は，課題に対してより大きな興味を示し，他人の存在下で作業する場合に，よく似た課題に取り組む傾向が強い，ということが明らかにされている。サンソネとソーマン（Sansone & Thoman, 2005）は，研究の中で，大学生に対して興味の対人的調整に関する質問を行い，回答を求めている。対象者の半数以上が，他人と一緒に作業することを好み，人と何かをすることに興味を感じがちだという研究結果が示されている。

ここでレビューした文献によれば，どの年齢でこの種の自己調整が組織的に生起するか，明確に検証されてきているわけではないが，自己調整を通して，その個人の興味を高めることは可能だということがはっきりとしている（Sansone & Thoman, 2005）。さらには，興味の個人内と対人的な調整に関する知見をふまえると，興味と自己調整が相互に規定しあう関係にあることが支持されているといえる。

▌ 教育への示唆 ▌

レニンジャーとヒディ（Renninger & Hidi, 2002）が事例研究の中で明らかにしていることは，生徒が課題に対して十分に発達した興味を形成していると，それを維持するために，状態としての興味において求められているのと同じような外的なはたらきかけは必要としないということである。こうした事例では，目標や責任を果たすうえでの支援や注意などを含めて，教師や親からのはたらきかけは必要であった。また，興味を育み，以前には関心のなかった教科内容に取り組んでいくうえで支援が求められるということが明らかにされている。重要なこととして，別の研究では，担任教師自身の興味とコミュニケーション

能力によって，生徒の教科内容に対する興味や愛情が高まる傾向にあるということが明らかにされている（Long & Murphy, 2005; Sloboda & Davidson, 1995; Sosniak, 1990）。

興味の発達の4段階モデルによれば，興味の発達の早期の段階においては，外的な支援が最も重要になるということであり，その際，教育者は，生徒がポジティブな感情を体験し，内容への取り組みの自己効力感を形成していけるよう支援をしなければならない。ヒディとレニンジャー（Hidi & Renninger, 2006）は，多様な研究をレビューし，どのようにして教育者が課題に対するポジティブな感情反応を起こせるかに関して検証を行っている。方法としては，課題に選択肢を与えること（Flowerday & Schraw, 2003），内容に関連した知識を形成し，自律性の感覚を促すこと（Deci, 1992），コンピテンスの感情を育むこと（Hidi, 2001; Hoffman & Häussler, 1998; Renninger & Hidi, 2002; Schraw, Flowerday, & Lehman, 2001），仲間とともに取り組むこと（Blumenfeld et al., 1991; Hidi, Weiss, Berndorff, & Nolan, 1998; Isaac et al., 1999）などがあげられている。これらのすべての方法には，教師がポジティブな感情の発達を支える環境づくりをしているという面が含まれている。ヒディとレニンジャー（Hidi & Renninger, 2006）によれば，これは，その後の興味の発達においてきわめて重要な条件となるものとされている。また，私たちが指摘してきたことは，興味は，ネガティブな感情によっても喚起されるということと，内容に対するネガティブな感情が変化しなければ，興味は発達していかないということである。この種の状況において，教師に求められるきわめて重要なことは，そうした変化を支援するような機会を与えてやることである（Renninger & Hidi, 2002）。興味深いことに，レニンジャーとリップスティン（Renninger & Lipstein, 2006）は，談話分析の結果に基づいて，生徒が，興味は変容するものだと述べていること（例えば，喚起から維持へと興味が進むこと），特定の形式の教育（例えば，グループワーク）のように，そうした選択をすること，さらには，それらを機会としてとらえた場合にのみ取り組もうとすることなどの報告を行っている。他人が条件を課すようにすれば，生徒は課題に取り組むようになるかもしれない。しかし，このようなやり方は，好奇心から疑問を抱き，学習を自己調整する過程を開始するよう支えるという意味で，生徒の課題への取り組みを保証するものとはいえないだろう。

すでに述べたように，ジマーマンらの研究グループ（例えば，Schunk &

Zimmerman, 1997; Zimmerman, 2000a, 2002）は，学習者の自己調整の発達には，段階的なレベルがあることを認めており，また，発達の初期の段階においては，外からの影響が最も問題となるものと仮定している。研究者が明らかにしていることは，学習の最初の形式である観察レベルにおいては，学習者が繰り返し観察できるモデルの存在が必要となる。さらに，モデルが有する持続性は，観察者の粘り強さに影響を及ぼし，モデルが示す好みのあり方は，観察者による活動の価値づけを高めることになる。学習者がモデルの行動を再現しようと試みる，**模倣レベル**と呼ばれる次の段階においては，外的な影響が，ガイダンスを与えるという意味で，引き続き重要なものとなるが，フィードバックや社会的強化は，自己調整スキルをさらに高める動機づけの源として仮定されている。

　興味と自己調整のいずれも，発達の後半の段階になると，内側からはたらき始めるようになるが，継続的な外的支援も依然として重要ではある。ヒディとレニンジャー（Hidi & Renninger, 2006）が力説しているのは，創発した興味と十分に発達した個人特性としての興味においては——必ずということではないが，一般的には——自ら生み出すという部分がほとんどになるが，継続的な外的支援も依然として有効ではあるだろう。同様に，ジマーマン（Zimmerman, 2002）も，自己調整スキルを身につけるに従い，社会的支援が順次減少していくとしても，学習者は，引き続き社会的リソースや社会的学習経験から学ぶものである，といったことを述べている。

　興味と自己調整の研究者は，発達と外的支援から内的支援への移行のためには，内容に関する知識が必要になるということを強く主張している。例えば，レニンジャー（Renninger, 2000）は，外的支援から内的支援へと移行するに従い，知識が増えていくことが重要であると指摘している。また，そうした知識を基盤とすることによってのみ，生徒は，自己内省的な「好奇心からくる疑問」を抱くことが可能となるのだと論じている。これらのタイプの疑問は，興味の発達の初期の段階においては，外から与えられるものなのかもしれないが，個人特性としての興味が発達してくるに従い，自らつくり出すものとならなければならない。レニンジャーによれば，自らつくり出す好奇心による疑問の重要性は，個人の理解と他の——おそらく，より進んだ——見解とを結びつける役割を果たす点にある。こういったタイプの関連づけを行うことによって，生徒は，すでに理解したことを考え直すであろうし，また，新たな情報を求める

ようにもなるだろう。ボーカーツ（Boekaerts, 1997）も，内容に関する知識の重要性を強調し，知識のない自己調整は，外的なコントロールに依存した，複雑で，思慮と努力を要する処理過程という特徴を表すことになると警告している。このように，自己調整が習慣性を高め，より自動的なものとなるためには，内容に関する十分な知識を得る必要があるということである。さらに，ボーカーツ（Boekaerts, 1997）は，ポジティブな評価パターン――興味を含めた概念――を持たない生徒は，活動を模倣したり維持したりするうえで意志の力に頼る必要があるといったことを論じている。こうした結論は，次のような興味研究者の議論とも対応している。興味があれば，多大な努力を費やして意識的に活動に取り組み続ける必要はなくなるということである（例えば，Hidi & Renninger, 2006; Renninger & Hidi, 2002）。むしろ，興味を持って取り組めば，活動に集中したり持続や維持をしたりすることが自動的なものになるものと思われる（Hidi, 1995, 2000, 2001, in press）。

結論

　興味と自己調整には，いくつかの共通する特徴が見られる。いずれも学習と遂行の最適レベルを促進するものであり，学習において成功するためには欠くことのできない構成要素といえる。これらの発達上の道筋は，同じような方向性を有するものであり，初期の段階／レベルにおいては，外的なはたらきかけや支援が必要であり，徐々に，内的，自己生成的なプロセスへと移行していく。自己効力の判断は，興味とも自己調整とも正の相関を示すことが明らかにされてきた。発達的観点から，興味研究者は，自己調整が，興味の発達の後半にあたる段階においてきわめて重要な側面となっていることを実証している。

　自己調整研究者たちが認めていることは，自己調整を形成したり，すでに獲得したスキルを利用したりするうえで，興味が有効にはたらくような動機づけが必要となってくるということである。しかしながら，研究者らは，興味が自己調整スキルの発達において独自の役割を果たし得るものとは，通常は考えてこなかった。十分に発達した個人特性としての興味がなかったとしても，専門的な知識や技術が獲得できるように，学習者の興味レベルを考慮せずとも，自己調整を教育することは可能なのである（Hidi & Renninger, 2006）。けれども，

本章において紹介した興味研究者による実証研究や興味概念に関する理論的な分析を見れば，自己調整スキルの形成が，創発した，もしくは，十分に発達した興味を持った個人による活動を通して大いに促され得るということが示唆されている。さらにいえば，そうした場合の自己調整というのは，意識的な目標もなく，努力を要することもなく，自動的に生じてくるものといえるかもしれない。創造的で生産的な未来に向けて必要となる幅広いスキルや有能さを生徒が身につけていくうえで，興味と自己調整が連携することには，大いなる可能性が秘められているといえる。

謝辞

　本論に対してコメントと質問をいただいたピエトロ・バスコロ（Pietro Boscolo），アン・レニンジャー（Ann Renninger），ディル・シャンク（Dale Schunk），バリー・ジマーマン（Barry Zimmerman）に心より感謝する。また，編集にあたっては，ケリー・コール（Keri Cull）に助けていただいた。記して感謝申し上げる。

第 5 章

自己調整学習における動機づけ要因としての自己効力信念の役割

フランク・パハレス
(Frank Pajares)
Emory University

▌ はじめに ▐

　1878年に哲学者のパース（Peirce, C. S.）が次のように明言をしている。人間の思考の唯一の機能は，個人が自分自身や世界について抱くようになる信念を形成することである。これらの信念は，活動の規準となり，人が何を為そうとするかを規定するものであり，また，その後の信念形成につながると考えられる思考のあり方を規定するものでもある。1世紀後に心理学者であるバンデューラ（Bandura, 1977）は，次のような学説を立てている。自らの能力に関して抱く信念と，努力の結果について抱く信念の両者は，人がどのような行動をとるかということに強い影響を与え，また，そうした作用と同時に生じる認知的，感情的な過程に対してもこれらは強い影響力を持っている。詩人のヴェルギリウスの言葉にもあるように，自分にはできると**信じる**者だけが本当にできるのである，とバンデューラは述べている。

▍ 社会的認知理論の概観 ▍

　バンデューラは，1953年にスタンフォード大学に職を得て，ほどなくして，人間の学習に関する基礎的メカニズムに焦点を当てた研究プログラムを開始している。1963年には，博士課程の大学院生であったウォルターズ（Walters, R. H.）とともに，『社会的学習と人格発達（*Social Learning and Personality Development*）』という書を出版し，伝統的な社会的学習理論において未開拓であった領域を押し広げて，社会的モデリング，観察学習，代理強化といった今ではよく知られている原理を導入した。『思考と行動の社会的基盤：社会的認知理論（*Social Foundations of Thought and Action: A Social Cognitive Theory*）』の出版とともに，バンデューラ（Bandura, 1986）は，人間の機能に関する認知的な相互作用モデルを発表している。そのモデルでは，認知的，代理的，自己調整的，自己内省的な要因が，人間の適応と変容の過程において中心的な役割を担うものとして考えられている。また，**相互決定論**の概念がこの理論の核心にもなっている。この考え方は，(a) 認知，感情，生物学的事象といったものからなる個人要因，(b) 行動，(c) 環境上の影響要因が相互作用を生み出すことで，三者が相互に規定しあう関係をなすというものである。この見方によれば，人は，環境の力によって形成されたり潜在的な内的衝動によって動かされたりする受動的な有機体ではなくて，自らを組織化し，能動的で，自らを内省し，自らを調整する存在としてみなされている。人は，自らの環境と社会システムを生成するものであり，また同時に，生成されるものでもある。例えば，人による自らの行動の結果についての解釈の仕方が，環境と個人要因に影響を与え，変化を促し，また，そのことが次に生じる行動のあり方にも影響を与え，変化を促すことになる。バンデューラは，社会的学習理論から社会的「認知」理論へと名称を変更することで，当時優勢であった社会的学習理論とは決別を図り，現実の解釈，自己調整，情報の符号化，行動に移すことといった人間の能力において，「認知」がきわめて重要な役割を果たしていることを強調した。

　社会的認知理論は多くの視点を提供するものであり，これらを手がかりに，人間の機能を向上していくうえで，適切な活動にどのように着手することが可能であるかを考えていくことができる。例えば，学校では，生徒の感情状態や

誤った自己信念，思考の習慣（個人要因）を改善すること，学習スキルや自己調整活動（行動）を促進すること，生徒の成功を阻害するおそれのある社会，学校，教室などの構造（環境）に変更を加えること，以上のようなはたらきかけを通じて，教師は自分に任されている生徒のコンピテンスを高めることができるのである。実際のところ，人間の機能に関する要因には相互規定的な特質があるため，ある領域で生じた結果が別の領域で変化をもたらすことがあり得ると見てよい。

　バンデューラ（Bandura, 1986）の相互決定論の考え方の根源には次のような理解がある。人は，人間とはいかなるものであるかについて自ら定義を行う個人要因を備え持っているのだということ。新たな方略を計画したり象徴化したりする能力（予見），代理的経験から学ぶ能力，自己調整や自己内省する能力などは，その最たるものといえる。こういった能力があるおかげで，人間は，その認知的なはたらきにより自らの運命を定めるということに対し大きな影響力を行使できている。これは，人間を主体者としてみなす考え方であり，個人は自分自身の発達に能動的に関与し，自らの活動を通じて物事を生起させる力を持つというものである。この主体者の感覚にとって鍵となる事実は，個人が自らの思考，感情，活動をコントロールできるという自己信念を持っていることであり，「人がどのように考え，信じ，感じるかが，その人の行動のあり方に影響を及ぼす」（Bandura, 1986, p. 25）ということである。こうした理由から，人が自分自身や自己の能力に関して抱く信念というものが，主体者としての個人というもの，コントロールをするということにおいてきわめて重要な要素として考えられている。バンデューラは，1997年には，こうした自己信念を社会的認知理論の中に位置づける作業を行い，歴史的な著作である『自己効力感：コントロールの遂行（*Self-Efficacy: The Exercise of Control*）』を出版している。

◘自己効力信念

　バンデューラ（Bandura, 1986）によれば，最も人間らしい能力は**自己内省**の能力であり，自分自身の思考，感情を吟味することで，人は，経験していることを理解し，自らの認知や自己信念に関する検討を行い，自己評価をし，その結果に従って思考や行動を変化させている。また，自己内省によって，人は，

課題を達成する能力に関する自己判断を行っており，生活を構成している多くの活動に成功している。こうした**自己効力**に関する信念は，人間の動機づけ，幸福感，自己成就のための基盤を与えてくれている。動機づけ要因として別に作用している要因があったとしても，「その根底には，自らの行動を通じて変化を起こす力が自分にはあるという中核的な信念があるはずだ」（Bandura, 2004, p. 622）とバンデューラは主張している。したがって，人は，自らが望む結果を自らの行動で生み出すことができると信じない限り，行動を起こそうと思わないだろうし，困難に直面したときに粘り強く続けようともしないであろう。

　自己効力信念は，人の生活におけるほとんどすべての側面と大きな関わりを持っている。創造的な思考と自己を衰弱させるような思考のどちらをとるのか，逆境に出くわしても，いかにうまく自らを動機づけ，奮闘するのかといったことは自己効力信念のあり方によって決まってくる。また，ストレスや抑うつに対する傷つきやすさや，人生における決断といったことも自己効力信念のあり方が関わっている。強い自己効力感を持っている人は，困難な課題を避けるべき脅威ではなく，成し遂げたい努力目標ととらえ，それに取り組もうとする。そうした人たちは，内発的な興味が高く，活動に深く没頭し，また，やりがいのある目標を自ら設定し，それらに強く関与し続けるものである。自己効力感が高まれば，難しい課題や活動であっても落ち着いて取り組めるようにもなる。結果として，自己効力信念は，最終的な達成レベルに対して強い影響を及ぼすことになる。

　ここで注意を喚起しておくべきことがある。自己効力感と**自己概念**とを混同すべきではないということである。自己概念とは，自己に関する広範な評価のことであり，通常，そうした自己観とともに価値や自尊心に関する判断がなされることが多い。これらの2つの自己信念をとらえるには，まったく違うタイプの質問がなされることになる。自己効力信念は，自らの**能力**に関わる問題であり，「できる」という問いに関して思いをめぐらすことになる（例えば，車が運転できるか？　この問題が解けるか？）。一方，自己概念は，**存在**に関わる問題であり，「感じる」という問いに関して熟考することになる（例えば，自分のことが好きか？　父親として自分のことをどう思うか？）。さらには，何かができると人が思う信念と，自分のことをどう感じるかということとはほとんど関連を持たないものと思われる。学習スキルがあるために，クラスメー

トから，まぬけや変人と言われ，自尊感情が低くなっているとしても，利発な生徒の多くは，強い自己効力感でもって学習に取り組むことができている。その一方で，学習においてうまくできていない生徒の多くが，自尊感情の喪失に苦しんでいるわけではなく，運動領域や社会的な場で何かを成し遂げることで自尊心を育んでいる。

　自己効力感は，**結果期待**とも混同すべきではない。結果期待とは，行動がどんな結果をもたらすだろうかという判断のことである。実際に，効力判断と結果判断には一貫性が見られない部分がある。若い男性は，気になった女性に言い寄るのに，感じのよい，人を惹きつける愛嬌と外見上の魅力が欠かせないし，そのことがロマンチックな出来事に導くのだと考えているかもしれない。しかし，もし社会的な能力に自信がなく，自分の見た目に自信がなかったとしたら，恥ずかしく思い，近づこうとはしないだろうし，もしかすると見込みのある好機だったとしても逃してしまうようなことがあるだろう。同様に，自己効力感は高くても，結果期待が否定的な場合もあり得る。大学入試で，学力に対して高い自己効力感を持つ生徒であっても，入学要件が，強い思いを事実上くじくようなものであれば，その大学に出願を決めることはない。もちろん，自己効力信念が結果期待を規定するところもある。社会的スキルに自信がある生徒は，人との出会いがうまくいくと思っている。学習スキルに自信のある生徒は，自らの取り組みの質を高めれば，個人的な利益，職業上の利益につながっていくという期待を持っている。自信のない生徒の場合は，逆のことがいえる。社会的スキルに自信のない生徒は，社会的なつながりを持つ前に拒絶されることを想像するし，学習スキルに自信のない生徒は，試験が始まる前に悪い成績を想像してしまう。

　バンデューラ（Bandura, 1977）が自己効力感の構成概念を導入してから，教育研究者たちは，生徒の自己認知が学校生活においてどのような役割を果たしているかを検討してきた。これまでに明らかにされてきた結果は，既有の知識やスキルとは別に，生徒の学習に関する自己効力信念が学習達成に対し強い影響を及ぼしているということであり，また，多数の学習に関する結果に対して，知識やスキル，他の動機づけ要因の効果を自己効力感が媒介しているということである（関連文献のレビューについては，Bandura, 1997; Pajares, 1996b, 1997; Schunk & Pajares, 2005 を参照のこと）。

◆学習に関する自己効力感の情報源

　児童期から青年期そして成人期へと人間が成長していくに従って，その人の自己効力信念は，出来事や人からの影響を受け，自らの人生をつくり上げていく。バンデューラ（Bandura, 1986, 1997）は，この信念は，4つの情報源の解釈によって形成されるものと仮定している。最も強力な情報源は，自分自身の過去の達成，すなわち，**熟達経験**の結果を解釈することである。例えば，学校で，生徒は，学習に関する課題が完了したとき，その成果について解釈をし評価を下す。こうした解釈に従って，コンピテンスの判断が行われたり修正されたりする。自分の努力がうまく成果に結びついていると信じれば，同類の課題や関連のある課題をやり遂げる自信は高まる。自分の努力が期待した効果を生まないと思えば，同じような努力で成功できるという自信はなくなっていく。ある領域において熟達の経験をすれば，自己効力感に持続効果をもたらすことが多い。学校で理科に関して最高の成績を取った生徒は，今後，この分野で能力があるという信念を抱く可能性は高いであろう。

　生徒が学習に関する成功を経験すれば，確かに，その後，何をするか，しないかの選択に影響を与えるであろうし，この先も努力しようとするかという心のありようにも対しても影響を及ぼすであろう。しかし，強調しておくべきことは，自分が持っている知識やスキルの質に関して判断が必要なのと同じように，達成した結果についても**解釈**が必要だということである。大切な試験でBの成績を取った2人の生徒を思い浮かべてみよう。Bという成績それ自体に本質的な意味はなく，また，因果的な特性もはっきりとはしない。そういった成績を受け取ることは，特定の子どもに対してどのような影響を与えるであろうか。このクラスの科目の試験でAを取ることがあたりまえになっている生徒が試験のために一生懸命に勉強してBという成績を取ったときと，それと同じくらいに一生懸命に勉強しているがCを取るのが習慣になっている生徒とでは，まったく異なった受け止め方がなされるだろう。前者の生徒にとっては，Bは苦痛として受け止められるだろう。後者の生徒にとっては，Bは上機嫌で受け止められることになるだろう。Aを取ることに慣れている生徒は，学習に関する自信に傷がつくことになる。Cに慣れている生徒は，自信を高めるはずである。シュッツ（Schutz, 1970）が述べているように，「現実を構成しているのは，具体物の存在論的な構造ではなく，人が経験をいかに意味づけるかである」（p.

230)。

　生徒は，自らの行動の結果を解釈するだけでなく，他人の行動についても解釈を行い，他人が課題に取り組む様子を観察し，そうした代理的経験を通して効力信念を変更していく。能力が似ていると思われる仲間の成功や失敗を観察することで，自らの能力に関する信念に変化が生じる（例えば，「彼ができるなら，自分にもできる！」）。この情報源は，通常は，熟達経験の結果についての解釈と比べると弱いものであるが，年少者が自分の能力に確信が持てない場合や，先行経験が限られるような場合には，特に影響を受けやすくなる。また，代理的経験には，生徒どうしの社会的比較が含まれる。学校では，こうした比較が絶えず行われており，仲間の成果と自分の行動の結果とを比べることで，自己効力信念を生み出し，それを向上させている。文脈の中に位置づけられない限り，学習結果自体には本質的な意味はないということを思い返していただきたい。内的基準が形成されていない段階では，綴りのテストで「85点」だったとしても，他の大半の生徒がそれ以下かそれ以上の得点だったといったことがわからない限り，意味をなさない。

　明確な心理学上の知見があれば，年少者がモデルの行動から学習しているということが事実としてあげられよう。例えば，クラスメートが難しいレベルの高度な数学の問題を解いている様子を観察することで，他の生徒も自分にもできると思うようになる可能性がある。シャンクらの研究グループは，**コーピング・モデル**——問題と格闘しながら成功に近づいていくモデル——のほうが，**熟達モデル**——まったく間違いのないようにふるまうモデル——に比べて，観察者の自信を高める傾向にあることを明らかにしている（Schunk, 1983b, 1987; Schunk & Hanson, 1985, 1988）。むろん，有能な生徒の場合は，自分自身を熟達モデルに近いものと認知していると考えられるので，特にコーピング・モデルが効果を持つのは，普通は，学習に困難を抱える生徒ということになる。とりわけ，易しいと思われる課題にモデルが失敗したときには，モデリングは観察者の自信を低下させる方向で作用する可能性もある。バンデューラ（Bandura, 1997）は，生徒は，自分が望む課題で有能なモデル，特に地位，権力，名声のあるモデルを求めるものである，と述べている。小学校から中学校への移行期といった時期にモデルが影響力のある役割を果たすのかもしれないと研究者たちは指摘している（Eccles, Midgley, & Adler, 1984）。テレビや他のメディアが「象徴モデル」として顕著なものとなっていき，学校や仲間，両親

との接し方の効力に関する情報を年少者に伝達していくことになる。

　作曲家で作詞家でもあるソンドハイム（Sondheim, 1987）は，「自分が話すことに注意をしなさい。子どもが聞いているでしょう」と大人に対して警告を発している。そして，彼らは実際にそうしている。意図的であれ偶然であれ，他者の言葉（や行動）は，自己効力信念に対して影響を及ぼす。したがって，第3の自己効力感の情報源は，言葉によるメッセージや社会的な説得を人が受けることに由来する。こうしたメッセージは，成功に求められるさらなる努力や持続性を促すことになり，スキルと個人の効力感を高め続けることになる。さもなければ，大きく力を失わせることになり得る。両親，教師，仲間，重要な（ときに重要でない場合もある）他者からの言語的，非言語的なメッセージが学習に関する能力の自信を高低させる力を持つのである。

　特に年少者が正確な自己評価スキルに欠ける場合，彼らは学習に関する遂行について他人が与えてくれる評価的フィードバックや判断に依存するので，自己信念の形成において説得者が重要な役割を果たすことになる。効果的な説得者は，思い描く成功が遂げられることを確かなものとしながら，同時に，自己の能力についての信念を育成する。そして，肯定的な説得が，力を与えたり促進的に作用するところがあるのと同じように，否定的な説得は，自己効力信念を無にしたり弱める方向で作用する可能性がある。実際のところ，肯定的な励ましによって自己効力信念を強めるよりも，否定的な評価によって自己効力信念を弱めることのほうが，通例，容易ではある。教師の肯定的なコメントで自己効力信念が強められるよりも，不名誉な赤ペンで自己効力信念が弱められることのほうがあり得ることである。

　人の気分とともに不安やストレスといった生理学的，情動的状態も，効力信念に対して情報をもたらすものである。通常，楽観主義や肯定的な気分は自己効力感を高揚するが，抑うつ，絶望，落胆の感覚は自己効力感を低下させる。他の情報源と同様に，身体上の指標や気分の状態自体の強さが重要ではなく，個人がそれをいかに解釈するかが重要である。強い自己効力感を持つ生徒は，情動の状態を，元気づけるものとみなすであろうが，自己不信に悩む生徒は，弱らせるものとして受け止めるかもしれない。

　新しい課題や活動に取り組む際に生徒が抱く自己効力信念は，新しい情報を処理するうえでのフィルターとしての役割を果たす。例えば，数学の自己効力感が低い生徒は，大事な数学の試験の直前に，失敗するおそれを予兆させるも

のとして，不安でドキドキするだろう。このような場合には，自己成就予言の力によって，考えていたことがまさに恐れていた失敗となって実現してしまうであろう。反対に，数学の能力に自信のある生徒は，大事な試験の前の通常の「神経過敏」とみなされる状態に影響されることはなく，むしろ，そこに活力を見出すかもしれない。また，生徒の感情状態は，努力の成果についての受け止め方にも影響を及ぼす。悲観主義的態度は，間違いは能力のなさを示すものだという誤解を導くことになり得るし，自己効力感を低下させることにもなる。一方，肯定的な見通しと前向きな心構えがあれば，ミスをしても，それは一時的な後退にすぎず，さらに注意と努力を重ねればよいだけのことだと受け止められるはずである。

▎ 学習の文脈における自己効力感と自己調整学習 ▎

　生徒は**自己調整**の過程を通じて，学習面での向上を調整したり管理したりしている。ジマーマン（Zimmerman, 2002a）は，自己調整を「自ら主導する過程であり，この過程を通じて，心的な能力を学習スキルへと変換していくことである」（p. 65）と定義している。自己調整は，メタ認知的過程であり，行動の結果を理解し評価する思考過程を検討したり，成功への道筋の選択肢に関してプランを立てたりするうえで必要となるものである。自らを方向づけ，自己強化する過程を通じて，次の行動を導いていく必要があるならば，行動の自己評価は欠かせないものである。成功する人には，強力な自己調整のレパートリーが備わっており，そのため，課題に集中し続けたり成し遂げたりすることができる。例えば，学校で優秀な生徒は，自らの行動をうまく調整しモニターできており，そのため，求められている多くの課題が達成できるのである。ジマーマンらの研究グループ（Zimmerman, 1989, 1990, 1994, 2000, 2002a; Zimmerman, Bonner, & Kovach, 1996; Zimmerman & Martinez-Pons, 1990）は，学校で多く見られるこうした実践について，以下のようにまとめている。

・期日までに宿題を仕上げること
・他にやりたい興味のあることがあるときでも勉強をすること
・学校で科目の授業に集中すること

・役に立つ授業内容をまとめたノートをつくること
・授業の課題に関する情報を探すのに図書館を利用すること
・効果的な学習計画を立てること
・学習に関することを効率よく整理すること
・授業や教科書で出てきた内容を覚えておくこと
・家庭で集中して学習できる環境を整えること
・学習に取り組めるよう自らを動機づけること
・授業の話し合いに参加すること

　当然のことではあるが，学校は，認知能力が育まれ評価される主要な場である。学習に関する自己調整スキルが形成され維持される主たる場でもあり，自己調整スキルを用いることは，学校での成功と，それに伴う肯定的自己信念の両方と深い関わりがある。こうした自己調整スキルの重要性は，様々な課題や活動，状況にわたって生徒が利用できるという点にある。効果的な自己調整の実践は，多様な学習領域において強力な自己効力感と達成とをもたらす。したがって，これらは，自己信念を向上し学校での成功を導くうえで中核をなすものといえる。

　自己調整する能力がなかったとしたら，人間は「刻々とどのような影響が自らに及ぼうとも，絶えずそれに応じた方向にただ揺れ動くだけの風向計のようにふるまう」ことになるであろう（Bandura, 1996, p. 5515）。効果的な自己調整の実践ができない生徒は，単に自分の行動を修正する方法を知らないだけである。成功をしていないことには気づいているが，遂行が良くない理由について理解できておらず，将来のあり方を変えるための方略や行動の変更に関して思い描くことができないのである。

　予見，遂行，自己内省という自己調整のすべての段階において，学習に関する自己効力信念が影響力を持っているということを研究者たちは明らかにしている（レビューとして，Schunk & Ertmer, 2000 を参照のこと。また，Zimmerman, 2002a, 2002b）。学習上の課題を遂行できると信じている生徒は，認知的方略とメタ認知的方略をより多く用いており，以前の達成や能力に関わりなく，一生懸命に取り組み，持続性もあり，逆境に出くわしても粘り強く対処できるのである。ある研究では，数学の能力が低・中・高レベルからなる子どもたちを対象として，ある数学の問題が取り上げられテストが行われた。各

能力レベルの子どもたちの中には，数学の自己効力感が高いものと低いものが含まれていた。同じ数学の授業を受けた後に，新たな問題を解くよう求められ，理解できなかったものについては復習する機会が与えられた。数学の能力レベルが遂行と関連していたが，能力レベルと関わりなく，高い自己効力感を持つ子どもたちのほうが，正答数が多く，わからなかった問題の復習をよくしていた（Collins, 1982）。

　また，高い自己効力感を持つ生徒は，より効果的な自己調整方略を用いている。自信のある生徒は，学習に取り組む時間を効果的にモニターし，学習上の難題に直面しても諦めることはない。そして，未熟な仮説であれば訂正することをいとわず，概念上の問題の解決を図っている。加えて，自己効力感が高まるにつれ，生徒は，自己モニタリングした結果に関して，正確な自己評価を行うようになる（Bouffard-Bouchard, Parent, & Larivée, 1991）。科学と工学のコースを専攻する大学生を対象とした研究においては，高い学力を維持していくうえで必要な持続性に対して，自己効力感の高さが影響を及ぼしていることが実証されている（Lent, Brown, & Larkin, 1984）。さらに，数学の自己効力感がノートを見直すという方略と正の相関を示し，一方，大人の助けに依存することとは負の相関を示すことが明らかとなっている（Zimmerman & Martinez-Pons, 1990）。

　ピントリッチとデフロート（Pintrich & De Groot, 1990）は，学習に関する自己効力感が，認知的方略の使用に加えて，メタ認知的方略の使用を通して自己調整とも関連していることを明らかにしている。学習に関する自己効力感は，学習成績，授業内の自習課題，宿題，テスト結果，小論文とレポートなどとも相関を示していた。自己効力感は，認知的な取り組みの過程の中で「促進的な」役割を果たしていること，自己効力感の向上が認知的方略の使用を促し，それによって遂行が高まる可能性があること，「教室で生徒が成功するためには，『意志』と『スキル』を兼ね備えている必要がある」（p. 38）こと，以上のような結論を得ている。

　学習に関する自己効力感と目標設定の自己調整方略の関係を調べている研究によれば，遠い目標を立てるより近時した目標を立てたほうが，自己効力感とスキルの向上が著しいということが明らかにされている。その1つの理由としては，近時的なものを達成することで，専門的知識・技術が高まっていることの証しが得られるということがある（Bandura & Schunk, 1981; Schunk, 1983a）。

さらに，自ら目標を立てるよう励ましの言葉かけを受けた生徒は，自信，コンピテンス，目標達成への関与を高めるということが明らかにされている（Schunk, 1985）。学習上の課題に取り組みながら頻繁な即時フィードバックを受けた生徒も，自己効力感を高めていた（Schunk, 1983b）。そして，このようなフィードバックを自らの努力に帰属するよう教えられた生徒は，より一生懸命に取り組み，動機づけを強く感じ，今後の学習に対してより大きな自己効力感を報告していた（Schunk, 1987）。

自己効力信念は，動機づけと学習に関する取り組みに対して強い予測力を持つ要因であることから，ジマーマンらの研究グループは，生徒たちが，自分には学校で成功するための自己調整方略があると自信を持っているかどうかについて検討を行っている（Zimmerman & Cleary, 2005 を参照）。「自己調整に対する自己効力感」は，生徒の動機づけに関する信念と，経験される学習上の成功の両者に対して寄与していることが明らかにされている（Zimmerman, 1989, 1994; Zimmerman & Bandura, 1994; Zimmerman & Martinez-Pons, 1990）。

生徒の自己効力信念は，目標設定，自己モニタリング，自己評価，方略使用などの自己調整過程の実行を介して，学習における動機づけに影響を及ぼしていく（Zimmerman, 2000）。自らを有能だとみなす傾向の強い生徒ほど，より手応えのある目標を選ぶ傾向にある。ジマーマン，バンデューラ，マルティネス-ポンズ（Zimmerman, Bandura, & Martinez-Pons, 1992）の結果によれば，自信に影響を及ぼし，これを介して，最終的に収めた成績にも影響を及ぼしていた。学習に関する自己効力感は，達成に直接的な影響を及ぼすが，成績に関する目標を向上させることで間接的にも影響を及ぼしていた。別の研究では，大学生の作文の自己効力感が，目標設定や作文スキルに加えて，どのような自己の判断基準で作文の質を満足できるものとみなすかどうかに対しても，影響力を及ぼしていることが示されている（Zimmerman & Bandura, 1994）。

さらには，研究者たちは，自己調整学習に対する自己効力感が，言語技術，数学，理科などの科目領域とすべての学校段階における生徒の動機づけや達成と関連しているということを明らかにしている。自己調整学習方略に関する生徒の自信は，小論文を書くこと，数学の問題解決，理科のコンピテンスといった多くの学習遂行とともに，学業の自己概念，自己効力感，学校と特定の教科の価値づけ，熟達目標志向とも正の関連を示している。自己調整学習に対する自己効力感は，学習不安，教科特有の不安，遂行回避目標志向とは負の関連を

示している（Pajares, 1996b; Pajares, Britner, & Valiante, 2000; Pajares & Graham, 1999; Pajares, Miller, & Johnson, 1999; Pajares & Valiante, 1997, 1999, 2001, 2002, 2006）。

　生徒の学習に関する自己効力感と動機づけは，学校段階が進むに従い，減少していき，中学校の期間に最初の落ち込みが見られることが報告されている（Anderman, Maehr, & Midgley, 1999; Jacobs, Lanza, Osgood, Eccles, & Wigfield, 2002 を参照）。中学校への移行によって，社会的比較の対象となるより大きな集団が導入されることになり，成績と競争がさらに強調され，規模は大きいが個人が埋没する環境となる場合がほとんどである。さらに，こうした環境の変化によって，動機づけの低下を招くと思われるきわめて重要な発達上の変化を子どもたちは経験していくことになる。パハレスとバリアンテ（Pajares & Valiante, 2002）は，小学3年生から高校2年生までの生徒1,257名を対象にして自己信念について調査を行い，小学校から高校に進むに従い，自己調整学習方略の自信が低下していくことを明らかにしている。学習に関するコンピテンスの自己認知にも同様の減少が見られるが，この低下はそれ以上の急激なものであった。

◆ジェンダー，自己効力感，自己調整学習

　学習に関する自己効力感と，自己調整方略を用いる自己効力感には，性差が見られるという報告が多くなされている。例えば，小学校の時期には，数学の能力の自信に男女で差はないが，中学生になると，女子よりも男子のほうが効力があると評定するようになる（Wigfield, Eccles, & Pintrich, 1996）。反対に，言語技術に関する領域では，通常は女子の達成のほうが大きいという事実にもかかわらず，自信に関しては男女の間で違いが見られないのである（Pajares & Valiante, 2006 を参照）。

　自己調整学習方略の使用やその自信の性差についての報告では，一般に，女子に有利な結果となっている。ジマーマンとマルティネス-ポンズ（Zimmerman & Martinez-Pons, 1990）は，小学5年生，中学2年生，高校2年生を対象に面接を行い，14の方略の利用に性差が見られるかどうかについて調べている。女子は，目標設定，プランニング方略をよく用い，記録を取ることと自己モニタリングをよく行っていた。また，学習に最適な環境を構成できて

いるかという点においても，女子のほうが男子よりも優れていた。ポーケイとブルメンフェルド（Pokay & Blumenfeld, 1990）は，高校生を対象に幾何学の自己調整学習方略の使用に関する調査を行い，学期が始まる時期に，男子よりも女子のほうが，メタ認知的方略，一般的認知方略，幾何学に固有の方略を多く用いていることが明らかにされている。学期の終わりにおいても，引き続き，女子が認知的方略をよく使用しているという報告をしていた。

　むろん，これらの変数と無関係な要因によって自己効力感と自己調整の性差が現れたという可能性もある。例えば，以前の達成を統制すると，学習に関する自己信念の性差がほとんど見られなくなる（Pajares, 1996a）。別の言い方をすると，学習に関するコンピテンスのレベルを同じにして生徒の自己信念を分析するとほとんど差が見られないということである。性差の原因となっているかもしれない他の要因として，男子は自己を賛美するような反応を示す傾向にあるが，女子は控え目な傾向にある（Wigfield et al., 1996）。つまり，男子はスキルがなかったとしても自信を示すし，スキルがあれば自信過剰になってしまう傾向が強いのである。ノッディングス（Noddings, 1996）は，自信について判断を下す際に男女で異なる物差しが使われているのではないかとの指摘を行い，こうした評定のあり方からすると男子よりも女子のほうが信頼できるものなのではないかと言い添えている。これが事実であるとすれば，自信に関する現実のところの差異は，上述したような反応バイアスによって隠されたり強調されたりしているといえる。

　性差が生じる際に潜在的にはたらいている第3の要因は，自己効力感や自己調整信念の性差が普通測定される方法に関わるものである。これまでよく行われてきたのは，自信の判断を求めるのに，学習に関する特定のスキルを持っているかどうかについて質問がなされ，自己調整に対する自己効力感の場合，特定の自己調整方略に取り組むことができるかについて質問がなされてきた。自信に関して平均レベルでの差異が，自己効力感の性差として解釈されてきた。パハレスらの研究グループ（Pajares, et al., 1999; Pajares & Valiante, 1999）は，小・中学校の児童・生徒に対して，これまでの通常のやり方での自己効力判断とともに，他の子どもとの比較で学習に関する能力を判断するよう求めている。言語技術において女子が男子よりも優れた遂行を示していたが，作文の自己効力感と自己調整に関する自己効力感については男女は同等なものであった。しかしながら，仲間よりも良い作文が書けると思うかを尋ねたところ，クラスの

中でも学校の中であっても，男子よりも女子のほうが良い作文が書けると答えていた。つまり，通常の自己効力感の測度の男女による評定とは関わりなく，明らかに女子のほうが男子と比べて自分には良い作文が書けると考えていたことになる。

　学習と自己調整に関する自己効力感の性差の原因と思われる第4の要因は，自己信念の特質と関わりがあるものである。これは，こうした性差を強めている可能性を持つ。研究者たちが明らかにしているのは，社会，人格，学習に関する変数に見られる性差のいくらかは，ジェンダーそのものというよりむしろ，**ジェンダー志向性**——生徒たちが抱くジェンダーに関するステレオタイプによる信念——によるものなのではないか，ということである（Eisenberg, Martin, & Fabes, 1996を参照）。エクルス（Eccles, 1987）は，進路と職業選択のモデルの中で，生徒の性役割ステレオタイプといった文化的環境要因が，進路や職業選択，自信に関する信念，課題や活動の価値の認識において差異を生み出す原因となっている部分があると仮定している。自己効力感の性差が，どの程度まで，ジェンダーそのものというよりも，ジェンダー・ステレオタイプ信念によって規定される可能性があるのか明らかにするため，パハレスとバリアンテ（Pajares & Valiante, 2001）は，生徒らに対して，アメリカ社会において男性と女性のステレオタイプとされる特徴と自らをどのくらい同一視しているか，回答を求めている。女性性志向は，作文の自己効力感と関連していたが，自己調整に関する自己効力感において，女子のほうを優れているとする有意な性差は認められなかった。こうした結果から，学習に関する動機づけや自己調整学習における性差のいくらかについては，ジェンダーそのものよりも，生徒が抱くジェンダーに関する信念の違いによって説明できる部分があるのではないか，という示唆が得られている。

　多くの手段を通じて，性差に対して影響を及ぼしていく力が教育にはある。例えば，数学の領域では，数学の課題や活動をどのような文脈に位置づけるかによって，容易に差異が生じ得る。数量計算のスキルを要する職業について自己効力感の判断を求めると，通常は男子よりも女子のほうが低くなるが，女性性ステレオタイプとされる課題で数量計算に関する活動について自己効力感の判断を求めると差異はなくなるのである（Junge & Dretzke, 1995）。また，善意のある教師は，性別によって異なる期待を抱いてしまうかもしれない。小学校の教師——そのほとんどが女性——や，善意のある親は，女の子は数学が苦

手かもしれないと伝えてしまうような場合があるかもしれない。スクールカウンセラーもまた，女子に対し科学や技術に関する職業をめざすよう励ますようなことはあまりないのかもしれない（Betz & Fitzgerald, 1987）。

▌ 実践への示唆 ▐

　これまで示してきた研究知見は，3つの結論を支持するものである。第1に，バンデューラ（Bandura, 1986）が理論化を図っているように，生徒の自己効力信念が，学習に関する動機づけ，学校で利用される自己調整学習方略，最終的に得られる学習上の成功といったものに強い影響を及ぼしているということである。第2に，多くの生徒にとって，学校段階が進むに従い，学習と自己調整に関する自己効力信念は低下していく可能性があり，中学校に入ると減少が始まる傾向にある。第3に，学習に関する自己効力感や自己調整方略を用いる自己効力感には，性差が見られることが多い。だが，こうした違いが生じるのは，以前の達成，科目内容にふれること，反応バイアス，測定の仕方，ジェンダー志向性信念といった要因のはたらきによるものと考えられるかもしれない。

　では，これらの研究結果をもとに，教師や親，その他，学校に関わる実践家は，どのような示唆を得ることができるのか？　生徒の自己調整の動機づけを促す支援として，親や教師にはどのようなことができるのか？　適切な自己信念を支え，生徒が自己調整の実践に効果的に確実に取り組めるよう支援していくうえで，学校にできることは何か？

　ジマーマンら（Zimmerman et al., 1996）は，自己調整の訓練に関する循環モデルを提示しているが，その中で，生徒は，学習に関する課題について考えたり取り組んだりしながら，4つの相互に関連した過程に関わるよう求められている。第1に，以前の関連した課題や領域での遂行結果について評価や判断を行い，成功裡に課題を成し遂げる潜在的な効果が自分にあるかどうかについて検討を行う。第2に，課題を仕上げるうえで有効と思われる適切な自己調整方略について計画し，学習目標を設定する。第3に，選択した方略を実行し，これらの方略の効果性についてモニターする。第4に，課題の遂行をモニターすることで，次の課題に向かう潜在的な効果について再度検討する。この時点で，新たに課題に取り組むことを意図すれば，再び循環が始まることになる。

この循環過程の中核をなすのは、自己効力信念の自己評価である。この自己評価には多くの利点がある。第1に、当然のこととして、課題を成功裡に終えるうえで、自らの能力を正確に判断する必要があるとすれば、こうした判断を能動的に行う必要があり、いわば、当該の課題や領域の自らの自己効力信念について自己評価をしなければならないのだということである。実際に、「自己効力感を評定することで、能力の評価が努力を導いていくように作用し、生徒が良い方向に変わっていくのである」（Zimmerman et al., 1996, p. 63）。自己効力感の研究者たちが、教師に対して、自己効力感の概念を生徒に紹介し、その評価の仕方を教えるよう勧めるのは、こういった理由による。自己効力の判断を行うには、生徒が採用している学習方法や、学習の効果を最大限にするために用いている方略に関する信念に注目する必要がある。

　目の前にある内容をマスターするために、変更や調整が必要な場合など、自己調整行動に取り組んでいくうえで、適応的な自己効力信念は必要不可欠なものである。結局のところ、自分には内容をマスターする能力がないと思えば、成功の要件となる方略を計画したり目標を立てたりするための時間も労力も使うことはないであろう。反対に、生徒に自信があれば、時間をもっと使ったり自己評価基準を調整したりして、とりわけやりがいのあるものに取り組んだりするかもしれない。つまり、学習に関する課題を効果的に成し遂げるための自己調整過程に関与していくうえで、自らの能力についての信念が欠かせないのである。

　学習と達成を促すと思われる自己調整の実践に生徒が取り組んでいくよう動機づけを支援していくうえで、彼らの自己効力信念を最大限に引き出すことが求められるが、そのための方法にはたくさんのものがある（Pajares, 2005 を参照）。自己効力信念の情報源について考えることは、これらの方法を吟味する1つの視点となる。バンデューラ（Bandura, 1986, 1997）が、4つの情報源として、熟達経験、代理経験、社会的説得、生理学的指標を仮定していることを思い返していただきたい。1つめの情報源である熟達経験に関して、このような経験が自己効力信念に影響を及ぼすかどうかは、生徒が経験そのものをいかに解釈するかにかかっているということを心に留めておくべきである（Bandura, 1997）。このため、教師は、成功体験を思い起こさせるようにし、それがより大きなものとなるよう支援を行うべきである。生徒に学習で成功したことを振り返るよう求め、そのために用いた方略について考えさせるような

作文の課題を与えると，彼らは，過去の熟達経験について意識し続けられるようになる。こういった振り返りを含めて，毎日もしくは毎週，日誌をつけるようにすれば，成功を得たことが定期的に思い出されるし，また，成功に結びついた自己調整方略についての情報を継続的に得るための助けともなる。ここには，自分が行った努力，利用したリソース，課題に費やした時間，設定した目標などが含まれることになるかもしれない。今の時代，安価なデジタルビデオカメラなど，別の効率的な手段があり，活動しながら記録をすれば，成功体験を思い返すことができる。こういったイメージを単に思い浮かべるだけでも，厳しい状況に打ち克つための心的なエネルギーを得ることができる。

過去の熟達経験が自己効力感の最も強力な情報源であるという事実は，学力の自己向上モデルの直接的な確証となっている。このモデルでは，生徒の学校での達成を高めるためには，自己概念を向上させることに教育的な努力を傾注すべきであるということが強調されている。これを行うのにこれまでなされてきた努力としては，称賛や自己説得の方法によって自尊感情の育成を図ることを重視したプログラムなどがあげられる。社会的認知理論家たちは，自己向上よりもスキル育成のほうを重視するようになってきている——目の前の遂行から本物の成功を体験すること，**真正の熟達**を経験することでコンピテンスを高めるということである。生徒の自己効力信念は，第一義的には，やりがいのある学習上の課題に実際に成功することを通じて形成されるものである。バンデューラ（Bandura, 1997）は次のように記している。

> 自信には2種類のものがあるということに注意をして誤解のないようにしてもらいたい。1つは，人格特性としての自信であり，2つには，対象に関する知識から生じる自信である。教育者が，第2のものではなく，第1のほうを育てる支援を行ったとしても特別に名誉なことではない。教育の目的は，自信過剰な愚か者を育てることではないのである。(p. 65)

シルヴァスタイン（Silverstein, 1974）の詩にある「もし道が険しく坂がきつければ，それは，（ただ，あなたの）できるという考えが，十分ではないのだ」(p. 158) という戒めを常に心に留めるべきである。

自己効力感の2つめの情報源は，他者の観察による代理経験にある。先述したように，子どもたちはモデルから多くを学んでおり，モデリングの実践によ

って生徒の自己信念に与える影響は様々である。すなわち，教師がモデリングの実践を効果的に行うことがとても重要となる。**コーピング・モデル**——ミスをしたり，それを指摘してもらったときに，素直に認めるモデル（例えば，「しまった，そこはちょっとうっかりしていた。教えてくれてありがとう」）——は，誤りは避けることができないもので，参ってしまうこともあり，しっかりした人でも間違うことがあるといったことを生徒たちが理解する助けとなるものである。反対に，**熟達モデル**——絶対に誤らないという権威と自我のあるモデル——は，間違うことはできないといった態度でふるまうものである（例えば，「あなたが注意をしていたかどうか調べようとして今点検しているのです」）。こういう教授モデルは，間違いをすることは受け入れがたいもので，明らかにまぬけなことだという考えを生徒に吹き込む危険がある。

　効果のあるモデルは，成功経験それ自体だけではなくて，成功に必要な情報をも伝えるものである。成功するモデルは，用いている方略を示し，詳細なところを適切に伝え，複雑な問題を理解しやすいものにして教えてくれる。成功するモデルは，時間をかけて，いかにすればうまくいくかについて説明するものである。著名な教育者であるホルト（Holt, 1970）は，ブロックで幸せそうに遊んでいる5歳の姪と会った日のことを好んで話している。彼は，思いやりのあるおじであり，一緒に座って遊びを始めた。ほどなく，彼は，多彩なブロックでかなり立派なお城を完成させた。姪は，すばらしい建造物をじろっと見て，彼を見，起き上がり，がっかりしてブロックを壊し，そして，怒って飛び出して寝室へと行ってしまった。その後，彼女が再びブロックで遊ぶことはなかった。

　仲間もモデルとなるため，力のある教師は，グループ学習活動に気を配る。優れた見本を示す生徒は，他の生徒に対してもうまくやれるという信念を吹き込むことができる。生徒が，自分の学習能力は，モデルの能力と同じくらいのものだとみなすよう，慎重に教室の中からモデルとなる仲間を選ばなければならない。例えば，仲間モデルが間違いをして，生徒の前で対処行動を行い，自信や達成の低さを示す感情表現を言葉にすれば，低達成の生徒にとっては，そのモデルが自分自身に似ていると認知し，達成や自己効力感をより強く体験することになる。こういった認識を明確にするための手立てとして，グループ活動の中で行える「声に出して話す」という方法を教師は生徒に指導することができる。

むろん，仲間との比較が，自己効力感を失う方向に作用することもある。教師にさらに求められる責任は，生徒が比較によって自己効力感を人為的に低下させてしまわないようにすることである。教師がクラスの構造の個別化を図り，指導を一人ひとりの学力に適合させるようにすれば，社会的比較は最小限のものとなり，生徒たちは，クラスメートとの比較ではなく，自らの基準に従って学習の進度を自己評価するようになる。学校や教師が比較をできるだけ少なくしたり，あるいはしないようにするためにどんな取り組みを行っても，ある程度はクラスメートとの関係で自己評価をせざるを得ないであろう。しかしながら，協同による個別学習場面においては，生徒にとっては，自分と対応した仲間モデルを選択することが比較的容易である。学校やクラスにおいて，伝統的な競争構造よりも，競争志向の弱い個別化された構造のほうが，生徒の自己効力信念をより強める傾向にある。

　熟達経験は，通常，最も強力な自己効力感の情報源ではあるが，第3の情報源である他人からの社会的説得に注意が向くこともあり，また，かなりの影響を受ける場合もある。子どもたちがまわりの環境をコントロールしようとし始めるとき，そこには大人の存在が介在しており，大人は子どもたちに自信を与えたり，反対に，育ちかけた自己信念を損なったりするのである。年少者は，未熟なため正確な自己評価ができず，自信や自己価値の判断を行うのに他人の判断に頼らざるを得ない。1902年，クーリー（Cooley, 1902）は，「鏡映的自己」の隠喩を用い，子どもの自己の感覚は，自分を他者がいかに見ているかについて知覚した結果から生じてくるものと説明している。すなわち，他者の評価は，鏡映的なものとして作用し，自己の感覚を明確にするための情報を提供するものである。

　著名な教育者であるモンテッソーリ（Montessori, 1966）は賢明な忠告をしている。「子どもたちは，学びの熱意があり，愛情を強く求めるものであるから，大人は，彼らの前で，慎重に言葉を選んで話をしなければならない」（p. 104）。年少者の自信の形成において，他者による言語的，非言語的な評価がきわめて重要な役割を果たす。そして，こうした評価は自己対話となっていき，さらには内面的に繰り返されるようになる。説得をうまく行う人は，年少者の自らの能力に関する信念を育み，心に描いた成功が確実に遂げられるようにする。肯定的な説得は，励ましや力を与えるものであり，否定的な説得は，自己信念を弱めたり損なったりする。そうした説得は本物であるべきで，何が称賛

に値するかを明確に示し，向上し続けるための手段を与えるものでなければならない。例えば，授業の話し合いの中での質問に対して，ヴェラという女の子が，とても良い答えをしたときに，教師がその子をほめたいと思うような場面を想像していただきたい。型にはまった，漠然とした，はっきりしない，「それは良い答えだね，ヴェラ」（その後，教師は，「他にだれか答えられる人は……？」などと言って次の質問に移ることが多い）というものと，もっと具体的で有益な，「それは良い答えだね，ヴェラ，筆者は，難しい意外な決断をして，詩を書いたんだということを思い返したんだね。慣れない道をとったことと，ほとんどありそうにない選択をしたこと，これらをしっかり結びつけています。引き続き，筆者の人生における出来事と，読者に語りかけてくれている話の内容とを結びつけていこう」といった言葉かけを比較していただきたい。明らかに効果的なほめのほうが長くなるもので，そのため，これは慎重にすべきものでもある。

　効果的な説得というものを，無条件反射としての称賛や，内容のない霊感による説教といったものと混同すべきではない。称賛や激励は，正直になされるべきで，受けるにふさわしいやり方で行う必要がある。むろん，年少者が自分自身や自らの能力を肯定的に感じ，親や教師がこうした肯定的な自己信念を育成していくうえで不可欠な役割を果たしていくことが重要である。しかし，エリクソン（Erikson, 1959/1980）の警告に注意深く耳を傾けていただきたい。年少者を「中身のない称賛や恩着せがましい励ましで騙すことはできない。現実の成就を一貫して，そして，心から認めることがなければ，アイデンティティが真の強さを得ることはできない。……自我が強ければ，人為的に得意にさせられる必要はないし，実際のところ，そういったことに対する免疫を備えてもいる」（p. 95）。すべきことがきちんとできたことに対して，年少者をほめることは，励ましと支援を表す重要な方法である。ふさわしくないときにほめるのは，正直ではないし，ごまかしにすぎず，逆効果となるのはいうまでもない。能力のある生徒が，最小限の努力で有能な成果をあげたとき，無条件反射的にほめてしまうと，最小限の努力でもほめられるのだという特異なメッセージを送ってしまうことになる。称賛がふさわしくないと認知されると，自己効力感に対する影響はなくなり，そんな称賛をする大人はすぐに信用されなくなる。また，そういう状況になれば，生徒は明らかに挑戦しようとしなくなるため，基準や期待を高くしたり，年少者がこの期待に応えるのは当然のこととして彼

らを促したりすることが，親や教師にとっては非常に有効なものとなる。

　親や教師は，説得のスキルに磨きをかけて，コンピテンスあるいは**能力**が，発達を通じて変えられるもので統制できるものだという信念を年少者の内面に育むようにするのがよい。これは，障害に打ち克つための手立てとして，努力，忍耐強さ，粘り強さを促したほうがよいということでもある。「あなたはとても賢い！」とか「君は頭がいいね！」といったほめ言葉は，意図しない逆効果を生むことがある。「頭が良い」という称賛は，成功は知的能力（持つ人と持たない人がある）の問題だというメッセージを年少者に伝えることになる。コントロールできないと信じている能力に関して，年少者は，いかにして自信を育んでいくことができるか？　努力のほうを称賛するようにすれば，一生懸命に頑張れば頑張った分だけ，成就もするし賢くもなるだろうというメッセージが伝えられる。家庭でも学校でも，能力よりも生徒が行った本物の努力や粘り強さのほうを称賛することが賢明な実践といえる。

　だが，ここで強調しておきたいのは，上記のことを，年少者の能力，スキル，素質，才能に大人が注目する必要はない，といった意味に誤解すべきではない。結局のところ，「あなたならこれができるはずだ」といった単純な言葉かけが，課題に成功するために必要となる，まさにそうした能力やスキルに関する自信を伝えることになる。「これができる」と信じていることを年少者に話すことは，求められている努力が彼らにはできるであろうという信念と，課題を達成する能力が彼らにはあるという正直なところの評価と，両者のことを表していることになる。もしどちらでもないと思うならば，そういった中身のない（正直ではない）励ましはすべきでない。説得をする人として努めるべきことは，印象管理によって動いてはならないということである。むしろ，目の前の事柄を正直に評価をして，励ましとなるような真正のフィードバックをしたいと願って動くようにするべきである。実際に，年少者の能力を強調した評価的フィードバックは，自己効力感を高める方向で強い影響をもたらす。

　自己効力信念の第4の情報源は，課題や活動に取り組む際に体験する生理学的指標にあり，自己効力信念を促進し育成する方法についての見通しを与えてくれるものでもある。活動を意図したときに，経験される情動状態をもとにして，生徒は自己効力を見積もっているところがある。生徒が自らの情動状態を読み取ることができるよう支えていくことが，教師には可能である。そして，生徒が課題を前にして過度の不安を経験していることに気づいたら，それは，教

師，親，カウンセラーと，その感情について相談をしたほうがよいときだということを伝えることもできる。生徒に対して，日誌をつけるときに，自分が感じている不安について振り返ってみるよう求めることもできる。また生徒は，失敗を恐れるとき，この恐れとともに生じる不安感を避けるため，多くのセルフ・ハンディキャッピング方略をとることがある。例えば，成功する自信がほとんどない課題に対しては，努力はごくわずか，もしくは，一切費やさないかもしれない。最小限の努力での失敗であれば，「頑張らなかったから，うまくいかなかった。やろうと思えばできるだろう。ただやりたくないだけなんだ」と言って，失敗したことの説明ができ，傷つかないですむ。他にあげられるセルフ・ハンディキャッピング方略としては，自己を卑下する対話，意図的な先延ばし，高すぎて達成できない目標の設定（できなくても「名誉の失敗」として自己認知できる），失敗があり得ない低すぎる目標の設定などがある。いかにすればセルフ・ハンディキャッピング方略を用いないですむかについて指導を行っていくうえで，非常に重要な最初のステップとしては，不安になったとき，それを減らすために自分がよく使っている方略をまず自覚することである。

　自己効力信念には性差の影響が見られ，数学，理科，技術などの分野では女子が不利になることがあり，一方，言語技術などの分野では男子が不利になることがある。しかし，社会的認知理論は，ジェンダーに動機づけとしての特性があるとは考えていない。むしろ，ジェンダー以外の環境要因や個人要因のはたらきが，動機づけや自己調整の個人差を生むと仮定している。また，数学，理科，技術のような領域は男性的な分野としてとらえられるのが一般的であると，研究者たちは述べている（Eisenberg et al., 1996 を参照）。こうした領域では，男性性志向が自信や達成と結びついている。なぜなら，男性的な自己認知には，この領域での成功には男性性が必須だという考えがしみ込んでいるためである。反対に，言語技術は，特に年少の生徒たちにとっては，女性的な分野としてとらえられていることが多い（Eccles, 1987）。結果として，女性性志向は動機づけ信念と結びついていくのであるが，この信念は，作文や作詞といったスキルでの成功と関連している。教育者にとっての1つの挑戦は，女子も男子も両性ともに関係があり価値のあるものとして認知できるよう生徒たちの教科の見方を変えることである。すべての教育者と広範な文化にとっての挑戦は，ジェンダーに関する自己信念について詳しく説明し，その見本を示し続けることであるが，この信念には，均衡のとれた自己観に欠かせない女性的な表現性

111

と男性的な道具性の両者が含まれている。

　教科や職業に関するステレオタイプとしてのジェンダー観を変更するため，教師にできる支援の方略にはたくさんのものがある。よく行われる効果的な方略としては，専門職の男性と女性に学問領域や職業に関して生徒に話をしてもらう機会を設けることである。例えば，成功を遂げた女性のコンピュータ・プログラマー，数学者，医者，物理学者，建築家，エンジニア，スポーツ・アナウンサー，経営者は，すばらしいモデルとしての役割を果たすものであり，こうした領域で成功するために男性的である必要はないという認識を年少の女の子が身につける助けとなるものである。同様に，男性の看護師，ソーシャルワーカー，保育士，小学校教師，詩人，社長秘書の話は，自分にはふさわしくない分野だと思っているかもしれない年少の男の子の視野を広げることができる。言語技術の教師は，以下の内容からなる著作や短編を慎重に選んで，ステレオタイプを除くような手助けができる。それは，すべての個人が持つべき，そして，持ち得る価値のある資質として女性的表現性と男性的道具性が描かれているような著作や短編である。また，グループ活動の中で，男性的なステレオタイプの課題や活動を女子に課したり，逆に，女性的なものを男子に課したりするといったこともできる。

　教育において，能力のある生徒が自分はもう学べないと思うようになっていく様子を見ることほど，嘆かわしい光景はない。自分のスキルに自信のない生徒は，成功に必要な自己調整方略に取り組まないところがあり，そうしたスキルを要する課題を選んでいこうともしない傾向にある。そして，困難に直面するとすぐに諦めてしまうところがあるだろう。また，研究者たちの実証から，自己効力信念は，大学生の専攻の選択や職業決定に影響を及ぼすことが明らかにされている（Hackett, 1995）。コンピテンスやスキルがないのではなく，能力を過小評価してしまうことで，数学に関するコースや職業を避けてしまうような場合がある。これは，男性よりも女性にありがちなことである。ジマーマンとマルティネス-ポンズ（Zimmerman & Martinez-Pons, 1990）は，女子のほうが自己調整学習方略をよく用いているにもかかわらず，男子よりも学力に関する自信は低い，という事態に対して懸念を示している。スキルの向上を進めながら，生徒の不正確な判断を確認し，それを修正していく努力が教育において強く求められる。

　生徒が，学習における自らの能力や進み具合について明確な遂行情報を引き

出せば，自己効力感の性差は減らせるし，あるいは，なくすことも可能である。シャンクとリリー（Schunk & Lilly, 1984）は，中学生を対象にして，数学の新たな課題を学習していくにあたって自己効力感の判断を求め，それから，生徒たちに指導を行い，練習課題に取り組む機会も設けた。生徒らは，問題ごとに解答を点検して，フィードバックを受けた。最初は，男子よりも女子のほうが自己効力感を低く判断していたが，指導を受けた後，達成と自己効力感に男女で違いは見られなかった。フィードバックによって学習が進んでいることが生徒に伝えられ，男子に対し女子の自己効力感を高める結果となった。

　ゼルディンとパハレス（Zeldin & Pajares, 2000）は，自己効力信念による進路や職業選択への影響の仕方について理解を深めるために，数学，理科，技術といった領域での職業で優れた成果をあげている女の人の個人的経歴について検討を行っている。女の人あるいは女の子が，男性優位の学問領域での成功に必要な難問に対処していこうとするとき，人生における重要な他者からメッセージを受け，代理経験をすることによって，自己効力信念を強めてもらった，といったことが明らかにされている。研究結果から，彼女たちは，家庭や教室において，高い自己効力信念を形成し，自己調整方略をよく使用していた。その家庭や教室では，親や教師が，学習スキルの重要性と価値を強調し，学習上の障害や社会的な障害に直面しても粘り強く忍耐強く取り組むことを励まし，学習領域におけるステレオタイプな概念を解消するようにしていた。親や教師がなすべきことは，学習で成功するかどうかは，ジェンダーや社会的構造のあり方というよりも，欲求や努力，関与の問題だというメッセージを伝えるようにするべきである。加えて，このメッセージを妥当なものとするようなモデルをあわせて示すことも必要である。意図的ではないけれども微妙な形で，不適切かつステレオタイプなメッセージを伝えてしまうことが多々あることを考えると，年少の女児の生活において養育の担い手になろうとするものは皆，以上の点で，非常に思慮深くあるべきであるし，また，能動的でもあらねばならない。

▍　結論　▍

　多くの心理学者が主張しているのは，個人は大半の行動を，自動操縦によっ

て，いわば，「自動的な自己調整」によって，行っているということである（Bargh & Chartrand, 1999）。すなわち，ほとんどの解決において個人が行っている自己調整過程は，すぐに習慣性のものとなるもので，主として無意識に行われるものでもある。自己効力信念や自己調整方略は，すぐに思考や行動の習慣となるもので，そして，自動的な心的過程になっていく傾向がある。このことがどういうことを意味しているかというと，人は，後年になって，若い頃に身につけた自己調整の実践や自己信念に従うようになるということである。これらの心的な習慣は，人が行う選択や成功や失敗の体験に対し，強い影響を及ぼす。ジェームズ（James, 1899/1958）によれば，親や教育者が直面するきわめて重要な問題は，いかに早期の段階で，子どもが持つ効果のある学習と自己調整に関する信念・実践を自動的で習慣的なものとすることができるかである。ジェームズの説明によれば，適切な自己調整の実践が「努力を要することのない自動的な活動の管理下」に置かれることになれば，より大きな精神の力が別の課題での作業に振り向けられることになる。むろん，このことは，生徒の学習に関する課題への取り組みを促すにあたって，積極的な認知のはたらきや内省を継続することを機械的に減らすようにすべきだ，ということを意味しているのではない。実際のところ，熟達者は，実践の際にできるだけ自動的な自己調整を避けようとすることが多い。なぜなら，目標設定や方略の使用のような自己調整過程の効果性を高めていくうえで，自らの認知のはたらきやその成果について能動的に自己をモニターすることが欠かせないからである（Ericsson, 1996）。

　これらの習慣が，有益な，もしくは，有害な影響を及ぼすことは明白であるため，児童の心的な習慣の育成に，教師たちが責任を真摯に担っていくことは当然のことといえる。教師は，習熟が可能な，意義のある活動や挑戦しがいのある課題を子どもに与え，支援や励ましとともにこうした努力を支えていき，生徒たちが強力な自己効力感を形成していけるようにしなければならない。このような自己効力感は，自らの主導によって，自分自身の力でまわりの世界に関わっていくうえで欠かせないものである。研究者らの間で長く知られている事実は，信念システムの中に組み入れられていく信念が早期のものであるほど，その変更は難しくなっていく（Pajares, 1992）。新たに獲得した信念が，最も変化しやすいのである。つまり，人には，たとえ正しい説明がなされたとしても，不正確で不十分な知識に基づく信念を簡単には手離そうとはしないところ

がある。このことは，自己効力信念や調整方略にもあてはまる。早期に形成されたものは，粘り強く永続する。以上の理由から，教育者は，可能な限り早期の段階において，生徒の肯定的な自己信念と自己調整方略を自動的で習慣的なものとするというきわめて重大な問題を目の前に抱えている。そして，一生涯にわたって有効にはたらくであろう自己信念や自己調整の習慣を生徒が形成していくにあたり，支援者として大きな影響力を担っているのは教師なのである。

第 6 章

自己調整学習の促進
—動機づけの観点からの分析—

ウィリー・レンズ
(Willy Lens)
University of Leuven

マーテン・ファンステンキスト
(Maarten Vansteenkiste)
University of Leuven

はじめに

　学習は，複雑な認知的，動機づけ的な過程であり，その結果としての感情的な過程として定義することができる。したがって，学習の調整はこれら3つの各要素にそれぞれ関係するか，あるいは全体としての学習活動に関係している。これらの過程は，メタ認知的過程やメタ動機づけ的過程，メタ感情的過程（Boekaerts, Pintrich, & Zeidner, 2000）とは区別されている。その違いは，学習や学力に含まれるこれら3つの要素をコントロールしようとして用いる（あるいは用いない）認知的な調整過程が，意識的なものであるか非意識的なものであるかという違いである。自己調整された（あるいは自己調整している）学習者とは，自身の学習過程を促すために様々な認知的−動機づけ的過程をコントロールできる生徒であり，そのために自分が学習の舵をとっていて，自分自身の学習過程の主体であると感じている生徒である（Zimmerman & Schunk, 2001）。自己調整している学習者は，自分が指し手や主体であると感じており，コマであるとは感じていない（deCharms, 1968, 1984）。

では,「自己統制」や「自己調整」における「自己」とはだれだろうか★。あるいは,「自己」とは何だろうか。それは,自律的で独立的な意思決定者であるホムンクルス（人体模型）ではない（Shallice & Burgess, 1993; Wegner & Wheatley, 1999）。自己調整学習という概念における自己,あるいは行動を統制したり調整したりする自己は,様々な潜在的,顕在的な心理的過程以外の何ものでもない。その過程とは,学習や遂行の間に認知的,動機づけ的,感情的機能を学習者が意図的に導く過程である。調整を行う自己は実行機能のまとまりであり,その機能は自身の思考や行動,感情に対して影響力を持つ個人が意図的に活性化するものである。「自己調整は,自身の反応を変更するように自らにはたらきかける自己を含んでいる」（Schmeichel & Baumeister, 2004, p. 84; Cervone, Shadel, Smith, & Fiori, 2006 も参照）。自己調整における**自己**は,これらの調整過程の**客体**（me）ではなく,むしろ**主体**（I）である。個々の学習者は,学習過程を監視し,統制するスキルを獲得したり,発達させたり,適用したりすることができる（逆に,失敗することもある）。調整過程の対象は,学習過程の様々な行動的側面や動機づけ的側面,感情的側面である（例えば,遂行志向的ではなく課題志向的であること,深い方略と浅い方略の使用,学習の遅延行動,時間管理,忍耐,選択,努力,集中,テスト不安よりはむしろ内発的な楽しさ,など）。

★ 研究者の中には（例えば, Kuhl & Fuhrman, 1998, p. 15),自己統制（「活動的な目標の維持を支える意思」）と自己調整（「統合された自己に合わせて行動を維持すること」）との区別をするものもいるが,私たちも含めて多くの研究者は自己調整と自己統制を互換的に用いている（Carver, 2004; Schmeichel & Baumeister, 2004 も参照）。

もちろん,これらの調整過程は,それぞれ独自の決定因と関連要因を持っている（Dewitte & Lens, 1999b）。生徒の自己調整を促すためには,調整過程（例えば,満足の先延ばし）を知ったり,理解したりするだけでなく,その決定因についても理解していなければならない。例えば,満足を先延ばしにする学習者の能力は,次の例に示されているように,将来の時間的展望の長さによって決まってくる。

> 将来の目標に対する心理的距離,例えば今から5年後は,短期的な将来の時間的展望を持つ人よりも長期的な将来の時間的展望を持つ人にとってより近いものである。長期的な将来の時間的展望を持つ人にとっては,目標の達成が遅れることによって,予想される報酬的な価値が減少することは少ない。小さいけれどもすぐに

第6章　自己調整学習の促進―動機づけの観点からの分析―

　得られる報酬や満足（例えば，今夜映画に行くこと）と将来の目標の達成にとって重要な手段となる勉強との間の接近―接近葛藤が生じたとき，長期的な将来の時間的展望を持つ人は将来の重要な目標を追求し続けることに困難を感じないだろう。現在の学習活動によって得られる価値の高い結果（例えば，大学に行くことや，よく訓練された配管工になることなど）を予想することは，努力と持続を促すことになる。

　他の研究者たち（Heckhausen & Dweck, 1998）と同じように，ここで私たちが示したいのは，自己調整学習方略の使用が動機づけによって駆動する過程だということである。すなわち，生徒が自己調整を用いる程度は，彼らの動機づけ資源にかなり依存しているのである。実際，学習や学力を改善するために自発的に自己調整学習方略を用いる生徒もいれば（例えば，他のことをするのではなく，勉強し続けるという調整スキルをスムーズに適用する），かなり注意しながらでなければその方略を使うことができない生徒もいるし，まったく自己調整学習方略を使うことができない生徒もいる。自己調整学習方略をスムーズに使えるかしぶしぶ使うか，あるいは使わないかという違いは，ある程度学習者の動機づけ資源によって決まる。統制可能な動機づけ過程や自律的な動機づけ過程を用いることで，生徒は自己調整学習を変化させることを学び，その結果として自身の学力を高めることになる（Vansteenkiste, Lens, & Deci, 2006; Zimmerman & Martinez-Pons, 1990; Zimmerman & Schunk, 2001）。

　私たちは動機づけの観点から自己調整学習の問題にアプローチしているので，本章の残りの部分では自己調整学習に対する動機づけ面での決定因について論じる。本章で提唱する基本的なモデルを図6.1に示しておく。

　全般的には，動機づけ過程を介して生徒がどのように学習に費やす時間を統制するかについて論じる。その動機づけ過程とは，目標設定や動機づけ面での計画といったものである。「習うより慣れろ」という諺は，常にあてはまるわけではないし，すべての人にあてはまるわけではない。しかし，多くの生徒が講義室や教室で時間を過ごさないために学力が低くなっているのも事実である（Lens & Decruyenaere, 1991）。生徒の教育面での即時的な達成，あるいは累積的な達成は，勉強の過程に多くの時間を費やすことで高まり，その時間を費やすことは勉強に対する動機づけによって決まる（Atkinson & Birch, 1978）。

　これまで研究されてきた動機づけの決定因のタイプから，本章は2つの節に

119

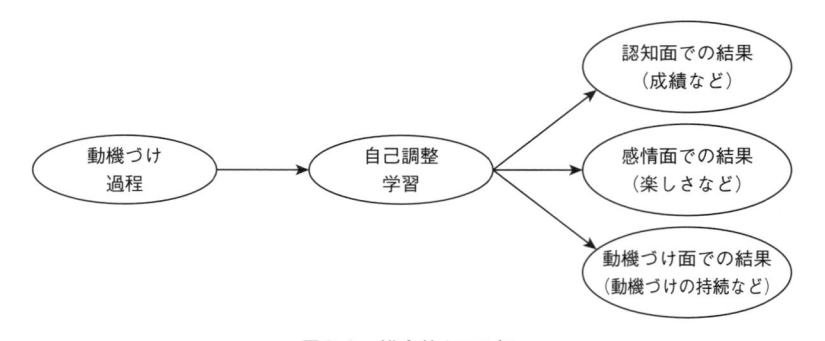

図6.1　総合的なモデル
動機づけ過程が自己調整学習を促し，学習に関する肯定的な結果に影響する。

分かれている。1つ目の節では「どのように」自己調整学習を行うかに関する動機づけ過程に焦点を当て，2つ目の動機づけ過程に関しては自己調整学習のエネルギー源に焦点を当てる。1つ目のどのように学習するかは，エネルギーを与える動機づけ過程に付随して生じるものであって，その過程を用いることで生徒は自己調整学習の感覚を持つことができる。この点に関して，行為同定理論（Vallacher & Wegner, 1985）と実行意図に関する研究（Gollwitzer, 1999）から関連する知見について論じる。あとで詳細に説明するが，生徒の自己調整的な活動は，ある程度特定の行為を同定するレベルに依存している。2つ目の節では個人が自己調整学習を開始し，維持するのに必要なエネルギーを与える動機づけ過程に焦点を当てる。これらの動機づけ過程は全般的なものであり，学習者が勉強する理由に関連している。この点に関して，行動のダイナミクス（Atkinson & Birch, 1970），期待－価値理論（Eccles & Wigfield, 2002; Feather, 1982），時間的展望理論（Husman & Lens, 1999; Lens, 1986; Lens & Moreas, 1994; Uchnast, 2006; Zaleski, 1994），達成目標理論（Elliot, 1999），自己決定理論（Deci & Ryan, 2000, 2002）に基づく私たちの実証的知見について論じる。ここでの目的はこれらの動機づけの枠組みに関して詳細な説明を行うことではないが，私たちの実証知見（Lens & Vansteenkiste, 2006）を概観するために必要な枠組みに限って論じることにする。また，自己調整学習に関しては，学習活動に対する継続的な取り組みである**持続性**に焦点を当てて議論を進めたい。

第6章　自己調整学習の促進―動機づけの観点からの分析―

ミクロな動機づけ過程

　生徒は次の2つの方法で，勉強に費やす時間（あるいは，勉強面でサポートしてもらう時間）を規定することができる。それは，(a) 学習課題の困難度に応じて，高いレベルか低いレベルの行為同定で学習活動を定義すること，(b) 目標の意図を特定の意図に精緻化し，行動に対する実行意図を発達させること，である。

◧行為同定のレベル

　意思に関する問題が生じているものの1つに，遅延行動がある。レイ（Lay, 1986）によると，**遅延行動**とは目標達成のためになすべきことをしばしば行わず，ある時点で計画していた行動を先延ばしすることである。多くの生徒は，時間通りに勉強を始めないために試験に失敗する。学期の最初には最善の意図を形成するものの，それを実行できないのである。重要でより興味深い活動があったり，失敗を恐れたり，必要とされる自覚や興奮が生じないなど，勉強を先延ばしすることにはいくつかの理由があるかもしれない。しかし，遅延行動を行う生徒が，必ずしも知的能力や動機づけを欠いているわけではない（Depreeuw & Lens, 1998; Ferrari, 2001）。デウィットとレンズ（Dewitte & Lens, 2000c）の研究では，遅延行動を行う生徒と行わない生徒の間で，形成された勉強の意図の認識数には差が見出されていない。しかし，遅延行動を行う生徒は計画を実行するのに失敗するのである。これらの知見に基づいて，デウィットとレンズ（Dewitte & Lens, 2000c）は，意思を持つ過程や自己調整の過程がうまくいかないことから，遅延行動が生じるという仮説を立てている。例えば，動機づけ目標を行動意図へと変換するときに，遅延行動を行う生徒はなすべき行動を不適応的な心的表象として生成し，最適とはいえない方法で行為を同定するのかもしれない。

　この点について，バレカーとウェグナー（Vallacher & Wegner, 1985, 1987）は，行為同定のレベル（非常に一般的なものから非常に特殊なものまで）が行動意図の実行と関連しており，行為同定のどのレベルが最適であるかは行為

者のスキル（あるいは課題の困難度）にかかっていることを示している。高い統計学の能力を持つ研究者は，確実に実行するために「データを分析する」（つまり，一般的でレベルの高い行為同定）と計画するかもしれないが，修士課程に入ったばかりの大学院生であれば分散分析を行う（つまり，特殊的でレベルの低い行為同定）と計画するほうがよいだろう。2つ目のケースでは，実行が生じるかどうかはあまり確実ではない。

　多くの学習活動が大部分の生徒にとって困難であるという仮定のもとに，デウィットとレンズ（Dewitte & Lens, 2000b）は次のような仮説を検証している。その仮説とは，安定的でレベルの低い行為同定，もしくは特殊的なレベルの行為同定は，学習活動に対する持続性に見られるような自己調整学習を促すというものである。手続きの詳細に焦点を当てることで，困難な学習課題に対する持続性が高まることが予想された。その結果，中程度のレベルの行為同定を行っている生徒に比べて，レベルの低い行為同定を行っている生徒は，創造的思考を求められる困難な問題に対してより持続的に取り組み，高い得点をあげた。しかし，単に再生を求められるような簡単な問題に対しては，行為同定のレベルは関連しなかった。つまり，再生するだけの学習に対しては，行為同定のレベルによらず，生徒は同じぐらいの点数を取っていたのである。

　デウィットとレンズ（Dewitte & Lens, 2000b）は，次のことも明らかにしている。遅延行動を行う生徒は，レベルの低い心的表象を持つときよりも中程度のレベルの心的表象を持つときのほうが，再生を求められる問題の成績が良い。遅延行動を行わない生徒にとっては，その差は逆の方向になる。学習の遅延行動を行う生徒は，自律的で意思を持った心的セットを維持するのが困難であると考えられる。学習行動を維持するためには，自分のしていることやより高次の一般的レベルですべきことを特定する自己統制的な方略に頼る必要がある。予想通り，デウィットとレンズ（Dewitte & Lens, 2000b）は，遅延行動を行う生徒がレベルの高い行為同定とレベルの低い行為同定の両方を欠いていることを明らかにしている。レベルの低い行為同定を少ししか持たない生徒は，それを多く持つ生徒よりも遅延行動を行う。高いレベルの行為同定を少ししか持たない生徒は，それを多く持つ生徒よりも遅延行動を行う。遅延行動は，行動に対する幅広い観点の欠如と特定のレベルの低い行為同定の欠如の両方と関連しているのである。

　要約すると，レベルの高い行為同定を行っていれば，生徒は自己調整学習を

維持することができると考えられる。特に，レベルの高い行為同定は，生徒の注意を活動それ自身（例えば，心理学者になること）に向かわせ，持続的に取り組む動機づけを促し，両立しない代替的な活動（例えば，映画を見に行くこと）に屈しないようにする。一方で，取り組んでいる課題が難しくなると，生徒はうまくレベルの低い行為同定に切り替え，自己調整学習を維持するための行動の詳細な手続き（例えば，最初に掛け算をしてから割り算をするなど，Dewitte & Lens, 1999a）に焦点を当てる。

　デウィットとレンズ（Dewitte & Lens, 2000b）は，生徒の能力と課題の主観的困難度が重要であることも明らかにしている。ある生徒にとって学習課題がかなりやる気をそそる場合（難しいけれども何とかできる場合），生徒は自発的に自己調整学習を行う。例えば，問題を感じることなく，課題を終えるまで自ら進んで取り組むことができる。簡単すぎる課題（そのために退屈である）や要求が学習者の能力を超えているために難しすぎる課題に直面したとき，生徒は活動に取り組み続けるために，自己統制方略や自己調整方略を意図的に用いる必要がある。このことは，自己統制方略を用いる頻度を測定する質問紙で低い得点を示す生徒が，必ずしも動機づけが低くできない学習者だというわけではないと示している（Wolters, 2000）。

　デウィットとレンズ（Dewitte & Lens, 2000a, 実験4）は，次のことを明らかにしている。単語アナグラムの解答を楽しみ，課題に強く焦点化していた参加者は，意思的な自己調整方略を用いたときよりも，そのような方略を用いないときのほうが，より長く課題に取り組んでいた。しかし，課題を楽しく思わなかった参加者にとっては，逆のパターンが見られた。レベルの低い行為を同定したり，狭い課題志向性を採用したりすることは，より簡単に内発的動機づけを生じさせ，フローの経験を生み出す。そのような生徒は，常に勉強し続けないようにする自己調整方略や，必要に応じて行っている学習活動を中断する方略（Kuhl & Beckman, 1985; 1994）が必要かもしれない。

◖実行意図

　目標（目的とされる状態）と目標志向的な行動との区別と同様に，ゴルビツァー（Gollwitzer, 1999）は目標意図と実行意図とを区別している。目標意図は目標設定（例えば，体重を減らす計画を立てる）のことである。目標設定理論

（Locke & Latham, 2002）では，目標が具体的であるほど（例えば，今年の終わりまでに10ポンド痩せたい），実行の可能性が高まることが知られている。実行意図は，計画された目標志向的な行動と意図された行動が遂行される時間的，状況的な環境のこと（例えば，ファースト・フードを食べず毎朝30分運動をすることで，今年の終わりまでに10ポンド痩せたい）である。目標に対して持続的に取り組む可能性は，特定の実行意図を形成することで有意に高まることが繰り返し明らかにされている（レビューとして Gollwitzer, 1999 を参照）。この目標に対して持続的に取り組むことは，自己調整学習を表すものである。特定の実行意図の形成は，目標志向的な行動の実行と目標の獲得との両方を導くのである。

しかし，デウィット，ヴェルガッツとレンズ（Dewitte, Verguts, & Lens, 2003）は，3つの実験研究で，実行意図の効果に対して目標の困難さが調整的な役割を果たすことを明らかにしている。具体的には，目標志向的な行動ではなくその結果に焦点が当てられた場合，いつどのような状況で関連する行動を遂行すべきかを特定する実行意図が，実際の行動を促さなかった。目標志向的な行動に焦点が当てられた場合には，実行意図を形成することのポジティブな効果が確認された。いつどこで目標志向的な行動を実行すべきかを特定することは，その実行が比較的容易であるときにのみ，持続性つまり自己調整学習を促していた。この場合，実験参加者は目標を達成するために何をすべきかを知っている。本当に難しい目標の場合のように（例えば，パワーポイントを見たこともなく，使い方も知らない学生が，それを使って発表をするような場合），目標に到達するために何をすべきかがよくわからないとき，どうすればよいかをまず学習者が学ばなければ，実行意図（例えば，今週末に家でパワーポイントの発表資料をつくる）は実行や持続性を促さない。そのため，持続性はスキルを獲得することによって高められるといえる。特に，学生のレパートリーに属していて，目標達成のための手段となる行動の実行意図を形成する習慣を身につけることによって，持続性が高まるのである。

第6章　自己調整学習の促進—動機づけの観点からの分析—

マクロな動機づけ過程

◆両立しない興味の重要性

　学習活動に対する生徒の持続性を理解したり予測したりするために（図6.2），現代の動機づけモデルのほとんどは，学業に対する動機づけの強さを考えている。しかし，生徒の持続性は勉強に対する動機づけの量だけに影響されるのではない。30年前にアトキンソンとバーチ（Atkinson & Birch, 1970）が**行動のダイナミクス**で示しているように，学業に対する動機づけは，両立しない代替的な活動に取り組む動機づけからも影響を受ける。アトキンソンとバーチ（Atkinson & Birch, 1970, 1978）は次のように論じている。動機づけの心理学によって説明されるべき基本的な現象は，孤立したエピソードとしての行動ではなく，活動の連続的な流れと活動における変化である。特定の行動をそのような活動の流れの中に統合されたものとして見るとき，ある活動（試験勉強をすること）の開始は同時にそれまでの活動（ランニングをする）の終結もしくは持続を定義することになり，その活動の終結は次の活動の開始と同時に起こることが理解できる。アトキンソンとバーチ（Atkinson & Birch, 1978）は，ある活動から他の活動への変化が，その背後にある行動傾向や動機づけの強さの変化を表すことを仮定している。最も強い傾向が行動となって現れるのである。もともとは下位にあった行動傾向が，他のすべての両立しない動機づけ傾向よりも優勢で強くなったとき，活動における変化が生じる。この場合，これらの行動傾向の絶対的な強さは関係がない。このことが意味するのは，ある時

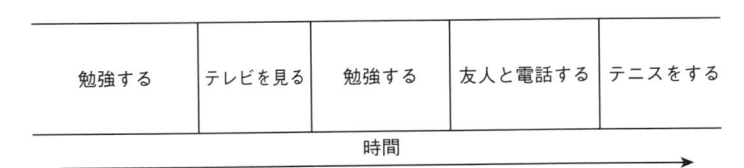

勉強する	テレビを見る	勉強する	友人と電話する	テニスをする

　　　　　　　　　　　　　　　時間　→

図6.2　活動の連続的な流れと変化

学習活動が一連の連続する活動やその変化の中のエピソードとして描かれる。勉強する時間の前後に，生徒は興味を持ち，動機づけられた他の活動を行う。ある活動の終わりは他の活動の始まりを定義する。

125

期のある瞬間における活動の開始やその期間と持続性は，その活動に対する動機づけの強さだけでなく，両立しない行動傾向の数と強さにも関わっているということである。したがって，勉強に対してより多くの時間を割くための自己調整は，生徒が他の活動に対する興味の数と強さを制限することになる。例えば，自分の学習環境に，テレビやDVD，CDプレイヤーなど学習と両立しない動機づけ傾向を刺激するものを置かないことである。学習環境を統制することで，生徒は両立しない動機づけの強さに比して勉強する動機づけの強さを統制でき，そうすることでより多くの時間を学習に費やすことができる。

クレッテン，ニスマンズ，レンズ，ドーターランニとコッシー（Creten, Nijsmans, Lens, Douterlungne, & Cossy, 1998; Creten, Lens, & Simons, 2001）は，職業高校の1年から3年を対象に，動機づけ（あるいはその欠如）の理由を分析している。対象者は，3つの異なる課程（一般理論課程，フランス語課程，実践課程）に対してどの程度努力しているかを尋ねられた。これらの3つのうちいずれかに，まったく努力していないかあまり努力していないと回答した生徒には，さらにその理由を10個のリストから選択させた。3つの課程に関して，最も選択の割合が高かったのは，「他にすることがあるから」（41.1〜52.9％）のカテゴリーであった。この結果は，多くの生徒にとって他の活動（例えば，余暇活動）がより重要であり，それが学業の開始を妨げていることを示している。学業に一生懸命取り組んでいると回答した少数の生徒は，「他にすることがないから」を選択しており，退屈さを示していた（2.6〜5.8％）。これらのデータから，両立しない活動の存在は実際に生徒の勉強に対する遅延行動を生じさせ，勉強に対する取り組みを妨げていることがわかる。

レンズ，ラカント，ファンステンキストとヘレラ（Lens, Lacante, Vansteenkiste, & Herrera, 2005）は，生徒の持続性や動機づけ，学習を予測するうえで，両立しない活動に費やす時間の量だけでなく，その活動の内容やタイプも重要であるとしている。彼らの研究では，学業に対する動機づけと態度の両方が，余暇活動と仕事（学生アルバイト）に費やす時間にそれぞれ関係していた。アルバイトに費やす時間は，勉強に対する動機づけや学業に対する態度，持続性，学力と負の関連を持っていた。つまり，1週間のうちアルバイトに多くの時間を費やすほど，学業に対する肯定的な態度を持たなくなり，持続性が短くなり，成績が低下するのである。そのような関連は，余暇活動に費やす時間には見られなかった。余暇活動に時間を費やすことは，最適な学習に干

渉しないのである。1週間あたり1時間から4時間余暇活動を行う生徒は，余暇活動をまったく行わない生徒よりも学業に対する態度が肯定的であった。生徒の態度や動機づけが低くなるのは，余暇活動に1週間あたり5時間以上費やしている場合だけであった。

したがって，両立しない活動の量とそれに費やす時間は，勉強に対する動機づけや持続性，最適な学力に干渉するが，この一般的な結論はすべての活動にあてはまるわけではないといえる。余暇活動にいくらかの時間を費やすことは，最適な動機づけとなり得る。おそらく，余暇活動は生徒のエネルギー源を満たして，再び学習活動に向かわせるからである。

◆手段的動機づけと自己調整：目標の内容の重要性

教室は遊び場ではなく仕事場である。学習には（内発的動機づけのような）楽しさだけでなく，将来への有用性も必要となる。その定義上，学業は将来志向的であり，有用性価値を持っている。つまり，学習は将来の教育的な目標や職業的な目標，あるいは人生全般にとっての手段なのである（外発的動機づけ）。

ここまで論じてきたように，生徒が勉強している最中に，自分がしていることが何かを定義するように求められたら，その答えは広いものから（例えば，心理学者になるために勉強している，試験に合格するために勉強する），中程度のもの（例えば，媒介と調整との違いを理解しようとしている），より狭く特定のもの（例えば，勉強しているときは文章を読んでいる）まで様々である。デウィットとレンズ（Dewitte & Lens, 2000c）は，次のことを明らかにしている。ほとんどの生徒にとって，行為同定のレベルが高いとした勉強のタイプは，その勉強によって得られる目標を追求することであった。私たちの多くは，一生懸命に勉強させるために親や教師が行うアドバイスとして，勉強が将来にとって重要であると伝えることが良いことを知っている。一般的に学業と教育は将来志向的である。多くの生徒は将来の教育的な目標や職業的な目標のために，学業に強く動機づけられるのである。

これらの将来の目標は，生徒にとって動機づけの付加的な資源となり，手段性を知覚することで行動の開始や持続性，おそらくは学習活動の質にまで影響する。手段的な動機づけは，必然的に外発的動機づけを現すことになる。つま

り，生徒は学習活動そのものからは切り離された何らかの結果（将来の目標）を達成するための手段として勉強をみなすのである。しかし，このことは学習活動に取り組むことの楽しさから動機づけられる内発的動機づけ（Ryan & Deci, 2000）を同時に持つことができないということを意味しているわけではない。

　手段的な動機づけの概念は，エクルス（Eccles & Wigfield, 2002; Wigfield & Eccles, 1992）の有用性価値の概念と類似している。有用性価値は，将来の目標にとっての課題の重要性である。この有用性価値は，活動に取り組むこと自体による先天的で即時的な楽しさである興味価値とは対照的である。そのため，有用性価値の概念や手段性の動機づけと内在価値は，外発的動機づけと内発的動機づけの古典的な定義とよく合致している（Eccles & Wigfield, 2002）。

　ある瞬間における生徒の動機づけの全体的な強さが，内発的な要素と外発的な要素との合計で決まるとすると，即時的な教育目標が将来の目標にとっての手段としても機能するような，長期的な教育プランやプロジェクトを発展させることで，学業に対する動機づけが高まる。人が持つ目標の大部分は，実際には究極的な目標（もしくは最終目標）ではなく下位目標である。多くの目標に関して，なぜその目標を達成したいのかという質問には簡単に答えることができる。

　　なぜ化学を勉強しているのか。なぜなら，試験に合格したいからである。
　　なぜ試験に合格したいのか。なぜなら，卒業したいからである。
　　なぜ卒業したいのか。なぜなら，医学校に入りたいからである。
　　なぜ。なぜなら，医者になりたいからである。
　　なぜ医者になりたいのか。なぜなら，開発途上国の貧しい人たちに役立つことをしたいからである。
　　なぜ。なぜなら，それは私の人生の意味（最終目標）だからである。

　特定の学習活動を，限定された即時的な目標（例えば，試験に合格する）だけでなく，近い将来や遠い将来の目標にとって大きな意味を持つけれども下位に位置づく目標や，中間的な目標，あるいは重要な人生の目標に関連づけることで，現在の学習活動に対する動機づけやコミットメントが高まる。このように動機づけやコミットメントが高まるのは，即時的な目標の達成に随伴してい

る将来の目標の数や重要性に伴って，手段的な価値が増大するからである（De Volder & Lens, 1982; Miller, DeBacker, & Greene, 1999; Raynor, 1981; Simons, Vansteenkiste, Lens, & Lacante, 2004）。

遠い将来の目標を追求すること（例えば，医者になること）は，必ずしも満足の先延ばしを意味するわけではない（Bembenutty & Karabenick, 1998; Mischel, 1981）。下位目標を達成することは，それ自体が報酬となり得る。なぜなら，それらの目標が重要な欲求を満たす際に強化子としての価値を持つからである。例えば，難しい試験に合格することは，達成や有能感の欲求を満たすことの報酬となる。また，下位目標の達成が手段的な価値を持つと考えると，他の下位目標や遠い最終目標に一歩近づいたと感じられることは報酬的な意味を持つことになる。興味の持てない必修科目の試験に向けて準備をすることは，欲求不満を生じる。すばらしい夏の日には，特にそうだろう。しかし，今試験の準備をすることと8年後に医者になることとの随伴性を考えることで，欲求不満は解消し，その試験の準備中に気分良く感じられるかもしれない。私たちの観点では，将来の重要な目標を形成し，それを追求することは，必ずしも即時的な満足感を排除するものではない。人は将来志向的でありながら，同時に現在をも楽しむことができるのである。

これはかなり魅力的なことであり，私たちの研究センターでも様々な相関研究と実験研究を通して検討してきた。もし手段的な動機づけが一種の外発的動機づけであれば，次のことを確認するのは重要である。つまり，ある状況では外発的報酬が内発的動機づけを抑制するのと同じように（Deci, 1975; Deci & Ryan, 1985），学習課題や達成課題の有用性価値も，内発的動機づけや課題志向性を抑制するかどうかである。将来に焦点を当てること（手段性）は，現在の行動に対して焦点を当てること（課題志向性）や，活動に取り組むことからくる楽しさ（内発的動機づけ）を阻害するだろうか。公刊済みの研究や現在継続中の研究で，現在の課題と将来の目標との間の手段的な関係をいくつかのタイプに弁別し，その一般的な動機づけ面での影響や内発的動機づけと課題志向性に対する影響を分析している（Lens, 2001; Lens, Herrera, & Lacante, 2004; Lens & Rand, 1997; Lens, Simons, & Dewitte, 2001, 2002; Simons, Dewitte, & Lens, 2000, 2003, 2004; Vansteenkiste, Simons, Lens, Soenens et al., 2004; Vansteenkiste, Simons, Soenens, & Lens, 2004）。

学校で勉強したり，良い成績を修めたりすることは，様々なタイプの目標に

とっての手段となり得る。例えば，達成目標理論（Elliot, 1999, 2005）では，課題目標と遂行目標をそれぞれ2つのタイプ（接近目標と回避目標）に区別している。自己決定理論（Deci & Ryan, 2002）は，内発的目標と外発的目標との区別，目標を追求する際の自律的な理由と統制的な理由との区別を行っている。教育場面での動機づけに関する実証知見では，目標の内容や理由によって学習や持続性，学力に及ぼす影響が異なることが示されている（Vansteenkiste et al., 2006）。このことは，近い将来あるいは遠い将来において自らが設定する目標のタイプによって，生徒が自分自身の学習を強く規定していることを意味している。

私たちが行ってきた実証研究から次のことが明らかになっている。動機づけの観点から見ると，現在の行動や即時的な下位目標と，将来の結果との手段的なつながりについては，その手段のタイプを弁別しなければならず，特に将来の目標の内容やタイプ（内発と外発）は現在の動機づけ面での結果と関連している。

◘将来の内発的目標と外発的目標

生み出されたすべての目標は同じものではない。外発的目標よりも内発的目標のほうが優れている。量に関してだけでなく，動機づけの質もまた重要なのである。外発的目標ではなく内発的目標を設定することによって，生徒は学習を進めることができる。

内発的目標と外発的目標との区別は，自己決定理論（Deci & Ryan, 2000）においてなされている。コミュニティへの貢献や健康，個人的成長，親和といった内発的目標は，名声や経済的成功，外見などの外発的目標とは区別される。自己決定理論（Deci & Ryan, 2000）では，すべての学習者は活動的で成長志向的な個人であり，一連の基本的欲求（自律性，有能感，関係性）を生得的に持っていることを仮定している。この仮定と一致して，コミュニティへの貢献や健康，個人的成長，親和などの目標は**内発的**なものとされる。なぜなら，それらの目標はそれ自身が本質的に満足を生じるものであり，基本的欲求を直接的に満たすものだからである。したがって，内発的目標は心理的幸福感や持続性，学習と正の関連を持つことが想定されている。反対に，外発的目標は「外に向かう」志向性であり（Williams, Cox, Hedberg, & Deci, 2000），「所有しようと

する」志向性である（Fromm, 1976; Van Boven & Gilovich, 2003）。これらの志向性は，基本的欲求の充足よりも価値の外的な表明に関心を示すものである。外発的目標に焦点化しているとき，人は他者との比較（Patrick, Neighbours, & Knee, 2004; Sirgy, 1998）や，随伴的な賞賛（Kernis, 2003），自己価値の外的なサインの獲得（Kasser, Ryan, Couchman, & Sheldon, 2004）を志向しがちである。それらは，そのときの学習活動から注意をそらし（Vansteenkiste, Matos, Lens, & Soenens, in press），幸福感を低下させてしまう（Kasser & Ryan, 1996）。

シモンズら（Simons et al., 2000）は，4つの相関研究を行い次のような結果を報告している。現在の学習課題に関して，個人的に重要な将来の結果を強調することで，課題への関与が高まり，適応的でない遂行−接近志向性が減少するという結果である。これは，現在の動機づけが外発的なものであるときにも生じる。課題関与の得点が最も低かったのは，将来の外発的目標を達成するための手段として，現在の活動に対して外発的に動機づけられている生徒であった。

大学1年生を対象とした調査で，シモンズら（Simons et al., 2004）は次のことを明らかにしている。特定のコースで得られる能力と知識が将来の職業生活にとって有益であると確信し，かつ将来の内発的な目標（例えば，個人的な発達など）によって動機づけられている学生は，能力や知識がむだであると思いながら外発的な目標に動機づけられている学生よりも課題志向性や深い情報処理，内発的動機づけ，持続性，学力が高かった。

ファンステンキスト，シモンズ，ソエネンスら（Vansteenkiste, Simons, Soenens et al., 2004）は，実験研究において現在の身体的活動に関する将来の目標の内容を操作し，以下のような4つの実験条件をつくり出した。

①将来の内発的目標条件では，実験参加者はタエボー☆をすることで体の調子が良くなり，健康になると告げられた。
②将来の外発的目標条件では，実験参加者はタエボーをすることが身体面で魅力的になるのに役立つと言われた。
③将来の無内容目標条件では，実験参加者は「タエボーをすることはあなたの将来にとって重要です」と告げられ，特定の目標は伝えられなかった。
④統制条件の実験参加者は，将来のことに関して特に何も告げられなかった。

☆　エアロビクス運動の1つ。

著者らの予想では，外発的目標獲得の観点から活動の枠組みを与えると，個

人の注意を活動からそらしてしまい，パフォーマンスが低下すると考えていた。逆に，内発的な目標による枠づけは，基本的欲求とのつながりから，目標が注意を直接的に活動に向けさせ，最適な学習やパフォーマンスが得られると予想した。これらの予想に一致して，エクササイズを将来の内発的目標（健康と身体面での調子の良さ）の観点から枠づけることで，統制条件や外発的目標条件に比して，努力量や自律的動機づけ，パフォーマンス，長期的な持続性に対するポジティブな効果が得られた。逆に，エクササイズを将来の外発的目標（外見や魅力）の観点から枠づけることで，これらの側面は統制条件よりも低くなった。

さらに，現在のエクササイズの活動に対して曖昧な将来の目標を与えると（言い換えれば「今やっているエクササイズにベストを尽くしなさい。それはあなたの将来にとって重要です」など），時間的展望理論（Lens, 1986）の予想に反して，目標なし条件と比べてもより良い学習や成績は得られなかった。したがって，この研究から導かれる重要な結論は次の2つである。もし学習者自身や社会化の担い手（教師や親など）が学習活動の持つ将来の重要性に言及することで学習を促したければ，内発的な目標を形成すること。また，学習者は曖昧なものではなく，具体的な将来の目標を自分自身で設定することである。

また，ファンステンキスト，シモンズ，レンズ，ソエネンスら（Vansteenkiste, Simons, Lens, Soenens et al., 2004）は，生徒が追求する将来の目標のタイプや内容の重要性を検証している。彼らは以下の3つの実験条件をつくり出した。

①将来の内発的目標条件では，教員養成系大学の1年生を対象とし，「教科書を読むことで，環境保全のためのエコロジーの方法を，将来の子どもに対してどのように教えればよいかの情報が得られます」と伝えた。これはコミュニティへの貢献という内発的目標を表すものである。
②将来の外発的目標条件では，「教科書を読むことで，資源をリサイクルすることによってお金を節約する方法についての情報が得られます」と伝えた。これは金銭的な利益の獲得という外発的目標を表すものである。
③二重目標条件では，現在の課題に取り組むことで両方のタイプの目標が得られると伝えられた。

期待－価値理論に基づくと，目標を1つだけ与えるよりも2つの目標を与えることで，活動がより手段的で高い有用性価値を含むものとして知覚され，最

適な学習や成績が生じると予想された。しかし，自己決定理論に基づくならば，いくつかの対立する仮説が導かれる。特に，外発的目標は外に向かう志向性への焦点化を生じることで，課題への熱中を阻害し，学習や成績を抑制すると考えられる。したがって，すでに内発的目標が存在しているところへ外発的目標を加えることは，内発的目標だけの条件に比べて学習の過程を阻害することになる。

　データは，学習活動を内発的目標と外発的目標の両方の観点から枠づけることで，熟達志向性や成績，持続性が促されることを示した。また，将来の外発的目標のみの条件に比して，遂行－接近志向性が減少した。その一方で，自己決定理論に一致し，かつ期待－価値理論からの予測に反するかたちで，二重目標条件では将来の内発的目標のみの条件よりも最適な結果のパターンを示さなかった。「少ないこと」（内発的目標と外発的目標が1つずつの合計2つに対して内発的目標1つ）は，実際に「豊かなこと」（質の高い動機づけ，質の高い結果）になるときがある。さらに，成績や持続性に対する目標内容の効果は，課題志向性の程度によって完全に説明することができた。学習活動を将来の内発的目標の観点から枠づけることは課題志向性を高め，将来の外発的目標は学習課題から注意をそらしてしまうのである。

　これらの知見は，いわゆる外発的動機づけ（将来の内発的目標を予想することや，将来の活動に対して内発的に動機づけられることから生じる外発的動機づけ）は，内発的動機づけや最適な目標志向性（課題志向性）を促す可能性があることを示すものである。

◘自律的調整と統制的調整

　生徒がどのタイプの目標（内発的か外発的か）を追求するかが重要であるだけでなく，その目標を追求する理由（自律的か統制的か），つまり，**なぜ**その目標を追求するのかという点も重要である。

　人が持つ目標のタイプに関する研究に加えて，自己決定理論では学習活動に取り組む理由を概念化している。その概念化においては，次のことが主張されている。それは，学習者が自己選択的で意思的（deCharms, 1968; Deci & Ryan, 1985; Ryan & Deci, 2000）であると体験されるような学習活動に取り組む傾向を生得的に有しているということである。デシとライアン（Deci &

Ryan, 1985) は，内発的動機づけによる行動が自己決定的，あるいは自律的な活動のプロトタイプであることを示している。それは，内発的動機づけの状態においては，生徒の興味が自己触媒的な活動の連鎖に完全に含まれているからである。内発的に動機づけられているとき，生徒は外発的動機づけの場合のように活動とは別の結果を得るために学習するのではなく，勉強すること自体の過程を楽しんでいる。外発的に動機づけられた行動は，手段的な目標を達成するために遂行されるが（Ryan & Deci, 2000），自己決定理論によると，外発的動機づけは自律性や自己決定性の程度によって異なっている。その自律性や自己決定性とは，最初は行動を外発的に調整していた理由が次第に「取り入れ」られ，内在化される程度の違いである（Ryan & Connell, 1989; Schafer, 1968）。この内在化の過程の成功には程度があるため，3つの異なるタイプの外発的動機づけが区別されている。それは，外的調整，取り入れ的調整，同一化的調整である。

　外的調整の場合，報酬の期待や罰による脅しなどの明らかに個人の外側にある圧迫的な随伴性によって行動が調整される。この場合，行動の調整はまだ内在化されていない。**取り入れ的調整**は，自己価値に関する随伴性や罪悪感，恥の感覚などの内的な刺激や圧力によって動機づけられる行動をさしている。もはや明らかな外的随伴性を必要としないという点で，行動の調整が個人の中にあるといえるが，取り入れ的調整は自分自身による圧迫的な要求を特徴とし，行動の調整は部分的に内在化されるに留まっている。最後に，3つ目のタイプの外発的動機づけである**同一化的調整**は，行動の価値が個人的に価値づけられたときに生じる内在化されたタイプの外発的動機づけである（Deci, Eghrari, Patrick, & Leone, 1994）。人が行動の個人的な関連性に賛同したり，それを認めたりするとき，意図や意思の感覚を持って活動に取り組むことになる。この理由から，実証研究では同一化的調整はしばしば内発的動機づけと合わせて自律的動機づけという合成変数として用いられている（例えば，Vansteenkiste, Lens, Dewitte, De Witte, & Deci, 2004）。自律的動機づけは，外的調整と取り入れ的調整を含む統制的動機づけと対比される。要するに，自己決定理論では，意思や心理的な自由の感覚を伴う自律的に動機づけられた行動と，抵抗や圧力，義務などの感覚を伴って遂行される統制的な行動とを区別しているのである。

　様々な相関研究や実験研究から（レビューについては，Reeve, Deci & Ryan, 2004 を参照），勉強にとっては統制的動機づけよりも自律的動機づけが利点を

持つことが示されている。特に，選択や個人的な容認によって勉強することは，困難に直面した際の持続性に必要なエネルギーを与えるため，自律的動機づけはより良い成績や退学率の低さを予測すると考えられる。また，自律的動機づけを持つ個人は学習活動にすすんで取り組むため，勉強しているときに完全に熱中し，集中することができる。逆に，統制的動機づけの場合，勉強は自己決定によって開始されていないため，かなりのエネルギーと努力を必要とする。そのようなプレッシャーは精神的な疲労の原因や自我を消耗させるものとして経験されるため，統制的動機づけによる勉強は退学率を高め，学習活動に対する集中に干渉しやすい。これらの仮説は，多くの研究で支持されている。特に，自律的動機づけは深いレベルの学習（Grolnick & Ryan, 1987）や学業的コンピテンスの高さ（Soenens & Vansteenkiste, 2005），より良い時間管理と集中力の高さ（Vansteenkiste, Zhou, Lens, & Soenens, 2005），成績の高さ（Black & Deci, 2000），退学率の低さ（Vallerand, Fortier, & Guay, 1997）を予測する。一方で，統制的動機づけは不適応的な対処方略（Ryan & Connell, 1989）やテスト不安の高さ（Vansteenkiste et al., 2005），遅延行動（Senécal, Julien, & Guay, 2003），成績と持続性の低さ（Vansteenkiste, Simons, Lens, Sheldon, & Deci, 2004）を予測する。注目すべきことは，これらの効果が西洋の対象者だけでなく，東洋の対象者においても見出されていることである（例えば，Vansteenkiste, Lens, Soenens, & Luyckx, 2006; Vansteenkiste et al., 2005）。

　学習に関して真に自己調整的になるためには，生徒は自律的動機づけを発達させるべきである。生徒は学習に対して内発的に動機づけられるか，あるいは自己の外側にある統制的な学習の理由を同定し，最終的に統合していくことが必要である。

∥　実践的示唆　∥

　続いて，今回述べてきた研究から得られた多くの実践的な示唆を紹介したい。それらは，学習者自身によって用いることが可能であるし，もともと伝統的には教師や親，他の子どもを支える人たちが自己調整を促すために用いてきたものである。そして，その自己調整は持続的な学習や課題志向性，深いレベルの情報処理，幸福感を導くものである。自己調整学習を促すために，学習者と教

師は次のようなことを行うことができる。

・学習活動が簡単であれば高いレベルで定義し（例えば，自動車修理工になる），難しければ低いレベルで定義する（例えば，自動車のトランスミッションの仕組みを理解する）。
・学習目標を実現するために特定の実行意図を形成する（例えば，いつ，どこで，何を，どのように勉強するか）。
・勉強以外のことに対する刺激を最小限にとどめておくような学習環境を構成する。
・（もし必要であれば）勉強と両立せず，それほど重要でない代替的な活動の数を減らし，その活動に対する動機づけの強さを減らすことで，勉強に使える時間をつくる。
・学生アルバイトのような活動に取り組むのではなく，勉強を続けるエネルギーをもたらすような余暇活動に取り組む。
・現在の学習活動が持つ有用性価値を増大させようとするとき，曖昧な将来の目標（「学業はあなたの将来にとって重要です」）ではなく具体的な将来の目標を設定する。
・金銭的な成功や名声などの外発的目標ではなく，自己発達やコンピテンスとスキルの発達，コミュニティへの貢献，親和（例えば，学習に困難を示す他の生徒を助ける）といった即時的あるいは将来的な内発的目標を設定する。
・学習活動に対する統制的な取り組みや圧迫感による取り組みではなく，自律的で意思を持った取り組みを促す。自律的で意思を持った取り組みは，求められた活動を自ら持続し，学習内容を深く処理するためのエネルギーをもたらし，その結果として良い成績を生じる。

▌ 結論 ▐

　自己調整学習は，学習者が**何を**するか（他のことをするよりも学習をしていること）と**どのように**学習するか（深い情報処理と浅い情報処理，精緻化の程度，細部まで学習するか主要なアイデアだけを学習するか，学習支援の教材を

用いるか否か，心から集中するか否か）の両方をさしている。接近と回避という異なるタイプの動機づけは，学習過程や学習者の幸福感に異なる影響を与えるが（Vansteenkiste et al., 2006），動機づけの心理学者は，2つ目の側面（どのように学習するか）よりも1つ目の側面（学習者が何をするか）をより興味深く感じるだろう。自己調整学習を行う生徒は，他の多くの事柄の中で，自分の時間の使い方を管理し，勉強や仕事に費やす時間をコントロールすることができる。大変多くの若者にとって，授業に出席したり勉強したりすることは，強いられることであり，選択の余地がないことである。彼らは学校に**行かなければならず**，宿題を**しなければならず**，授業の内容を**学習しなければならない**。生徒たちは，教師や親の手の中にある外的に統制されたコマであるかのような経験をしており，もちろんそのことが内発的な興味や幸福感を低下させている（deCharms, 1976, 1984）。自己調整的な学習者になるためには，自律的動機づけを発達させるべきなのである。

本章の目的は，異なる動機づけ過程が生徒の学習の調整（持続性と成績）に対してどのように影響するかを示す相関研究や実験研究の一部について論じることであった。紹介した研究は，様々な動機づけ理論（例えば，行動のダイナミクス，期待-価値理論，達成目標理論，目標設定理論，自己決定理論）に基づくものであった。

第1に，生徒は勉強する動機づけの強さだけでなく，両立しない動機づけの興味の数や強さ，内容をコントロールすることによっても，勉強に対する持続性をコントロールできる。第2に，持続性は生徒が勉強しているときにその内容をどのように定義するかによって促進されたり抑制されたりする。行為同定のレベルは，経験された学習課題の困難さと交互作用効果を持ち，行動の意図が実行されるか否か（遅延行動）に有意な効果を持つ。第3に，最も重要な点として，達成目標理論や自己決定理論と合致し，動機づけの量だけでなくその質が重要となる。生じた動機づけがすべて同じものというわけではない。生徒の即時的な目標や将来の目標の内容が問題となる（例えば，課題目標と遂行目標，内発的目標と外発的目標）。最後に，目標の内容に加えて，目標を達成しようとする理由が，持続性や満足感，成績にとって重要となる。自己決定理論において，動機づけられた行動の何の部分（目標の内容）となぜの部分（自律的で意思を持つものか統制的なものか）の区別がなされていることを考えてみてほしい。実証的な知見から，学習目標や内発的目標が自律的で意思を持った

理由で追求された際に，適応的な結果が生じることが知られている。現在や将来において自分自身で特定のタイプの目標を設定させることによって，また自律性支援的な環境をつくり出すことによって，学習者は容易に無力な「コマ」から自己調整的で内発的，自律的に動機づけられた学習者になり得るのである。

第 7 章

達成行動の調整における達成価値の役割

アラン・ウィグフィールド
(Allan Wigfield)
University of Maryland
ローレル・W・ホア
(Laurel W. Hoa)
University of Maryland
スーザン・ルッツ・クラウダ
(Susan Lutz Klauda)
University of Maryland

はじめに

　本章では,達成課題に対する子どもの価値づけが,達成場面における行動の調整の仕方にどのように影響するかについての研究を概観する。その過程で,エクルス,ウィグフィールドとその共同研究者［例えば,Eccles, 1993; Eccles (Parsons) et al., 1983; Wigfield, 1994; Wigfield & Eccles, 1992, 2000, 2002］による達成動機づけと達成行動の期待－価値モデルに基づく研究と,これまでに蓄積されてきている自己調整に関する研究とを結びつける。私たちの基本的な前提は,次のようなものである。それは,「自分が行っている達成活動に対して子どもが価値づける（あるいは価値づけない）方法の違いは,その活動を行う際の様々な自己調整の質と量に影響を与える」というものである。この基本的な前提に関する研究を概観し,その次に読みの理解の指導に関する領域から具体例を詳細に論じる。その例では,読みに対する価値づけを高めることによって,教師は子どもの自己調整をどのように促すことができるかを示す。まずはエクルスとウィグフィールドの期待－価値モデルにおける達成価値を定義する

ことから始めたい。

▋ 達成価値の定義 ▋

　エクルスとウィグフィールドの達成行動と選択に関する期待−価値モデルについては，様々な文献で詳細に論じられている［例えば，Eccles, 1993; Eccles (Parsons) et al., 1983; Wigfield & Eccles, 1992, 2000, 2002; Wigfield, Tonks, & Eccles, 2004］。ここでは，主にモデルにおける達成価値の概念に焦点を当てるが，成功に対する期待もまた達成行動の調整にとって重要であるため，この構成概念についても定義する。これら2つの構成概念に焦点を当てるのは，これらの概念が子どもの達成行動と選択に対して直接的に関連し，その結果として達成行動の調整に関連することがこのモデルで想定されているからである。

　成功に対する期待は，これから行う課題をどの程度うまく遂行できるかに関する子どもの信念として定義される。この期待は，様々な課題を遂行する能力についての信念と密接に関わっているが，将来に焦点化するものである。そのため，期待と価値という2つのタイプの信念は概念的に区別される。個人にとっての課題や活動の主観的価値は，課題の性質によって決まる部分もあり，個人が持つ欲求や目標，より広い個人的価値によって決まる部分もある［Eccles (Parsons) et al., 1983; Wigfield & Eccles, 1992］。エクルス（パーソンズ）ら［Eccles (Parsons) et al., 1983］は，「課題が欲求を満たし，目標の達成を促し，個人的な価値を肯定する程度によって，その課題に対する取り組みの価値が決まる」(p. 89) と述べている。

　達成行動と選択にとって，期待と価値の両方が不可欠である。しかし，このモデルでは，成績に対しては成功への期待が最も直接的に結びついており，活動の選択に対しては達成価値が最も密接に結びついている。多くの研究者が述べているように，活動をやり遂げられると信じているとき，人はその活動に取り組みやすく持続しやすい（Bandura, 1997; Schunk & Pajares, 2002; Wigfield & Eccles, 2002）。一方で，活動がどの程度価値づけられているかは，活動の選択において決定的な役割を果たす。ある活動に対してコンピテンスを感じていたとしても，価値を見出していないために取り組まないということもあり得る。期待と価値は，それ自体がお互いに関連しているので，それぞれ成績と選択の

結果に対して間接的な影響を持つこともある。

エクルス（パーソンズ）ら［Eccles（Parsons）et al., 1983］は，達成価値の4つの主要な構成要素を提唱している。それは，獲得価値もしくは重要性，内発的価値，有用性価値もしくは課題の有益性，コストである［これらの要素に関する詳細については，Eccles（Parsons）et al., 1983 と Wigfield & Eccles, 1992 を参照］。これらの要素を表7.1に示す。バトル（Battle, 1965, 1966）の研究に基づき，エクルスらは**獲得価値**を，特定の課題をうまくやることの重要性として定義している。より広くいえば，獲得価値はアイデンティティの問題に関わるものである。つまり，個人が課題を自分自身の感覚にとって中心的なものであるとみなしているときに，その課題は重要となる。**内発的価値**は，その課題を行うことから得られる楽しさを反映するものである。ある点においては，この要素は内発的動機づけ（Ryan & Deci, 2002; Harter, 1981 を参照）や興味（本書の第4章; Renninger & Hidi, 2002 を参照）などの構成概念と類似している。活動を内発的に価値づけるとき，人はそれを楽しいから行うのであり，他の目的のための手段として行うのではない。逆に，**有用性価値**や**有益性**は，課題が個人の将来の計画にどの程度合致しているかを示すものである。例えば，科学の学位の必要条件を満たすために数学の授業をとることがこれにあたる。この場合，活動はそれ自体のために行われるのではなく，他の理由で行われる。**コスト**は，課題を行うためにやめざるを得ないもの（例えば，数学の宿題をするか友だちに電話をかけるか）や，課題をやり遂げるのに必要となる努力をさす。コストの側面は，課題価値の構成要素の中で最も研究が少ない。しかし，本章で論じるように，コストは行動の調整にとって重要な示唆を持っている

表7.1 エクルスとウィグフィールドの期待－価値モデルにおける達成課題価値の要素

価値の要素	定義	例
獲得価値	個人にとっての活動の重要性	自分は有能な学生だと思っているので，APコースに価値があると感じる
内発的価値	活動をすることからくる楽しさ	私は小説を読むのが好きだ
有用性価値	個人にとっての活動の有効性	私は医者になりたいから，この数学の授業を取っている
コスト	活動をすることに必要な努力量とその努力が他の価値ある活動に及ぼす影響の知覚	友だちと遊びに行きたいので，宿題をする時間がない

(Battle & Wigfield, 2003 を参照)。

　期待－価値モデルのもともとの記述では，コンピテンスの信念は成功への期待と達成価値の両方を予測することが想定されている。期待と価値との関連については特定されていない。しかし，子どものコンピテンスと期待が主観的価値と正の関連を持つことを明らかにしている研究者もおり（例えば，Battle, 1966; Eccles & Wigfield, 1995），その関連は小学1年生の段階から見られる（Wigfield et al., 1997）。これらの知見は，最も価値のある課題はその個人にとって困難な課題（つまり，成功への期待が低い課題）であるとするアトキンソン（Atkinson, 1957）の主張に反するものである。現実世界での達成課題に関しては，自分が成功できると考えている課題に価値づけを行っている。また，子どもの期待信念の変化は，様々な達成活動に対する価値づけの変化を予測する（Jacobs, Lanza, Osgood, Eccles, & Wigfield, 2002）。これらの知見は，私たちが論じているように，達成行動の調整にとって重要な示唆を持つものである。

　子どもの達成価値は，どの活動を行うべきかの選択と関連し，それを予測すると述べた。したがって，価値は行動選択の1つの原因であるといえる。また，課題に対する価値づけは，課題や活動の性質あるいはそれが生じる文脈の性質にある程度依存するという点も重要である。ブロフィー（Brophy, 1999）は，活動自体が子どもにとって意味があり，その子どもがしている他のことと関連しており，その活動が真正なものであるとき，いかに価値づけが促されるかについて論じている。ブロフィーは子どもの学習に対する価値づけに足場づくり☆をし（scaffolding），自分たちがしている活動の価値を認め，それを真正なものであると認める手助けをするうえでの教師の役割も強調している。そのため，子どもの達成価値は，後の行動に影響する原因となり得るものとして，そして様々な活動とそれが生じる文脈の効果としてみるべきである。

　　☆　学習者が独力でできることと他者の助けを借りてできることとの橋渡しとなるサポートを行うこと。

◧生徒の達成価値と行動の調整との関連についての理論的観点

　自己調整や自己調整学習に関しては，様々なモデルが存在する（Boekaerts, Pintrich, & Zider, 2000 を参照）。ここでは，教育心理学領域でよく見られる自己調整学習の社会的認知モデルについて簡単に紹介したい。自己調整のモデル

において，ピントリッチとズショー（Pintrich & Zusho, 2002），シャンクとアートマー（Schunk & Ertmer, 2000），ジマーマン（Zimmerman, 2000）は，自己調整の個別の段階について論じている。それらの段階は必ずしも連続的なものではなく，すべての学習場面で生じるものではないが，学習中に生じる調整の行動のタイプをまとめる方法として有効である。以下の3つの段階で，生徒は自分の認知や動機づけ，感情，行動，そして学習が生じる文脈を調整しなければならない。

　1つ目の段階は，予見と計画である。個人が一連の行動を計画し，そして様々な動機づけ信念や価値，目標が活性化される。活動に対して積極的に動機づけられているとき，より注意深く計画し，実際にそれに取り組む。2つ目の段階は，学習場面における遂行である。この段階には，遂行と動機づけの両方をモニタリングすることと，それらを統制しようとする試みも含まれる。例えば，自分の遂行をモニタリングすることによって，生徒はそのとき用いている方略をいつ変更すればよいかを決めることができる。遂行の段階の間に，生徒は様々な方法で動機づけを統制することができる。例えば，特定の学習成果に向けて目標を変えることができるし，自分がどの程度うまくやれているか，あるいは結果がどの程度重要であるかによって，結果を価値づけたり，価値を下げたりすることができる。3つ目の段階は，遂行に対する内省であり，学習活動をやり遂げた後に生じる。内省の間に，生徒はなぜ異なる結果が生じたのかを理解し，達成の結果に伴う感情を管理し，目標を調節し，今まさに経験した学習場面についての自己評価と内省に取り組む。これらの内省は，次の課題や学習領域での活動に対する接近傾向に影響する。もし内省が肯定的なものであれば，以前の遂行に対する内省が否定的なものであった場合よりも，関連する課題に対して積極的かつ熱心に接近することになる。

　これらのモデルにおいては，一般的には動機づけが重要な役割を果たし，特に達成価値が重要となる。実際，ジマーマン（Zimmerman, 2000）は，「最も効率的な自己調整の技法は，予想や集中，努力，注意深い自己内省を必要とするため，スキルやその結果が高く価値づけられたときにのみ，それらの技法が用いられる」（p.27）と述べている。重要なことは，自己調整過程のそれぞれの段階で動機づけが考慮されなければならないということである（Pintrich & Zusho, 2002）。ピントリッチとズショーは，予見／計画の段階においては，学習に対する目標，活動をうまくやり遂げる能力についての信念，活動に対する

価値づけなどが活性化していることを示唆している。同様に、ジマーマン（Zimmerman, 2000）や、シャンクとアートマー（Schunk & Ertmer, 2000）も、予見の段階や自己調整に取り組む前の段階で、活動の価値が重要な役割を果たすと述べている。つまり、活動が価値づけられたとき、生徒はその計画と実行により多くの時間を費やすのである。遂行の間には、生徒は自分の動機づけと感情をモニターし、達成場面で成功するのに適切な方向に向かい続けなければならない（Wolters, 2003 を参照）。今述べたように、内省の段階では、現在の学習場面における遂行に対してどのように反応するかが、あとの活動に対する動機づけに影響する。

　ラインバーグ、ヴォルマイヤーとロレット（Rheinberg, Vollmeyer, & Rollet, 2000）も、自身の自己調整のモデルに価値を含めている。彼らは、望ましい結果に結びつく可能性のある行動に関して、個人が自分自身に問う4つの質問を特定している。最初の2つは、期待に関する質問である。その質問は、「場面は結果を決定するだろうか」「自分の行動はその結果に影響を与え得るだろうか」というものである。この最初の質問に対する答えがノーであり、2つ目の質問に対する答えがイエスであれば、活動の価値の程度を反映する次の2つの質問に進むことになる。1つ目の「価値」についての質問は、「結果が個人的に重要であるかどうか」を尋ねるものである。もし答えがイエスであれば、「その学習場面における行動から得られる望ましい結果があるかどうか」を考える。この質問に対する答えがイエスであれば、行動が生じる。したがって、このモデルでは、結果の重要性が生徒の活動に対する取り組みと結果を得るための行動の調整に対して決定的な影響力を持っている。

　ラインバーグら（Rheinberg et al., 2000）は、モデルにおいてさらに2つの種類の価値について論じている。生徒が重要であると考えることに基づく誘因と、活動それ自身に関する誘因である。前者は獲得価値や有用性価値と類似する部分があり、後者は特定の活動に対する興味や状況的な興味の考え方と似ている（次節における状況的興味の議論を参照）。

　動機づけは自己調整の様々なモデルに含まれているだけでなく、それ自身が学習活動中において認知や感情、文脈とともに調整される必要がある（Pintrich & Zusho, 2002 を参照）。ウォルターズ（Wolters, 2003）は、学習場面における動機づけの調整に特に焦点を当てている。彼は、動機づけの問題を課題の選択や努力、課題への持続として定義している。そして、動機づけの調

整を,自分の選択や努力,持続を管理・統制しようとする試みであると定義している。重要なことは,そのような方略は,生徒の統制や指示のもとで行われるとき,**自己調整的**なものとなることである。ウォルターズは,動機づけの調整を自己調整全体の過程の一部とみなし,学習中に生徒が自己効力感や目標,活動に対する興味を調整する方法について論じている。例えば,難しい課題に直面した際,生徒は自己に対する疑いや批判に陥らないようにすることで,自己効力感を調整することができる。また,課題や活動を行う方法を多様にしたり,リフレッシュするために休憩を取ったり,すでに学んだことを今学んでいることに関連づけたりすることで,興味を調整することができる。次節では,動機づけの管理(特に,学習活動に対する価値づけ)についての研究に戻る。

　ウォルターズ(Wolters, 2003)が述べているように,動機づけと直接的に結びつく行動調整の不可欠な一部分は,様々な活動をし続けるか否かの選択である。生じ得る結果について多くの不確定要素がある現実の達成場面では,そのような選択は複雑なものになりがちである(不確定な状況における複雑な意思決定に関しては,Byrnes, 1998; Busemeyer & Townsend, 1993 を参照)。活動を続けるか否かの意思決定は,しばしば自分の遂行を内省するときに生じる(Schunk & Ertmer, 2000; Zimmerman, 2000 を参照)。カーバーとシャイアー(Carver & Scheier, 2000)は,フィードバック・ループ,感情的反応,成功への期待を通した情報処理が,活動を続けるか否かについての決定の基礎を与えることを論じている。次に論じるように,様々な活動に対する子どもの価値づけは,どの活動を追求すべきかについての選択を予測し,それはしばしば成功への期待よりも強く現れる。そのため,自己調整のモデルにおいて,そのような意思決定における価値の役割をより注意深く検討すべきであることを論じていく。

◪達成行動の調整と達成価値との関連:研究知見

　エクルスとウィグフィールドの期待-価値モデルに沿った研究では,成功への期待と達成価値が,遂行や持続性,活動の選択などの学習成果を予測することを示してきた[例えば,Durik, Vida, & Eccles, 2006; Eccles, 1993; Eccles (Parsons) et al., 1983; Meece, Wigfield, & Eccles, 1990]。例えば,生徒の課題価値は,数学や英語を続け,スポーツに取り組む意志や意思決定を予測する。

その関連はどの年齢段階においても強いものであるが,早くは小学1年生から見られる［Eccles, 1984; Eccles（Parsons）et al., 1983; Eccles & Harold, 1991; Meece et al., 1990; Wigfield, 1997］。また,この関連性は時間を超えて変化しにくい。デュリックら（Durik et al., 2006）は,小学4年生のときに読書に秀でていることが,高校で英語の授業をいくつ（何コマ）取るかということと有意に関連することを報告している。また,4年のときに測定した読書に対する興味が,高校になってからの余暇の時間における読書とキャリアの志望,コース選択を（高校1年時に測定した興味を通して）間接的に予測していた。

達成価値のコストの要素を含めた数少ない研究の1つで,バトルとウィグフィールド（Battle & Wigfield, 2003）は次のことを明らかにしている。獲得価値と有用性価値は,大学生の大学院進学の意志に対して正の予測因となるが,大学院に入ることの心理的コストは負の予測因となる。自己調整に関してこの研究知見が示すことは,価値を高く置いているときに,人はよりそれを行うことを選択し,高い成績を得るということである。また,活動にかかるコストがあまりに大きいとみなされた場合,それには取り組まない傾向にある。

価値が一般的な選択や遂行成績とどのように関連しているかを理解することは重要であるが,ここで論じている達成行動の自己調整モデルでは,生徒が自己調整の様々な段階で行動を調整する特定の方法を提唱している。残念なことに,今日までこのトピックに関する研究はあまりなされていない。しかし,価値と目標,興味,動機づけ,自己調整の間の関連についてのより発展的な研究領域はある。その研究領域は,価値がどのように行動の調整に関連しているかを理解するのに役立つ。この節では,価値と自己調整との関連について現在までに行われている研究をもとに,関連する知見をレビューする。また,意思的な方略,動機づけ,自己調整の間の関連についての研究もあるが,それは本書のコーノによる第8章を参照してほしい。

動機づけと価値,自己調整との関連を調べた最初の研究の1つは,ピントリッチとデフロート（Pintrich & De Groot, 1990）の相関研究である。彼らは学習の動機づけ方略の質問紙（Motivated Strategies for Learning Questionnaire）を用いて,動機づけ,認知,自己調整に関する様々な変数を測定し,それらの変数が中学1年生の学習成績とどのように関連しているかを調べた。この研究では,内発的価値（課題の重要性に対する信念と課題に対する興味）が,認知的方略の使用と自己調整に強く関連していた。そのため,学業が重要であると

生徒が信じているとき，計画や理解のモニタリングなどのメタ認知方略を使い，難しい課題や退屈な課題を習得するための持続や勤勉さなどの努力管理方略を用いる。内発的価値が直接的には成績と関連せず，認知的方略の使用と自己調整が学習成績を予測し，価値はその認知的な取り組みや自己調整と関連するというのは注目すべき点である。この知見から次のことが示される。達成行動の調整における価値の役割は，どの程度活動に対して認知的に取り組み，その活動を調整するかを（部分的に）決定することであり，その認知的な取り組みと活動の調整という2つの変数が，成績と直接的に関連するのである。

ウォルターズとその共同研究者（例えば，Wolters, 1999, 2003; Wolters & Pintrich, 1998; Wolters & Rosenthal, 2000; Wolters, Yu, & Pintrich, 1996）は，価値と目標，動機づけ，自己調整学習の間の関連について多くの研究を行っている。ウォルターズとピントリッチ（Wolters & Pintrich, 1998）は，中学1年生と中学2年生を対象に，課題価値を含む動機づけの要素と自己調整との関連を検討している。その結果，課題価値は認知的方略と自己調整方略の使用に強く関連するが，成績を予測しなかった。そのため，課題や教科に価値を置いている生徒は，より深い認知的な情報処理と学習行動を調整する方略を用いているといえる。しかし，課題価値それ自身は，学習成績に対して直接的には関連しない。この知見は，ピントリッチとデフロート（Pintrich & De Groot, 1990）の結果を再現するものであった。

達成価値を予測する動機づけ要因は何だろうか。この問いに対して，ウォルターズら（Wolters et al., 1996）は，中学1年生と中学2年生を対象に，目標志向性や動機づけ，自己調整に関する自己報告式の質問紙によって検討している。彼らは3つの目標志向性を測定している。それは，学習目標志向性（教材の熟達に焦点を当てる），外発的目標志向性（成績や罰の回避に焦点を当てる），比較能力志向性（競争や社会的な比較に焦点を当てる）の3つである。学習目標志向性と比較能力志向性は，いずれも生徒の課題価値や認知的方略の使用，自己調整方略の使用を予測した。外発的目標志向性は，課題価値や自己調整と負の関連を示した。そのため，学習教材自体か社会的比較に焦点を当てている生徒は，成績に焦点を当てる生徒よりも，高いレベルの興味を持ち，有用性を強く感じ，学習行動を調整しているといえる。この研究では，価値と自己調整とを直接関連づけていないが，学習課題に対して内発的価値や有用性価値を持つ生徒は自身の行動を調整し，課題価値を欠いている生徒はあまり自己調整に

取り組まないようである。

　ウォルターズとローゼンサール（Wolters & Rosenthal, 2000）は，目標志向性に関するこの結果を，動機づけの調整に対する方略と課題価値との関連を調べた研究で裏づけている。ここでの方略は，(a) 学習目標に向かうにつれて自らに強化や報酬を与える自己報酬（self-consequating），(b) 課題をやり遂げるために自ら環境を整える環境統制，(c) 良い成績や報酬に焦点化するように目標を強調する遂行的自己対話，(d) 教材を習得したいという願望からくる動機づけである熟達的自己対話，(e) 自ら課題をより興味深く楽しいものにする興味の高揚，である。生徒はこれらの動機づけの調整と課題価値を測定する自己報告式の質問紙に回答した。成績の指標には，学校での成績を用いた。中学2年生を対象とした本研究では，課題価値は自己報酬（a）や環境統制（b），熟達的自己対話（d），興味の高揚（e）と関連していた。課題価値は，成績に焦点を当てる遂行的自己対話（c）とは関連しなかった。一般的には，課題を高く価値づけている生徒は，課題をやり遂げるための自己調整方略を多く用いていると回答した。回帰分析の結果から，課題価値は自己報酬（a）や熟達的自己対話（d），興味の高揚（e）を予測することが示された。そのため，生徒が学習活動を価値づけているとき，教材を習得することに対する興味や願望を高める動機づけ調整方略が促され，活動をやり遂げた場合の結果とやり遂げられない場合の結果について考えるようになるといえる。

　これと関連する研究で，ウォルターズ（Wolters, 1999）は，中学3年生と高校1年生を対象に，動機づけの調整と学習方略との関連を検討している。対象とされた動機づけ調整方略には，興味の高揚や遂行的自己対話（良い成績），熟達的自己対話（習得に対する願望）が含まれていた。生徒は，良い成績を得ることに焦点を当てることのほうが，習得したいという願望や教材を面白くすることよりも，動機づけを促すと報告している。しかし，熟達的自己対話は，遂行的自己対話よりも努力や持続性を予測していた。さらに，熟達的自己対話を報告する生徒は，遂行的自己対話を報告した生徒よりも計画やモニタリングの方略を用いていると述べていた。そのため，習得したいからという理由で学習教材を学ぶこと（内発的価値）は，学習を促す自己調整方略の使用と関連しているといえる。

　興味と価値，自己調整とを関連づけた研究もある（自己調整学習における興味の役割については，本書の第4章を参照）。研究文脈では個人的興味と状況

的興味との区別が行われていることに注意する必要がある（Hidi & Harackiewicz, 2001 を参照）。**個人特性的興味**あるいは**個別的興味**は，時間を超えてある領域を志向する比較的安定した気質や個人特性的特徴である。**状況的興味**とは，環境的出来事によって刺激される興味である。シーフェリー（Schiefele, 1999）は，個人特性的興味は価値に関する特徴や領域の個人的重要性によって定義される部分があるとしている。そのため，興味と獲得価値は，お互いに機能しあいながら動機づけに影響する。内発的価値と有用性価値もまた興味と関連する。例えば，真の興味の対象が別にあって，その文章をよりよく理解するという目的のために，他の文章を読む生徒がいるかもしれない。これらの興味と価値は，行動に駆り立てる動機づけを与える。個人特性的興味は，学習方略の使用や持続性，認知的取り組みと関連する（Schiefele, 1999）。レニンジャーとヒディ（Renninger & Hidi, 2002）は，課題に対する状況的興味によって，生徒がその課題の獲得価値や内発的価値，有用性価値を認めるようになり，特に状況的興味を支える環境においてその傾向があることを示している。

　特定のタイプの行動を調整する際の達成価値の役割をさらに理解するには，もっと多くの実証研究が必要である。これまでの実証研究の大部分は相関研究であるため，これらの関係における因果の方向性についてはわかっていないということを意識しておくことが重要である。様々な課題に対する生徒の価値づけは，課題の特徴に影響され，また課題への関与を予測するものである。同じことが課題価値と行動の調整との関係についてもいえる。その関連性は双方向的なものである。これまで見てきたように，課題に対する生徒の価値づけは，自己調整的な方略にどの程度取り組むかに対して影響力を持っている。これらの方略に取り組むことは，活動に対する価値づけにも影響力を持っている。達成行動を効果的に調整することで，活動を進めやすくなり，その結果として活動の個人特性的な価値が高まることになる。例えば，幾何学のテストに向けて一生懸命に効率よく学習し，実際にうまくやっている自己調整的な生徒は，幾何学をより価値づけるようになり，それまで自分にはふさわしくないと思っていた数学のキャリアにも可能性を見出すかもしれない。

◆発達的問題と教育文脈での自己調整

　いかにして子どもが持つ活動の個人的な価値を自己調整や学習と関連づける

かを考えるとき，重要となる発達的問題が少なくとも2つある。1つ目は，価値づけと調整過程との関係が，時間を追うごとにどのように変化していくかという問題である。子どもは自分の達成行動をいかに調整するかをしだいに学んでいく（学習場面における自己調整的な行動の様々なレベルについては，Zimmerman, 2000 を参照）。そう考えると，様々な課題に対する価値づけと，その課題を行っているときの行動の調整の仕方との関連は，最初は弱く，成長するにつれてしだいに強くなっていく可能性がある。究極的には，自分が取り組んでいる課題を最大限に価値づけているとき，子どもは自分の行動を調整できるのかもしれない。先ほど述べたように，課題や活動での成功を導く達成行動を効果的に調整することは，活動に対する価値づけを高めることにつながる。

2つ目に，様々な学習活動に対する子どもの価値づけは，時間とともに低下していくことを示す多くの研究知見が存在するという問題がある（Fredricks & Eccles, 2002; Jacobs et al., 2002; Wigfield, Eccles, Mac Iver, Reuman, & Midgley, 1991; Wigfield et al., 1997; レビューとしては Wigfield, Eccles, Schiefele, Roeser, & Davis-Kean, 2006 を参照）。大部分の子どもは，学習することに興奮し，様々なトピックに好奇心を示し，学んでいることに興味を持って学校にやってくる。学年が上がるにつれて，多くの子どもはこのような興奮を失っていき，学校は新しいことを学ぶエキサイティングな場所ではなく，職場のようになっていく。多くの子どもに見られる達成への価値づけの低下は，達成行動を調整する方法にも影響する。最初に，もし子どもが学習活動を価値のないものとみなし，興味や重要性が低下すれば，その学習活動をすることを選ばなくなるだろう。特に，他の活動がより魅力的になったときにこのことが生じる。達成価値のコストの側面は，ある活動に取り組むことが他の活動に取り組むことを困難にする程度を示していたことを思い出してほしい。学習活動に取り組むコストは，他の活動が魅力的になればなるほど大きくなる。次に，もし学習活動が価値のないものになれば，生徒はそれに対して一生懸命取り組まなくなり，自分の遂行を注意深くモニタリングしなくなる。これまで論じてきたように，教科書や活動に興味を持っているときに深い情報処理が生じやすい。興味（あるいは他のかたちでの価値）を欠いていると，より良い学習を導くはずの深い認知的な情報処理が低下してしまう。

これらの問題は，学習に対して無気力になってしまっている生徒にとって特に顕著なものとなるかもしれない。その定義上，無気力な生徒とは，学習に対

して価値を見出していない生徒である。ジマーマン（Zimmerman, 2000）は，このことを「スキルやその結果に価値があるとみなされなければ，自己調整は誘因を持たない」(p. 27) と表現している。無気力な生徒は，学習に取り組まない傾向にあるし，学習を導くような自己調整方略にも取り組まない。ブロフィー（Brophy, 2004）は，無気力な生徒について，彼らがなぜ学習の仕方や動機づけ方に関するよく発達したスキーマを持たず，その結果として学校の課題を学習の機会ではなく，したくないことを押しつける課題だと考えるのかについて論じている。ブロフィーによると，無気力な生徒の学習に対する動機づけを社会化することは，困難な過程である。無気力な生徒や，学習に価値を見出していない生徒を再び学習に向かわせるためには，教師は教授法に対する認知と同時に生徒の動機づけにも焦点を当てなければならない（Ames, 1992; Stipek, 1996, 2002 を参照）。次の節で論じる読みの理解に関する学習指導プログラムは，読みの動機づけの側面と認知的側面の両方に焦点を当てている。

　自己調整という用語は，まさしくその定義から個人に焦点を当てている。そのため，自己調整のモデルが学習の文脈にはあまり左右されないという考え方は魅力的である。しかし，これは間違いである。自己調整の社会的認知モデルでは，自己調整の過程において学習文脈が重要な役割を果たすことを想定している。例えば，ピントリッチ（Pintrich, 2000; Pintrich & Zusho, 2002）は，行動や動機づけ／感情，認知とともに，学習文脈を自己調整の主要な領域の1つに含めている。学習文脈は，少なくとも2つの広範な方法で，自己調整に影響を及ぼす。1つ目に，生徒はしばしば自身の学習環境をコントロールしたり，調整したりしようとする。このことは，学習文脈が自己調整の領域であることを示している。2つ目に，学習文脈の性質やそこに含まれる課題と活動，教師のアプローチの仕方によって，達成行動を調整しようとする努力が促されたり，抑制されたりする。例えば，完全に教師中心の学習文脈は，生徒自身による自己調整スキルを高めない。次節では，読解に関する学習指導プログラムについて論じる。このプログラムは，読みに対する取り組みを構築することを目的とし，読みに対する動機づけと読み行動の調整を促すことを試みたものである。

生徒の取り組みと自己調整を促す学習指導実践：概念志向的な読解指導

　概念志向的読解指導（Concept-Oriented Reading Instruction：CORI）は，次のような特徴を持つ読解の学習指導プログラムである。その特徴とは，生徒が多様なタイプの読み教材を理解できるスキルを身につけ，読む内容に対して深い理解をしようとする自立した読み手になるための動機づけが高められるように，教師が手助けをするものである。これらの目的を達成できるように，5つの指導実践を行いながら，教師は読解に対する様々な方略を指導する。その5つの指導実践は，達成動機づけ研究で子どもの読みに対する動機づけと読み活動に対する取り組みを促すことが示されてきたものである。概念志向的読解指導プログラムのもう1つの中心的特徴は，読みの指導に意味のある内容を付与するために，科学や社会などの領域の学習指導と統合されていることである（概念志向的読解指導の概要については，Guthrie, Wigfield, & Perencevich, 2004a; Swan, 2003 を参照）。

　概念志向的読解指導の背景にある理論的枠組みでは，方略の指導と動機づけの実践の組み合わせが生徒の読みに対する取り組みを高め，読解の成長を促すとされている（Guthrie & Wigfield, 2000）。ガスリーとウィグフィールドの見方では，熱心に取り組む生徒は，動機づけられており，知識が多く，社会的な相互作用を多く持ち，読むことに対して方略的である。ここでは，特に生徒の動機づけを促す実践に焦点を当てる。なぜなら，動機づけを促す実践は，生徒が読みの活動それ自体に見出している価値を高め，独立した自己調整的な読みの発達を促すものだからである（読解方略の詳細な情報については，Guthrie & Taboada, 2004 を参照）。

　概念志向的読解指導の授業で教師が行う5つの動機づけ学習指導実践（表7.2参照）は，読みに対する生徒の価値づけを直接的に支え，生徒が方略的で独立した自己調整的な読み手になることを助けるものである。1つ目の動機づけ実践は，参加型の活動である。その活動では，概念志向的読解指導の教師が提示する単元の概念的なテーマと密接に関連する自然の過程に関して，科学的な実験や観察，モデリングに生徒を取り組ませる（Guthrie, 2004; Guthrie, Wigfield, & Perencevich, 2004b）。例えば，テーマが「森林地帯や湿地帯の隠

表7.2　学習指導実践への取り組みが読みに対する価値づけと自己調整に与える効果

学習指導実践	価値と自己調整に対する影響
実地活動	勉強しているトピックに対する状況的興味と個人的興味を刺激する
概念的知識目標	学習に対する目標を与え，学習活動を真正なものにすることで，獲得価値を促す
興味深いテキストの付与	読みに対する内発的価値を促す
自律性支援	獲得価値と達成活動の調整を促す
協同の支援	興味価値と達成活動の協同的な調整を促す

れた世界」のときには，生徒は教室で育てたセロリを様々な物質にさらしてみることで，湿地帯に対する公害の効果を擬似的に体験する。特に単元の最初に，教師はそのような参加型の活動を用いて，主要なトピックに対する疑問を持たせたり，より大きなテーマの中で個別的で独自の興味を育てたりできるように生徒を刺激する。その活動は，生徒が疑問を解消するために必要な情報をすべて与えることはせずに，そのトピックについてさらに読むことを促す。このようにして，生徒は自分の好奇心を満たす主要な手段として読みの価値づけを発達させていく。

　2つ目に，それぞれの学習指導の単元を通して，概念志向的読解指導の教師は概念的な知識目標と，すべての活動を1つの中心的なテーマに関連づけることを強調する（Guthrie, 2004; Guthrie, Wigfield, & Perencevich, 2004b）。このように概念的な面に焦点化し，学習に対する目的を明確にすることで，生徒は学校で学んでいることが長期的に見て意味や関連性があるものだという感覚を持つことができ，また遂行志向的な学習志向性ではなく熟達志向的な学習志向性を持つことができる（Guthrie, Wigfield, & Perencevich, 2004b）。

　3つ目の概念志向的読解指導の動機づけ学習指導実践は，興味深い教科書を与えることである。このことは，生徒が読みに対して価値を生成したり，維持したりして自己調整を促すうえで特に重要である。伝統的な読みのカリキュラムとは対照的に，概念志向的読解指導では生徒に科学の教科書を与えない。その代わりに，様々な情報に関する本と文学の市販本を主要な読みの教材として用いる。いずれも，様々な読みのレベルに応じて選択される。困難を抱える読み手に対しては，読みやすさのために内容の深さや正確さが犠牲にされないように，本を見つけるうえで特別の注意が払われる（Davis & Tonks, 2004）。また，多くの質の高いウェブサイトでは，それぞれの学習テーマに合う本や，本

で紹介されている情報を利用する教材，その情報を扱う新しい方法をすすめる教材を示している。このような多様な読みの教材を用いることで，生徒は伝統的な教科書を超えて，利用できる多様な読み教材に慣れ親しむことができる。教室における多様で興味深い読み教材は，次のような可能性を高める。それは，生徒自身の注意をとらえ，以前から持っているトピックに対する興味や好みのジャンルと関連づけ，読みのレベルに応じた適切な困難さを持つ教材を発見できる可能性である。そのため，興味深い教科書を与えることは，生徒が読みに対して置く価値を高め，学校内外で自由時間中に読書をする頻度を高めることになる。

4つ目の動機づけ学習指導実践は，生徒の自律性を支援すること，もしくは何をどのように学習するかに対するコントロールを生徒に与えることである（Guthrie, 2004; Guthrie, Wigfield, & Perencevich, 2004b）。このことは，課題の様々な側面に関して生徒に選択を与え，生徒自身の決定を認めることを意味している。課題の様々な側面とは，どのようなトピックを調べるか，どの本やどの章を読むか，1人で取り組むか他者と一緒に取り組むか，読みを通して学んだことを共有するためにどのような表現方法を用いるかなどである。しかし，これからもう少し詳しく述べるように，教師はクラス全体や個々の生徒がどの程度まで自律性を引き受けるレディネスがあるかを判断する必要がある。また，生徒が求める決定の重要性を弱めたり，選択肢の数を減らしたりすることも必要である。例えば，8週間，概念志向的読解指導を受け，勉強するトピックをよく知ってから，生徒は概念志向的読解指導の中で主となるプロジェクトで焦点を当てるところを選択する。

自律性支援の実践は，おそらく読みにおける自己調整の発達と最も直接的に結びついている。生徒に対して読み活動のコントロールを与えることで，生徒が読みと意思決定の両方に優れていると教師がみなしていることが伝わり，その結果として生徒の自己効力感と読みに対して置く価値が高まることになる。また，生徒は自分が行う選択に対する主体の感覚を発達させ，より肯定的な結果を導く決定を確実に行おうとする。その肯定的な結果とは，読みを通して多くの知識を獲得することや，他者と知識を共有するのに効果的な作品（ポスターや「公刊された」本など）をつくることである（Au, 1997; Guthrie, Wigfield, & Perencevich, 2004b）。さらに，生徒に選択を与えること，特に読みを通してどのトピックを調べようとするかについての選択は，次のことを意味している。

つまり，利用できるものの中で最も興味深く感じるものを選ぶ機会を持つことができ，そのため勉強中に退屈したり，注意散漫になったり，イライラしたりすることが最小限になるのである。

　最後の動機づけ学習指導実践は，生徒どうしの協同を支援することである（Guthrie, 2004; Guthrie, Wigfield, & Perencevich, 2004b）。概念志向的読解指導の活動中に，ペアやチーム，クラス全体で一緒に作業する機会を与えることで，教師は日常的にこの支援を行っている。例えば，ある授業では，5人の生徒からなるチームがお互いに科学実験の結果について話し合い，各チームの代表者がクラス全体とその結果を共有する。その後，ペアごとに授業のトピックに関する問題についてブレインストーミングを行い，ペアで考えた疑問に対する答えを様々な本を使って個人で探し，得られた情報を共有し合って1つの答えを導き出す。一見すると，生徒の協同は自己調整の発達と無関係なように思われる。しかし，協同は自己調整の発達にとって促進的な役割を果たしている。ウェンツェル（Wentzel, 1999）が述べているように，生徒がグループ課題を与えられたとき，「グループは社会的な結果と課題関連の結果の両方を表す共通の目標を達成する個人の努力を促す」（p. 89）。そのため，生徒が協同的なプロジェクトを完成させようとするとき，グループに対して貢献できるように特別の努力をするのである。また，明らかに指示しなくても，生徒どうしでお互いに話し合い助け合うことを促す教室環境があれば，課題の一部に困難を感じたときにも，まごついたり，課題を続ける動機づけや能力を失ってしまったりせずに，知識源として級友から利益を得ることができる（一緒に勉強することで，どのようにお互いの達成行動を調整するかについては，Webb & Palincsar, 1996を参照）。

◪概念志向的読解指導において生徒の動機づけと自己調整に足場づくりを行うこと

　概念志向的読解指導において，教師が5つの動機づけ学習指導実践を行う方法は，非常に多岐にわたるかもしれない。しかし，共通のガイドとなる原理は，熱心に取り組む自己調整的な読み手として生徒が発達するように支援したり足場づくりをしたりするということである。読みに対する動機づけや取り組みの足場づくりは，認知発達にとっての足場づくりの利用と類似した過程である（Guthrie, Wigfield, & Perencevich, 2004b）。すなわち，生徒が特定の領域で

個々に作業することに熟達化していくにつれて，サポートをしだいに減らしていき，責任を譲り渡していくことである。異なる点は，単に認知能力それ自体ではなく，価値の感覚を含む動機づけの発達を手助けすることに焦点が当てられている点と，生徒が熱心に取り組む読み手になり，十分に認知能力を用いる必要がある点である。

　動機づけと取り組みのために足場づくりをすることは，生徒が読みに対して生産的に取り組むのに必要なサポートの適切なレベルを見極めることを含んでいる。足場づくりが多すぎると，少なすぎる場合と同様に，自己調整を減じてしまう可能性がある（Guthrie, Wigfield, & Perencevich, 2004b）。例えば，自律性支援の議論において暗に示されているように，何を読むかについて最初に多くの選択肢を与えすぎないことが不可欠である。プログラムの初期における意思決定にとって効果的な足場づくりは，中心的なテーマの下位トピックに焦点を当てた2冊の本から選ばせることかもしれない。ここでの中心的なテーマについては，教師があらかじめ重要な背景情報を与えておく。また，それぞれの本を選ぶ理由をはっきりと述べることで，意思決定の過程をモデルとして示すこともできる。選べる本の数を増やしたり，与える背景情報を少なくしたり，特定の本を選ぶ理由を与えるのではなく尋ねたりすることで，教師はこの種の意思決定に対する足場づくりをしだいに減らしていくことができる。最終的には，高度な自己調整を行っている読み手は，よく発達した興味と単元のテーマに長期的に関連する目標に基づいて，すべての教室図書から自分で選択する。同様に，教師は最初，次のような方法で，協同を支えるための足場づくりをする。それは，生徒のチームをつくり，チーム内での特定の役割を与え，グループとして効果的に作業するための明確なガイドラインを与えることである。しかし，ゆくゆくは自分たちがうまくやっていけると思う生徒とグループをつくり，ちょうどよいように自分たちでグループ課題を分担するように求められる。

　ルッツ，ガスリーとデイヴィス（Lutz, Guthrie, & Davis, 2006）は，概念志向的読解指導の教師が様々な教育活動や個々の授業の中で，足場をどのようにして修正するか，その修正によって生徒の活動に対する取り組みや達成行動の調整がどれほど強いインパンクトを受けるかについて報告している。例えば，2つの概念志向的読解指導のクラスの授業で，教師はすべての生徒に対して多様で強力な足場を与えていたが，それは授業の最初の3分の1だけであった。残りの3分の2については，足場づくりの全体的なレベルをしだいに低下させ

ていき，主に 2，3 人の生徒だけに対するものになっていった。足場づくりのこのパターンは，多様な読みのレベルにある生徒が，複雑な課題に対する取り組みを自己調整することを可能にしていた。ここでの複雑な課題は，様々な生息地での生存に関する概念的な質問に対して答えるために，情報の本を探す活動を含むものであった。

◘概念志向的読解指導が生徒の読解と動機づけに及ぼす効果についての研究

　概念志向的読解指導の初期のバージョンに関する研究では，概念志向的読解指導を受けた生徒は伝統的な学習指導を受けた生徒よりも，読解や方略的な学習（Guthrie et al., 1998; Guthrie, Wigfield, Metsala, & Cox, 1999），読みの動機づけ（Guthrie, Wigfield, & Von Secker, 2000）に優れていることが示されている。これらの研究は，概念志向的読解指導の効果に対して重要な支持を与えるものである。

　ガスリー，ウィグフィールドとその共同研究者は，現在 3 年生から 5 年生を対象に，読みの動機づけと理解に対する概念志向的読解指導の効果を調べる研究を行っている（例えば，Guthrie, Wigfield, Barbosa et al., 2004; Guthrie et al., in press; Guthrie et al., 2006; Wigfield, Guthrie, Tonks, & Perencevich, 2004）。何人かの児童は概念志向的読解指導を受け，他の児童は認知的方略の学習指導を受け，また他の児童はその学校がある地区の伝統的な学習指導プログラムを受けた。概念志向的読解指導の介入が 12 週にわたって続けられ，事前・事後の対応のある準実験のデザインで研究が行われた。様々な読解や読みに対する動機づけ，実際の方略の使用に関する変数を，事前と事後で測定した。読みの動機づけは，内発的動機づけと読みに対する価値づけに焦点を当てた。方略の測定には，背景知識の活性化や質問の生成，情報の検索を含めた。その結果，3 年生と 4 年生で概念志向的読解指導を受けた児童は，方略の指導を受けた児童や伝統的な学習指導を受けた児童よりも，読みに対する動機づけや方略の使用，読解が優れていた。そのため，概念志向的読解指導の学習指導プログラムは，生徒の動機づけや（読み方略の使用によって測定される）読み行動の調整，読みの達成を高めることが示されたといえる。

▌ 結論と今後の研究の方向性 ▐

　本章では，達成活動に対する価値づけが達成行動の調整において重要な役割を果たしていることを示す研究を概観した。達成に対する子どもの価値づけは，どのような活動を行うかの選択や，様々な活動に対して関与し続ける意図，（自己報告による）様々な認知的方略の調整や調整方略の使用と正の関連を示していた。また，学習指導プログラム（特に，概念志向的読解指導の読解指導プログラム）が読みに対する興味を通していかに動機づけを促すようにつくられているか，そして（他の活動の中で）読み活動をコントロールすることが読みの価値づけと認知的方略の使用を促すことについて論じた。この研究は明らかに次のことを示している。つまり，子どもの動機づけと達成行動の自己調整は，特定の学習指導実践を通して高められ，動機づけと自己調整だけでなく，達成に対しても肯定的な効果を持つのである。

　達成価値と自己調整との関連についての研究には，多くの重要な方向性が考えられる。1つ目に，エクルス，ウィグフィールドとその共同研究者は，獲得価値や内発的価値，有用性価値など，子どもが持つ価値の様々な側面を定義し，測定している［Eccles（Parsons）et al., 1983; Wigfield & Eccles, 1992］。現在までに行われている研究の大部分は，子どもの価値の合成変数が様々な結果とどのように関連するかに注目している。価値の異なる側面が，異なる方法で達成行動に影響するかどうかを検討することは興味深い点である。例えば，ある研究では，子どもがトピックに興味を持ったとき，より深くそのトピックに取り組み，活動を完成させるための行動を調整することが示されている〔Hidi, 本書の第4章; Renninger & Hidi, 2002）。活動に対して高い獲得価値を持つ子どもは，その活動に対して深く取り組み，達成行動を注意深く調整する。そのパターンは，有用性価値の場合とは若干異なっているかもしれない。もし他の目的を追求するためにある活動に取り組んでいる場合は，その活動を内発的に価値づけているときのように完全に取り組むのではなく，その活動を達成するのに「十分なように」調整するかもしれない。

　2つ目に，様々な活動に対する価値づけが様々な場面での達成行動の調整とどのように関わっているかに注目するのも興味深いことである。現在までに行

われている研究では，概観してきた様々な社会的認知モデルで定義されている特定の行動ではなく，より一般的な達成行動（例えば，選択や継続の意思）と価値との関連が検討されている。これらの特定の関係に注目することで，価値と自己調整との関連性をより明確に理解し，その過程についても理解することができるかもしれない。このような研究によって，達成価値と自己調整に関する理論モデルが豊かなものになる。そのためには，様々な達成文脈における現行の操作をとらえることができるような，これまでとは異なった形での達成価値の測度を開発する必要がある。

　3つ目に，価値と，様々な調整方略との関連についての研究では，多くの場合価値と自己調整のいずれについても自己報告式の尺度を用いている。今後は，自己報告による自己調整に加えて（あるいは，その代わりに），自己調整の行動指標を用いた研究で知見を補っていくことが重要である。ガスリー，ウィグフィールド，バーボッサとその共同研究者らの研究（Guthrie, Wigfield, Barbosa, & colleagues, 2004）では，自己報告式の尺度ではなく実際の方略を測定する指標を用いており，この研究が今後の方向性の重要な第一歩になる。

　最後に，子どもの動機づけと自己調整の発達を促すために，両方を備えた様々な教育領域でのプログラムをつくることが不可欠である。概念志向的読解指導のプログラムは，小学生の読みに対する動機づけ，方略の使用，理解にとって望ましい効果をあげている。高いレベルでの達成を獲得するための価値づけと，自己調整を促すという重要な目標に向けて機能するために，他の教科や異なる年齢段階，学校のレベルの子どもに合わせたプログラムの開発が必要である。

謝辞
　本章で論じた子どもの達成価値に関する研究の大部分は，National Institute of Child Health and Human Development（NICHD）による助成金 HD-17553 の支援を受けた。本章で論じた他の研究については，National Institute for Mental Health による助成金 MH-31724，NICHD による助成金 HD-17296，National Science Foundation による助成金 BNS-851054，Spencer Foundation による助成金の支援を受けた。

第 8 章

学習習慣と自己調整学習
―方法から意志を見出すための援助―

リン・コーノ
(Lyn Corno)
Teachers College, Columbia University

はじめに

　本章では，自己調整を学んだ結果としての動機づけに焦点を当て，学習すること自体が，学習の動機づけとして機能すると主張する。生産的な学問的追求によって，生徒であることを楽しみ，学校での活動に対する自信を育てることができる。生産的な学問の追求において，「良い学習習慣が身についている」と他者に認められるような段階に達すると，大きな波及的効果が生まれる。まず，学習習慣を備えた生徒は，学校というコミュニティへの完全な参加者となり，優等生と認められるのである。さらに，こうした認識は，生徒が学校に通っている間ずっと維持される。本章では，まず，関連する研究史と概念について述べ，学習習慣とその波及的効果をより詳細に検討していく。

▌ 用語の定義とその理論的背景 ▐

　1982年に，カリフォルニア大学の同僚と行った研究の中で，**自己調整学習**を「**特定の**領域（必ずしも学習的内容ではない）の連想ネットワークを深め操作し，その過程をモニターし改善するための意図的な努力である」と私たちは説明した（Corno, Collins, & Capper, 1982, p. 3）。**連想ネットワーク**という用語は，認知心理学におけるネットワーク理論（例えば，Anderson & Bower, 1973）から援用したもので，意味を持った内容，例えば，テキストや授業，数学の問題など（つまり学習活動）で扱われる。

　認知理論が発展するにつれ，教育理論（例えば，Anderson & Spiro, 1977）も発展してきた。生徒は，学術的でない知識を構成し獲得するためにも自己調整を行うが，こうした自己調整は，特に時間，価値のある目標，気晴らしが不足しているときにより顕著に発揮される（Corno & Mandinach, 1983）。さらに，こうした定義は，特定の内容に関するルーチン的なものにもあてはまるが，一般的な特性や性質ではない。

　以下のようにも言われている。

> 　自己調整的な学習者は，彼らがよく意識している幅広い学習課題を達成するための"方法"を知っている。こうした自己知識は，達成場面における判断過程にも影響を与えるだろう。例えば，生徒が教室での課題をうまくできるという期待が高くなる。(Corno et al., 1982, pp.3-4)

　ここで，私たちは，学習課題を実行する際の手段として，意識的に自己調整を行うことによって，統制を強めることができ，好ましい結果を得やすくなるだろうという考えを述べているのである。結果に強化されることで，将来，必要性が感じられたときには，生徒は課題を達成する方法としてまた自己調整を使うようになる。学習場面で継続的に自己調整をすることは，状況に応じてこうした過程が**自動的**になされる可能性を高めるのである。したがって，学校での課題進行活動を統制するために，ルーチン的に自己調整を行うことによって，生徒は学習習慣を発達させ始めるのである（Corno, 1986 も参照）。

こうした私たちの仮説は，当時教育心理学において発展してきた2つの理論体系に基づいている。第1にあげられるのは，スノーとローマン（Snow & Lohman, 1984）の研究である。彼らは，様々な標準化テストにおいて，どのような情報処理が必要とされるかを分析した。彼らの研究によると，一般知能と学力の両方の尺度における高得点は，内容を認知的に編成し，統制するための操作のセットによって説明された。つまり，こうした操作を使う生徒が，両方のテストで高得点を取ったということである。一般的な情報処理に関する調整が標準化テストで測定される知能と相関があるのであれば，「生徒が学習課題に直面する際に，情報のより効果的な処理の仕方を学び，習性的に学習の方略的方法を向上させるなら，生徒は学校での学習を向上させられる」といっても過言ではない（Corno, 1981）。成績のふるわない生徒に，どうすればより良い学習者になれるかを教えることができるだろうか。また，そのような指導によって，彼らは学校で成功するための学習スキルを積極的に用いるようになるだろうか。こうした疑問は，学習方略の教授効果にとどまらず，"どのように学習するかを学習する"ことの意味を内化することによって，効果的な学習習慣を促進することができるか，という点にまで広がるのである。

　私たちが参考にしたものとして，第2にあげられるのはバンデューラ（Bandura, 1977）の研究である。当時は，彼の効力理論が提唱された時期であった。バンデューラは，自分自身の能力に関する強力な信念が，学校での努力や取り組みを含んだ様々な行動を動機づけると主張した。すなわち，生徒が自分の能力を信じず学習場面の成功を期待しなかったら，学校で良い成績を取るよう努力することはないと考えられる。私たちが1982年に発表した研究は，生徒が自分の学習過程を管理しようとする努力と，自己効力感や帰属といった動機づけ過程の関連についての予備的な調査であった（Corno & Mandinach, 1983も参照）。もし，ある個人の能力への賞賛が実際に与えられることが，学校での成功に影響するなら，自信を持ち一貫して自己調整的になった生徒は，たとえその能力が仲間と比べて優れていなくても，適応的な考え方を持って様々な課題に取り組むことができる（Rohrkemper & Corno, 1988も参照）。複雑な学習課題に取り組むための方法を知っている生徒は，結局は，成功に向けた"意志（will☆）"を育んでいくのである。

　　☆　他章と同様に，意志は"will"を，意思は"volition"を示す。

　本書の他の著者たちが詳しく述べているように，上述の研究に続いた多くの

研究から,成績のふるわない生徒でも自己調整の方略を学習でき,彼らは,バンデューラの定義のように,個人の行為の信念に援助されて,学校課題の要求に応じて自己調整方略を使うことが示されてきた。さらに,成績の良い生徒は,自己調整を適切に,かつ多少なりとも意識的にコントロールして行うこともわかった。またその一方で,成績のふるわない生徒に対しては,この自己調整過程の指導が役立つことが例証されてきた(例えば,Boekaerts & Corno, 2005; Schunk & Zimmerman, 1998; Winne, 2004)。

歴史的な背景についてもう1つ指摘しておきたい。私たちの研究では,意思についての現代理論が統合されているのである(例えば,Corno, 1994 参照)。動機づけ過程は,目標探求の段階を設定するが,多くの場合目標を達成するには,意思を明示する持続的な努力と障害の操作が必要になる。現在の理論では,意思は,課題準備を支え,目標を守り,課題評価と継続しようとする動機づけに作用するのである(Kuhl, 2000)。**意思**は,ある行為を実行,実施する意図を反映するものである(Gollwitzer, 1999)。意思には,実行計画や優先順位の設定,それに,障害回避,学習の点検,リソースの管理,時間配分といった,行為決定後の実行に関係する自己調整的な活動が含まれる。教育場面は,複雑で社会的なものであり,生徒と教師にとっての認知的,情動的,動機づけ的な要因をふまえて計画することが必要である。

なぜ意思が教育にとって重要なのかは,自己訓練の研究から説明される。ダックワースとセリグマン(Duckworth & Seligman, 2005)は,同じマグネット・スクール[☆1]の高校生の2つの別々のサンプルの検討を通して,自己訓練を測る総合指標を作成した。これらの総合指標には,良い学習習慣が反映されていた。それは,生徒がどのくらい勉強したかに関する主観的評価(自己報告),客観的観察(同じことについての教師や親の評価),およびミッシェルとミッシェル(Mischel & Mischel, 1983)の初期の研究で用いられた「満足の遅延(delay of gratification)」課題[☆2]を組み合わせたものである。ミッシェルらの研究では,年齢の低い子どもが,実験場面においてすぐに達成することのできる誘惑を避けようとして調整的方略を使うことが観察された。

☆1 独自のカリキュラムを提供するアメリカの学校。
☆2 後により大きな満足を得るために,直前の魅力的ですぐ手に入る目標や欲求や衝動を抑えること。

ダックワースとセリグマンは,学習者の最終試験の成績(GPA: grade point

average) を従属変数，以前の成績，一般的な能力検査の結果（Otis-Lennon School Ability Test）と上述した自己訓練の総合指標を独立変数とした重回帰分析を行った。その結果，自己訓練の総合指標は，能力検査の結果の2倍以上の分散を説明することがわかった。また，以前の成績によって説明される部分を考慮しても，自己訓練の総合指標が最終試験の成績の分散の16～20%を説明することが示された。さらに，よく自己訓練できている学習者は，そうでない学習者よりも，テストの得点が高く，学校への出席率が高く，より難関な学校への合格率も高いことが示された（Duckworth & Seligman, 2005, p. 939）。これらの知見は，良い学習習慣の重要性を示している（Shoda, Mischel, & Peake, 1990 が同様の知見を示している）。高度な学習活動に必要な過程の全範囲をもっとよく捉えるためには，生徒の認知と感情そして動機づけの関係を検討する研究に意思を加えることが必要である。そして，自己訓練が反映されているような学習習慣と学習スタイルが，この研究に見られるように意思を明確化させたものだとすると，生徒が意思の能力を向上させることには大きな意味がある。

　生徒が意思を向上させる1つの方法としては，意思の状態をモニタリングする経験を繰り返すことがあげられる（Corno, 2004）。課題の遂行に注意を集中する必要があるため，生徒が動機づけや意思をモニタリングするためには，教師のはたらきかけが重要な役割を果たすだろう。私たちは，1980年代の初めから，現場の教師と協同で，どのような教育活動や出来事が生徒の良い学習習慣をつくるかを検討してきた。その中で，生徒が自己調整学習を日常的にするようになるためには，統制の所在を，教師から生徒へと変更するよう，教師の実践を少し変化させる必要があることがわかってきた。しかし，教師は自らの実践をほんの少しずつしか変化させず，しかもそうした変化は必要な場合に限られていた（Randi & Corno, 1997）。次節では，学習習慣に関して私たちが発展させている理論の基本的観点について説明し，支持的な授業実践と，それらに影響する要因について議論しよう。

▋　学習習慣を考える枠組み　▋

　良い学習習慣は，「学習課題をやり遂げる方略と方法をつくり上げ，これら

は経験を通して練り上げられていく」(Corno, 2004, p. 1671)。心理学では, 習慣という概念は,「しっかりと根づいているため, 意識下であるいは**自動的に**実行される活動」としてとらえてきた (例えば, Bargh, 1997)。**習慣**の定義は,「特定の活動傾向の獲得」という点において一貫している (例えば, Dewey, 1992 を参照)。つまり, 学習習慣とは育成される傾向であり, よい学習習慣は, 学校での成功だけでなく, レディネスの形成にも寄与する (Stanford Aptitude Seminar, 2002)。そして教師はその重要性を理解している。

調査によると, 教師が直面する最も難しい問題は, 遅れた学習者の要求を管理し, 動機づけ, 対応することである (Veeman, 1984)。さらに, 他のすべての学年の特別な学習要求がない生徒に対しても, 教師は, 課題に取り組むための最も良い方法は何かを考えなくてはならない。チームワークが必要なプロジェクト学習では, 多くの教師が課題に取りかかってもすぐに気が散ってしまう生徒に対するフラストレーションを感じてしまう。また, 教師たちは, はじめのうちは計画を立て実行しても, 状況がやっかいになるとリスクを避け, 話題を避ける学習者に悩まされている。優秀な生徒でも, ときには学習の目標と社会的な目標のどちらを優先させるか判断が難しいことがある。彼らでも自信を失うような経験をする場合がある。

教師は, より良い学習習慣を生徒が身につける必要があると考え, よい学習習慣を身につけた生徒に報酬を与えることが多い。良い学習習慣を身につけた生徒は, どの年齢でも, 授業に積極的に参加する, 自分で宿題をするということについて好ましいフィードバックを受け取る。教師は, そうした「頑張っている生徒」をみんなの前でほめるだけでなく, リーダーシップを育て発揮させる様々な機会を与えている。また, 自己訓練された生徒に対して, 学校での様々な栄誉を与えようとする。こうやって, 教師は生徒に地位と力を与え, 固有の学級にとどまらずに成績が向上していくよう図るのである。もちろん, 良い学習習慣は, こうした外発的な報酬以上のものも生み出している。例えば, 時間管理が上手にできれば, 自由な時間に個人的な興味を追及する機会が増える, といったことが考えられるだろう。それに, 成績が良ければ嬉しいだろうし, 友人に助けを求められれば誇らしいだろう。

より微妙な側面としては, 学習習慣に関係する経験の受け入れやすさに個人差があるということがあげられる。経験が生徒に受け入れられるというのは, フィードバックに対する反応を変化させるということである。その結果学習課

題に対して，生徒は，新しいやり方で適応していく。例として，グループで一緒に勉強している生徒を考えてみよう。グループの課題の社会的な文脈によって，生徒は，それぞれ，説明役（「教師役」）や助けを求める「生徒役」といった役割を負うようになる。教師役や生徒役を担った生徒は学習習慣のモデルを示すことになり，示された学習習慣は他のグループのメンバーに認められ，見習われるようになる。しかし，こうした代理学習のかたちでは，効果的な勉強パターンを獲得できないものもいる。彼らは，提供されている観察学習の機会を見逃してしまい，学習習慣を発達させる可能性を逃してしまっているのである（Webb & Palincsar, 1996）。一方，グループでの良い学習習慣がもたらすプラスの結果の利点に気づき，そこでの学習習慣に沿った目標を設定した生徒は，長い目で見て，好成績をとる可能性を高めることができるだろう。経験に対して開かれた姿勢を持った生徒は，そうした姿勢を持たない生徒に比べて，より多くの利益を得ることができるのである。

▌ 力動的システムの理論 ▌

　図8.1の（a）と（b）は，学習習慣の発達に関する仮説的な力動的システムを図解したものである（力動的システム全体に共通する属性についての詳細な議論は，Kelso, 1995 を参照）。らせん図は，時間と経験によって，学習習慣がどのように発達していくかを示すものである。このらせん図は，それぞれの端で，破線となって消滅していて，はっきりとした始点と終点はない。縦線区分は，らせん図上で良い学習習慣の経験と結果を表している。切り取られた部分（図8.1（b））は，数年の発達，数週間あるいは1つの授業における経験の蓄積を示している。

　近年の，状況に埋め込まれた適性理論（situated aptitude theory; Stanford Aptitude Seminar, 2002）に従えば，教育的な経験は，個人と環境の相互作用として定義され，学習状況と同様に，学習結果を左右するものとしてとらえられる（Greeno, Collins, & Resnick, 1996 も参照）。学問的な場面として，読み書きや，他の生徒の前での遂行，グループ・プロジェクトといった様々な経験が提供される。これらは，好成績を取るのに役立つ様々な学習習慣のタイプを理解し，発達させる機会となる。学齢期の子どもは，他のどのような状況より，教

(a)

↑ 時間

(b)

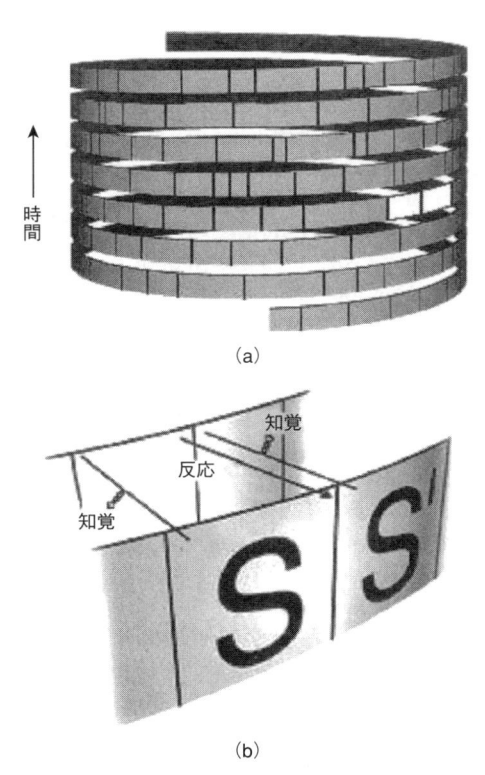

図8.1　学習習慣発達の仮説サイクル
(From *Remaking the Concept of Aptitude: Extending the Legacy of Richard E. Snow*, Figs. 2.3 and 2.4, p. 52, Stanford Aptitude Seminar, 2002, Erlbaum, Mahwah, NJ.)

室や学校での学習場面で多くの時間を過ごしており，良きにつけ悪しきにつけ，学習習慣の発達の機会を様々な場面で繰り返し経験する（例えば，遂行の要求，読み書きの評価，抽象的な思考の必要）。

　また，生徒が，共通要素を持った教育場面に繰り返し直面することで，情報や知識内容，学習スキル，学習者としての自己感覚，経験の楽しみ方などのレパートリーが増え，変化していくことを，らせん図は示している。経験の積み重ねが，生徒の傾向性（そのいくつかは学習習慣だが）を組織し，安定させ，再構成するのである。学習習慣はこうして蓄積・維持され，新たなパターンも現れる。

ギブソン（Gibson, 1979）の理論に従うと，状況は，刺激やアフォーダンスのパターンを生徒に提示しているといえる。生徒がこのパターンに気づいたり認知したとき，それは生徒に受け入れられる。生徒は，効果的に「状況に即した」反応をするのである。

例をあげて考えてみよう。数々のアフォーダンスの中でも，伝統的な教室場面は**問答方略**（recitation strategy）によって構成されている。教師による説明が続き，その後に教師によって質問が出され，それに対する生徒の回答があり，その回答に教師が反応するという一連の流れが，問答方略による教室場面構成である（Bellack, Kliebard, Hyman, & Smith, 1966）。教師が質問すると，それに答える必要性が生徒に受容される。そして，教師が生徒の回答に対して，正解・不正解を示すと，次の似たような場面では生徒の回答傾向に大きな影響を与える。フィードバックや，その場面の様々な条件には，教師の質問に対する生徒の答えに基づいた対話がなされることも含まれる。こうした対話は，学習内容に関する生徒の理解だけでなく，教師との関係性をも発達させていくことにもなる。こうした経過を経て，相互作用は学習者にとっての場面を変化させていく。級友たちも反応し，生徒と教師双方のやりとりの質を見極め，それにしたがって返答するのである。こうしてみると，教室は，「実践の共同体（community of practice）」（Brown & Champione, 1994）であるということがよくわかるだろう。

教室のアフォーダンスに反応する学習者は，**適応している**（attuned）と判断できる。すなわち，教室の規則に従って行われているゲームに，定期的・持続的に参加することによって成長していくのである（Corno & Mandinch, 2004; McCaslin & Good, 1996）。宿題や，同級生の援助，他の社会文化的な経験によって教室を超えた学習習慣が発達する。社会文化的な経験は，また，学校と共通した属性を有し，学習者の注意を集団として「教育」していく（Greeno et al., 1996）。以上が，学習の学習習慣に関する基本的な理論である。この理論を適用し，学習習慣のいくつかの例を取り上げ，それがどのように発達し，生徒を支えているのかを考察する。

▋ 学習の流れを示す学習チャート ▋

　図8.2および表8.1は，教育心理学者によって研究されてきた良い学習習慣のカテゴリーを示している。私たちは，これらのカテゴリーを，「学習の流れをチャート化する」出発点になるものととらえている。これらの学習習慣を身につけた生徒は，すでに「流れに乗った」学習者であり，学校で自分の道をしっかり進んでいくであろう。

　効果的でない学習習慣は，多くの生徒が行っており，研究の目的としては重要だが，本章では検討しない。また，ここにあげたカテゴリーに関する研究すべてを引用する紙幅はないので，良い学習習慣のカテゴリーに含まれるいくつかの限られた文献を示すにとどめる。よって，ここに示すのは，学習習慣のすべてを示す包括的なものではない。

　図8.2の大きな円は，学習空間を示している。学習空間は，生徒が学校の経験を通して結果的に発展させる学習習慣（**獲得された傾向性**）のレパートリーとして示され，その学習習慣には良いものも悪いものも含まれる。この円の下

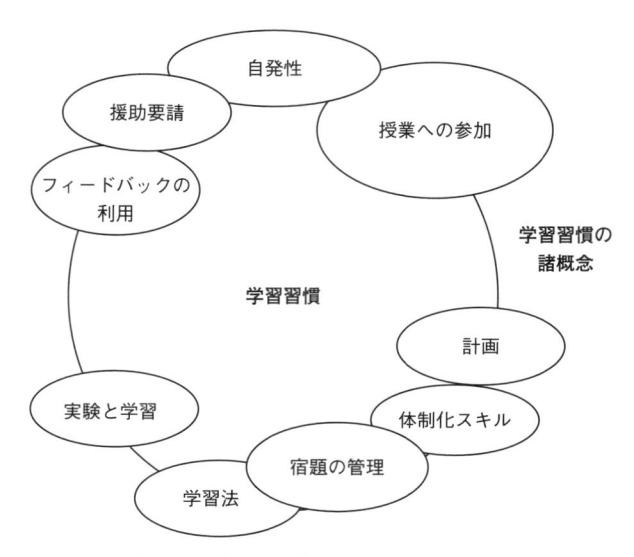

図8.2　学校での学習習慣のスキーマ図

第8章 学習習慣と自己調整学習―方法から意志を見出すための援助―

表8.1 教育心理学者によって検討された学習者の学習習慣のカテゴリーとその例

	授業参加	自発性	援助要請	フィードバックの利用	計画	体制化スキル	宿題（家庭学習）管理	学習法	実験と学習
例	・質問する ・呼ばれたら答える ・集中する	・読む、問題を解く ・リーダーシップを発揮する ・クラスのために行動する	・わからなくなったときに助けを求める ・教師と話し合う	・現状と初めの出来ときを比較する ・できたことを誇りに思う	・目標設定 ・結果の期待 ・予定を立てる	・概観する、図化する、振り返る、要約する、重要箇所をマークする	・環境を整える、時間管理、動機づけのモニタリングを制御	・言い換え、教えあい、下線引き、ノートを与りす、イメージ化	・観察、データ分析、証拠の解釈、再練習
文献例	Corno, 1980; Eccles & Barber, 1999; Larson, Turner & Patrick, 2004	Newman,1994; Webb & Palincsar, 1996	2000	Zimmerman, 1999; Elawar & Corno, 1985	Gollwitzer, 2004; Zimmerman, 2000	Palincsar & Brown,1984; Peterson, 1977	Bryan & Burstein, 2004; Xu, 2004	Pressley et al., 1990; Schoenfeld, 1985	Winne & Jaimeson-Noel, 2003; Winne, 2004

半分に示された小さな楕円は，少し重なり合っていて，ひとりでやる学習に役に立つものである。同様に，大きな円の上半分の小さな楕円は，教室や「対人的」学習経験の繰り返しで習慣として形成される方略のリストである。これらの習慣は，必要とされる条件が整ったらすぐに用いられるよう「待機している」。これらは習慣なので，ほとんど意識的な努力をせずに，適切な条件が整うと該当するカテゴリーの活動が開始される。例えば，課題に締切が示されると，「計画」を立てたり，さらにきちんと統制する必要性を考えるようになる。図に示されているどの習慣（例えば，勉強すること）も，はじめは，過程，やり方，あるいは方略といった心的リソースのレパートリーとして登場すると考えられる。過程，やり方，方略は，繰り返しやフィードバックの反応を通して習慣化していくのである。

図8.3は，計画を立てるという学習習慣の下位カテゴリーを示したものである。この図は，計画が繰り返し立てられることを説明している点に注意してほしい。下の列に示した特定の計画のステップは，生徒が出会う場面によって異なるが，基本的な計画のスキーマ（**学習の準備をする**）は，学習習慣として固定されたときに簡単にアクセスするのに有効である。

表8.1にあげた研究例は，他の領域のそれぞれで同じ下位カテゴリーを考えるのに役立つだろう。例えば，図8.4では，**勉強法**の領域での可能な例を示している。

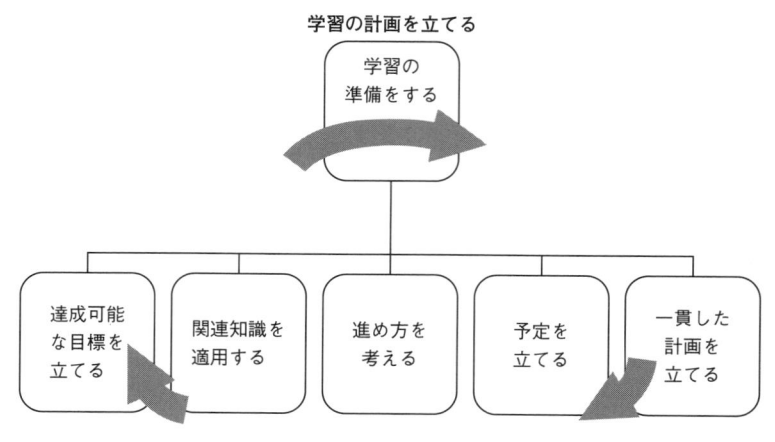

図8.3　計画の過程において繰り返されるステップ

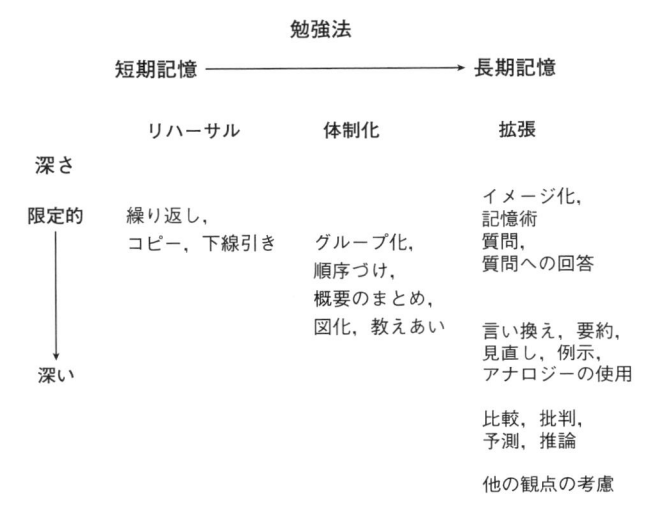

第8章　学習習慣と自己調整学習—方法から意志を見出すための援助—

```
                        勉強法
        短期記憶 ─────────────→ 長期記憶

              リハーサル    体制化        拡張
   深さ
   限定的    繰り返し,                  イメージ化,
            コピー,下線引き  グループ化,   記憶術
      │                   順序づけ,     質問,
      │                   概要のまとめ,  質問への回答
      │                   図化,教えあい
      ↓                                言い換え,要約,
                                       見直し,例示,
   深い                                 アナロジーの使用

                                       比較,批判,
                                       予測,推論

                                       他の観点の考慮
```

図8.4　学習を習慣化する勉強法：リハーサル，体制化，拡張（Corno, 1987による）

　さらに説明するために，**体制化，授業への参加，自発性**といったカテゴリーについても考えてみよう。コーノ（Corno, 1980）は，小学校の教師が，児童の「体制化と授業参加のスキル」を高めるため使うカリキュラムについて説明した。この学習スキル・プログラムの生徒用教材では，**体制化**は「考えを順序よく整理する」こと，また**授業への参加**は，「考えを共有する」こととして示された。それだけでなく，これら2つを，学校でうまくやっていくための「コツの入ったバッグ」という魅力的な比喩を使って示した。考えを順序よく整理するコツは，目標設定，重要箇所に印をつけること，要約，見直しをすることであった。考えを共有するコツは，質問すること，学習するために（徹底的に論じたり対人的な関わりをするためでなく，授業に集中するために）話すこと，指名されたら答えること，自分から行動することであった。最後にあげた，自分から行動するというコツは，教師に頼まれなくても，生徒が授業で援助を申し出ると，教師が好意的に対応することである。こうした自発的な行動としては，(a) プロジェクトを行う授業で教師に援助を申し出る，(b) グループのリーダーになることを希望する，(c) 質問に答えるために手を挙げる，(d) すすんで声を出して読んだり，みんなの前で問題を解くことを申し出る，といったものがあげられる。

　コツの入ったバッグの項目は，関連研究に由来するものであり，その研究は，

学業成績に良い影響を及ぼす特別な生徒の行動を同定するものである（Peterson, 1977 のレビューされた原典を参照）。これらの行動は，教えられた情報を構造化し，優先順位をつけ，授業へ参加して頑張っていることを示す，よい学習習慣を表すものとして解釈することもできる。このカリキュラムのポイントは，教師が生徒と一緒に活動することと，親が特別に考案された家庭での学習スキルの練習をさせることである。この練習によって，生徒は課題要求や学校や教室の期待に応じられるようになる。また，こうしたコツを低学年の頃から生徒に使わせて，教師が授業で強化する良い学習習慣の基礎を親がつくることも，私たちは期待したのである。

このカリキュラムの効果は，小学3年生の多人数を対象とした研究で検討された（Corno, 1980 および Harvey, 1982 を参照）。その結果，量的な指標においても，質的な指標においても，生徒が授業に参加し記憶をサポートするスキルを指導することの効果が示された。生徒は親との練習でスキルを学び，教師は授業でスキルを使用することを強化した。さらに，全部のプログラムを行った生徒は，そうでない生徒より，読解と語彙の得点が有意に高くなった。より具体的には，カリキュラムを導入したクラスにおいて，カリキュラム達成率に応じた成績の上昇傾向がみられ，導入クラスと非導入クラスの間に成績の差が示された。導入の効果は，クラスの調整平均の0.75標準偏差を上回るものであり，多くの生徒がカリキュラム全部を実施したクラスでは，読解と語彙の得点は非導入クラスの65パーセンタイルを中心に分布していた。

しかしながら，このカリキュラムの成功に反して，教師と親の連携により学習習慣をつくり上げていくという考えは，あまり受け入れられなかった。その要因として，まず，私たちの発見が，教師の専門家としての指導力を高めることにつながらなかったことがあげられる。また，このプログラムを「うまく活かす」ためには，さらなる開発が必要であった点も指摘される（Greeno, 2004）。どうすれば効果的な実践ができるかについては，何年にも及ぶ研究があるが，その詳細は他に譲ることとする（例えば，Corno & Mandinach, 2004; Corno & Randi, 1999; Randi & Corno, 2000）。

ここで，学習スキル・プログラムについてもう一度述べ，教師は様々なやり方で学習習慣を育成できるという点を強調したい。なかでも，研究者と協同したり，実践の改善について話し合ったりすることは，最も効果的であると考える。研究の成果が教師指導の専門家に発見されることを期待したり，つてをた

どって教師に間接的に研究成果を伝えようとしたりするより，目標に向かって直接教師と協同することが有益であると私たちは考えている。

現在，私たちは教師と協同して，彼らが生徒をどのように認識するかを理解するとともに，よい学習習慣について私たちが得た知見を共有しようとしている。教師は，独自の方略を発展させて，生徒の良い学習習慣の形成に取り組もうとしており，私たちは教師がどうやってそれを行うのがいいかを検討している。また，様々な学年の児童・生徒が成功するためにはどのようなアプローチが有効なのか，という点についても検討している。中学・高校レベルでは，教師は生徒に良い習慣を身につけさせようとすると同時に，悪い習慣を変えるにはどうしたらよいかを考えている。そこで，次節では，私たちの研究で得られた知見全体の概要を示し，最も効果的だと思われた指導の例を提示する。そして，本章の最終節において結論を述べる。

学習習慣の研究に向けた教師との協同研究

私たちは現在，教育実践を行う教師および生徒と親しく関わりながら，自己調整学習における動機づけと意思の変数間の理論的な関連を検討している。教師が生き生きとした自分の例を生徒に与えられるよう，心理学の理論的概念を提示し，キーワードと原則を持つ枠組みを示すことが私たちのねらいである。例えば，**自己調整学習**というキーワードの定義を先行研究における例とともに教師に提示し，彼らの実践経験の例をあげてもらう。生徒にとっては，良い学習習慣の環境に長く置かれることが重要であるが，私たちが具体例を記録していく際にわかったのは，教師が理論的な枠組みの知識を得ることが，教師にとって有益であるということであった。そして，こうして教師から収集された具体例は，教師の実践について論じる際の材料とされた。

良い学習習慣は，表8.1に示された自己調整の方略や方策の規則的で周期的なパターンとして定義できる。それぞれのカテゴリーの方略や方策について教師が示した例は，生徒との討論の中でも同じ例をつくり出せる。授業での話し合いを滑らかにするものとして，私たちが「旅物語（あるいは神話）」ふうに開発した1つのカリキュラムがある。このカリキュラムは，中学・高校レベルに対応しており，生徒が実行中に自己調整を広範に理解することを目的とした

ものである。したがって，自己調整学習のねらいとなる行動・出来事は，「カリキュラムに埋め込まれた」(Randi & Corno, 2000) ものといえる。

　この私たちのカリキュラムでは，一般的な旅物語のかたちで，自己調整の方略が示されている。つまり，旅のように，変化，成長，そして目標への接近がどのようになされるか（例えば，オデュッセイア☆のように）示されているのである。私たちは，このカリキュラムを使ってみたい，あるいは自分の目的（例えば，人文科学や文学のコースの一部として）にあわせて使いたいという教師の支援もした。支援の際に，私たちは教師と話しあい，カリキュラムにどうやって生徒の役に立つ方略を取り込むかを検討した。このような過程を経て，例えばある教師は，都市に住む小学4年生にあわせたテーマで，カリキュラムの別のバージョンを作成した (Johnson, 2004)。

　　☆　古代ギリシャの詩人 Homer の作と言われる長編叙事詩で Odysseus が Troy の落城後，自国
　　　Ithaca に帰るまでの冒険を描いたもの。(『新英和大辞典　第6版』2002年　研究社より抜粋)

　教師が生徒のために考案したカリキュラムには，共通の目標がある。その目標とは，自己調整の方略を指導し，生徒が自分の意欲的な探索活動を計画するときに方略を自然に使えるようにすることである。教師は，学習習慣が，生産的な勉強のスタイル，つまり，教室の内外でカリキュラムの成功に寄与する「もののやり方」をつくり上げることを理解している。教師との議論からは，小さな成功が，後の成功につながることや，様々な他の報酬が，学習の継続につながることがわかった。また，生徒が学校での活動に対する動機づけ（あるいは意志）を見出すのを援助することの重要性が指摘された。私たちは，バンデューラが言うような，生徒が低学年期に学校で身につける学習効力感の芽ばえを**意志**と呼ぶこととした。

　教師は，生徒の効力感はもろいものであり，自信のある生徒であっても，悪い成績を取るとくじけてしまうことを指摘している。教師との討論の中で，私たちは，中学生以上でも，学習習慣に持続的な指導がないと，カリキュラムと評価の要求の増大に生徒が対応するのがしだいに難しくなることを指摘した。また，**適性**という概念を，内的でも不変でもないものとして，新しく理論化することについて，私たちと教師の意見が一致している (Stanford Aptitude Seminar, 2002)。

　近年では，多くの研究者が，標準化されたテストによる「適性の測定」や，

「適性を持つ人（持たない人）」という古い考え方を否定している。むしろ，**適性**は，要求と準備の間の「適合性」として理解されてきている。生徒は，学校での課題をうまくやるために必要な条件を把握しているときに適性を示し，自分でその条件を満たそうとする。したがって，就学の適性を涵養するということは，ある意味，文脈において示される手がかりに対する関心を涵養するということである（Greeno et al., 1996）。その場面の必要事項を把握できなかったり，課題要求を読み違えたりすると，生徒は失敗しやすくなり，満足や報酬を得にくくなる。別の見方をすると，効力感や遂行する意志を持つ生徒でも，進み方を知らず道半ばなのである。

　教師がたびたび指摘するのは，生徒が自分自身の基準に基づいて失敗したと考えるのは，なにも学校で失敗した（実際に悪い成績をとった）ときばかりではないということだ。「平均的」な成績であっても，それが期待はずれだったり普通でないと，その生徒の効力感を大いに傷つけることになる。また，平均以下の成績は，惨めな自分を確認することにつながってしまう。そこで，図8.1のらせん図に描いたような複雑な関係性を説明し，課題要求が増えサポートが減ると，動機づけと意思はそれに応じて強まったり弱まったりすることを理解してもらおうとした。また，教師は教育場面で生徒の学習を促進するという役割を負っているが，教師の指導はすべて生徒によって媒介されるものである。自己調整的な媒介は，強力であり，自信や他の能力を高めることができる。しかし，媒介が弱いと，まったく別の結果を招くことがある（類似した議論を異なる観点から展開しているものとして，Stanford Aptitude Seminar, 2002, Chapter 2 やMcVee, Dunsmore, & Gavelek, 2005）。

　例えば，ある生徒が計画作成と体制化に問題を持っており，復習やリハーサルをせず，わからないときでも質問をしないと，学級全体の学習が停滞する，と教師たちは指摘している。こうした状況に，教師は落胆してしまう。また，宿題をやってこない生徒の存在も，同様に教師をがっかりさせるものである（Trautwein, Ludtke, Schnyder, & Niggli, 2006）。したがって，生徒と親にとって，宿題に関する効果的な媒介が特に必要である。宿題では，生徒が自分の力で与えられた課題を完成することが必要だからである。年齢の低い生徒は，宿題の初心者なので，他の課題同様，良い宿題の習慣を育てていかなくてはならない（Corno, 2000）。

　こうした議論をふまえ，教師との協同における結論としては，生徒を就学さ

せる1つの方法は，生徒に練習する機会を数多く与え，課題に取り組むときの準備と遂行の学習習慣を熟達させることである。学習方法を身につけることが必ずしも意志を生み出すのではないが，強い意思の力は，動機づけを高め維持するための重要な手段となる。このように，教師と協同した実践活動を通して，私たちは，バンデューラやスノー，他の著名な心理学者が提案した考えを組み立て，現在も影響力のある「大理論」から重要な概念を学べたのである（McInerney & Van Etten, 2004）。次節では，私たちの研究例を示し，教師が生徒の学習習慣を促進していった過程について論じよう。

生徒に良い学習習慣を育成するには

　良い学習習慣を育成するためには，生徒の課題は自己調整を**必要とするものでなくてはならない**。教室における学習は，この点を保証するための良い環境を提供している。例えば，他の生徒がいて勉強時間が限られているために，生徒は，じゃまが入らないよう注意したり，学習目標の優先順位を考えたり，プレッシャーに負けないようにしなくてはならなくなる。これは協同学習の際も同じことである。一方，意思の統制を育成するためには，生徒の現在の能力以上で，生徒に難しいと認識される課題が必要である。

　私たちが研究した1つの事例が，このような課題がどうやって実践されるかを示している。この事例では，高校2年生の「アメリカの歴史」コースにおいて，教師はまず，非常に難しい歴史テスト（Scholastic Aptitude Test（SAT）Ⅱ（U.S. history subject area test））を用意した。教材も，そのコースの成績の良い生徒にとっても難しいものを用いた。また，単元ごとに「まとめプロジェクト」を課題にした。このプロジェクトでは，例えば「1787年の初めての憲法制定会議で，各州からの代表が果たした役割を演じる」ことが生徒に課せられた（生徒は会議で別々の代表を割り当てられ，米国憲法起草についてその理由を述べた）。教師は，生徒が，これらの目標やプロジェクトに真剣に取り組むことを期待し，より良いものにしようという気持ちを高めていった。

　では，教師は，生徒の現在の意思を超える課題をどうやって見抜き，自己調整を促すような学習の設定をどのように行ったのだろうか。まず，このコースが始まる前に，生徒の現在の学習習慣を把握するために，教師は，マッキャン

とターナー (McCann & Turner, 2004) の開発した質問紙を使ってクラスの生徒の意思の測定をした。また，授業時間中に，家庭学習をどのように行っているか，どんな勉強方法でしているか，どうやって気が散るのを防いでいるか，といった質問への生徒の答えを記録し，それについて議論することで，彼らの学習習慣を調べていった。この2つの評価の得点によって，生徒の学習習慣のプロフィールを作成し，どの生徒が自己調整のどのような側面において支援が必要か，教師が年度で努力を集中するのはどこか（つまり，授業における意思の強さと弱さのプロフィール），が明らかになった。

教師は，学年のカリキュラム検討チームとともに，意思測定に対する生徒の反応を検討し，生徒たちの弱さの見える学習習慣に対して求められる授業活動を設計していった（Randi, 2004 を参照）。検討チームは，形成中の学習習慣を使い，発達させるためのカリキュラムを設計した。例えば，以下のことがあげられる。

・学校外で試験や小テストの準備のために使った時間，加点の対象となる課題に取り組んだ数，宿題やプロジェクトを終わらせるために必要だった援助，を生徒に記録させる（例：自己管理チャートの作成）。
・どうやって勉強をしたかの情報を，生徒間，教師生徒間で共有する。家庭での勉強空間，いつもやっている勉強のやり方，行動を統制するための方略，勉強スタイルの情報共有などである。
・試験のための計画や準備の方法，教室内外でやるべきことを記述する（例：リスト作成，色分けメモ，表の作成，自己モニタリング）。
・教材からより良いやり方を提案できる生徒には，その方略を他の生徒に紹介させる。

生徒はこうした活動の中で，自分の学習習慣を教師や他の生徒に見てもらう機会に数多く恵まれることになる。教師は，成績説明書を用いて，課題遂行だけでなく学習習慣も評価した。この成績説明書によって，一人ひとりの生徒が良い学習習慣を示す機会が与えられたときの反応を測定した。

生徒の「典型的な」努力（各生徒が様々な活動においてどのような反応を示したか）を測定すると，なぜある生徒が学年を通して授業の課題要求を満たすことに成功（失敗）したのかを説明できた。この測定に示される反応や，授業

における他の特徴，自己調整の必要性が，事前（指導前）測定の得点が同じだった生徒に，異なる結果をもたらすのである。したがって，**すべての生徒の成功をめざすのであれば**，教師やカリキュラムチームは，学級における意思の力の影響について，標準的な反応と状況に固有な反応との両方を考慮しなくてはならない。

その状況に固有な反応をするために，生徒は，授業の進展に沿って，箇条書きされた項目を参照して，自分の学習習慣をよく考えるよう指示された。当然，授業で同じ目標を達成する方法はいろいろあるので，クラスの生徒は，個人どうしあるいは小集団の中で，お互いから学ぶことができた。また，教師は，解くべき問題とその課題に取り組み努力をするための，生産的（あるいは非生産的）なやり方の具体像を生徒に提示できる。個々の生徒が1年かけて育成する学習習慣の記録を取り，その記録を生徒や親と共有することもできる。また，学習習慣についての記録，特に宿題を生徒がどのようにやっているかを記録することは，両親にとっても有益であろう。教師にそのような記録が渡されれば，生徒に対してより妥当な対応ができ，介入をより効果的にするだろう（Corno, 2000; Xu, 2004）。

教師や，個々の生徒に良い学習習慣を身につけさせるためにより臨床的なやり方ではたらきかけたいと願う学校カウンセラーにとっては，クール〔Kuhl, 2000）が**対話的協力関係（interactive partnership）**と呼んだ関係の構築が有効である。この関係のもとでは，カウンセラーと生徒が，感情と生産的な学習習慣につながる目標設定に関する問題に一緒に取り組むということに同意している。生徒の否定的な感情や非現実的な目標は，学習の取り組みに問題を生じさせるが，生徒とカウンセラーの協力関係のもとに，速やかで指示的なフィードバックが与えられる。

エッティンゲンら（Oettingen, Honig, & Gollwitzer, 2000）は，生徒との間に対話的協力関係を築いた実例を示している。彼らの研究では，単純な実験的操作によって，生徒の構えに変化を引き起こしたのである。彼らの研究では，課題を示した後，パートナーが生徒に，その課題を遂行するためのプランを立てるよう頼むのである。ここでのプランとは，「火曜日の夜7時は，ぼくは家にいます。それで，課題をやれます」というように，いつどこでその課題に取り組めるかを考えることであった。このエッティンゲンら（Oettingen et al., 2000）の研究では，対象者となった生徒の多くは，このような要請で，課題実

行のための十分な行動計画を立てることができた。結果として，行動計画の作成を行ったほうが，統制群よりも，実際に課題を完成させた生徒の数が多くなった。

この結果についてエッティンゲンらは，行動計画を心的に表象することによって，実際の行動化の枠組みができたのだと述べている。つまり，大事な課題場面において作業に専念するか，自己制御をするか迷う必要がなくなるような状況が設定されるのである。心的なリソースを，こうした迷いから開放し，他の作業に回すことができる。そしてこうして構えが確立された場面が再び起きると，メタ認知的スキーマとして記憶に保存されている手がかりが，関連する行動の手順を伴った構えを実行する。こうなると，課題を適切な時間にすることは，固有場面で引き出される学習習慣となったといえる。

ここで，行動計画を記録することは，単なる目標設定にとどまらないという点を再度強調しておきたい。行動化のための枠組みは，目標を達成するための望ましい条件（いつどこで課題を行うか）を含むものであった。目標設定は，意思の統制のために必要だが，それだけでは十分ではない。生徒が自分の学習時間をうまく確保する方法には様々なものがあることを示す研究もある。例えば，ペリーらの研究（Perry, Phillips, & Dowler, 2004）では，授業で課題に集中することが必要な場面において生徒が，意識せずに実行している習慣を明らかにし，自己調整のより方略的な使用を援助する方法が示されている。

再考：なぜ学習習慣が問題となるか

本章では，生徒の学習習慣を概念化する枠組みを提示し，学習習慣の例として，教育心理学者の研究や，生徒と教師自らの手によって書かれたものを提示した。また，実際に生徒の自己調整を動機づけるために，理論や研究がどのように適用されるかを検討してきた。さらに，生徒に良い学習習慣を身につけさせるために，私たちが教師と協同で行ってきた研究の歴史を紹介し，その実践を自分独自の目的にあわせて使った他の教師やチームの例を示した。紙幅が限られているため，これらのプロジェクトを支持する研究についての深い議論はできなかったが，読者の探求のためには関連する引用文献が用意されている。

本章では教師が生徒に良い学習習慣をつけさせることを強調するために，教

師に対して行ったことではなく，教師とともに実施した，心理学に基づいた実践を紹介した。紹介した研究は，理論であり，研究であると同時に，実践でもある。最後に，良い学習習慣が，生徒にとってなぜ重要な問題となるのかをもう一度述べて，本章を終えたい。

　良い学習習慣を身につけた生徒は，教師に認められやすく，彼らが年少期に属する学習集団の他者にも注目されやすい。良い学習習慣を身につけた生徒は，低学年のころから，他の生徒のお手本とされる。この生徒は，同級生だけでなく，兄弟姉妹に対しても，スターのように持ち上げられる。こうした公の社会的な比較は，教師や保護者の間によくみられる（McCaslin & Good, 1996）。また，良い学習習慣を身につけた生徒は，教室の内外でリーダーシップを発揮する機会を多く与えられる。こうしたリーダーシップは，教師が「ニナ，この本を読んでどう思ったか発表してくれる？」とか「P. J., ピアソンに授業のノートを見せてあげてくれる？」とかいうような簡単な依頼からスタートすることもある。こうした簡単なことから，学校劇で主要な役を演じるようになったり（良い学習習慣を身につけた生徒は，自分のセリフをよく覚えるし，練習を怠らない），「Peer Helping Club（助け合いクラブ）」のリーダーに指名されたりする。リーダーシップは，決められた活動課題を実行するための生徒会組織（student government position）への選出というかたちで発揮されることもある。こうした地位に着くことは，意味ある活動への真剣な参加として，大学受験や就職活動においても評価される（高校での活動が大学での成功に結びつくことを論じた文献としては Willingham, 1985 を参照）。応募書類や面接，推薦状などでは，生徒の全体像を描こうとするとき，**生産的な動機づけを反映したもの**としての学習習慣に必ずふれることになり，これが合否を左右することもある。

　良い学習習慣を身につけるための発達の軌跡は，生徒によって様々であることはすぐにわかるだろう（Brooks, 2006 を参照）。また，生徒が良い学習習慣を発揮する機会は学校によって異なる。しかし，教育心理学者は，こうした学校による格差を解消するための介入をすることができる。船の比喩に例えれば，「良い学習習慣の船」に乗り損ねた小学生でも，高校で飛び乗れば，失った時間の埋め合わせができるし，高校で乗り遅れても（あるいは，船から下りてしまっても），大学で乗り込むことができる。ここで論じたアイデアや資源が，より良い提言となるように今後さらに検討されることが必要である。

第 9 章

自律的自己調整の理解と促進
―自己決定理論の観点から―

ジョンマーシャル・リーブ
(Johnmarshall Reeve)
University of Iowa

リチャード・M・ライアン
(Richard M. Ryan)
University of Rochester

エドワード・L・デシ
(Edward L. Deci)
University of Rochester

ハンシン・ジャン
(Hyungshim Jang)
University of Wisconsin-Milwaukee

▮ はじめに ▮

　自己調整とは，人々が自分の資質，すなわち思考（例えば，有能さに関する信念）や情動（例えば，興味），行動（例えば，学習活動へ取り組むこと），社会文脈的な環境（例えば，勉強するために静かで心地よい場所を選ぶこと）を，将来の望ましい状態に適合させていく中で，体系的に管理するプロセスであるということには，一般的な合意があるといってよい（Pintrich & De Groot, 1990; Zimmerman, 2000）。しかし，自己調整という言葉は，心理学（Baumeister & Vohs, 2004）や教育の分野において（McCaslin et al., 2006）多くの解釈がなされてきている。共通した背景を持っているにもかかわらず，自己調整の理論はどこに焦点を当てるかによって，かなり異なるものになる。「なぜ（自己調整するのか）」の部分に焦点を当てるものもあれば，「何を（自己調整するのか）」あるいは「どのように（自己調整するのか）」について考えているものもある。まとめると，それぞれに対して次のような質問があげられる。

- Why理論：(自己調整的) 行動に取り組む理由，つまりそうしたい理由やそうしなければならない理由は何かということ。
- What理論：自分自身のためにどういった目標を達成しようとしているのか？
- How理論：効果的な自己調整をどのように促進していくのか？

　Why理論は，自分の行動が内側からわき上がったものと認識する原因を検討する理論である。そういった内在的な行動が，行動の質や結果に影響を与えることが明らかにされてきている（例えば，deCharms, 1976）。Why理論は，自律型とコントロール型のように，動機づけあるいは調整タイプを区別する（Deci & Ryan, 1985; Ryan & Deci, 2000a）。例えば，人が行動する理由の1つは，自分の興味を引いたことや自分が認めた価値を実現するためである。興味や価値を理由として，行動を調整することは**自律的**調整と呼ばれる。自己決定理論（Deci & Ryan, 1985）の観点からすると，これは自己調整の構成要素である。人が行動する別の理由には，対人的なプレッシャーでやらざるを得なくなること，あるいは自分の外側の力によって直接的にコントロールされることがある。そういった力が行動を調整する場合，その行動は自律的であるというよりは，**コントロール的**であると考えられる。こういったコントロール的な行動は，真の自己調整には含まれないものである。なぜならば，それは自発的，意思的，あるいは自己承認的調整というよりは，強制的で誘発された調整であるからだ。

　What理論は，目標の内容に焦点を当てたものである。この理論は，人々が達成しようとするものが何かを明確にしてくれる。例えば，学力向上のための学習目標か，あるいは他者よりも優れていることを示そうとする遂行目標かを選択することができる（Elliot, McGregor, & Thrash, 2002）。また，内発的な目標か，外発的な目標か（Kasser & Ryan, 1996）を選択することもできる。こういった目標内容の違いが，行動の質や学習の深さ，粘り強さの違いと関連することを多くの研究が示唆している（例えば，Vensteenkiste, Simons, Lens, Sheldon, & Deci, 2004）。

　最後に，How理論は，目標や基準に対する自己調整のために使用されるスキルや仕組みに関する理論である（Boekaerts, Pintrich, & Zeidner, 2000; Carver & Scheier, 1998）。この理論では，目標は通常，所与のものとして扱われ，どんな目標（何を求めるか）を持っているかあるいは，どんな調整か（なぜ行動

するか）については問題にしない。そのかわり，How理論では，どのようにすれば，自分の望む成果に対して，正しい方向に効果的に進んでいけるかという問題を扱う。自己調整学習に関する近年の研究の多くはこのアプローチを採用していて，社会的学習理論（Zimmerman, 2000）と徒弟制のメタファ（Collins, Brown, & Newman, 1989）に基づく社会的段階移行モデルが用いられている。

　本章では，動機づけと自己調整に関するwhyとwhatに焦点を当てるが，まず，自己決定理論の概要について特に教育と関連する部分を紹介する（例えば，Reeve, Deci, & Ryan, 2004; Deci & Ryan, 2000b）。自己調整に関する自己決定理論の中心概念は，**自律的自己調整**である。自己調整において自律的であるとき，取り組んでいる課題に興味を持って，自分にとっても重要と考えるために，生徒は自分から取り組み続けることができる。自己決定理論の視点では，そういった自己調整は自律的動機づけと関連していて，意思と選択によって特徴づけられる。対照的に，生徒に課せられた行動，つまり生徒が受け入れていない行動は，自己調整的とはいえない。むしろ，そういった調整は，強制によってコントロールされている。こういった区別を超えて，自己決定理論は，目標の内容が生徒たちの心理的欲求を満たす度合いによって異なることを示唆している。言い換えれば，学習や快適な暮らしに対する，取り組みの質と成果の両方を予測するのである。最後に，章の終わりではどのように自己調整するかという理論と自己決定理論との関連について結論を述べる。

自己決定理論

　自己決定理論は，人は元来活発であり，環境に積極的に関わっていく傾向を発達させ，新たな知識やスキルを取り入れるという仮定から出発し，統合された統一的な心理的理論となっている。自己決定理論は，いくつかの理論によって構成されるが，その中の特に「認知的評価理論」「有機的統合理論」「心理的欲求に関する基本理論」の3つについて取り上げる（Reeve, Deci, & Ryan, 2004; Ryan & Deci, 2000b）。これらの理論は，共通して生徒の自律的自己調整に関わる部分を持っていて，社会的な影響がどのように，生徒の自律的自己調整をサポートしたり抑制するのかについて説明している。

◘**認知的評価理論**

　認知的評価理論は，社会的環境がどのように内発的動機づけに影響を及ぼすのかについて説明するためにつくられた（Deci & Ryan, 1985）。**内発的に動機づけられる**とは，活動自体の面白さや楽しさを見出してその活動に取り組むことである。よって，行動は，その内在する満足感によって動機づけられる（Deci & Ryan, 2000a）。反対に，**外発的動機づけ**は，例えば，報酬を得るためだったり，罰を避けるためだったりというように，行動とは別の結果を達成するために活動することである。外的な報酬は，だれかが準備した随伴性のある社会的環境から発生する。内発的動機づけに及ぼす外的報酬の効果の研究では，プラスのフィードバック（それはしばしば**言語的報酬**であるが）は内発的動機づけを促進し，目に見えるかたちでの物質的報酬も，それが能力や向上を伝える場合には，内発的動機づけを促す可能性がある。しかし，100以上の実験によって，報酬が内発的動機づけを抑えるという一般的傾向が存在することが示されている（より広範なレビューは，Deci, Koester, & Ryan, 1999 を参照のこと）。一般に，この理論によると，例えば「目標の押しつけ」（Mossholder, 1980）や「クラスの雰囲気」（Deci, Schwartz, Sheinman, & Ryan, 1981）なども含む，外的要因は，それが能力に関するプラスの情報を与えたり，自律性をサポートするものである場合には，内発的動機づけを促進するといえる。一方，外的要因が，能力がないということを告げるものであったり，行動をコントロールしたりプレッシャーをかけたりする場合，内発的動機づけを低下させてしまうのである。

◘**有機的統合理論**

　有機的統合理論は，内面化と統合化の現象を扱うものである。**内面化**とは，外部からの調整や価値づけを内面に受け入れていくプロセスのことである。**統合化**とは，内面化された調整が自分自身の感覚として完全に明確に取り入れられることである（Ryan & Deci, 2000a, 2000b）。自己決定理論では，内面化と統合化のプロセスを「内側からの行動と発達」と呼んでいる。**内側**とは，心理的基本欲求や内発的動機づけのような内部にある動機づけや，内面化の経験や統合プロセスによって，時間とともに発達してきた価値づけや調整のことを意味

している (Deci & Ryan, 1991)。学校では，生徒たちは，自分が興味のわかないことにも積極的に取り組んで勉強するように，親や教師から期待されることが多い。親や教師やスクールサイコロジストは，そういった目的を達成するために，明確に要求したり，さりげなく賛成するといった外発的な動機をよく用いる。しかし，より理想的なのは，生徒たちが，行いに対する価値づけを内面化するための栄養物を与えられるよりも，行動をコントロールされないということであることを，自己決定理論は示唆している。それが面白くて楽しいからではなく，自分の価値や選択した目標に対して役に立つから行っているという状態ならば，それはまだ外発的に動機づけられている状態である。しかしながら，行動が完全に内面化（統合化）されれば，完全に自分が受け入れているために，自律的なものとして経験される。

　有機的統合理論は，外発的動機づけを，自己への内面化と統合の程度によって4つのタイプ（調整）に区別する。**外的調整**は，調整が明確に外的な圧力によって機能している段階である。**取り入れ的調整**は，部分的に内面化されたもの，自己価値や罪に対するおそれなど，生徒に間接的に圧力を与えたりコントロールすることによる内面化によって調整が行われている段階である。調整は内部で行われているが，本当にそれを受け入れているわけではなく，コントロールされていると感じている。**同一化的調整**は，行動の価値を同一化して捉え，自分の責任として受け入れている状態である。最後の，**統合的調整**は，自己と完全に統合された状態で，調整は真の自己の一部になっている。

◻心理的欲求に関する基本理論

　心理的欲求の基本理論は，生徒の自律的自己調整の基礎である，自律性，コンピテンス，そして関係性への欲求に焦点を当てたものである。この理論は，自律的自己調整の源としての，生得的で普遍的な心理的欲求を明らかにするために発展してきた。そして，これらを満足させることがどれくらい学習，発達や快適な暮らしを促進するかについて調べられてきた。多くの研究が，基本的欲求に対する満足と，内発的動機づけ，自律的自己調整，異文化における生涯を通した快適な暮らし，それに，積極的な教室の機能と概念学習の促進を結びつけてきた (Chirkov & Ryan, 2001; Reis, Sheldon, Gable, Roscoe, & Ryan, 2000; Ryan, Deci, & Grolnick, 1995)。例えば，自己決定理論は異文化間でも一般化で

きるかを検討するためにデザインされた研究では，韓国の高校生は，欧米の高校生と同様に，授業における学習が心理的欲求を満たすときに高い満足感を感じ，そうでないときに強い不満を感じる。そして，教師が生徒の自律性や心理的欲求を満足させるとき，生徒は熱心に取り組み，やり遂げ，内発的に動機づけられ幸福感を感じるのである（Jang, Reeve, & Ryan, 2007）。

心理的欲求に関する基本理論は，内発と外発的目標に関する研究を包括する（Kasser & Ryan, 1996）。**内発的目標**は，自律性やコンピテンス，関係性に対する心理的欲求を比較的，直接的に満足させるものとされる。そして，個人の成長や関わりあい，それにコミュニティへの貢献に対する目標を含む。**外発的目標**は，欲求を基本的に満足することのないものとして定義し，条件つきの承認を得るためのものとする。また，外発的目標は，物質的な幸福や，ちやほやされ有名になること，良いイメージを与えることを含み，パフォーマンスの低さや，心理的健全さの低下と関連している。

生徒との教室での対話

自己決定理論の枠組みによれば，すべての生徒は，出発点や背景，能力に関係なく，内的な動機づけのリソースを持っている。その動機づけリソースによって，生徒は学習活動に建設的，積極的に取り組むことができる。この内的リソースは，社会的文脈の中で多かれ少なかれ活性化され，生徒の内面化あるいは内発的動機づけをサポートしたり弱めたりする。生徒の学習や統合に対する志向と，自分自身を理解する場としての教室の学習環境との間における対話的な成果が重要である。文脈がその傾向を促進しサポートするときだけ，より自律的で，積極的な機能がはたらくのである。一方で，自律性をくじくような過度の統制や，コンピテンスを失わせるような過度の要求や，関係性を妨害するような温かさや親切さに欠ける対応によって，元来のポジティブなリソースが損なわれたり，妨害されたりすることもよく起きるのである。

図9.1は，生徒との教室での対話的関係を示したものである。図の左のボックスは，生徒の内的リソースである。生徒たちは，教室の学習環境の中で，積極的に取り組むことが可能となる，関係性への基本的欲求を持ち，コンピテンスを成長させ，意思の力を発達させている。右側のボックスは，自律性支援的，

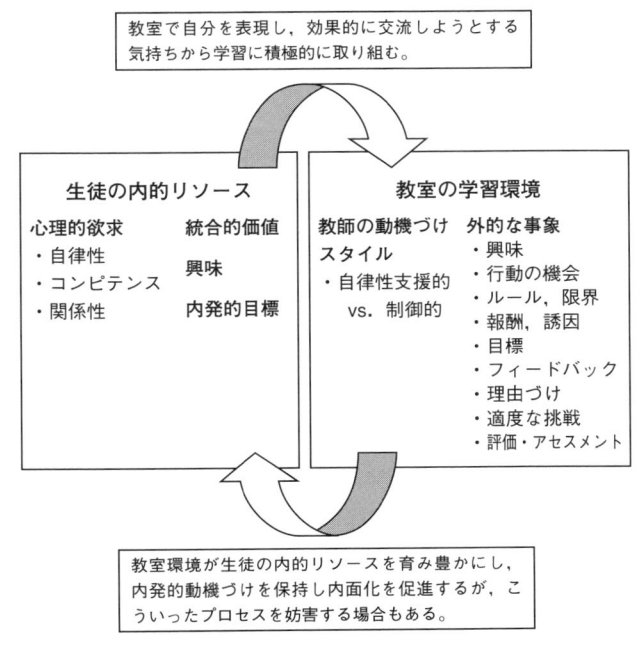

第9章　自律的自己調整の理解と促進―自己決定理論の観点から―

```
┌─────────────────────────────────────────┐
│ 教室で自分を表現し，効果的に交流しようとする │
│ 気持ちから学習に積極的に取り組む。           │
└─────────────────────────────────────────┘

┌──────────────────┐      ┌──────────────────────┐
│  生徒の内的リソース  │      │    教室の学習環境      │
│                  │      │                      │
│ 心理的欲求  統合的価値│      │ 教師の動機づけ 外的な事象│
│ ・自律性    興味   │      │ スタイル      ・興味   │
│ ・コンピテンス      │      │ ・自律性支援的 ・行動の機会│
│ ・関係性   内発的目標│      │  vs. 制御的   ・ルール，限界│
│                  │      │              ・報酬，誘因│
│                  │      │              ・目標   │
│                  │      │              ・フィードバック│
│                  │      │              ・理由づけ │
│                  │      │              ・適度な挑戦│
│                  │      │              ・評価・アセスメント│
└──────────────────┘      └──────────────────────┘

┌─────────────────────────────────────────┐
│ 教室環境が生徒の内的リソースを育み豊かにし， │
│ 内発的動機づけを保持し内面化を促進するが，こ │
│ ういったプロセスを妨害する場合もある。        │
└─────────────────────────────────────────┘
```

図9.1　自己決定理論における生徒との教室での対話的関係の枠組み

制御的あるいは無気力的な教室の学習環境を示している。これらは，内的リソースをサポートしたり妨害したりする。認知的評価理論や有機的統合理論は，教室の学習環境が内的リソースを育成したり，ときには妨害することを通して，社会的関係性のプロセスを説明するのである。

◆自律性

　生徒と教室の対話的環境の中で，高い自律性を経験し（Reeve & Jang, 2006; Ryan & Connell, 1989; Ryan & Grolnick, 1986），教室の環境が自律性をサポートするものであるとき（Deci et al., 1981; Reeve, Jang, Carrell, Barch, & Jeon, 2004; Roeser, Eccles, & Sameroff, 2002; Vallerand, Fortier, & Guay, 1997），生徒は最も積極的になる。

　自律性とは，行動を内部から支持するものであり，行動が自発的に生じ，自分自身のものであるという感覚を持つ（Deci & Ryan, 1985）。生徒が自律的で

あると感じるのは,自分の行動の原因を,自己の内部の因果関係に基づくものと認知し(deCharms, 1976),意思が強いと感じ,自分の行動は選択したものだという感覚を経験する場合(Reeve, Nix, & Hamm, 2003)である。因果律の内的所在とは,行動の原因が自分自身にあるという認知で,次に続く行動が自分自身と一致し,自分自身によって調整されていると感じることである。その反対が,因果律の外的所在と認知である。自分の行動が,自分以外の外的な力によって始められ調整されていることである。意思の強さや心理的な開放感は,活動に従事しようとする感覚を含んでいる。その反対は,プレッシャーを感じ,強制されていると感じたり,自我にとらわれていたりすることである。自分の行動を自分で選択しているという感覚は,何をすべきか,どのようにすべきか,それをすべきか否か,といった選択に対する現在進行的な意思決定の柔軟性を示す。その反対は,決められた指示あるいは義務の感覚である。自律性に関する教室場面での経験は,因果律の内的所在と,自由度に関する感覚,そして,行動に関する選択の感覚を生徒の自己報告によって測定することで可能となる。

◻自律性のサポート

　教師は,生徒に自律性の経験を直接的にさせることはできないが,自律的な経験を支えるような対人的条件を与えることはできる。**自律性のサポート**は,人の内的動機づけリソースや行動に関して,真の自己調整を育てるための対人的行為である。自律性支援の指導行動は,内的動機づけの促進,理由づけを与えること,情報的で非制御的な言葉がけを含むとともに,授業活動にどのように取り組んでいくかということに関する生徒自身の考えを受け入れることが含まれる(Reeve, Deci, & Ryan, 2004; Reeve, Jang, et al., 2004)。

　これらの一般的な指針に加えて,表9.1には,自律性を支援する11個の指導行動があげられている(Deci, Spiegel, Ryan, Koestner, & Kauffman, 1982; Reeve & Jang, 2006)。聞くことや生徒の発言を促す指導行動は,生徒の内面的な動機づけリソースを育てる。理由を与えることは,生徒の価値づけや内面化のプロセスを促進する。励ましたりヒントを与えたりすることは,情報的で非制御的な言葉がけの具体的な例である。生徒の見方に関して応答的なことや,情報や意志を伝えることは,生徒の見方を認めて受け入れることを表す。表9.1の下半分は制御的な指導行動(自律性を抑制する)を示したものである

表9.1 自律性支援的指導行動と制御的指導行動

自律性支援的指導行動	
聞くこと	授業で生徒の意見を聞くための時間を教師が取ること
生徒の要求を尋ねること	生徒が必要としていることについて教師が尋ねる頻度
個別活動の時間を取ること	生徒が個別にそれぞれのやり方をする時間を教師が取ること
生徒の話し合いの促進	授業の中で学習している内容について生徒が話し合う時間を設けること
席順について	教師よりも生徒が学習教材の近くに座れるような席順
理由づけ（根拠）を与えること	なぜある行動や考え方，感じ方が有用かを説明するための理由を与える頻度
情報的フィードバックとしてほめること	生徒の学習改善や習得に関してプラスで効果的なフィードバックを生徒に伝えること
励ますこと	「君ならできる」と生徒の取り組みを励ます言葉の頻度
ヒントを与えること	生徒がつまずいたときどのように進めばよいかアドバイスを与える頻度
応答的であること	生徒の質問やコメント，提案などに対して応じること
視点をとらえる言葉	生徒の見方や経験を認める共感的な言葉の頻度
制御的指導行動	
命令や指示を出すこと	「これをやりなさい」「それを動かして」「ここにおいて」「ページをめくって」など命令を出すこと
「〜べき」と言うこと	生徒は〜をすべき，しなければならない，考えるべき，感じるべき，など，実際に生徒がそうしていないことに対して言うこと
「正しい方法」を教えること	生徒が自分自身で効果的な方法を発見する前に，やり方を知らせること
「正しい方法」を示すこと	生徒が自分自身で効果的な方法を発見する前に，やり方を明示的に見せたり，やってみせたりすること
学習教材を独占すること	教師が学習教材を物理的に持って独占すること
質問を制御すること	質問をし，また疑問を持った声で指示を伝えること

(Reeve & Jang, 2006)。こういった指導行動の多くは，教室での指導や動機づけに対する介入の中で不可欠な要素であるため，表の中に入れた。

自己決定理論の教室研究

教室における自律的自己調整と内発的動機づけに関して，その先行要因および結果要因を検討する研究は数多く行われている。例えば，デシら（Deci et al., 1981) は，教師が生徒の行動を制御する傾向にあるときに比べて，自律性をサポートする傾向が強い場合，生徒は内発的に学習が動機づけられ，学習に対するコンピテンスを感じ，高い自尊感情を持つようになることを明らかにした。さらに，親と教師の両方が自律性を支援するとき，子どもたちは外発的動機づけを内面化して，学習や行動をより効率的に自己調整できるようになっていくことを示した（Grolnick & Ryan, 1989; Williams & Deci, 1996）。学習研究では，自律性を支援された生徒が概念学習で好成績を示し学習を楽しむことが示されている（Benware & Deci, 1984; Grolnick & Ryan, 1987）。要するに，自律性支援的なクラスは，様々な支援で，生徒の自律的自己調整を促進するのである。すなわち，生徒自身が目標設定することや，自分自身の行動を方向づけること，適切な課題を探すこと，自分自身の興味や価値を求めること，問題解決のための自分自身の方法を選択すること，より柔軟に積極的に考えること，あきらめないで粘り強く取り組むこと，より創造的に取り組むこと，こなれた対処法を取ること，自分自身や学習に対するポジティブな感情を経験することなどである（Reeve, 2002）。

　研究では，生徒が外発的目標よりも内発的目標を求め，教師が内発的目標と結びついた学習を促進する場合に，学習を促進することが示されている。例えば，ファンステンキストら（Vansteenkiste et al., 2004）は，内発的目標か外発的目標を達成するために，異なった教科書や活動を学習する研究を3つ報告している。ビジネスクラスの生徒は，コミュニケーションについての学習が，自分自身について学ぶ（内発的目標），あるいはお金を得ることを学ぶ（外発的目標）のに役立つことを教えられた。内発的目標を重視した生徒は，より深い学習を行って成果を上げ，忍耐強く取り組む姿がみられた。さらに，研究では，制御的な方法よりも自律性支援的に学習課題が導入されたほうが，より良い学習成果を示した。学習に関する最良の条件は，生徒を内発的目標に方向づけてやり，教師は自律性を支援することである。

◘内発的動機づけのサポート

　自律的自己調整の源泉の1つは内発的動機づけである。教室場面で，内発的動機づけを促進する方法は，学習が面白く，楽しみながらできるものであることを基礎にしている。内発的動機づけは，生徒の基本的な心理的欲求から生じ

た結果としての自然なプロセスであり（Deci & Ryan, 1985），「私はその本を
『楽しむために』読みたい」というように，自分自身の意思を生み出すもので
ある。

　内発的動機づけをサポートするということは，外からのはたらきかけや，教
師が主導を避けるという意味ではない。認知的評価理論に関する多くの研究で
は，選択の機会（Zuckerman, Porac, Lathin, Smith, & Deci, 1978），自己の方向
づけ（Reeve et al., 2003），最適な課題（Shapira, 1976），コンピテンスについ
て肯定的なフィードバック（Ryan, 1982; Vallerand & Reid, 1984）などのような，
外からのはたらきかけがどのように自律性を保ち，コンピテンスをサポートし
て生徒の内発的動機づけを高めるかについて詳細な検討を行っている。さらに，
様々な枠組みによる教師の意図が，生徒の内発的動機づけに強く影響すること
が示されている。例えば，教師が，生徒の自律性をサポートするために，制限
時間を設定したり，ほうびやフィードバックを与えると，同じ外からのはたら
きかけでも教師が生徒の行動をコントロールしようとして同じことをする場合
よりも，内発的動機づけに対してプラスの結果をもたらす（Koestner, Ryan,
Bernieri, & Holt, 1984; Ryan, 1982; Ryan, Mims, & Koestner, 1983）。したがって，
内発的動機づけをサポートすることは，生徒の心理的欲求を調和させ，自律性
やコンピテンス，内発的動機づけをサポートするはたらきかけを行うことを意
味するのである。そして，そのことが，生徒の生活に興味を持たせ関連づけさ
せることによって，学習の機会を豊かにする方法を見つけることを意味する。

　内発的動機づけは，生徒の取り組みと学習を刺激するだけでなく，それ以上
のはたらきがある。興味を持って学習したり，学習活動を楽しんだりしている
とき，生徒たちは社会的な圧力のコマとしてではなく，自らが行動の原因であ
ることを経験する（「原因（オリジン）」は自分自身の意図的な行動を始めるこ
とであり，「コマ」は，チェスのメタファであるが，力のある人に行動を押し
つけられることである，deCharms, 1976）。内発的な動機づけを持った生徒は，
追求したり習得したりすることや，最適な課題から喜びを見出すことがどうい
ったことかについて学ぶ。彼らはまた，自分の興味や自分が価値を認めたこと
と調和を図りながらふるまうとはどういうことかについて学ぶ。その結果，内
発的に動機づけられた学習をする教室での機会が，「学習のための学習」とい
う言葉によって述べられる内的リソース（動機づけ）のタイプの形成に役立つ
のである。

◻内面化，同一化的調整，統合的調整のサポート

　自律的調整には，同一化的調整と統合的調整の2つの形がある。例えば，「その本には意味があって価値のある考えが書かれているので，その本を読みたい」という態度の生徒は，**同一化的調整**を示しているといえる。同一化的調整と統合的調整は，自律性の度合いという点では内発的動機づけに近い。しかし，同一化的調整と統合的調整は，内面化された価値や目標に対する活動の重要性に基づいているのに対して，内発的動機づけは活動自体に対する興味や楽しさが基礎となっている点で異なっている（Ryan & Deci, 2000a）。外発的動機づけの自律的なタイプ（つまり同一化的調整と統合的調整）に関する研究では，学習活動に関する生徒の外発的動機づけの自己決定のレベルから，学習成果の質が予測され，その多くは内発的動機づけと同様であることが示されている（Jang, 2007; Reeve, Jang, Hardre, & Omura, 2002; Ryan & Connell, 1989; Ryan & Deci, 2000a）。

　内面化とは，生徒が行動や調整を評価し，同一化するとともに，自分自身のものとして受け入れるようになることである。統合とは，個々に内面化された調整をより大きな自己の感覚の中に統合していくことである（Deci, Eghrari, Patrick, & Leone, 1994; Grolnick & Ryan, 1989; Reeve et al., 2002; Williams & Deci, 1996）。生徒の内面化と統合化プロセスをサポートするために，教師は次の4つのことができる。(a) 彼らの考え方やふるまい方がなぜ生徒に役に立つかを説明するための理由づけ，(b) 押しつけではなく情報を伝える言葉かけ，(c) 面白みのない，価値のないことに対して力を注ぐことへの否定的感情を認めること，(d) 生徒が，教師は本当に自分の幸せを思いやり気遣っているという確信が持てるような高い関係性を築くこと，である。結局，社会的文脈の観点，つまり，理由づけ，押しつけではない言葉かけ，否定的感情を認めること，関係性の構築によって，教師は生徒が価値のある活動やふるまい，調整，そして価値を自分の自己感覚の中に社会的に変換していく能力を支援し，それに続いて，統合的内面化が内的な動機づけリソースとして機能するのである（すなわち，図9.1の統合的価値）。

　内面化と統合化に加えて，教師は生徒の興味がわかない授業においても取り組みをサポートするために「興味喚起方略」を提示することができる（Jang, 2007; Sansone, Weir, Harpster, & Morgan, 1992）。この方略は，目標をつけ加え

たり，反復的な課題を異なる方法で行ったり，友だちと一緒に作業することを含む。こういった方略を実行すると，生徒が，自分の興味や取り組み，忍耐，情動的な健康を自己調整していくことを援助できる（Jang, 2007）。

あるクラスの事例　マーカス先生は，ウィスコンシン州ミルウォーキーの北部の公立高校の英語を担当している。その学校は，99％がマイノリティの生徒で，以下に示すのは冬のある1日の6時間目の授業で，この自律性支援的な先生がどのように教えたかを記録したものである。

　授業の前の明るい雰囲気から，マーカス先生と生徒たちは，質の高い関係性を築いている様子が見受けられた。先生は，今日の授業は次の3つの学習活動から構成されていることを説明した。それは，(a) 読解の課題に関する質疑応答のセッション，(b) 良い文章を書く方法に関する授業，(c) 個別の作文時間である。先生は，生徒がどの活動に一番時間を取りたいか，どれから始めたいかについて尋ねた。すると，読解に生徒たちは明らかに興味を示し，グループによる議論からスタートすることを選んだ。生徒たちは，質問したり意見を述べたりしたが，最も注目したのは作品をどのように個人の経験と関連づけるかということだった。先生は，作品の中に書かれた作者の目的を明らかにし，魅力的な書き方に気づかせることによって，議論を補足した。10分後，先生は生徒たちに作文の時間に移りたいか尋ね，生徒たちもそうしたいと答えた。移るとき，生徒たちがトピックとは異なる話で盛り上がるという問題に直面した。マーカス先生は生徒たちがそれについて話したくなるほど興味を持ったことを認めたが，それによって作文の時間を取られたくないので，話し合いは自由時間になるまで待つ必要があることを付け加えた。授業では，文章の長所と短所のチェックリストを先生が提示し，個々の生徒が問題を解決するように作文を書くための枠組みを与えた（「自分の文の中で何を言おうとしているのか？」のように）。終わりの15分間は，個人の活動時間に当てられた。生徒の中には，ひとりではなく他の人と一緒にやりたいと言う生徒もいて，先生はそうしてもよいと告げた。生徒たちの作文時間に，マーカス先生は「私は皆さんが作文を楽しんで書いてほしいと思っています。楽しんで書いて，作文を書く力が向上したか見たいと思います。昨日よりも今日のほうがうまく書けるように頑張りましょう」とつけ加えた。生徒の中には，不平を言ったり，気落ちしたり，粘り強く取り組むことができないといったように，作文を自己調整するのに苦戦しているものもいた。先生は，そういったある一組の生徒に対して，「困って

いるみたいだけど，何か手助けできることはある？」と尋ねた。この質問と会話は，そのペアをかなり救ったようであった。

　定義では，自律性支援的な指導とは，生徒の声や要求に対して敏感にそれに応じるものである。どんな実際の例にもそういった点があることを注意する必要がある。マーカス先生の授業では，生徒の内的な動機づけリソースを育て，強化し，また学習者と学習環境の統合を促進するために，自律性支援的な教師が授業で話したり行ったりすることの具体的な例を与えている。特筆すべき2つの点は，表9.1にあげられた多岐にわたる自律性支援的な行動をマーカス先生がどのようにやったかということと，生徒が4つの基本的自己調整課題をやるのをどのように援助したかということである。

　第1の自己調整課題は，教室における取り組みを始めることである。動機づけ的な目標は，「そうです，これは私がやりたいことです」と言うように，生徒が自律的な意図を持って行動するように援助することである。そういった自律的な意図の形成をサポートするために，教師は，生徒たちの興味や好み，好奇心，挑戦に対する感覚などを利用して内的リソースに関連した指導を行おうとする。マーカス先生のケースでは，まず生徒の議論のために興味深い読み物を与えた。それから先生は作文の時間を始めるにあたって，生徒に面白いと感じさせ，改善に挑戦したいと思わせた。さらに先生は，生徒たちの提案の多くを受け入れてそれを実行したのである。

　第2の自己調整課題は，生徒たちの動機づけの問題を克服することである。無関心や良くない成績のような問題点について生徒と話すとき，自律性支援的な教師は，非制御的で情報価値的で，柔軟な言葉によって話す。マーカス先生のことばも「困っているみたいだけど，何か手助けできることはある？」のように自律性支援的であり，先生は，つまずきを非難すべきこととしてではなく，解決すべき問題として扱っていることが示されている。

　第3の自己調整課題は，面白みのない（けれど重要な）活動への取り組みをサポートすることである。自律性支援的な教師は，活動の価値と意味を説明する理由づけを与える。マーカス先生の場合も，先生は，課題に関係ない会話をやめるように言った理由を説明している。と同時に，今日の授業がなぜ重要でどんな役に立つのかについても話している。

　第4の自己調整課題は，授業で先生が生徒にさせたいことと，生徒がしたいと思うこととの間の避けがたい対立について折り合いをつけることである。生

徒の否定的な感情に対抗し，そういった態度は受け入れられないと言う代わりに，自律性支援的な教師は，生徒の否定的な感情や，押しつけられた教室構造に対する妥当な反応としての抵抗を受け入れようとする。マーカス先生の例でも，否定的な感情が表面化したのは授業の最後の数分間のみであったが，先生は作文が難しい課題であることを認め受け入れた。さらに，先生は，自分自身を向上させようとすることにはマイナスな感情（例えば，落胆）とプラスの感情（例えば，達成感）がつきものだという考え方を伝えた。

自己調整学習の「どのように」に関する理論

　生徒の家庭や学校やその他の場所における経験は，内発的動機づけを抑制し，学習に対する外発的動機づけの内面化を妨げるので，学級での取り組みに消極的で自己調整に乗り気でない生徒に，教師はしばしば出会う。そのため，生徒たちを学習の目標あるいは活動に向かわせ続けるのに必要なスキルを教えるための指導法を，研究者たちは開発してきた。さらに，学ぼうとする意思がある場合に，学習に関する効果的な方法を獲得し内面化させて，生徒の効力感を高める方法を研究者たちは開発してきた。これらの，「どのように」のアプローチは，行動的観点（Mace, Belfiore, & Hutchinson, 2001），社会的認知観点（Schunk, 2001; Zimmerman, 2000），ヴィゴツキー的観点（McCaslin & Hickey, 2001）といった，様々な考え方から導かれたものである。

　自己調整学習の「どのように」を理解するためのこれらのアプローチは，トップダウン的で，社会的に導かれた枠組みを支持している。その枠組みは，考えや認知や行動が見習われるような，有能なモデルを生徒に見せる実践に根ざしたものである。例えば，ジマーマンとキサンタス（Zimmerman & Kitsantas, 2005）は，「自己調整スキルへの社会的認知経路」と呼ばれるモデルを提出している（p. 519）。そのモデルは，自己調整能力については初心者（目標が漠然としていて，セルフモニタリングを行わず，学習方略の効果的な使用ができない）の生徒をターゲットにしている。指導と対人的ガイダンスを通じて，教師は自己調整に関する介入を始める。介入の典型的な出だしは，教師による明示的な指導とモデリングによって始まる。生徒の役割は，よく見てよく聞いて，その通りにまねることである。模倣期間に，生徒は教師をまねて，教師はガイ

ダンスに沿った補足的な指導や,足場,そして正解のフィードバックを与える。その中で,教師は生徒のために,専門家の実行の仕方を構成するものを見つけ,見たり聞いたりしたことを練習する方法をつくり上げる。やがて,教師が調整していた活動は,協同的な調整活動へと成長し,教師の計画作成やモニタリング,評価の方法を生徒は内面化し,その結果,自分自身でそういったことが徐々にできるようになっていく。生徒はまた,課題に関連した新しいより適応的な動機づけの源泉,つまり,自己効力感や課題に関する内発的な価値や興味を獲得する。究極の目標は,生徒がより適応的な動機づけを活用する能力を獲得して,新しい,あまり環境の整っていない場面(例えば,自習室や家)でも,自分自身で新たな自己調整スキルを実行することである。

私たちはそういったスキルの発達が生徒の学習活動を効果的に調整していくために重要であると考える。しかし,生徒がスキルを試したり,学習に対して責任を感じるためには,自律的動機づけを発達させる必要がある。自律的動機づけが十分でない場合,生徒はスキルを生かすことができない。重要な示唆は,教師が自律性の促進に着目すると同時にスキルを教えることに取り組むことである。自己調整の介入が必要であることを決定するのは,通常,教職員であり,介入の命令も行う。それは生徒にとって強制されていると感じる場面である。したがって,生徒に,制御されていると感じさせるよりも自律的動機づけを促進しているやり方の指導だと感じさせることに対して,教師には重大な責任があるといえる。そのような指導の目的はスキルを生徒が内面化することであるため,高い自己調整能力は保持され,そして新しい環境に引き継がれる。

自己調整学習の研究者は「最適な自己調整トレーニングははじめは対人的なかたちのものがしだいに自己指示的なものになる」と言う(Zimmerman & Kitsantas, 2005, p. 519)。つまり,自律的自己調整は最終目標であるが,それにいたるには対人的な調整が必要である。これは,「師匠と始め,終わりは自分で」という昔の中国のことわざにも反映されている。自己決定理論研究では,外発的調整を内的な自己承認されたものへと変換するために,生徒が自分は自律的だと考え,教師や役割モデルから自律性をサポートされることが重要な要素であることを強調する。

自己調整学習の領域では,この重要な点が再認識されているようである。そして,自己調整学習の研究者は,ベテラン教師が自己調整学習を促進するために,どのようなことを話し,何を行っているかについて次のようにまとめてい

る。選択させることによって自律性を確保すること，挑戦をさせて有能さを形成すること，グループ作業と仲間によるサポートを奨励すること，生徒の自己評価能力を育成すること，押しつけでなく熟達志向的なフィードバックを用いること（Eisner, 1991; Meyer & Turner, 2002; Patrick & Middleton, 2002; Perry, Nordby, & VandeKamp, 2003; Perry, VandeKamp, Mercer, & Nordby, 2002）。ここであげた指導行動は，表9.1の自律性支援的指導行動や，自律性の支援とはどういうことかという概念とも，かなり重複している。したがって，自己決定理論が，なぜこれらの実践が効果的指導として大切かを理解するための理論的基盤を与えているのである。つまり，近年のこういった理解と発展が，自己調整学習と自己決定理論の統合の重要性を示唆しているのである。本章がその助けとなれば幸いである。

第 10 章

自己調整学習の動機づけとしての帰属

ディル・H・シャンク
(Dale H. Schunk)
The University of North Carolina

▌ はじめに ▐

　タトル先生の合衆国の歴史の授業は，厳しかった。授業を受けたものはだれもがその点では一致した。多くの文献を読まなくてはならないし宿題がたくさんあった。おまけに試験は難しかった。多くの生徒は他のどのコースよりも自分たちのコースでは多くの勉強時間が必要だと思っていた。同時に，生徒たちはたいてい，このコースは高校で履修している中では最も優れたものの1つであり，タトル先生はひときわ優秀な先生だと思っていた。彼女の生徒への助言は，「頑張れ，授業についてきなさい，わからないことは聞きなさい」であった。
　特に難しい単元テストの後で，アリシャとケリーは一緒に出てきた。

　　アリシャ：あれはできなかった！　準備してなかった。
　　ケリー：私もそうよ。この授業では，もっと頑張り，もっとよく準備しないとだめだわ。
　　アリシャ：どれくらいやればいいのかしら？　この授業を取るのではなかったわ。

歴史は強くないのよ。
ケリー：わたしは何とかがまんしようと思っているの。ここでは合格できると思うわ。でも今晩このテストのもっと良い勉強スケジュールを考えてみたいわ。
アリシャ：頑張ってね。

自己調整あるいは**自己調整学習**は，生徒が目標の到達に組織的に向けられた認知，行動，情動を喚起させ，持続する過程である。（Zimmerman, 2000）。自己調整は複合過程であり，指導に注意を向け集中するような活動のことである。それは，習得される情報を体系立て，符号化し，リハーサルすることであり，学習をやりやすくする活動環境をつくり，リソースを効果的に使う。自分の能力，学習の価値，学習に影響する要因，行動の予期した結果について積極的な信念を持つことであり，目標志向努力の誇りと満足を経験することなどである（Pintrich, 2000）。

動機づけは自己調整の基本的過程である（Pintrich, 2000）。効果的な自己調整は，生徒が自分の行為だけでなく基底にある達成に関係した認知，信念，情動もまた調整しなくてはならない。ジマーマン（Zimmerman, 2000）が示したように，動機づけの自己調整は，学習の事前，事中，事後に起きるのである。

同時に，動機づけはまた自己調整に影響する。この過程ははじめの対話の中で明白である。アリシャとケリーは，意欲的なクラスにいる。アリシャはクラスのレベルが自分の力以上で，そこにいられないと感じている。他方，ケリーは努力と自己調整が自分の成功を支援すると感じている。彼女は，良い学習スケジュールを検討する時間を持とうと考えている。このように，ケリーの信念は彼女をよく自己調整するように動機づけるが，アリシャの信念はそうではない。

本章は自己調整学習の動機づけの1つのタイプに中心を置く。帰属についてである。**帰属**は結果をもたらした原因についての信念である（Weiner, 1992）。理論と研究によって，帰属は自己調整学習の重要な動機づけであり，学習の結果は将来の帰属に影響する，という考えが実証された。

次節では，自己調整学習の帰属の重要性の理論的理由づけを検討する。研究のエビデンスはそのとき，自己調整の帰属の役割を示すために提示される。本章の終わりには，教師は生徒に自己調整学習を動機づけるのに，帰属をどのように使うことができるかの例を示そう。

第10章　自己調整学習の動機づけとしての帰属

▌　理論的背景　▐

本節は次のように二分される。前半は，まず簡単な歴史的背景が述べられ，次いで帰属の現在の見方についての討論が続く。後半は，社会的認知理論における帰属の役割が討論される。

◆帰属理論

これまでの見方　帰属理論は，ハイダー（Heider, 1958）の**行動の素朴な分析**に始まる。帰属理論とは，人が重要な事象の原因をどのようにみているかを究明するものである。ハイダーは，人は原因を内的要因と外的要因に帰属すると考えた。内的要因は能力と動機づけである。外的要因は，環境的諸要因である。能力と環境が結合されると，「可能」要因をつくり出す。動機づけは，「試行」要因である。人の能力は環境と関係がある。能力が環境の障害を克服するのに十分であると仮定すると，そのとき，試行（動機づけ）は結果に影響する。ハイダーの見方は刺激的な考えだったが，研究上のエビデンスをほとんど生み出さなかった。そこでケリー（Kelley, 1967; Kelley & Michela, 1980）は，検証のできる仮説を提供する帰属理論を発展させた。ケリーによれば，帰属は，人が事象に最も適切な説明をつける過程のことである。しばしば，1つの結果にいくつもの可能な帰属がある。これらの場合，人は最もふさわしいものに決めるのである。

ルールは帰属過程を導く　共変動は，ある事象が繰り返しいつでも起きるとき，人がどの原因を絶えずその事象に伴うのかを定めることである。例えば，一連の歴史のテストの中で，ジョンは，テストの勉強をしないと低得点だが，勉強すると高得点を取れることに気がつく。テスト得点には他の可能な原因も考えられるが（ジョンの気分，天候，テストの実施された曜日），彼はテスト結果を勉強の量に帰属するのである。というのは他の変数はテストがうまくいく日に必ず存在するものではないからである。

割引とは，既定の要素が，もし他のもっと有力な原因があれば，原因として除かれることを意味する。ジョンは，テストが火曜日にあると最も高い点を取

るのだが，簡単なテストがその曜日にあることを知っていると，可能な原因としての曜日を無視してしまう。**割増**は，結果を妨害するような強い環境の影響があるときに，結果を内的帰属する可能性が増えることである。もしジョンが，彼の教室がうるさいときに，新しい勉強の方法で彼の成績が少し上がると，彼はその方法で不利な環境が乗り越えられたことになるので，方法の価値が増すのである。

　研究は，どのように帰属を形成し修正するために規則が使われるかを同定するケリーの理論を使って行われた。しかしながらこの研究の大部分は，教育とはほとんど関連がなかった。次に述べられるように，ワイナーの理論は，達成行動と教育に直接関連がある。

　ワイナーの理論　ハイダーとケリーの研究に導かれて，ワイナーたちは達成行動の帰属理論を発展させた（Weiner, 1992; Weiner et al., 1971）。ワイナーは，生徒は自分の結果（成功，失敗）を，能力，努力，課題の難しさ，運のような要素に帰属していると考えた。これらの要素は全体的に影響力を持っている。そして，どんな結果にも，2，3の要素が主な原因だとみられる。そこで，もしジョンが歴史のテストでAを取ると，彼はそれを能力（彼は歴史が得意だ）と努力（彼は試験のために一生懸命勉強した）のせいにする。能力，努力，課題の難しさ，運は達成結果の一般的な帰属であるが，それらはただ1つではない。生徒は，病気，イライラ，教師の態度，部屋の条件などの，他の多くの帰属要素を使うのである。

　表10.1に示したように，原因は3つの次元で表される。外的か内的か，いつも比較的安定しているか不安定であるか，統制的か非統制的か，である。努力は，一般に，内的，不安定，統制的とみられ，能力は，内的，安定，非統制的とみられている。

　人は，場面によるきっかけを使って帰属をする。成功が学習の過程で簡単に，また早々に得られるとき，あるいは，何度も成功するとき，結果は高い能力に

表10.1　ワイナーの帰属の分類

	内的		外的	
	安定	不安定	安定	不安定
統制的 非統制的	ふだんの努力 能力	方略使用 気分	教師の傾向 課題の難しさ	他者の援助 運

帰せられる。身体的あるいは精神的骨折りをしても，やり通すと，結果は努力に帰せられる。課題が長期にわたり，難しいものだと，その結果は課題の難しさに帰せられる。結果が一貫しないとき——成功か失敗かがやったことと関係ないとき——結果は運に帰せられる。帰属は生徒の予期，動機づけ，情動に影響する（Weiner, 1979）。安定性は成功の期待に影響する。課題条件が同じだと，安定原因（例えば，高い能力，課題が難しくないこと）に帰せられた成功によって，不安的原因（例えば，猛烈な努力，幸運）に帰せられた成功よりも，未来の成功に寄せる期待は高くなる。所在は，学習者の感情と情動に影響する。学習者は，結果が内的原因に帰せられると，成功や失敗の後では，より大きな誇りと恥を経験する。統制できることは多様な効果を持つ。学習結果を制御できると感じると，学習の動機づけと自己調整を高める。他方，低い制御の自覚は，期待，動機づけ，情動，自己調整にマイナスに影響するのである。

◨帰属と社会的認知理論

理論的枠組み　自己調整と帰属の役割に使われる理論的枠組みは，バンデューラ（Bandura, 1986, 1997）の**社会的認知理論**である。その理論は，人間の機能を，人的影響（例えば，思考，信念），環境特性，それに行動の一連の相互作用としてみなす。この相互作用を例証するために，ジョンは，まじめに勉強すると歴史で良い点を取れると信じていると仮定しよう。もしジョンが歴史テストの悪い結果を努力不足（人的過程）のせいにするならば，彼はまじめに勉強する（行動）。逆に，ジョンの環境が彼の帰属と行動に影響することがある。ジョンが歴史の教師から励ましのフィードバックを受けると，彼は成功を努力と真摯な勉強のせいにする。彼の教師は生徒に，テストの前に教室で質問させたり勉強させたりすることによって，テスト準備をさらに奨励する。

　人的変数に及ぼす行動の影響は，ジョンが勉強し，教材を理解したと感じ，理解したことを頑張りのせいにするときに見られる。行動は，ジョンが気の散ることを避けるために，家の中では両親と姉妹の近くから静かな場所に移動するときのように，環境にもまた影響する。

　社会的認知の枠組みの中で検討して，ジマーマン（Zimmerman, 1998, 2000）は，自己調整を3つの段階から成立していると説明した。それは予見，遂行制御，自己内省の3段階である。予見段階は，実際の遂行に先行し，目標

設定と効果的方略を決定するような行為の段階を設定する過程のことである。遂行制御段階は，学習中に起き，社会的比較，フィードバック，方略使用などの注意と行為に影響する過程である。遂行の後の自己内省段階では，学習者は，目標の進み具合を評価し，遂行の帰属をし，必要に応じて方略を調整して，取り組むのである。

自覚された自己効力感　このモデルの中で，決定的な変数は，**自覚された自己効力感**，あるいは，指定されたレベルの行為を学習し実行する能力についての信念である（Bandura, 1986, 1997）。自己効力感は，活動の選択，努力，忍耐，達成に影響すると仮定されている（Bandura, 1997; Schunk, 2001）。自分の学習能力を疑う生徒と比べて，スキルを獲得し課題遂行について高い自己効力感を持つ生徒は，容易に学習に参加し，一生懸命勉強し，困難に出会っても根気よく続け，高いレベルまでやり遂げる。

学習者は，彼らの現実の遂行，代理（モデルの）経験，説得のかたち，生理的反応から，自己効力感を評価する情報を手に入れる。自分で遂行することは自己効力感を測定するための確実な手がかりを提供する。多くの成功や失敗の後での，少ない失敗や成功はたいした効果がないかもしれないが，一般に成功は自己効力感を高め，失敗はそれを低下させる。

学習者はまた，モデルを見ることによって，代理的に，主として自己効力感の情報を多く手に入れる。大人のモデルは子どもたちにスキルを教えるが，子どもたちは，自分たちに似ているモデル（例えば，仲間）から最も良い自己効力感の情報を手に入れるのである（Schunk, 1987）。子どもたちは，類似の他者が級友の前で本を読み上げるような課題の成功を観察すると，その子どもは自己効力感を高めるのである。子どもたちは，仲間がうまくできると思うようになると，彼らもうまくやれるのである。子どもたちは，できる大人が級友の前で読み上げるのを見ても，自己効力感の同じ感覚を持つことはない。逆に，同じ仲間が課題でつまずくのを見ると，見ている子どもは，難しさを感じ，それは自己効力感を低下させてしまう。

生徒は，活動するときに自己効力感に影響する他者からの説得的情報を受け取る。教師が生徒に教えるときの，「君ならそれができるよ」または「一生懸命やればうまくなるよ」のような情報である。そのような情報は，自己効力感を高めるが，実際の遂行は情報を役立てたりそうでなかったりする。高まった自己効力感は，学習者が次に成功するなら強固になるが，生徒が次に課題を試

みてうまくいかないときには，その効果は長続きしない。

終わりに，生理的反応（例えば，発汗，心拍）は，自己効力感を測る情報を提供していることにふれる。テストを受けているとき普段より不安が少ないことに気がつく子どもは，自分が熟達したんだと解釈する。そのことが自己効力感を高めるのである。

しかしながら，自己効力感は，達成に及ぼす唯一の力ではない。高い自己効力感は，必要な知識とスキルが欠けていると，適切な遂行を生じさせない。**結果期待**，あるいは，行為の予期された結果（例えば，頑張って勉強した後のテストでは高得点を取る）は，自分が信じる活動をしている学習者は良い結果になるので，有力である（Shell, Murphy, & Bruning, 1989）。高い自己効力感を持つ生徒でも，遂行が良い結果にならないと信じている場合，課題をやろうとはしない。学習者は自分が価値づけない活動にはほとんど関心がない。**自覚した価値**，あるいは，学習の有用性は行動に影響するのである（Wigfield & Eccles, 2002）。反対に，活動に価値を認め，それが良い結果になる（例えば，スポーツをすると仲間の中で社会的地位が得られる）と信じている生徒は，うまく遂行する自己効力感がなくてもその活動をやってみるのである。学習者が良い結果期待を持ち活動を価値づけると，生徒の自己効力感は，活動の選択，努力，粘り強さ，達成に影響することが予想される（Bandura, 1986）。

この社会的認知理論の枠組みの中では，帰属は，自己効力感に大きな影響を与えるものとして，また自己調整の基本的な動機づけとして，とらえられている（表10.2）。効果的な自己調整かどうかは，生徒が自己効力感と動機づけを高める帰属をするかどうかによるのである。帰属は，生徒が自分の遂行を比較し評価する自己内省段階の間に，自己調整に加わる。目標への進み具合が満足できると判断されるかどうかは，その帰属いかんによる。成功をほとんど制御

表10.2　自己調整学習をしているときの帰属

	段階		
	予見	遂行制御	自己内省
基本過程	自己効力感 帰属 目標 方略選択	方略使用 社会的比較 フィードバック	帰属 目標の進み具合 方略を変える

できない要素（例えば，運，課題の易しさ）に帰属する生徒が，自力では成功できないと信じていると，低い自己効力感を持つ。もし自分はうまく遂行する能力がないと信じていると，彼らは学習の進み具合は不十分だと評価し，一生懸命勉強する気にはならない。反対に，成功を能力，努力，学習方略の効果的使用のおかげにする生徒は，高い自己効力感を持ち，学習を続ける気になるのである（Schunk, 1994）。

帰属はまた，予見段階でも作用している。課題の始まりの前に，生徒は成功への自己効力感の程度の変化を経験する。自己効力感のはじめの感覚は，同じあるいは類似の課題の先行経験と先行結果の帰属に大きく左右される。そんなわけで，ジョンは新しい歴史の単元を始めようとするときに，先行の単元に戻って，どのようにうまく遂行したかを考えるのである。高得点は努力（それと高まった能力）の結果だと考えると，彼は新しい単元で成功する自己効力感を感じるのである。

帰属が，成功するか失敗するかによって，自己効力感，動機づけ，自己調整に異なる効果を及ぼすことに気づくことは大切である。例えば，失敗を低い能力に帰属することは，結果にマイナスの効果をもたらす。それに対して，成功を高い能力に帰属することはプラスの効果をもたらすのである。失敗を努力不足に帰属することは，生徒が自分は頑張れると信じるなら，動機づけと自己調整を高めるのである。成功を多くの努力に帰属することは，生徒が自分は一定の強い努力を続けられると信じるときだけ，自己効力感，動機づけ，自己調整を維持する。彼らがそう信じられないなら，自己効力感，動機づけ，自己調整は低下してしまう。そこで，予測効果を測るために帰属する結果を同定することは，帰属研究においては欠かせないのである。

▌ 研究によるエビデンス ▌

本節では，自己調整学習をする生徒にやる気を起こさせる帰属の役割を扱い，学習をする子どもの帰属と，自己効力感に及ぼすやる気の影響を調べた調査研究を概観する。全体では，この研究によるエビデンスによって，帰属の影響を強調し，教師が，生徒が自己調整学習者になるのを支援する方法を提案する。

◆帰属フィードバック

　生徒に帰属フィードバックをすることは，彼らの帰属，自己効力感，動機づけ，達成にどのように影響するかが，広範な研究の対象とされてきた。**帰属フィードバック**は生徒の学習成績と，1つもしくはそれ以上の帰属を結びつけた。例えば，はじめの場面では，ケリーとアリシャの2人とも，歴史のテストでCを取ったとする。教師はテストの答案を返すとき，彼らに次のような帰属フィードバックをする。「教材をもっとよく勉強するなら，もっとよくできるようになるよ」。これは，努力の帰属フィードバックの例である。帰属フィードバックの他のタイプには，能力を強調する（例えば，「あなたはこれが本当にうまい」），方略使用（例えば，「あなたは良い方略を使ったのでよくできました」），共同学習（例えば，「あなたは他の友だちと一緒に勉強するとよくできるよ」）などがある。

　一連の研究は，帰属フィードバックが生徒の帰属，自己効力感，自己調整，成績に影響することを示した（Schunk, 1983, 1984; Schunk & Cox, 1986; Schunk & Rice, 1986）。シャンク（Schunk, 1983）は，引き算のつたないスキルしか持たない子どもたちに教示をし，数セッションに及ぶ自己練習をさせた。子どもたちには，次の4つの帰属フィードバック条件である，能力，努力，能力プラス努力，なし，の1つが与えられた。問題を解いている間，能力フィードバックの子どもは，教師から，能力と問題解決がうまくできることと結びつく言葉のフィードバックを定期的に受ける（例えば，「あなたはこれがうまい」）。努力フィードバックの子どもは，努力の言葉かけを受ける（例えば，「あなたはよく頑張ってきた」）。能力プラス努力の生徒は，2つのフィードバックのかたちを受ける。フィードバックのない生徒は，帰属フィードバックを受けない。自己効力感と引き算のスキルは，終わりの指導セッションの後で評価された。子どもは，セッションの間に費やした努力の総量を評価した。これは純粋な帰属測定ではないが，子どもが自分の成功は努力の結果だと信じるその程度に影響する。

　能力フィードバックは，他の3つの条件よりも，自己効力感とスキルを高める。努力群，能力プラス努力条件群の自己効力感とスキルは，フィードバックなし群よりも優れている。これら3つの処理条件下の生徒は，フィードバックなし群の生徒よりも，自己練習（自己調整学習中の動機づけ）の際に，より多

くの問題が解けたのである。努力群と能力プラス努力条件群の自己効力感とスキルは，能力群のそれよりも多くの努力が必要だと判断される。その能力群でもフィードバックなし群よりも多くの努力がいると判断されるのである。

　これらの結果は，努力せずに達成した同じ程度の成功は，より多くの努力が要求されるときよりも，自己効力感を強調する点を支持する（Bandura, 1997）。能力プラス努力群の生徒は，努力を支持して能力情報を軽視してきた。彼らはもし成功するために頑張らなくてはならないならどうしたらよいかを考えてきた。小学3年までに，たいていの子どもは，努力情報から能力を評価することに逆補償を使うことができる（つまり，成功するために多くの努力がいるのは能力が低いことを意味する，Schunk, 1994）。

　シャンク（Schunk, 1984）は，帰属フィードバックを連続すると，どのように成績に影響するかを測るために2つの研究をした。引き算のスキルが低い子どもは，セッションの間，指導と自己調整練習を受ける。第1のグループ（能力－能力）は定期的に，成功の原因は能力であるというフィードバックを受ける。第2のグループ（努力－努力）は努力フィードバックを受ける。第3条件（能力－努力）では，能力フィードバックが，指導プログラムの前半で与えられ，努力フィードバックが後半に与えられる。第4条件（努力－能力）では，この順番が逆になる。指導セッション間の，自己効力感，スキル，問題解決の進行のための帰属は，最後の指導セッションの後で測定される。

　2つの研究で，はじめに能力フィードバック（能力－能力と能力－努力）を受ける子どもは，はじめに努力フィードバックを受ける子どもより高い自己効力感とスキルを示した。はじめに能力フィードバックを受けた生徒は，はじめに努力フィードバックを受けた生徒よりも，能力帰属をより強調した。はじめの成功は，能力帰属を生じる顕著なきっかけを形成する。能力は成功の原因だと生徒に言うことは能力帰属の認知を支持することになる。生徒の成功への能力帰属は，自己効力感を高め，生徒が向上を続ける遂行を自己調整する気持ちにさせるのである。努力－能力の生徒は，能力フィードバックを軽視してきたかもしれない。彼らは，先行の成功は努力の結果なので，自分たちがどれほど有能であるかを疑問視するのである。努力フィードバックは自己効力感とスキルを高める（Schunk, 1982）が，その全体的効果は，成功が能力に帰属されるときよりも低い。

　学習障害の子どもたちを対象にした研究では，シャンクとコックス

(Schunk & Cox, 1986) が，自己調整練習をする引き算の指導をした。子どもたちは，指導プログラムの前半の間に努力フィードバックを，後半には努力フィードバックあるいは努力なしフィードバックを受けた。努力フィードバックは，努力なしフィードバックよりも，自己効力感，スキルを高め，自己調整練習を充実させる。努力フィードバックはまた，フィードバックなしよりも努力帰属を高める。指導プログラムの前半に努力フィードバックを受ける生徒は，後半にフィードバックを受ける生徒よりも努力を成功の，より大切な原因として判断する。

努力が成功の原因だと生徒に言うと，生徒は事前に学習の困難さにぶつかっているので，信用する。努力フィードバックは，生徒が懸命に努力することによって，向上し続けることを伝える。そのことが，自己効力感，自己調整への動機づけを高めるのである。前半の努力フィードバックは，後半のフィードバックよりも効果的であることが予想される。しかし2つの条件は異なるのではない。生徒は学習障害のために，やむを得ずすべてのセッションで，成功のための努力を強いられたので，のちの効果は信用できる。

シャンクとライス（Schunk & Rice, 1986）は，子どもに，重要な主題を同定する15セッションに及ぶ読解問題の指導と練習をさせた。第1グループ（能力 - 能力）は，理解がうまくいくための能力フィードバックを定期的に受ける。第2グループ（努力 - 努力）は，努力フィードバックを受ける。第3グループ（能力 - 努力）は，最初の$7\frac{1}{2}$セッションで，能力フィードバックを，後半の$7\frac{1}{2}$で，努力フィードバックを与えられる。第4グループは，その逆である。練習は，教師の指導のもとで行われるので自己調整ではないが，子どもは理解方略を教えられ，セッションの間それを適用することはほとんど自分自身に任されているので，自己調整の過程に関与している。

4つの条件は，理解スキルでは違わないが，能力 - 能力と努力 - 能力の生徒は，プログラムの終わりでは，他の条件の生徒よりも自己効力感を高く評価する。指導プログラムの後半に能力フィードバックを受ける子どもは，後半に努力フィードバックを受ける子どもより，成功の原因として能力を強調した。能力 - 努力の生徒は，能力 - 能力の子どもより高い努力帰属をした。

あとの能力フィードバックの有利さを示すこの結果を，シャンク（Schunk, 1984）の結果と折り合わせるのは難しい。彼は初めの能力フィードバックが優れていることを見出していた。これらの研究は，指導セッションの参加者，内

容，回数と形式で異なっている。シャンクとライスの対象の生徒は，重い読みの障害を持っていたし，ほとんどが学校での失敗を経験している。おそらく，はじめの能力フィードバックは，生徒は再三の失敗のために能力フィードバックを軽視していて，あまり効果がない。しかし，セッションで成功が続いた後では，生徒は，能力情報を受け入れるようになる。

レリッシュ，デブス，ウォーカー（Relich, Debus, & Walker, 1986）は，学習の失敗を低い能力に帰属し，努力の価値を低く評価する子どもを対象にした割り算の指導期間中に，帰属フィードバックの影響を検討した。子どもは，割り算のやり方を，実際にやって見せられるか書いて教示されるかの，いずれかの方法で指導された。それぞれの条件の子どもの半数は，成功と失敗に努力と能力を強調する帰属フィードバックを受けた（例えば，「それは間違っている。君は力があるのだよ。でも，もっと頑張らなくては」）。すべての生徒は，セッションを通して自己調整練習に参加した。統制群は，ただ事前テストと事後テストを受けただけであり，そのテストは，自己効力感，割り算のスキル，帰属を含んでいた。

帰属フィードバックは，子どもの成功と失敗を努力に帰属することを増やし，失敗を低い能力に帰属することを減らした。統制条件と比べると，帰属フィードバックを受けた子どもは，フィードバックを受けなかった子どもより，高い自己効力感とスキルを示した。このようにフィードバックは明らかに対応するスキルの獲得をうまく自己調整するのである。

研究者たちはまた，帰属フィードバックがないときの自己調整の帰属の役割も検討してきた。バットコウスキーとウィロウ（Butkowsky & Willows, 1980）は，アナグラム☆について，優れている読み手，普通の読み手，劣っている読み手のそれぞれの遂行を比較した。遂行の間，フィードバックは成功か失敗かを示した。優れている読み手と普通の読み手は，劣っている読み手よりも長く辛抱した。劣っている読み手は，失敗を内的で安定した原因（例えば，低い能力）に帰属しがちであり，成功を能力にあまり帰属しなかった。優れている読み手と普通の読み手とを比べると，劣っている読み手は，失敗の後では成功の期待が大きく減ったのである。

☆　綴りを入れ換えることで，別の語句を作ること。また，そうして作られた語句。たとえば，「わかいそう（若い僧）」→「かわいそう（可哀想）」など。（『心理学辞典』1999年　有斐閣　p. 13より）

コリンズ（Collins, 1982）は，算数の用語問題を解くことに対する自己効力感と算数能力を測定した。生徒は，能力が高い，普通，低いの3つに分けられ，その各レベルで生徒は自己効力感の高低に分けられた。生徒は，解かなくてはならない用語問題を与えられ——いくつかは解くことができないもの——間違えばやり直せた。生徒は問題解決の間は自己調整をしている。生徒は問題の用語がどれくらいの長さでどのような形かを自分で決めるからである。能力のレベルとは関係なく，高い自己効力感を持つ生徒は，間違った問題をやり直すのに，低い自己効力感の生徒よりも，多くの時間を使った。低い自己効力感の生徒は，高い自己効力感の生徒よりも，仲間と比べて自分の能力を低く評価した。高い自己効力感の生徒は，低い自己効力感の生徒よりも失敗を努力不足に帰属しがちだったのである。

◘帰属と自己調整の関係

研究者たちは，帰属と自己調整および達成結果の関係を検討してきた。たいていの研究者たちは，成功への能力帰属と自己効力感の関係に正の相関を得てきた（Schunk, 1994）。シャンクとコックス（Schunk & Cox, 1986）は成功への努力帰属と自己効力感の間に正の関係を見出した。自己効力感は，また，成功を課題の易しさに帰属することとは正の相関，運帰属とは負の相関にある（Schunk & Gunn, 1986）。いくつかの研究からは，達成と能力帰属の間に正の相関が見出されてきた（Schunk, 1994）。

シャンクとガン（Schunk & Gunn, 1986）は，様々な予測因子で説明される成績の分散の割合を測るために重回帰を使ってきた。子どもたちは，割り算の指導を受け，自己調整練習をした。能力と運帰属によって，自己効力感の説明変数が有意に増加することが説明された。運の影響で自己効力感が減るのである。割り算のスキルでは，自己効力感と効果的課題方略の使用によって，変数が有意に増加することが説明された。

レリッシュら（Relich et al., 1986）は，帰属，自己効力感，成績に及ぼす帰属フィードバックの効果を検討した。自己効力感と成績に及ぼす帰属の効果，成績に及ぼす自己効力感の影響についてである。帰属フィードバックは，帰属，自己効力感，成績に有意な直接的効果を及ぼす。帰属は自己効力感に影響する。自己効力感は成績に直接的効果を持つ。それゆえ，フィードバックは，成績に

帰属と自己効力感の効果により直接，間接に影響する。成績への帰属の効果は弱い。そのことは帰属が自己調整の際に，自己効力感と動機づけによって間接的に成績に影響することを示唆している。

シャンクとガン（Schunk & Gunn, 1986）は，子どもの割り算スキルの変化に及ぼす最も大きな直接的影響は，効果的な方略使用によって起きることを見出した。スキルはまた，自己効力感と努力帰属によって影響されている。自己効力感に及ぼす最も強い影響は成功に対する能力帰属である。そのことは，教示的変数が帰属の媒介的影響によって部分的に自己効力感に影響することを意味している。帰属は，おそらく自己調整練習の際に子どもの動機づけに影響する。

方略帰属は，効果的動機づけ要因となることがある。ジマーマンとキサンタス（Zimmerman & Kitsantas, 1999）は，女子高生に作文の修正方略を教えた。少女たちはそこで異なる目標条件のもとで文章の書き直しを練習した。結果目標の生徒は，修正の語数を出来るだけ少なくするようにと言われた。過程目標の生徒は，文章を書き直す方略を使うように助言された。移行目標の生徒は，はじめは方略に集中し，それから結果目標に移行するようにと言われた。研究者たちは，作文スキル，自己効力感，内発的興味の測度において，移行目標は過程目標より効果的であり，それは結果目標よりも優れていることを見出した。少女たちは，練習中に，最後の文章を書き直すことが下手なのは帰属のせいだと判断した。彼らの遂行の不足をまずい方略使用に帰属することは，高い自己効力感，スキル，関心と関係がある。努力不足への帰属は，低い自己効力感とスキルと関係がある。遂行の悪さを方略に帰属することは，自己調整過程を反映しているが，動機づけを尊重しているのである。

❙❘ 生徒に自己調整をする気にさせる ❘❙

生徒に自己調整学習をする気にさせる支援のために，帰属を効果的に使える方法がある。次の3つの場面で，理論と研究に基づいて様々な教育レベルでの適用の仕方を討論する。

◘ 小学生に算数をやる気にさせる

　帰属フィードバックが，小学生に自己調整のやる気を高めるため効果的に使われてきた（Schunk, 1982, 1983, 1984; Schunk & Gunn, 1986; Schunk & Rice, 1986）。小学生の年齢の子どもは，一生懸命頑張ることは高い能力があることだと信じているので，努力と能力の概念を区別しない。ひとたび子どもがこれらの概念を区別すると，同じレベルの遂行に達するためには低い能力だと多くの努力が必要であることがわかるようになる。子どもが区別できるようになるまでの間では，努力と能力の両方の帰属が，自己調整をやる気にさせるために使われる。

　ポイントは，帰属が子どもにとって頼りにできるものだと保証することである。成功するには一生懸命頑張らねばならないので，教師から君は賢いと言われている子どもは，フィードバックを軽視しがちである。同様に，容易にしかも早くできるようになるとき，努力フィードバック（例えば，「君は一生懸命頑張ってきた」）を軽視しがちである。帰属フィードバックの1つのタイプに頼らないで，教師は，フィードバックを子どもの成績と努力および我慢のレベルに対応するように配列したほうがよい。

　ゴメス先生は，小学4年生を教えている。彼女は，同分母と異分母による分数の足し算，引き算，掛け算，割り算を含む分数の単元を始めている。子どもは前に同じ分母の分数の足し算と引き算を学んだので，ここでのいくらかは復習である。新しい対象は，最小公分母を見つけることと，掛け算，割り算である。

　ゴメス先生は，算数のセッションを，その日のうちに習得できるように，特定の演算を手本を使って説明することから始めた。それから彼女は，黒板に多くの問題を示しながら，生徒たちに質問に答えるよう呼びかけた。例えば，$\frac{1}{3}+\frac{1}{4}$の問題で，最小公分母はいくつですか？　それでは，12をどうしますか？　いくつかの例題をやった後で，彼女は生徒を2等分して，机上で問題を解かせた。

　生徒が小グループで問題を解いている間，ゴメス先生は生徒の勉強ぶりを巡回し点検する。最小公分母の問題は，多くの生徒には理解するのが難しい。ゴメス先生は様々な小道具と操作を使って，その問題をクラス全体に実演してきた。例えば，1つのパイを6つに切って，$\frac{2}{6}$は$\frac{1}{3}$とは同じであることを示し

た。そこで，子どもたちはその知識を数の記号形式に換えるのである。

　努力は，この点で的確な方略（例えば，全分母が等分する1つの数を見つける）と一緒に使用すると信用できる帰属である。そこで，先生は，部屋を巡回しながら，生徒の成功を努力と的確な方略使用のおかげにする（例えば，「それは正しい。あなたは正しい段階を使っているよ」）。もし子どもが困難にぶつかっているなら，そのとき彼女はそれを的確な方略を使わないせいにする（例えば，「いいえ。3と4の最小公分母は6ではありません。規則を覚えなさい――3と4の両方に等分される数は何か見つけなさい」）。

　グループの勉強に多少の時間をかけた後で，ゴメズ先生は，子どもに数分間個々に問題に取り組ませた。個別の時間は，スキルと自己効力感を形成するように設計されている。先生は問題を解いている間また巡回する。今度は，彼女は子どものスキル獲得のレベルに合わせてフィードバックを調整する。いつも成功する子どもには，能力フィードバックを与える（例えば，「それは正しい。あなたは本当にこれがよくできる」）。成功するのが遅い子どもには努力を強調し続ける（例えば，「それは正しい。一生懸命にやれば，簡単にできるようになるよ」）。まだ間違った操作しかできない子どもには，彼女は方略を強調し続ける（「例えば，「ルールを覚えなさい――両方の分母が等分に割れる数を探しなさい。あなたはそれができる。そうすれば，問題を正しく解けるよ」）。

　ゴメズ先生は，その日の授業の簡単な復習のための宿題を出す。ちゃんと努力をすると，子どもは15分で宿題を終えることができる。翌日，彼女は，生徒が宿題を完成させてほとんどの質問に正答であるかを確かめるためにそれを点検する。同時に，彼女は帰属フィードバックを子どものスキル獲得のレベルに合わせる。簡単にできたカラには，彼女は「あなたはこれでよい」と言う。努力してできたデボンには，「これを一生懸命やったね」と言う。やっと方略を理解したシャナには，彼女は「それでいいのよ。一生懸命やっているしルールを正しく使っているね」と言う。

　ゴメズ先生は，分数の授業のこの順番を繰り返す。彼女は，子どもに声を出して使いなさいというモデルの帰属陳述を組み入れる。例えば，$\frac{1}{2} \div \frac{1}{4}$の問題で，彼女は次のように言う，「さあ，正しいルールを注意して使いましょう。割ることは，2番目の分数をひっくり返して，掛けるということを覚えましょう。そこで問題は，$\frac{1}{2} \times 4$，あるいは4×1割る2×1，それは4を2で割る。つまり2です。そのルールの使い方を頑張って覚えましょう」。それから，グ

ループで問題を解いている間，彼女は子どもたちにルールを声を出して（静かに）読み上げ，問題を解きながら自分に努力情報を与えなさいと言う（例えば，「それは正しい。その正しいルールを使うことを覚えなさい。一生懸命やればそれができるようになるよ」）。こうやって，ゴメズ先生は，生徒に自分で自己調整学習を向上させる帰属フィードバックの方法を繰り返し教えている。

◆中学生に社会科をやる気にさせる

　ラングドン先生は，中学2年生の社会科を教えている。生徒は州の歴史の大きな単元を修了することが課題であった。この単元では，生徒が年末の州の標準テストに合格しなくてはならない。単元には，過去の出来事と重要な人物などのような，州の歴史の基本的事件と多くの専門用語についての多彩な情報が含まれている。

　教科書の各章で，ラングドン先生は，生徒に用語のリストを与える。生徒は，それぞれの用語を索引に，短い定義や記述と一緒に書かなくてはならない。彼らはそこで用語を学ぶために勉強する。生徒はワークブックの練習を終え，テキストを補うために他の文献の文章を読む。

　この単元では，どのように出来事が後の歴史に影響するかを理解するだけでなく，たくさん記憶しなくてはならない。授業の成功には，生徒は教材と基本用語の学習に遅れないようにしなくてはならないので，頑張りが必要である。ラングドン先生は，すべての生徒がよくできると信じているが，生徒は，自分たちは学習する力があると信じなくてはならないし，成功を勤勉さと良い時間管理と計画に帰属する必要がある。

　ラングドン先生は，生徒に専門用語の意味と例を探すために使う方略を教える。これは，図書館の情報検索の方略と同じように，文献とインターネットの検索方略を含んでいる。彼は正確さと完全性の点から生徒のカードを採点する。そして生徒は学習の対象についてのテストと小テストで評価される。

　ラングドン先生は，生徒が検索できない用語と間違って定義している用語に対して，生徒たちにその帰属理由を尋ねる。彼らは，定義，参照する出典，使用する検索方略を探すのにどれくらい作業したかを説明しなくてはならない。先生は，生徒の帰属理由を精査してから，フィードバックを提供するため生徒に会う。例えば，カイルは，1800年代の初期に州上院議員によって紹介されそ

の後法律に制定された議案の定義を見つけられなかった。彼は，教科書で探すのに30分かけ，インターネット検索で，法案の名前と上院議員の名前を見つけたと答えた。彼は，検索場所を知らなかったので，正しく答えられなかったと感じた（能力不足）。

ラングドン先生は，カイルに州の立法を説明した2つの基本的文書を知らせ，この文書の中に書かれたインターネット文書にはどのようにアクセスするかを教えた。先生は，必要な努力をすれば，カイルがこれと似た用語を次は見つけることができるフィードバックを与えたのである。

ラングドン先生は，彼の全生徒は，この課題に成功できるし，この作業をすることは，歴史の重要な人物と出来事を理解するのを助けると信じている。彼の目標は，生徒が，情報を探すための効果的方略を発展させることであり，課題を仕上げるときに効果的な自己調整をやる気にさせる遂行に帰属すること，である。結果は報われた。生徒が方略を学ぶにつれて，彼らはまもなく宿題の全部の用語を定義できるようになった。はじめは，彼らは失敗の多くを社会科における能力の低さに帰属した。しかし，彼らは自分が成功できるのがわかると，帰属を不適切な方略と不十分な努力の帰属に切り替えた。彼らが間違って用語を定義すると，彼らはどこで間違ったかを特定できた。それは普通，不適切な方略のせいなのだ（例えば，同音の2つの用語は，初めの用語と同じ用語だと考える）。さらに，生徒がクラスの遂行が向上するのがわかると（例えば，良い学習はテストの高い成績になる），彼らは作業の価値に気がつき，成功を継続する自己効力感が向上する。用語の定義を見つけることは，多くは自己調整学習の課題なので，帰属と自己効力感は，生徒に効果的に学ぶ気を起こさせることを支援するのである。

◘高校生に英語をやる気にさせる

ミング先生は，高校2年生の英語を教えている。この授業にはたいへんな作業量がある。生徒は，選択された文献や文章を読み，様々な長さの論文を書き，毎週語彙の小テストを受け，文学的技巧と文学的表現を学ぶのに多くの時間をかける。ミング先生は，多くの生徒が消極的な帰属の構えを持って英語に取り組んでいることに気づいている。彼らは，文章を読み，文章を書き，文字を書くことは能力に大きく左右されていて，人はそれを変えられないと信じている

(例えば,「私は,上手な書き手ではない」)。この否定的見方に対抗して,ミング先生は生徒と一緒に目標を設定し,生徒に遂行の帰属をさせている。

　ミング先生は,生徒が自分の成績への責任感を発達させることは重要だと信じている。成績に責任を持たない生徒は学校で失敗する危険がある(Zimmerman, 2006)。例えば,生徒は,悪い遂行を先生の教え方のまずさや家庭環境が崩壊の危機にあることなどのせいにする。そのような帰属には多少の真実はあるかもしれないが,それらは生徒を成功しようという気にはしない。というのは,帰属は生徒の制御しきれない要素を反映するからである。反対に,自分の成績に責任を取ることは,生徒が,教師にわからないことを尋ねること,スクールカウンセラーに学習の支援を求めること,家でもっと勉強しやすい環境をつくり出すための活動をすること,を必要とする。

　ミング先生がやる個人的責任の指導は,ジマーマン(Zimmerman, 2006)によって書かれたものにならっている。文学的技巧を教えるときに,ミング先生は,文学のテキストを使って技巧を説明し実際にやってみせる。そこで生徒は,様々な技巧を知ったうえでスキルをつくり上げるため工夫されたワークブックの練習を終了する。読み終えたそれぞれの本について,生徒は,論文を書き,文学的技法のページ番号をつけた多くの例を記入しなくてはならない。

　いくつかの文学的技法はかなりわかりやすいが(例えば,直喩,比喩),文学的技法には大きな課題を提示するものもある(例えば,予示,皮肉)。ジマーマン(Zimmerman, 2006)たちの研究は,中間目標(例えば,文学的技法の検索を使う段階)で始まり結果目標(例えば,検索された技法の数)に移ることは,スキル,動機づけ,自己調整を形成するのに効果的であることを示している。そこで,教師は生徒にこの中間目標から結果目標への順序を使うのである。それぞれの技法については,教師は生徒に,生徒がテキストの技法の例を同定する遂行を自己調整するように,使用の段階セットを教える。はじめ,生徒は,技法の検索の段階に従うようにと言われる。いったん生徒が例の同定ができるようになると,結果目標に切り替えるようにと言われる。彼らは見つけるべき技法例の目標数を持っている。そして,彼らがテキストを読み,例を同定するにつれて,実行中の目標数を持ち続けるのである。

　ミング先生は,生徒に定期的に,文学的技法のそれぞれのタイプを探すことについて,成功と困難に帰属の評価をさせる。いくつかの技巧の例の検索は難しいのだが,生徒は,たいていの場合,例をうまく検索できる。そこで,もし

生徒にできないことがあると、それは、不適切な方略使用か不十分な努力のせいなのだ。例えば、もし彼らがテキストを流し読みすると、例を間違いやすくなる。もし彼らが、方略を不適切に使うと、彼らは技巧を間違って同定する。先生は、生徒が困難な問題を制御可能な要因（努力不足、間違った方略使用）に帰属し、成功を、努力や方略使用、スキルの上達に帰属することを確実なものにしようとしている。後者の帰属は、生徒に自己調整学習をやる気にさせるものである。

結論

本章では、帰属は生徒の自己調整学習をやる気にさせることに重要な影響を与えていることを示してきた。教育者は、生徒に自分で制御できる要因——努力と方略使用のような——を強調し、生徒の自己調整学習を向上させる帰属フィードバックをすることによって、効果的な自己調整を促進できるのである。多くの学校の学習は、生徒の学校外の学習活動（例えば、宿題、課題）の自己調整を含むので、生徒がやる気をなくす帰属をしないように、教師が可能な努力をするのは大切である。あげられた例は、教師が1つの帰属要因を取り入れることで指導活動を少し変化させることができる方法を示している。こうやって、教師は生徒が学習スキル、動機づけ、自己調整学習を形成することを支援するのである。

第 11 章

目標設定
―学習の自己調整の基本的能動的源―

バリー・J・ジマーマン
(Barry J. Zimmerman)
Graduate Center, City University of New York

‖ はじめに ‖

　実は私たちは，自分で定めた目標によって規定されている。私たちの目標は，行動をある基準や結果に向かわせる。「目標は，例えば，通常はある限られた時間内で，習熟のある一定の基準に達するための，行為の対象か目的である」(Locke & Latham, 2002, p. 705)。

　この基準が私たちの効力感と自己調整制御の個人のフィードバックの源となる。人が望みを達成するための目標設定の重要性は，最初，レビンらによって研究された (Lewin, Dembo, Festinger, & Sears, 1944)。今日，専門的知識の多様な領域を含み，学習の習熟と遂行の達成のための目標設定の重要性を示す，広汎なまとまった研究がある (例えば，Burton, Nayler, & Holiday, 2001; Locke & Latham, 1990; Schunk, 1989, 2001)。

　本章は，学習を自己調整する生徒の努力の目標の役割を，特に動機づけの点から扱う。また特に効力感に影響する目標の動機づけの質と目標の特性をまず論じよう。次に，目標と他の自己調整過程および信念の関係を対象にする。最

後に,自己調整の指導者が,どのようにして,落ちこぼれの生徒の目標設定と学力向上に関連した自己調整過程の実行を援助するかを述べる。学習の機能の研究が本章で優先的に示されるが,職業およびスポーツの課題についての研究が,目標設定の効果の全体の図式を示す必要のあるときは含まれている。しかしながら,このレビューは生徒の目標志向の研究を検討しているのではない。目標設定の行為よりも学習課題に取り組む理由(Anderman, Austin, & Johnson, 2002)に中心を置いているのである。生徒の目標の方向づけについては,本書の他の執筆者たちが論じている(例えば,第7章と第13章)。

■ 効果的目標を設定すること ■

◆目標への動機づけの影響

　生徒が自分のために立てる目標は,4つの主な点で学習の動機づけに影響する(表11.1参照)。第1に,目標によって,生徒は目標関連課題を選び関心を持ち,目標と関連しない課題から遠ざかる。読むために一定の習得目標を立てる生徒たちは,目標に関係のない文章よりも,頻繁に目標に関係のある文章を選び関心を向けるというエビデンスがある(Rothkopf & Billington, 1979)。こ

表11.1　目標の動機づけ的作用

動機づけに及ぼす目標の効果	目標設定の例
目標は,目標関連課題を「選択」させ,「関心」を向けさせ,目標と関連のない課題から遠ざける。	高校の上級生のジェニーは,警官になる目標を立て,その関心事だけを読むことを選択する。
目標は達成しようとする「努力」を増やす。	警察学校の入試の日が近づくと,ジェニーは勉強の努力を増やした。
目標はそれを追求する「粘り強さ」を維持する。	ジェニーの警察学校への志望は,身体が弱いためかなわなかった。でも彼女は,健康トレーニングをして目標の職業に向けた努力を続けた。
目標は対象の結果への「情動反応」を増やす。	ジェニーは,警官になる目標のために,自分の健康が向上すると,自分に対する満足感とプラスの感情が増すのを感じた。

の生徒たちはまた，目標に関係のない文章よりも目標に関係のある文章についての情報を取っておく。第2に目標によって，学習者は高いレベルの**努力**をする気になる。自分のために高い目標を立てる生徒は，低い目標を立てる生徒よりも，多くの努力をする——努力は生理的（Bandura & Cervone, 1983）あるいは心理的（Bryan & Locke, 1967）に測定されている。第3に，目標は長期間にわたる**粘り強さ**を動機づける。例えば，生徒が文章の学習課題に使う時間を自己調整することが認められるとき，高い目標を持つ生徒は低い目標を持つ生徒より長い時間課題を続ける（LaPorte & Locke, 1976）。第4に，高い質的目標は，強い覚醒反応や，大きな自己満足あるいは少ない防衛のような他の**情動反応**を生み出して，生徒の学習に間接的な作用をする。例えば，学習過程目標を立てた（つまり，方略使用をしている）生徒は，何の目標を立てない生徒よりも有意に成績に満足すると報告している（Zimmerman & Kitsantas, 1997）。満足感に見られるこの違いは，生徒の学習レベルについて高い予測性がある（$r=.72$）。

◘目標の優れた特性

目標の8つの優れた特性を，表11.2に示した。目標の第1の優れた特性は，その**具体性**である。「ベストを尽くしなさい」のような，一般的な目標は，学習の到達度をしっかりとは向上させない（Schunk, 1989）。具体的な目標は，その目標への進み具合を測るのが容易なので，一般的で曖昧な目標よりも効果的である（Bandura, 1988）。目標の2番目の優れた特性は，時間的な**近時性**である。学期末レポートの頁数の毎日の進捗率のような近時目標は，進み具合の直接的フィードバックを与えるため，週ごとの進捗率のような遠い目標よりも効果的である。フィードバックが1週間延びると，学習者は書く方略の効果をすぐには評価できない。これは進捗率を遅らせる。バンデューラとシャンク（Bandura & Schunk, 1981）は，算数の勉強に毎日の（つまり，近時性の）目標を立てた生徒は，週ごとの目標（つまり，遠隔目標）を立てた生徒よりも，高い動機づけ(すなわち，自己効力感信念)と算数の良い成績を示すことを見出した。

　これは，遠い目標あるいは長期間の目標が役に立たないことを意味するのではない。長期間の目標によって，自己調整学習者は自分で短期間の目標を立て

表11.2　目標の優れた特性の例

目標の優れた特性	目標設定の例
目標の「具体性」	**具体目標**：私はテスト得点をB以上に上げたい。 **一般目標**：私はテストで良い点を取ろうとする。
目標の「近時性」	**近時目標**：私は最後の授業までに1ページの問題を終えよう。 **遠隔目標**：学期の終わりまでに、この本を終えよう。
短期間と長期間の目標の「階層的」組織	**短期目標**：授業で課題にされた外国語単語の定義をマスターする。 **長期目標**：言葉の自発的な会話の中で語彙を増やす。
目標間の葛藤の「調和」と不足	優等生のリストに載せられたいという私の目標は、両親の目標と一致する。
「難しい」あるいは意欲的な目標	スペイン語の本の動詞全部を学習する私の目標は、難しいができるものだ。
自己設定目標と指定された目標の「起源」	**自己設定目標**：私は学校で、少なくともCで代数のコースをパスする。 **指定された目標**：先生は、私が少なくともCで代数をパスすることを期待している。
目標の「意識した」質	私が練習を通して向上しようとするなら、エッセイの書き方をメタ認知的にモニターする必要があることに気がついている。
学習過程か遂行結果への目標の「焦点化」	私の最初の目標は、作文のクラスで成績を上げるような、「遂行結果」に移る前の、作文の修正過程（例えば、文章を訂正する方略）を「学ぶ」ことに中心がある。

る気になるのかもしれない。だが、長期間の目標は、未熟な調整学習者の役には立ちにくいのである。例えば、かなり自己調整のできる少女が、学校でのスペリング・チーム☆の資格を得ようとするとき、彼女は、自分のスペルが他者に負けなくなるまでの毎日の練習目標を立てるような、長期間の対象に到達するための短期間の目標も立てる。長期間の目標が、短期間目標と統合されて1つの**階層**になれば、そこに自己調整の長所がある（Zimmerman, 2000）。階層的に結合されると、短期間目標は、学習の進み具合の近時のフィードバックを与え、長期間あるいは遠い目標は、人の自己調整の見方を未来まで延ばすのである。階層化された目標を持つ学習者は、動機づけや方向づけの源を外に求めなくても、長期間にわたって意欲的に学習できる。そこで、階層的統合が目標の第3の優れた特性といえるのである。

☆　アメリカの学校にはスペリング・チームがある。そのチームの生徒には校内の優れたスペラーが選ばれ、校内の対抗試合に出る。試合は難しい語の間違いが最も少ないチームが勝ちになる。

目標の第4の優れた特性は，**調和**の程度である。生徒は，矛盾する複数の達成目標を立てたことに気づく。矛盾した目標がその実効性を減らすのである（Locke, Smith, Erez, Chah, & Schaffer, 1994）。たいていの親は，自分の子どもは学校で時間をうまく使って，まあまあの成績を取ることを期待している。しかし仲間のグループは，知的な意味で「まぬけ」や「バカ」のレッテルを避けようとして低い達成目標を立てることを無理強いすることがある。例えば，高校生の32％以下しか学校で良い成績を取ることは大切だと考えていないというエビデンス（Steinberg, Brown, & Dornbusch, 1996）がある。6人中1人が，友だちがどう考えるかを心配して，自分の成績が良くなりたい気持ちをわざと隠すのである。生徒の50％以上は友だちと学校の勉強について話をしない。結局，高校までは，生徒の友だちが両親よりも影響力を持っているのである。この当惑させる事実は，生徒が目標についての高い葛藤を抱えていることを示している。目標設定と目標の追求という行為は，生徒の学校の学習の成果を左右する対人関係の影響を受けているのである。

生徒の目標の第5の優れた特性は，**難しさ**のレベルである。自己調整の視点からみると，高い目標を立てた生徒は，容易に達成できる目標を立てた生徒よりも，良い成績を獲得する（Locke & Latham, 1990）。容易な目標は，生徒の進み具合の程度がわずかで，これが動機づけの力を制限するので，大きな満足をもたらさない。難しい目標設定は，易しい目標設定より，高い遂行レベルをもたらすというエビデンスがある。例えば，シャンク（Schunk, 1983）は，算数の勉強における目標の難しさの効果を研究し，学習のセッションにおいて難しい目標（つまり，多くの問題数をやり遂げること）は，易しい目標（少ない問題数をやり遂げること）よりも，算数の習熟が進むことを見出した。しかしながら，難しい目標は，この目標が到達されないと，生徒の自己調整を伸ばすのに役立つとはいえない。非常に高い目標に到達できないことによって，不十分な能力に帰属するような，負の自己反応が生じる。そのことは，学習の動機づけを低下させるのである。

この問題の研究で，シャンク（Schunk, 1983）は，難しい目標でも達成できると認めることを保障する方法をつくり上げた。教師は，それぞれの目標条件を持つ半数の生徒には，君たちは目標を達成できると直接伝えた（つまり，「君たちは言われた問題数をやれる」）。もう半数の生徒には，君たちと同じ生徒は言われた問題数をやってしまったと，間接的に伝えた。その結果，シャン

クは，直接の励ましは，間接のものより，より高い自己効力感を自覚させることに気づいたのである。

シャンク（Schunk, 1983）の研究は，目標の難しさは，難しい目標が到達可能なものでない場合，自己調整の優れた力を必ずしも引き出せないことを明らかにした。目標の特性についてよく記述した標示は，それは到達できることとそれが難しいことの両方の意味があるのでやりがいになるのである。最大限にやりがいのある目標設定をすることは，自己評価の習熟のような，他の自己調整過程によるのである。成績の良い生徒は，つたない自己調整学習者よりも今の熟達レベルをよく評価するというエビデンスがある（Chen, 2003）。

目標の第6の優れた特性は，その**起源**である。自分で選択しあるいはつくり上げた目標は，他人から課せられた目標よりも，自己調整を指導するうえでより効果的だと広く考えられている（McCombs, 2001; APA Task Force, 1993）。自分で目標を立てる生徒は，その目標は，自立の自覚と自己決定に基づいているので，到達するためにより頑張ると期待される（Deci & Ryan, 1991）。この仮説を支持するエビデンスがある。シャンク（Schunk, 1985）は，学習障害のある小学生を対象に目標設定について研究した。算数の問題解決の研究で，①1つ目のグループの生徒は，それぞれのセッションで遂行目標（完成する問題の）を立てた。②2つ目のグループの生徒は指定された比較目標を立てた。③3つ目のグループの生徒は，習得目標を立てず受け取りもしなかった。①の自己設定目標の生徒は，事後テストの算数のスキルは最高のレベルになり，自己効力感の自覚も最高になった。目標を持つ生徒は，目標のない条件の生徒よりも，それぞれのセッションでやり終えた問題数の点から見ると，高い動機づけを示した。自分の目標を立てた生徒は，目標を指定された生徒より，それぞれのセッションの初めに目標達成は確実だと判断した。

目標の起源の問題についての研究は，自己設定目標を立てる生徒は，インストラクターから指示された目標よりも自分で高い目標を立てるため，予期された以上にもっと複雑であることがわかってきた（Locke & Latham, 2002）。この複雑さを解消するために，指定された目標の難しさが制御された場面で，学習者の遂行についての研究が行われた。だが，矛盾した結果が報告された。レイサムらは（例えば，Latham & Saari, 1979），学習者の遂行について自己設定目標と指定された目標との間には差がないと報告したが，エレズらはこれとは反対の結論に達したのである（例えば，Erez & Kanfer, 1983）。しかしながら，

この2つの研究グループの間には目標の指定されたやり方に手続きの違いがある。この矛盾した結果を説明するために，レイサムとエレズは，研究に協力した（Latham, Erez, & Locke, 1988）。彼らは，指定された目標でも，その目標の目的や理由が示されるなら，自己設定目標と同じように効果があるという統合的な仮説を検証した。この新しい仮説は，原因を目標の源からはっきりした受容という点に移している。生徒の目標の受容は，この研究の媒介変数として評価されず，むしろ行動結果から推測された★。この研究は，学習者の目標の起源は目標の受容よりも大切ではないことを明らかにしたのである。シャンク（Schunk, 1985）研究の，目標の難しさの制御をしても小学生の持つ目標の起源が影響することは，指定された目標を持つグループの生徒に具体的な理由がないことで説明される。同時に，この研究は，親や教師が彼らの目標に対して説得力のある説明を伝えるなら，効果的な目標は，親や教師などの社会的仲介者によっても指定できることを示している。

★ 目標受容は，目標関与変数が個人差変数として直接的に評価されていることを除けば，目標設定研究の目標関与と概念的には似ている（Seijts & Latham, 2000）。

目標の第7の優れた特性は**意識**の質である。目標は本来は意図的なので，それは暗黙のうちに高い意識レベルを必要としている。しかし，学習者は低い意識の目標（つまり，潜在意識，無意識，あるいは，無意識的目標）によっても同様に影響されるという考えを持っている研究者たちもいる。基本的な問題は，高低の意識目標の関係である。意識目標は，無意識目標よりも課題達成により確実に，そして直接的に結びついていて（Howard & Bray, 1988; Locke & Latham, 2002），意識目標は，TAT（絵画統覚検査）によって測定された達成動機の潜在意識の観点とは関係がないというエビデンスがある。目標から生じる自覚の高さは，学習に有利なように見えるのである。

たぶん，目標に関係する意識に関連した最も広く議論されてきた問題は，行為が内省あるいは意図なしで行われたときの——自動的応答か自動性の役割である（English & English, 1958）。熟達の高いレベルまでスキルを学ぶことは（時々それは**過剰学習**と呼ばれる），自動性を生じさせる。それは，行為それ自体に集中し，機能の他の側面に心的能力を集中しなくてもすむと理論化されている。例えば，上手な読み手は文章の意味を理解するのに，普通は文章の構造に集中する必要はない。しかしながら，この読み手が見慣れない複雑な文章に

であうと,注意を読みの結果(つまり,文章の意味)から読みの過程(複雑な文章の構造)へ移すのである。カーバーとシャイアー(Carver & Scheier, 1991)は,自己調整における以下の3つの意識のレベルの役割を論じた。(a) 無意識か自動性のレベル,(b) 自己-情報(目標設定と自己モニタリング)について判断することに関連した過程の意識装置,(c) 決定の結果についての自己覚醒と,自己内省に関係した意識の進んだレベルである。カーバーとシャイアーは,人はあらゆる機能のレベルからデータを絶えず処理し評価していると考えた。目標設定により,学習者は注意を意識の特定のレベルに移せるのである。

フィッツサイモンとバーグ(Fitzsimons & Bargh, 2004)は,自己調整の無意識のかたち(つまり,自動性)の研究を検討した。彼らは,何度も練習したり使ったりすると,目標は,部屋の机と成果のあがる書き方が結びつくように,遂行場面と習慣的行動に結びつくようになると考えたのである。無意識目標についてのこの研究で,机が置かれている部屋に入るような,微妙でひかえめな方法で目標関連刺激を活性化する「プライミング」☆的手続きが使われた。多数の研究から,物理的あるいは社会的環境の手がかりが,無意識的な目標関連行動を引き起こすことがあるというエビデンスがある(例えば,Bargh, 1990; Fitzsimons & Bargh, 2003)。しかし,無意識目標には多くの重要な制限がある(Fitzsimons & Bargh, 2004)。例えば,目標は,作家志望者の毎日の練習の必要性と方法のように,それがまだ個人の気持ちの中になく,またもともと必要状態にないと,無意識には動き出さない。さらに,意識目標が,自己評価や自己反応にどのように影響するかを気づかせるのに対して,無意識目標は,その原因の効果を特定させない。無意識目標は,行為の習慣的な進行を誘発するが,この目標は,生徒の自己内省と適応への影響だけにはっきりと限定されているのである。新しい学習スキルを獲得しつつある学習者には,大きな自己調整の制限がある。

☆ 先行刺激の受容が後続刺激に無意識的に促進効果を及ぼすこと。この場合の無意識とは本人が気づかないという意味である。(『心理学辞典』1999年 有斐閣 p. 754より)

第8の目標の優れた特性は,目標の**焦点**で,学習過程対遂行結果あるいは成果を強化することである。バートン(Burton, 1979)は,この区別を運動機能の分野の**遂行対結果**と呼んだ。しかし,ロックとレイサム(Locke & Latham,

2002）はこの区別を職業場面の**学習対結果**と呼んだ。シャンクとスワーツ（Schunk & Swartz, 1993）はこの区別を学習機能の分野の学習過程対成果と呼んだ。記述のこの違いは，微妙だが（例えば，**遂行**という語の意味）基本的な区別はだいたい同型である。しかし，キングストンとハーディ（Kingston & Hardy, 1997）は，スポーツの遂行目標と結果目標の間の補足の区別を取り上げた。遂行目標は自己比較基準（例えば，毎日の走る時間を増やす）であり，結果目標は社会的競争基準（例えば，レースに勝つ）である。自己調整の自己対社会的評価基準の相対的影響は，本章の次節で取り上げる。

　ロックとレイサム（Locke & Latham, 2002）によると，学習課題は，適切な課題方略を見つける能力によって決まるので，遂行課題よりもっと複雑である。反対に，遂行課題は，それ自体が自動化するので，あまり複雑ではない。目標の効果の規模は，複雑でない課題（つまり，遂行課題，$d = 0.77$）よりも複雑な課題（つまり，学習課題，$d = 0.44$）で小さいというメタ分析的なエビデンス（Wood, Mento, & Locke, 1987）がある。学習課題で成功する方略の重要さについてのロックとレイサムの仮説を検証する研究もある。生徒の方略使用は，遂行目標よりも遂行結果がより予測的である（Chesney & Locke, 1991）。遂行目標は，学習課題の効果を限定するだけでなく，複雑な学習課題のスキル達成を実際に妨げる。航空管制官シュミュレーションの研究で，カンファーとアカーマン（Kanfer & Ackerman, 1989）は，「最善を尽くせ」という一般目標を与えられた学習者は，遂行目標教示（つまり，高い得点を取るための）を与えられたものより，高レベルのスキルの達成を示した。この予期しない結果から，課題の学習タイプにおける習得目標と遂行結果目標を直接対比する研究の必要性が指摘された。

　この問題を対象にした一連の研究がシャンクとジマーマンらによって行われた。小学生の作文のスキルの獲得の研究で，シャンクとスワーツ（Schunk & Swartz, 1993）は，作文のスキルの獲得における，学習過程目標（つまり，作文方略の実行）と学習成果目標（つまり，作文の練習の結果としての段落をつくること）と一般目標（つまり，最善を尽くすこと）のそれぞれの効果を比較した。過程目標を立てた生徒は，成果目標を立てた生徒よりも，優れた作文のスキルを示したのだが，この違いは，この研究では統計的には有意にならなかった。しかし，目標に従うための大人のフィードバックが過程目標グループの生徒たちに与えられると，その生徒たちは，成果目標や一般目標を立てた級友

よりも有意に良い作文を書いた。明らかに，目標に従うことは，年少の生徒には難しいが，目標が記憶されていると，目標はこの学習課題に期待された効果を示し，この効果は6週間たった後でもはっきりと残っていた。

ジマーマンとキサンタス（Zimmerman & Kitsantas, 1996）は，生徒の年長グループの少女たちを対象に運動機能の研究をした。少女たちは，目標タイプに基づいた3つの条件（学習過程目標，遂行結果目標，目標なしの統制）の1つがランダムに割り当てられた。全参加者は「ダーツ投げ」という同一の教示を受けた。しかし，過程目標グループは，練習中にダーツを投げる方略に中心を置くように教示された。遂行結果グループは，練習しながらターゲットの最高点（つまり，標的に最も近い）を取ることに中心を置いた。そして統制群の生徒は，ダーツを投げる課題と採点システムについて知らされたが，どんな目標設定教示も与えられず，ダーツを投げる練習もしなかった。この研究者たちは，学習過程目標を立てた少女たちが，遂行結果目標を立てた少女たちや一般目標を立てた少女たちよりも，高いダーツ投げ得点をあげたことを見出した。結果目標グループのダーツ投げ遂行は，目標を立てない生徒の遂行を有意に上回った。この研究は，習得目標（ダーツ投げ方略を実行すること）は，遂行結果目標よりもスキル獲得を高めたことをはっきりと示した。この遂行結果目標の基準（つまり，ダーツ投げ得点）は研究の従属測度として役立つ。しかし，これは結果目標が自己調整学習に大切でないことを意味するのではない。

その後の同じダーツ投げ課題を使った研究で，ジマーマンとキサンタス（Zimmerman & Kitsantas, 1997）は女子高生を対象にした，自己調整学習の社会的認知モデルに基づいた発達仮説について調査した。これらの研究者たちは，学習過程目標は新しいスキルを学ぶ取り組みの最初ではより効果的であるが，スキルが自動化すると，結果目標がより効果的になるという理論を立てた。学習過程と遂行結果の2つの目標群に加えて，移行目標群が加えられた。移行目標群とは，生徒がはじめ学習過程目標を立て，自動化される（つまり，ダーツ投げ方略ステップを終了する）と，遂行結果目標（つまり，ダーツ投げ得点を最高にする）へ移行するものである。この研究の統制群の少女たちは，なんの目標も立てずにダーツ投げを練習した。それぞれの目標設定群の半数の少女たちは，目標結果を記録した（適切に実行された方略ステップ対ターゲットに採点された得点）。自動化の時点で目標を移行した少女たちは，事後テストのダーツ投げスキルの最高レベルを示すことがわかった。彼女らは，練習セッショ

ンで，遂行目標群および無目標群の少女たちはもちろん，学習過程目標に従う少女たちを有意に上回った。練習セッションを通して，学習過程目標に従う少女たちは，セッションを通して結果遂行目標に従う少女たちを有意に上回った。遂行結果目標条件の少女たちは，無目標設定練習条件の少女たちよりも，ダーツ投げスキルにおいて高いレベルを示した。自己記録は，目標設定のタイプに関係なく，少女たちのダーツ投げを有意に向上させた。

　作文課題の応用研究で，ジマーマンとキサンタス（Zimmerman & Kitsantas, 1999）は，女子高生を対象に，同じ4つの目標設定条件の効果を比較した。作文課題は，文章の修正練習（節の長いリストからなる）であり，全体の少女たちは，余分なものを削って，重要な情報を文法的に正確に修正する方略が示された。過程目標群の少女たちは，方略の段階を実行することに中心を置くようにと言われた。他方，遂行結果目標条件の少女たちはそれぞれの練習で語数を最小数まで減らすようにと言われた。これは，文章修正の採点システム上で効果が認められる基本的な基準である。移行目標群の少女たちは，間違いなしで実行できるまでは修正方略にまず中心を置いた。それからこの生徒たちは，自分の目標を遂行結果の最適化へと移行した。それぞれの目標設定群の半数の少女たちは，目標結果を記録した（適切に実行された方略ステップ対完成された文章の語数）。前の研究のように，移行目標群の少女たちは，練習セッションで過程目標に従った少女たちより，うまく作文の修正をやってみせた。学習過程目標条件の少女たちの作文の修正スキルは，練習セッションの間，遂行結果目標に従った少女たちの作文の修正スキルよりも優れていた。遂行結果目標群は無目標統制群の平均より上回ったが，この比較の結果は，統計的には有意ではなかった。自己記録によって，目標設定の方法にかかわらず少女たちの作文の修正は向上した。

　総合すると，この2つの研究は，学習過程目標と遂行結果目標は生徒の学習に役立つという結論を支持している。しかし，どちらが有効かは生徒の自動化のレベルによるのである。これらの研究は，目標設定が，方略実行と自己記録のような他の自己調整過程と結びつくとき，その効果は有意に高くなる。この結果が出た理由を次に述べる。

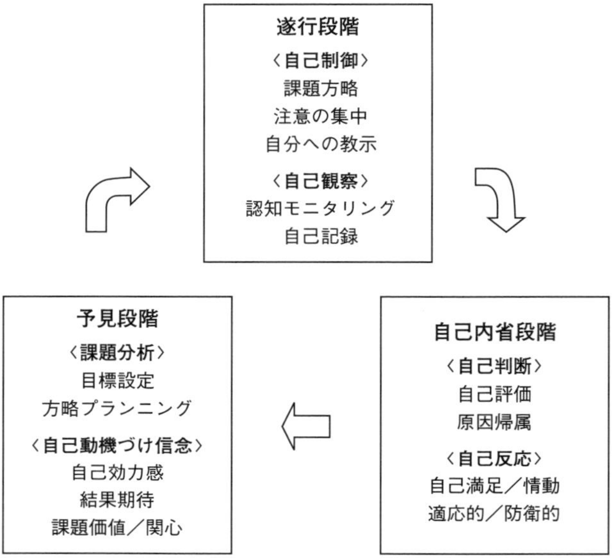

```
                    遂行段階
                   〈自己制御〉
                    課題方略
                    注意の集中
                   自分への教示
                   〈自己観察〉
                  認知モニタリング
                    自己記録


     予見段階                      自己内省段階
    〈課題分析〉                     〈自己判断〉
     目標設定                        自己評価
   方略プランニング                    原因帰属
  〈自己動機づけ信念〉                 〈自己反応〉
     自己効力感                     自己満足／情動
     結果期待                      適応的／防衛的
    課題価値／関心
```

図11.1　自己調整の諸段階と諸過程
("Motivating Self-Regulated Problem Solvers," by B. J. Zimmerman & M. Campillo (2003), in *The Nature of Problem Solving*, J. E. Davidson & R. J. Sternberg (Eds.), Figure 8.1, p. 239, Cambridge University Press, New York. Copyright 2003 by Cambridge University Press.より)

他の自己調整過程と信念を目標設定に統合すること

　さて，目標が，学習と動機づけを関係づける努力の重要な構成成分として，どのように役立つかの問題に戻ろう。目標設定を他の自己調整過程と信念に統合する学習の自己調整のモデルは，図11.1に示されている（Zimmerman, 2000）。

　生徒の自己調整過程と動機づけの信念が3つのサイクル段階に区分されることに注目されたい。予見，遂行，自己内省の段階である。**予見過程**は学習活動に先行し，その学習活動を進めるように設計されている。**遂行段階過程**は，学習活動の間に生じ，行為と自己モニタリングを向上させるように設計されている。**自己内省過程**は，学習活動の後で生じ，結果に対する反応を最善の状態にするように設計されている。この自己内省過程は，今度は，予見過程と次の学

習活動に影響する。自己調整サイクルはこれで全部である。

それぞれの自己調整サイクルの長さは，他の自己調整過程と同じように学習者の目標とフィードバックしだいで，数分から数年に変わる。例えば，語の綴りのリストの学習に対して，毎日自分をテストしている生徒にとっては，一日一日がサイクルである。毎週自分をテストする生徒には一週一週がサイクルである。このように，フィードバックの頻度と質は，意味のある程度に自己調整できる。このモデルの循環する性質のおかげで，自己調整学習は，長期化した期間に及ぶ学習——着点は成長の継続する過程なのだが——に移行したことを明らかにできる。このモデルの特定の過程を論ずる前に，自己調整の2つの基本的質的次元について述べる必要がある。能動的学習と受動的学習である。学習者はだれもがあるかたちで自己調整しようとする（Winne, 1997）が，やり方は異なると広く考えられている。サイクル的段階の見方をすると，**能動的**学習者は，質の高い予見をしているのでより効果的に自己調整する。この予見は，今度は，次の段階で自己調整機能を向上させる。これに対して，**受動的**学習者は，遂行を向上するために主に自己内省的段階過程に頼るので，有効でない自己調整をする。受動的学習者は，曖昧な目標や一般的な目標のような，質の低い予見過程を示し，個人的フィードバックへの適応的反応に対する制限がある。この適応的フィードバック・ループやサイクルは，自己調整の明確な特長である（Miller, Galanter, & Pribham, 1960）。後で，モデリングや言語教示のような社会的学習経験とコーチングが，能動的学習の下にある予見過程をどのように高めることができるかについて述べよう。

◘予見段階

予見段階には2つの大きなカテゴリーがある。課題分析過程と自己動機づけ信念である。**目標設定**は課題分析の2つのうちの1つの基本的形態である。そしてすでに論じたように，学習者ごとに自分で立てた目標の有効性が異なるのである。能動的学習者は，より具体的，近時的，階層統合的，意欲的，などの目標を立てる。それに対して，受動的学習者は，もし彼らが何らかの目標を立てるなら，曖昧で，非構造的な目標を立てるのである（Locke & Latham, 2002; Schunk, 2001）。目標設定と密接な関係にあるのは，**方略プランニング**である（Weinstein & Mayer, 1986; Winne, 1997）。能動的学習者は，認知を助け，情動

を制御し，運動の実行を命令することによって遂行を高める方略を選び，組み立てる（Corno, 1993; Pressley, Woloshyn et al., 1995; Paris, Byrnes, & Paris, 2001）。反対に，受動的学習者は，焦点のはっきりしないプランで勉強を始め，学習を改善しようとして遂行結果に頼るのである。自分で過程目標を設定する学習者は，目標設定に2つの予見過程（目標設定と方略プランニング）を最適化する方略選択を加えていることを銘記すべきである。

　学習者が高度な目標を設定し達成することは，自分を動機づける信念によるのである。能動的学習者は，受動的学習者より目標達成に力を注ぎ，多くの努力をし，目標達成を長く追及する。学習者の目標関与に影響することがわかってきたいくつかの動機づける信念がある。その1つは，課題や学習されるスキルの重要性や**価値**である。課題が個人的に重要だと価値づけられると，課題は大きな目標関与を生じさせる（Wigfield, Tonks, & Eccles, 2004）。例えば，歴史を学ぶことに高い価値を認める生徒は，価値を認めない生徒より熱心に練習目標に取り組むのである。2つめは，**結果期待**である。能動的学習者は，希望する職業（例えば，歴史家になる）に適しているとするような，成績への強い期待を示している。反対に，受動的学習者は，成績についてそれほど期待してはいない。受動的学習者の目標結果の認知を高めるために，励ましが使われてきた。シャンク（Schunk, 1984）は，具体的な目標設定と結びついた報酬のある遂行が与えられた生徒は，報酬のない生徒よりも，数学の学習が高レベルであることを示した。学習者の目標関与と結びついたもう1つの結果期待は社会的要因である。目標を公約することは，それが行為や信頼性の認知度を高めるので重要である（Hollenbeck, Williams, & Klein, 1989）。

　3つめの動機づける信念は，自己効力感の認知，一定の目標を達成できるという信念である。**自己効力感**は，遂行の指定されたレベルに達するための能力への信念である（Bandura, 1997）。能動的学習者は，受動的学習者よりも習得目標の達成についてより高い自己効力感を報告している（Zimmerman, Bandura, & Martinez-Pons, 1992; Zimmerman & Bandura, 1994）。上述したように，明らかに，この3つの動機づける信念のそれぞれは，学習者の習得目標を達成しようとする関与を高めるが，その目標も学習方法に影響するのである。

◪遂行段階

　図11.1のように，予見段階における目標設定は，遂行段階の自己調整過程の2つの主要な階層に影響する。それは自己制御と自己観察である。自己制御の方法は，陰に陽に学習と遂行を促進するように設計されている。能動的学習者は，予見段階で考えられている方略を有効に使う。それに対して受動的学習者は，課題を進めるためにはっきりした方略を定式化せずに学習課題に取り組むのである。では，どんな種類の目標を能動的学習者が使うのだろうか？

　学習過程目標は，学習のある方法の実行に中心がある。他方，遂行結果目標は学習者の努力の結果の自己観察に中心がある。**課題方略**は自己制御の効果的方法の中に位置づけられるが，それは，複合した課題を必須の部分にまで減らし，その部分を体系的遂行の順番に再編するための方法である。例えば，生徒は，英語教師が論文の最初の草稿を直すのを見ると，基本のステップを同定し，ノートに書きとめ，作文を進めるために頭文字語をつくる。例えば，MESSという語は，作文の点検を覚えるためにつくられたもので，Meaning（意味），English grammar（英文法：主語と動詞の一致，文の分解），Style of sentence（文章スタイル：能動−受身，語の選択），Spelling errors（間違った綴り）の頭文字を取っている。様々な課題方略が同定されてきたし，効果が実証されてきた（Pressley, Woloshyn et al., 1995; Weinstein & Mayer, 1986）。これらは，上手に作文すること，話すこと，問題解決の遂行方略はもちろん，ノートを取ること，試験準備，読解のような学習方略を含んでいる。

　目標設定によって影響を受けてきた自己制御の2つめの方法は，**注意集中**である。それは，集中を増強するためと，生徒がやかましい環境で元素記号を覚えるときに耳栓を使うように，暗黙の過程や外的出来事を排除するために考えられた方法である。すでに報告されたように（Rothkopf & Billington, 1979），ある習得目標を持つ生徒は，目標に関係のない文章よりも目標に関係のある文章に注目し学習する。クール（Kuhl, 1985）は，気の散ることと過去の間違いの反芻のような注意制御の機能障害を研究した。他者の研究（Corno, 1993; Boekaerts & Niemivirta, 2000）と一致して彼の研究は，出来事に集中しふるいにかける方略は，勉強の質を向上できることを示したのである。

　目標設定に影響してきた自己制御の3つめの方法は，人の思考と行為を導く**自己教示**である。記憶リハーサルから自己賞賛陳述までの，広範な自己言語化

が研究されてきた。自己賞賛陳述が生徒の学習を著しく向上させるというエビデンスがある（Schunk, 2001）。例えば，シャンク（Schunk, 1982）は，よくできない生徒に数学の目標設定の訓練をした。練習中の過程目標として，ある生徒は方略と問題解決行動を口頭で話すように言われた。他方，他の生徒は，方略を口頭で話すよう言われたが，問題解決行動を話すようには言われなかった。方略と問題解決行動の両方を口頭で話した生徒は，ただ方略を話しただけか，全然話さなかった生徒よりも学習が進んだのである。

　他の目標に関連した研究で，シャンクとコックス（Schunk & Cox, 1986）は，ある生徒には全体の練習セッションの問題解決操作を口頭で述べるように頼み，他の生徒には教示セッションの前半の間だけ口頭で述べるように頼んだ。このときの仮説は，内面化された言語が最も効果的であるというヴィゴツキーの信念の検証であった。問題解決と自己効力感の最高度のレベルは，セッションの間にいつも口頭で述べている生徒にみられることがわかったのである。明らかに，最初の練習期間だけの言語化では，自動化をするには不足なのである。自動化とは，生徒が外的な言語の自己制御なしで遂行できることである。しかし，マイヘンボーム（Meichenbaum, 1977）の研究は，自己教示を明示されたかたちからはっきり発音されない隠れたかたちにすることは，学習障害のある生徒が多動性や衝動性の克服を支援するのに効果があることを証明した。

　遂行段階の機能の第2の主要な階層は，自己観察の2つの基本的形態である。メタ認知モニタリングと顕在的行動の自己記録である。自分のための過程目標と結果目標を立てた後で，能動的学習者たちは，メタ認知的モニタリングや運用記録の自己記録，チャート，ポートフォリオのような，より体系的な形態を使う。対照的に，受動的学習者たちは，一定の目標がないので，自分の結果を認知的に追跡するのが難しい（Borkowski & Thorpe, 1994）。そして彼らは，自分の遂行のフィードバックの近時性，情報性，正確さ，価値を増すような，良い結果を行動の自己記録から認められないでいる（Zimmerman & Kitsantas, 1996）。目標が，学習者が自分の行動をメタ認知的，行動的にたどるやり方に影響するというエビデンスがある。例えば，ロックとブライアン（Locke & Bryan, 1969）は，車の運転課題について遂行の多様な見方のフィードバックを与えられた学習者は，自分で立てた目標と結びついた領域についてだけ遂行を向上させたことを見出したのである。

◘自己内省段階

　計画段階にある学習者の目標設定はまた，自己内省段階の過程に影響する。図11.1では，自己内省段階過程が2つの主要な階層に分けられている。自己判断と自己反応である。自己判断とは，学習の遂行を自己評価することと，原因の意味を結果に帰属することである。能動的学習者は，自己モニターした結果を基準とした予見段階目標と比べて，**自己評価する**。反対に，受動的学習者は，この基準がない。というのは，彼らは予見段階では目標を立てない。その結果，彼らは，評価するのに失敗するか，効果の判断のために級友との社会的比較だけに頼らざるを得ない。社会的比較は，もし他の生徒がある生徒より先に学習を始めて，その進展が同じであると，逆効果を招く。そうした状況では，生徒は，はじめのレベルより向上していても自分の学習を低く自己評価するのである。

　シャンク（Schunk, 1996）は，目標設定と自己評価過程がどのように自己調整学習に影響するかを研究した。小学生は，指導を受け，算数の引き算の練習をした。シャンクは習得目標の設定が，遂行目標の設定よりも自己効力感と達成を高めることを見出した。さらに彼は，自己評価の効果はその頻度によって影響されていることも見出した。進歩を自己評価する機会を頻繁に与えられた生徒は，習得目標か遂行目標かにかかわらず，高い達成と高い自己効力感を示した。しかし面白いことに，自己評価の機会が与えられない生徒は，自分で習得目標を立てたときだけ高い達成を示したのである。

　シャンクとアートマー（Schunk & Ertmer, 1999）は，大学生を対象にしたコンピュータ・スキルの学習の研究にこれらの結果を広げて適用した。自己評価の機会がわずかだと，学習過程目標は，高度な方略使用，高度なコンピュータ・スキル学習，高い自己評価をするのである。先の2つの研究を一緒に考えると，有益な学習方法か方略を獲得することに中心を置く生徒は，フィードバックの機会が限定されているか多くないときに，遂行結果を良くすることに中心を置く生徒よりも，より高い自己評価をする。この結果は，生徒の自動性の程度に基づく移行目標仮説と一致する。

　自己評価の判断は，生徒の失敗は彼らの限られた能力か不十分な取り組みによるものかどうかというような，学習の取り組みの結果についての原因帰属と密接に結びついている。受動的学習者は，自分の間違いを，固定された能力のような制御できない原因に帰属する。他方，能動的学習者は，間違いを，効果

的でない学習方略のような制御できる原因に帰属する。制御できない変数へ帰属することによって，受動的生徒はさらに学習を抑制する（Weiner, 1979）。それに対して，間違いを制御できる変数へ帰属することによって，能動的学習者は学習を続けるのである。ジマーマンとキサンタス（Zimmerman & Kitsantas, 1999）は，過程目標か移行目標を立てると，女子高校生たちが，書き方の修正課題の良くない結果を効果的でない方略使用に帰属することを見出した。反対に，結果目標を立てると，この女生徒たちは，良くない結果を文章の修正の努力不足か能力の低さに帰属させた。

　生徒の予見段階の目標設定は，また，学習努力への自己反応に影響する（図11.1）。自己反応の2つの基本的階層は，自己満足と適応的推論という形で同定されてきた。前者の自己反応は，上機嫌とふさぎこみのような遂行の満足と不満足，それと結びついた情動の認知である。生徒は，自己満足する行為とプラスの感情のコースを選択し，不満足とマイナスの感情が生じるコースを避けるという多数のエビデンスがある（Bandura, 1991; Boekaerts & Niemivirta, 2000）。能動的学習者は，習得目標に到達することで自己満足をする。このことは，彼らが行為を方向づけ努力を続けることを助けるのである（Schunk, 1983）。対照的に，受動的学習者は，自己満足を成功の一定の自己評価基準に結びつけない。ジマーマンとキサンタス（Zimmerman & Kitsantas, 1999）の研究では，移行目標と学習過程目標を立てた生徒は，遂行結果目標を立てたか目標を立てなかった生徒よりも，書き方の修正スキルの獲得について有意に高い満足を示した。生徒の方略使用の帰属は，彼らが自己満足をするための高い予測指標である（$r = .57$）。

　自己反応の第2の形態は，適応的推論か防衛的推論である。それは人がその後の学習の間に自分の方法を改める必要があるかどうかについての結論である。能動的学習者は，それをさらに効果的にするように方略を修正するような，**適応的推論**をする（Cleary & Zimmerman, 2001）。一方，受動的学習者は，この後の不満足と無力感，引き伸ばし，課題回避，認知的解離，それにアパシーのような嫌悪感情から自分を守る**防御的**反応に頼るのである（Garcia & Pintrich, 1994）。

　結局，図11.1にあるように，生徒の学習への自己反応は，これから学ぶことについて予見過程に影響すると仮定された。こうして，自己調整サイクルは終わるのである。このモデルを支持して，能動的生徒のプラスの自己満足反応は，

第11章　目標設定—学習の自己調整の基本的能動的源—

将来の学習に関する自己効力感信念の高い予測値（$r=.71$）なのである（Zimmerman & Kitsantas, 1997, 1999)。能動的生徒のプラスの自己満足反応は，生徒の次の学習課題の価値づけの予測値である（$r=.66$）というエビデンスもある。この強化された自己動機づけ信念は，スキルを獲得するための循環的自己調整を結局は続けていくことについての，能動的学習者のやる気の基本的源である。対照的に，受動的学習者の自己不満反応は，自己効力感と学習を続ける意欲を減退させる。

　能動的学習者（熟達者のような）と受動的学習者（知識不足の未熟者のような）には，予見，遂行，自己内省段階過程を比べると，循環的モデルの3段階全部で有意差が見出された（Cleary & Zimmerman, 2001）。

▍自己調整訓練によって生徒にやる気を起こさせること ▍

　受動的学習者が学習と遂行を自己調整できないのは彼らが立てた貧弱な目標のせいだという多くのエビデンスがある（Zimmerman & Martinez-Pons, 1986, 1988）。では受動的学習者は，どうやって，もっと効果的に自己調整をするために予見目標を立て，使うことを学ぶのだろうか？　社会的認知の視点からだと（Zimmerman, 2000），生徒は，モデルやコーチのような社会的源からきわめて容易に自己調整過程を獲得できるのである。自己調整啓発プログラム（SREP）がすでに開発され，教師，カウンセラーあるいは学校心理士の自己調整コーチ（SRC）によって進められてきた（Cleary & Zimmerman, 2004）。自己調整啓発プログラムは，自己調整の3段階のサイクル・モデルに基づくのだが，それは，アンナのケース・スタディで，実際に試された。彼女は12歳で，理科と社会科で落第点だったため，担任教師からプログラムを勧められたのである。すでに，彼女は学習センターの算数の補習と読みの指導などの様々な学校支援サービスを受けていた。しかし，あまり力がつかず，自己調整啓発プログラムへの参加を勧められたのである。

◆アンナの自己調整の長所と短所の診断的評価

　アンナの予見段階過程については，彼女の進歩の記録と報告カードによると，

理科のクラスでは最低の成績であることがわかる（つまり，彼女はD評価である）。彼女は授業に出席し，ほとんどの宿題をやり，実験レポートを提出したのだが，大部分のテストに失敗したのである。アンナの理科のテストの学習方略のレパートリーは，彼女が使っている，組織立て，繰り返す，手続き的な方略や方法の回想による報告によって測定された。彼女は再生しやすいように2つの方略を使っていると報告した。索引カードと読書ノートである。アンナの動機のプロフィールは，目標設定，自己効力感，内発的興味のような，予見段階過程についての質問によって，部分的に評価された。遂行段階では，自己調整コーチがアンナに索引カードを使い，ノートを復習するときに声を出して考えるようにと教えた。

彼女はさらに様々な自己制御段階過程（例えば，自己記録と注意の集中）について聞かれた。これらの質問は，彼女が動機づけと集中を維持するために多様な自己制御手続きを使うかどうかと同様に，学習行動を整理しているかどうかを明らかにするためのものだった。自己内省段階では，自己調整コーチはアンナに彼女の自己評価，原因帰属，適応的推論について聞いた。

◨アンナの自己調整学習スキルを伸ばすこと

やる気を起こさせること　診断的評価によって，アンナの動機の低さが明らかになった。彼女は，低い自己効力感の消極的動機づけのサイクルにおり，葛藤の原因をほとんど自覚せず，不合格になった成績を上げることはできないと感じていた。この嘆かわしい信念に対抗して，アンナは自分の学習方略の効果の自覚を増やすことを考えてグラフ化手続きを使うように教えられた。自己調整コーチはアンナに，彼女がテストの準備に使う方略だけでなく前の3回のテスト成績をプロットするように指示した。この点数は，自己調整啓発プログラムの介入が始まる前の彼女のクラスのベースライン指標である。自己調整コーチはそこで，次のように述べて，彼女のテストの評価と学習方略の関係をつくろうとした。「きみは方略を使っている，それはすばらしい。しかし，君が使っている方略はテストで良い成績をとるのに役立たないし助けにもならない。君の不合格という成績は，君がどれくらい賢いかとか先生がどれくらい厳しいかというより，君がテスト準備に使っている方略と関係がある」。この対人的フィードバックはアンナに彼女の不合格のテスト成績は彼女の効果のない学習

方略のせいだということを伝えたのである。テスト成績は，新しい方略を学び今の方略を変えることによって容易に改善できたのである。

方略使用　一連の訓練セッションにおいて，自己調整コーチとアンナは，アンナが理科のテストの勉強に使う様々な別の方略を検討した（つまり，グラフ・ソフト，表，特別の支援セッションへの参加）。これらの検討には，科学情報を比較し対比するグラフ・ソフトを使用する自己調整コーチがモデルを示した。自己調整コーチは，彼の考えを説明しながら，グラフ・ソフトをつくるステップをどのように実行するかを示した。アンナは，この方略を練習し，グラフ・ソフトを改良することを勧められた。彼女が練習すると，自己調整コーチは彼女が学習方略を内面化するのに役立つようなフィードバックと指示を与えた。

循環的フィードバック・ループ　自己調整グラフは，アンナが動機づけと学習のプラスのサイクルを始める気にするためにつくられた。グラフによって，アンナは学習過程目標（つまり，それぞれのテストの準備にはグラフ・ソフトを使う）を立て，この方略使用を自己記録し，学習遂行結果目標（つまり，テストの成績を上げる）を設定し，方略効果と目標進行を評価することができるようになった。アンナは，それぞれのテストの方略だけでなく前の3回のテスト成績を記録した。自己調整コーチは，アンナが，自分の良くない評価を，知的能力，教師の教え方が厳しい，テストが難しいというような制御できない要因よりも，効果のない方略のせいにすることを支援した。

　自己調整コーチはアンナの成績を検討し，コーチとアンナは一緒になって，意欲的な遂行目標を立てた（つまり，75点以上の成績）。この目標が立てられグラフにプロットされると，自己調整コーチは，アンナにテストの学習方略をどのようにみていくかを教えた。アンナがテストの点を受け取ると，自己調整コーチは，彼女にそれをグラフにつけ，自己調整段階過程の観点からの解釈を教えた（例えば，自己評価すること，原因帰属すること，適応的推論をすること）。例えば，アンナが最初の介入段階で90点を取った後で，自己調整コーチは彼女に得点をプロットさせた（それを彼女は喜んでいた）。それから，彼女は，目標に基づいた基準を使ってどのように遂行結果を評価するかを教えられた。つまり今の成績と，彼女の75点という遂行目標とを比べるやり方である。自己調整コーチは，テストで彼女が適切な帰属と適応的推論をするのを助けるために，彼女の成績とテスト準備のグラフ・ソフト方略使用との関係を強調し

た。彼女の90点という得点は，新たに獲得した学習方略の結果であることが強調された。自己調整コーチはそこで，学校の成功はおおむね彼女の制御下にあり，学習方略を効果的に使う彼女の能力にかかっているという仮説を強化したのである。この自己調整啓発プログラムの結果として，アンナの理科と社会科の成績は，実際に上がったのである。

▌ 結論 ▌

　生徒の学習への願いを達成するには，希望や強い決意以上のものが必要である。それは生徒が自分で立てた目標の特質であり，彼らはそれに左右されるのである。受動的学習者は，この基本的原則を把握していない。そして彼らは進歩するために存在するフィードバックと対人的比較に自然に頼るのである。しかしこうしたことによる進歩には限界がある。対照的に，能動的学習者は，高い質の目標が，特に生徒が宿題をするような自分に向けた学習をしている場面で，学習の成功につながる重要な役割を認める。具体的で近時的である目標は生徒に，集中した適切なフィードバックを与える。仲間グループの目標と矛盾しない習得目標は，大いにやる気をそそるし，階層的に統合された目標は，短期間の誘導はもちろん長期間の誘導もするのである。生徒を難しいレベルに挑ませる目標と，自分で立てるかあるいは妥当なものとして認知された目標は，生徒を単純ではっきりしない目標よりもやる気にさせるのである。目標は生徒の意識レベル下にある程度まで自動的に作用するが，意識目標は，強い自覚と優れた自己反応を生み出すような，別の長所も持つのである。

　生徒の目標のこの大切な特性は，他の自己調整過程との関係に影響される。予見段階の目標設定は生徒の学習方法と動機づけの選択に影響するだけでなく，遂行段階の目標実行と自己観察に影響する。予見段階の目標は，生徒が自分の遂行を自己評価するために使う自己内省段階基準と，特に努力が実らないときに，生徒が原因を自らの学ぶ努力に帰属する方法にも影響する。遂行結果に満足しているか学習方略を調節することに自己効力感を持つ生徒は，学ぶために循環的努力を続ける意欲が強いのである。この高められた自己動機づけ信念は，目標を達成するための循環的自己調整を最後まで続けることについての，能動的学習者個人の持つ効力感の基本的源である。

この循環的モデルは，落ちこぼれの生徒への教育的介入を導入するのに向いていて，目標設定の訓練と関連する自己調整過程を伴っている。自己調整コーチによって実施されてきた自己調整啓発プログラムの効果が検討されてきた。やる気がなくて目標設定で受け身にまわる生徒が，目標設定と自己調整だけではなく，学習の成功でも向上を示した。明らかに，効果的な目標設定を学習することは，自らやる気になる学習者の大切な特性である。

　謝辞
　本章の草稿に対するディル・H・シャンク（Dale H. Schunk）の有益なアドバイスに謝意を表する。

第 12 章

動機づけと自己調整学習の絡みあい

フィリップ・H・ウィン
(Philip H. Winne)
Simon Fraser University
アリソン・ハドウィン
(Allyson Hadwin)
University of Victoria

はじめに

　自己調整学習と動機づけの分析的検討は，単純であると同時に非常に複雑でもある。生徒のやること全部が，何らかの動機づけに基づいているという意味では単純である。まばたきのような反射運動は別として，動機づけなしには，自己調整学習を含む行動は生じない。しかしながら，この単純な事実の裏には，生徒の知識や，彼らが送ったり受け取ったりするフィードバック，そして学習環境や彼らがどのように変化していくかについての考え，といった要因が複雑に絡みあっている。この絡みあいを解きほぐすために，まず，自己調整学習を私たちがどのようにとらえているかを明確にする。次に，課題を分析し，そのうえで自己調整学習と「単なる行動」を区別するための準備をする。この3段階で，動機づけについての私たちの観点が明確にでき，さらにその観点がどのように自己調整学習と動機づけが交わるかを検討する基礎をつくることができる。本章では，この基礎に基づいて，自己調整学習と動機づけの結びつきを検討している代表的な研究を概観する。全章を通して，私たちは，イザベラとい

う少女がどのように算数の問題を解決していくかを追跡していく。彼女の解決過程を通して、これまでの研究に欠けている部分を明らかにし、このテーマにおける新しい研究の貢献についての見解を述べて結びとする。

‖ 自己調整学習とは何か ‖

　自己調整学習の構成概念は、生徒が学習時に意識的な制御と介入をして自己意志に基づいて、学習活動を行っているという前提に立っている。生徒は、そのときの能力の限界や、環境による制約やアフォーダンスの中で、自己意志に基づいた目標を設定する。またその自己意志は、その目標に接近する方法を選択するに際しても重要な役割を果たす。こうした選択には、どのくらい熱心に課題に取り組むか、また、容易に課題ができない場合、どのくらい持続して取り組むかも含まれる。

　重要なのは、目標を達成するために、今使っている方法よりも良い方法があるかもしれないという判断をし、その判断に基づいて行動するときに、自己調整が必要となるという点である。つまり、生徒は、自己意志に基づいて目標志向的な課題に取り組む方法をメタ認知的にモニタリングするのである。この取り組み方が生徒の持つ目標にとって良くないものであるとき、自己調整する生徒は、どのように方略的調整を行うかについていくつかの選択肢を考えてみるのである。彼らのやる調整は、自分たちの行動、動機づけ、認知、そしてメタ認知、すべてを対象としている。生徒は、現在の学習状況に照らし、自己意志に基づいて目標達成に最も効果的だと予想される選択肢を選ぶのである。この学習の枠組みからは、「自己調整する生徒は、自分の学習方法を方略的に試してみて、長期間にわたり課題を越えて、その方法がより適切にはたらくように調整していく」という重要な示唆が得られる。

　10年ほど前に出版された本において、私たちは、自己調整学習を、4つの柔軟な連続した段階を持つ、再帰的認知プロセスとして記述した（Winne & Hadwin, 1998）（図12.1参照）。再帰的というのは、ある段階における結果が、前段階あるいは次の段階で生じるメタ認知的モニタリングに反映されることを表している。まず、課題知覚の段階では、生徒は、教師によって設定された課題や教科書の練習問題、そして自分自身に関する知識といった環境を細かく調

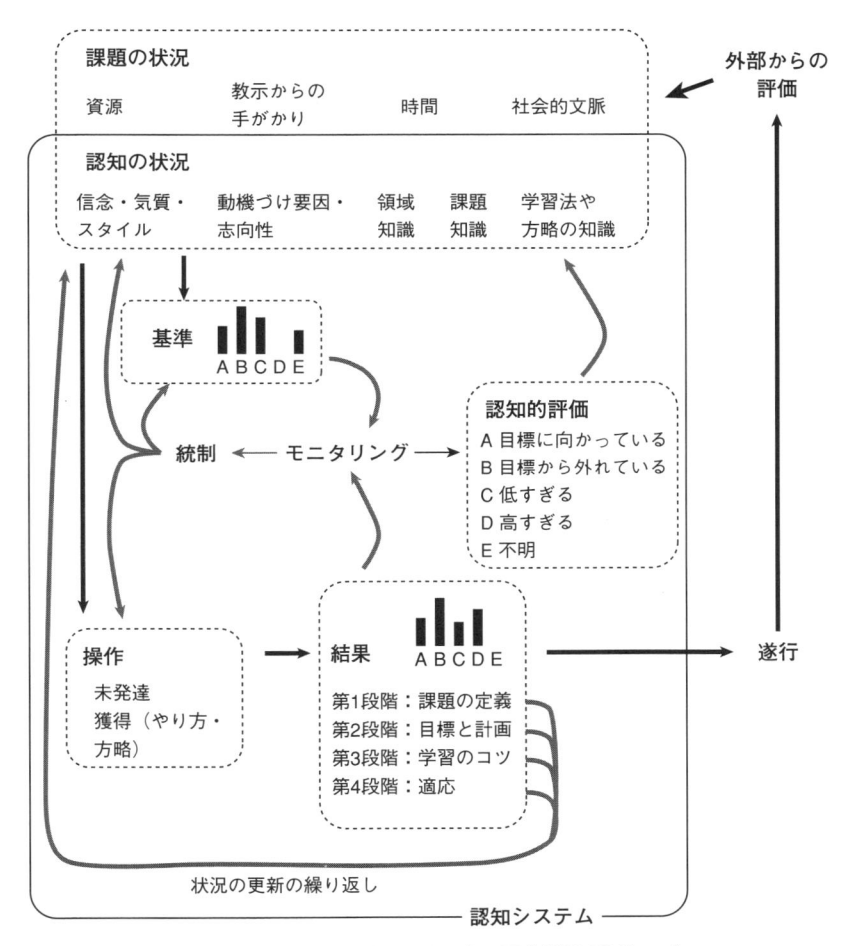

図12.1　ウィンとハドウィンの自己調整学習4段階モデル

べる。知覚した情報をもとに、生徒は目前の課題に関する自分なりのプロフィールを作成する。このプロフィールは、課題に対する固有の、感情的な反応を含むものとなる（Pintrich, 2003）。また、それは、自己効力感についての判断のような、動機づけの状態に影響することがある他の情報も含む。生徒がこれから取りかかる課題についての個別的な知覚が、この段階における結果となる。

　こうして課題に対する感覚をつかんだ後で、生徒は、この課題枠組みの文脈に沿って、目標を設定し計画を立てる。ここで、生徒は何を達成するかが求められているかを考慮し、自分が望む達成に沿ったプロフィールを組み立てい

く (Pintrich, 2003)。その結果，生徒は1つないし複数の目標を設定し，その目標に向けて努力しようとする。**目標**は，明示的な行動，認知的関与のかたち，動機づけの変化，のいずれか，あるいはその3つすべてに関するものである。目標は，常に課題の知覚から発生する。例えば，ある生徒の課題の知覚に，課題をやる能力の不安が含まれると，その不安の低減という目標が設定される。また，こうした目標は，その目標実現の計画を伴うこともある。例えば，この生徒であれば，その課題に詳しい仲間と一緒にやろうとしたり，課題をやり遂げるために自分を励まそうと「一度に1ステップずつやっていけばいいんだ」とひとりごとを言ったりするというのが計画に当たる。

実行の段階では，生徒は，学習のやり方を工夫したり，目標に近づくために他の手続きを選んだりすることによって，計画を行為に移していく。不安を低減する手段として，自分を励ますひとりごとを選んだ生徒であれば，学習は2つの形態をとるだろう。すなわち，課題それ自体へ取り組むことと，ひとりごとを言って不安を耐えられるレベルに抑えておくことである。生徒は複数の目標を持つことが多いため，課題をうまくやるということは，認知，行動，動機づけの各領域における目標を，同時にうまく反映する手段を選ぶことを意味する。そのため，例にあげた生徒の場合は，課題遂行の基準を満たすという目標と不安を耐えられる程度に保つという目標のバランスを取ろうとするだろう。

第4の適応の段階では，生徒は，学習の結果と目標の間のギャップを埋めるために，課題遂行方法をどのように変更するかをよく考える。生徒は，もともと設定した目標以上の大きな効果を求めるかもしれないし，課題をすっかり諦めるかもしれない。例えば，課題の不安を和らげようとして仲間と一緒に学習することを選んだ生徒が，仲間とやっても無駄だと判断し，次回には，他の仲間を選んだり，全く異なるやり方を選んだりするのである。

私たちの提示した自己調整学習の4段階モデルは，それぞれの段階を下位課題としてとらえることもできるが，学習課題がこの4段階全部にわたって遂行されると考えるほうが有益である。また，ここで，日常的な学習課題——数学の問題解決，インターネットでの情報検索，歴史教科書の理解——のほとんどが再帰的なものであることを改めて確認することが大切である。再帰的だということは，ある課題の始めから終わりまでの間で生徒が生み出す中間的結果が，その課題遂行における次の段階の基盤を形成することを強調している。言い換えると，生徒は，1つの学習課題を仕上げるために，この4段階を何度も繰り

返すのである。繰り返しの結果，課題の認知は，徐々により正確で完全なものとなり，目標がより具体性を増し，生徒が1つの課題をやり遂げる間に用いられる方略の数も多くなるのである。

生徒は課題にどのように取り組むか

　本章では，ある生徒が学習課題に取り組む姿を想定して，自己調整学習モデルと動機づけの絡みあいを描いていきたい。イザベラという生徒が次のような問題を課されているところを想像してほしい。

　　　最近の調査で，ある人が調査員に，自分は3人の子持ちだと話した。調査員が子どもたちの年齢を尋ねると，「子どもたちの年齢を掛け合わせると72になるんだ。それに，年齢を足し合わせると，うちの住所番号と同じになるんだ」。そこで，調査員はドアまで走って住所番号を見に行った。「でもまだ年齢がわかりません」と調査員は文句を言った。するとその人は「その通りだよ。私は，一番上の子はチョコレートプリンが大好きだってことを言わなかったからね」と答えた。そこで，調査員は3人の子どもの年齢を知ることができた。さて，3人の子どもの年齢はいくつだろう？（算数博士への質問）

　私たち（外部の人間）は，自己調整学習の各段階における生徒の活動も，5つの課題の特徴からモデル化して示す。この5つの特徴は，生徒が課題にどのように取り組むかを検討するための道しるべを提供するものであり，それぞれの頭文字をとってCOPESと表される。この5つの特徴とは，状況（Condition），操作（Operation），結果（Product），評価（Evaluation），基準（Standard）である。

　課題のはじめの特徴は状況である。**状況**は，生徒の学習内容の文脈を表すものである。図12.1には，学習への影響力が強いことが研究知見により示されている状況を示した。状況の中には，資源や教示からの手がかり，時間，社会的文脈のように，生徒の外にあるものもある。また，知識や理解することの性質に関する信念や，動機づけ要因，知識それ自体などのように生徒の内にあるものもある。

　ここにあげた算数の問題を検討してみよう。この課題の状況は，以下のよう

になるだろう。

- 問題解決プロセスに関する既有知識（一般的な知識）
- 代数の表現に関する既有知識（認知的な領域知識）
- 類似した算数の問題で過去に失敗したことに関する知識（遂行に関する自己知識）
- この問題を解くことに関する自己効力感（自己に関する信念）
- 数学の問題を解くことに関する不安（この文脈において生じる感情についての自己知識）

　これらの状況はすべて，自己調整学習における課題認知の段階において，課題がどのようなものかを特定するためにイザベラが作成するプロフィールに影響する。これらの状況は，また，彼女がどうやってプロフィールを作成していくかにも影響を与える。イザベラが，問題が代数であることに気づいて強い不安を感じているとしたら，その不安な状況が，後の問題を読むことをじゃまするかもしれない。そうなると，問題をきちんと精査できずに，不正確な感覚しか持てないかもしれない。その結果，彼女が不安を統制するための目標を設定し，方略を実行しても，問題解決に必要な情報をきちんと認知できなかったという問題が残るのである。

　操作は，自己調整学習の各段階における第2の特徴である。**操作**は，情報の認知的な処理を意味し，生徒が課題に取り組むためにすることをさす。ウィン（Winne, 2001）は，5つの基本的な（分解ができない）操作のヒューリスティック☆をあげている。それは，検索（Searching），モニタリング（Monitoring），集合（Assembling），リハーサル（Rehearsing），翻訳（Translating）で，それぞれの頭文字をとって，SMARTと呼ばれる。生徒は，日常的に，こうした操作を様々に組みあわせて使い，文章，記号，図表，描画などの様々な情報を処理している。これらの操作は，理解を形成し，問題解決の方略の検索と適用を行い，自己調整学習を促進する。ここにあげた算数の問題解決の例に戻ると，イザベラは，初めに彼女の不安を統制する方略を検索し，使った。それから，後に続く自己調整学習サイクルの段階で，代数問題に関する知識（認知的状況）を用いて，体系立てて問題に取り組む方略を検索したのである。

☆ 人が時間や労力を節約するために使う簡便で直観的なさまざまな推論方略のこと。代表性ヒューリスティック，利用可能性ヒューリスティック，係留と調整のヒューリスティック，内的状態とヒューリスティックなどがある。(『心理学総合事典』2006年　朝倉書店　p. 409より)

結果は，情報や知識に基づいて生徒が行った操作の成果である。例えば，操作において検索がなされ，見つけられたものが結果となる。また，これまでばらばらだった情報の要素に，集合の操作が適用されたときには，これらの要素が統合されたものが結果となる。自己調整学習のすべての段階において，何らかの結果が生じる。第1段階の結果は課題の表象であり，第2段階では目標と計画が結果である。結果は，認知的なものに限定されるものではなく，感情的な特徴——感覚や情緒——も含まれる。これらは，自己調整学習のすべての段階において生じる。

生徒が課題に関与するときに，感情が内在的に生成され感じ取られるのか，それとも，生徒が課題への関与を振り返り，その結果を受けて感情を評価するのか，という点については議論がある（Schacter & Singer, 1962）。しかし，イザベラが提示された算数の問題について認知し（自己調整モデルの第1段階），類似した課題に関する過去の経験を想起する際，連想的記憶によって自動的に取り組みの結果が予測されるとすると，感情は課題の状況としての役割を果たすと考えられる。よって感情は，イザベラの問題の理解にも影響するのである。

評価は，自己調整学習の段階を移行する際に，生み出した結果について，生徒が得る情報である。例えば，問題にどのように取り組み始めるかがよくわからないという感覚（自己調整学習の第2段階における計画が曖昧であるという評価）や，課題達成に時間がかかりすぎているときの教師のイライラした表情によって伝えられるフィードバック（自己調整学習の第3段階における，行動が遅すぎるという評価）が，結果についての評価の例である。「どうすれば理解できるか見当もつかない」という内的な感覚は，学習方略の不適切さや初期の課題知覚の不正確さについての評価である。イザベラの例に戻ると，彼女の不安が高すぎて，正確で完全な問題理解ができないという評価が得られ，それが，問題を解く間「不安を和らげるためにひとりごとを言う」という計画に結びつくのである。

最後に，評価を行うための**基準**がある。基準は，自己調整学習の各段階において，評価を生成するための主要な要素となっている。基準は結果のモニタリングに欠かせないからである。誤字の修正，学習方略を使うのにかけた時間，

そして割り算の決まった手順をチェックするために書かれた記録などが，基準である。また，生徒が，自分が経験する感情，予想される感情についての基準を持っているということも重要である。つまり，生徒は感情に関する閾値を定めているのである。つまり，生徒は評価の連続線を，「良い」と「悪い」の2つの領域に分ける基準を定めているのである。生徒は，自分の基準に照らして，活動の経験や予想される活動を，面白いか退屈か，楽しいか苦しいか，価値があるかないかで表現するのである。

イザベラの例では，問題に関する重要なデータを同定する能力や，問題のタイプを分類すること，関連する既有知識の活性化と検討，問題を読み取りきちんと理解できる程度に不安を統制することが，課題の知覚段階における彼女の基準である。

▮ 行動が自己調整的であるときとそうでないとき ▮

重要な点を再度強調するため，ここで，自己調整学習の特質として，適応あるいは変更をあげたい。調整には，メタ認知的モニタリングの結果として現れるメタ認知的な統制が必要である。生徒は，行動や認知と同時に，動機づけの状態も調整し適応させる。しかし，何がこうした心理的特徴の「単なる変化」と，真に自己調整的な適応とを区別するのだろうか。この区別をするために，「もし－ならば－あるいは（If-Then-Else）」を用いた表現で道筋を示そう。

　　もし　課題の状況がわかっている
　　ならば　適切と判断される操作の集合を参照せよ
　　あるいは　もし最初の操作が基準を満たさないなら，他の操作の集合を参照せよ

イザベラの「不安低減のためのひとりごと」のような，課題に取り組むやり方について考えてみよう。この「もし－ならば－あるいは」の表現では，「もし」に当てはまるのは課題の状況である。イザベラの例では，算数問題を読み始めたときの強い不安感がこれである。この特定の状況において，ある1つの操作（あるいは操作の集合）が適切なものとして選ばれる（「ならば」に当てはまる）。イザベラの不安感への反応では，この状況下の操作として，選択さ

れたのが「ひとりごとを言う」ことであった。

「あるいは」の部分では，選択された操作が不十分だと評価されたときのことが考慮されている。その場合，生徒は，他のやり方をすることになる。イザベラの例では，次のように「もし－ならば－あるいは」を表現できる。

  もし　算数の文章題を読んでいるときに強い不安を感じる
  ならば　不安を和らげるためにひとりごとを言おう
  あるいは　ひとりごとによっては不安が低減されないとわかったら，仲間と一緒に算数問題をやってみよう

結果についての評価が，「ならば」で基準に満たなかったとき，生徒は「ならば」から「あるいは」に切り替える。これが自己調整である。「もし」に示された条件に沿って，どのような「ならば」を使うかを選択するのは，単純な弁別学習である。赤信号を見たら止まり，黄信号の場合は交差点を通過しても安全かどうかを判断する，というような行動と同様の学習である。

では，自己調整学習において何を調整すべきだろうか？　COPES☆による課題記述からは3つの可能性が示される。

 ☆　p.249参照。

◪状況を変える

生徒は，直接的に課題をやりとげることとは別に，課題の状況を変えることができる。例えば，論文を書いているときに，下書きの内容が不十分だと判断し，インターネットを検索してもっと素材を探したりするような場合があげられる。算数の問題に取り組んでいるイザベラの例でいえば，問題について強い不安を感じたため，テストの他の問題で不安を強く感じないものを見つけようとすることである。

◪操作を変える

課題を扱う初期設定の操作が，評価を満たす結果を出すには不十分だったり

不必要だと判断されることがある。例えば，円の接線と角度の証明問題に取り組む際に，交点の角を計算するだけではだめだと気づいたり，証明する要素を図に表す必要はないと考え直したりするような場合が考えられる。イザベラの例でいうと，積極的にひとりごとを言うことが，数学の問題における不安を軽減するには不十分だと判断して，問題を解くときにひとりごとを言うのではなく，仲間に援助要請するよう操作を変えることが考えられる。

◇基準を変える

生徒は，はじめに課題に適用した基準が高すぎる（あるいは低すぎる）と判断することがある。また，ある基準が不適切だと判断される場合もある。例えば，読解の基準を，章全体の要約から2，3の要点をあげるまでに下げるというような場合がそうである。また，テキストの中に繰り返し出てくる専門用語の定義について尋ねても，「頭が悪い」とは思われないだろうと判断するような場合もある。イザベラが，問題解決に費やす労力量の基準を上げることで不安を軽減しようとすることも一例となるだろう。

▌ 自己調整学習と動機づけをまとめること ▌

私たちは，動機づけの状態は，自己調整学習の段階でいうと「結果」に当たる，と考えている。結果が生じると，それはすぐに自己調整学習の次のサイクルか段階に影響する状況の要因となる。例えば，イザベラが数学の問題に対してそうだったように，特定の課題について生じる否定的な感情は，自己調整学習の第1段階の結果である。この認知は，イザベラが「否定的感情を和らげる」という目標設定を立てる，次の段階の状況として関与する。こうした見方は，信念，感情，動機づけの構成要素が自己調整学習のプロセスで果たす役割を認めるものである。

生徒は，自己調整学習の各段階において，そこでつくり出した結果についての感情を絶えず，内的に経験するのである。生徒が知覚している自分自身の感情のプロフィールが，その感情の基準のプロフィールに合致しない場合——感情について**評価する**場合——に，異なる状態へ移行しようとする推進力である

動機づけが生じるのである。

　生徒が課題を学習する方法である「もし－ならば－あるいは」の枠組みを用いた分析に基づいて，私たちは，生徒が学習を自己調整するには，状況を変える，操作を変える，基準を変える，の3通りのやり方があることを指摘した。いずれの変更も，結果がどれくらいその基準を満たすかについての評価であり，その評価を生徒は，自分で行ったり，他者から受け取ったりする。

　自己調整的であるとき，生徒は，一時的に直接課題に取り組むことから一歩退く。第1段階では，生徒は，課題の知覚に関する結果をメタ認知的にモニタリングしている。また第2段階では，目標や計画という形式の結果をモニタリングしている。第3段階では，その課題固有の努力や問題の回答についての満足度に関する知覚が，評価の対象となる。第4段階では，満足度を高めるために課題の状況，操作，基準をどのように変更するかについて，自分が考えた他の選択肢について評価が行われる。

　生徒が課題への取り組みの次のサイクルに入り，前のやり方や計画したやり方を変えようとするのは，動機づけの結果である。生徒は，自分が経験している感情プロフィールを，自分の選ぶ感情のプロフィールと合わせるように動機づけられている。こうした変化をうながし，生み出す状態を簡潔に表すのが，**動機づけ**という言葉なのである。

　本章では，こうした変化を起こすことを，動機づけ状態の調整としてとらえてきた。そして，動機づけ状態の調整は，学習の他の側面における調整と同様のプロセスに続くことを指摘してきた。つまり，生徒は，結果と評価の乖離を，基準に基づいて認め，条件，操作，基準のいずれかを変えることによって，自らの動機づけ状態を調整しているのである。

▎ 生徒は動機づけ状態をいかに方略的に調整しているか ▎

　動機づけと自己調整学習の関係を明らかにするための研究は，いくつかの基準を満たす必要がある。まず，自己調整学習のいずれかの段階において，生徒が最初にどのようなアプローチをとったのかを記述する必要がある。次に，自己調整学習における行動の変化を見分けるために，状況，操作，基準が課題遂行における時間経過に伴ってどう変化したかを表すデータが必要である。さら

に，自分の学習方法などに関する生徒の自己報告は不正確なこともある（Winne & Jamieson-Noel, 2002, また，Winne, Jamieson-Noel, & Muis, 2002 を参照）ので，生徒の自己報告を裏づける実際の行動データが必要である（Pintrich, 2003）。生徒が，動機づけ状態や感情状態を調整するために使う方略を記述できる，ということを示す研究は数多く存在する。しかし，これらの研究では，次の3点を検証するための重要な要素が欠けている。欠けている要素とは，（a）動機づけ状態や動機づけ状態の調整に使用している方略の有効性をモニタリングするために，生徒が用いている目標や基準に関するメタ認知的認識，（b）動機づけ状態の調整のためのある方略の実際の使用が，自己報告にどの程度反映されるか，（c）動機づけ状態の方略的な調整と遂行結果の関連，である。

上記の基準を満たす研究はかなり少ない。多くの研究は，生徒が学習のある時点において回答した内容に関する相関研究である。ここでは，私たちの「生徒は動機づけ状態をいかに方略的に調整しているか」という問いに答えうる研究例を厳選し，検討してみよう。

◆動機づけ状態を調整するための方略

ウォルターズ（Wolters, 1998）の研究は，生徒が，学習時に感情面を積極的に調整していると考えていることを示した。この研究では，（a）無関係の課題，（b）困難な課題（c）退屈な課題という3つの異なる課題状況において，「課題に取り組み続けようと思ったら，どのようなことをするか」（p.227）を生徒に記述させた。その結果，生徒が示した多様な方略例とウォルターズの分類を，表12.1に示す。

重要なことは，ウォルターズが，大学生は課題状況（無関係，困難，退屈）によって異なる方略を示すことを見出したことである。このような課題状況に合致した方略の選択的な適用は，自己調整学習を行う生徒の自己報告を概して特徴づけるものでもある（Hadwin, Winne, Stockley, Nesbit & Woszczyna, 2001）。ウォルターズの研究で生徒が記述した方略は，認知に関連した目標よりも動機づけ状態に関連した目標を対象にしているという点で，**学習スキル**と呼ばれる他の認知的方略や情報処理方略とは異なっている。

異なる課題状況で，動機づけ状態を維持するためにこうした方略を選択し実

第12章　動機づけと自己調整学習の絡みあい

表12.1　ウォルターズが特定した動機づけ状態を調整する方略（Wolters, 1998）

方略カテゴリー	方略例
外発的な調整	目標と良い成績をあげようという熱意を思い起こさせる
	課題を構成する要素を完成できたら自分に報酬を与える
	特定の成績に対して、自分に報酬を与える
内発的な調整	題材をより価値あるものにする
	題材をより適切なものにする
	題材をより楽しめるものにする
	題材をより興味深いものにする
	有能感（効力感）に影響を与えようと試みる
情報処理	援助を求める
	認知的な学習方略を実行する*
意思	環境を変える
	課題を実行するスケジュールを変える
	注意を維持したり減らしたりする
	さらに力を入れる
	課題に対する感情的反応を調整する

＊　動機づけを調整する方略が最も多く記述された。

行しているという生徒の報告は，生徒が実際に動機づけ状態の調整をしていることを示唆している。そうだとすると，これらの生徒は，動機づけ状態に関する目標や基準を設定し，自分の関与をこれらの基準に照らしてモニタリングし調整しようとしていると考えられる。生徒が，自分の努力や能力をモニタリングしているという研究はあるが（Rabinowitz, Freeman, & Cohen, 1992; Schunk, 1983），(a) 動機づけ状態に関して生徒が設定する目標と基準，(b) 動機づけ状態を調整するために生徒が実際にとる方略，(c) 学習活動中に動機づけ状態をモニタリングしたり変更したりするのに用いている目標や基準，方略について，生徒がどの程度メタ認知的な認識を持っているのか，という点については，より徹底した検討が必要である。これらのテーマについての新たな研究は，生徒が様々な課題に対して様々な文脈のもとで学習している間，どうやって方略的に動機づけ状態を調整しているのかということへの理解を深める契機を提供するだろう。こうした研究では，動機づけ状態，認知，基準（目標）の複数の目標プロフィール間のバランスを取るような，複雑な学習課題を生徒に課す必要がある。

　私たちの自己調整学習のモデルをウォルターズ（Wolters, 1998）の知見にあてはめると，表12.2のような目標を生徒が設定していると考えられる。それぞ

表12.2 動機づけの目標・基準の例と調整方略

動機づけの目標	動機づけの基準	できるやり方
課題に取り組み続ける	「もし」課題開始を先延ばしにしたり，遂行が行き詰まったりした「ならば」…	…5分休憩して新鮮な気持ちで課題に向かう 「あるいは」
	「もし」取り組む力が減ってきた「ならば」…	…もっと集中できるときに取り組む
最高の成績にするために不安を適切なレベルに保つ	「もし」努力ができないほど不安が高まった「ならば」…	…"そんなに心配することはない。自分が何をしてるかわかってるから"というひとりごとを言う 「あるいは」 …"こんなことはわかってるんだ。テストでは引っかからないぞ"と怒る
	「もし」もう気にさえしないくらい緊張が減った「ならば」…	…いろんなことがこれにかかっていることを思い出す
課題への興味を維持する	「もし」興味が減り始めた「ならば」…	…勉強することをゲームにする 「あるいは」 …題材を知っていることに関連づけようとする 「あるいは」 …もっと興味深くなるようにする
課題をうまく達成できるという自信を維持する	「もし」自信が弱いかこの課題をうまくできないという気持ちになった「ならば」…	…課題をできる程度に小さく分ける 「あるいは」 …仲間に助けてもらう

れの目標に関して，私たちは，基準と動機づけ状態を調整する方略を仮定する。私たちの知る限り，生徒が動機づけ状態を自己調整する程度を，方略的な自己調整学習の目印である「もし－ならば－あるいは」という定型手続きにおける特定の状況・基準・方略と，目標のタイプとを結びつけて検討した研究はない。

動機づけ状態を調整するある方略セットが，すべてあるいは多くの場面や課題において有効にはたらくと考えるのは素朴すぎる。認知的な関与を調整する方略の学習が必要であるように，特定の課題における動機づけ状態を調整する方略も学習する必要がある。しかし，特定の課題における動機づけ状態を調整するための方略は，学習スキルのテキストでもほとんどふれられていないのである（Hadwin, Tevaarwerk, & Ross, 2005）。

◘動機づけ状態の調整に関する知見

　生徒が動機づけ状態の自己調整を行っているという考えを支持する知見には，どのようなものがあるだろうか。以下では，感情に焦点を当てた研究を紹介する。感情は，動機づけ状態について生徒がよく認識する特徴を表しているからである（Pintrich, 2003）。感情の調整に関する初期の研究は，学習以外の課題遂行時の感情的反応のモニタリングと調整に焦点を当てていた。例えば，ディロンとラバー（Dillon & LaBar, 2005）は，刺激への身体的な感情反応を強めたり維持したり減らすように指示されると，人は認知的・注意的なリソースをこの課題に割り当てることを見出した。ディロンとラバーの研究では，対象者は特定の学習課題に取り組んでいるのではなく，イメージを提示され，そのイメージに対する身体的な感情反応をコントロールするように指示された。瞬きは否定的な感情の意識的な調整に影響されることがわかっているため，瞬目反応が測定された。ディロンとラバーの研究では，感情反応を調整することによって，人は自らの動機づけ状態を調整できるということを示す実証的な知見が示された。今後の研究では，特定の認知的，行動的学習目標を示すような学習課題が出された際の，こうした身体的な感情的反応の調整について，検討を進める必要があるだろう。

　キースとフリース（Keith & Frese, 2005）は，コンピュータ・プログラミングの学習において，失敗から学ぶことを勧める失敗制御トレーニングが課題遂行に与える効果が，学習課題の内的状況である感情状態の調整によって媒介されること示した。この研究では，失敗制御トレーニングにはメタ認知的トレーニングが伴う場合と伴わない場合があったが，いずれの場合においても，失敗を除去しようとするトレーニングよりも遂行結果を向上させた。また，課題遂行中に集められた発話思考プロトコルでは，失敗制御トレーニングによって感情のコントロールがなされ，転移課題の成績が高められた，と生徒が考えていることがわかった。よって，「自己調整の観点からみると，転移を生じさせるためには，感情の自己調整（感情の統制）と認知的自己調整（メタ認知）が同じくらい重要である」（Keith & Frese, 2005, p. 687）。学習における感情統制トレーニングに関する研究によって，生徒の動機づけ状態の調整と，その調整が学習結果に与える影響についての理解を深めていくことができると考えられるが，こうした研究も現在のところ数は少ない。

算数の問題に取り組んでいるイザベラのアプローチは，感情の調整を反映している。学習するときひとりごとを言うという計画を立て，不安よりも問題解決に関する特徴に集中することで，イザベラは文章題解決における自分の感情的反応（結果）を調整しようとしていた。感情や他の動機づけ状態を調整する際には，方略使用の結果をモニタリングするための基準を設定しなくてはならない。残念なことに，学習課題遂行時の動機づけのこの種の方略的な調整についてはまだ，自己調整学習の研究における実証的検討がなされてはいない。

◘努力が自己調整学習の選択に影響することを生徒は知っているか？

　私たちもピントリッチ（Pintrich, 2000, 2003; Schunk, 2005 も参照）と同様に，動機づけの要因と，他の行動，文脈，認知の変数の相互作用が自己調整学習プロセスの進行を変更させると考えている。次に紹介するラビノヴィッツら（Rabinowitz et al., 1992）の研究では，このプロセスが検討されている。

　努力は，操作に適用される基準と考えることができる。ラビノヴィッツら（Rabinowitz et al., 1992）は，この基準が学習のやり方の選択に与える影響を検討した。この研究では，大学院生が2つの実験セッションに参加している。はじめのセッションでは，対象者は，群化（clustering）という学習法を使った。対象者の半数には，分類しやすい題材が与えられていたため，使うのは易しかった。一方，残りの対象者にとっては，実験状況は正反対であり，分類は簡単ではなかった。そして，この両者ともに，続く第2のセッションでは，同じ群化という学習法の，中程度に難しい内容に取り組んだ。そこで，最初のグループでは，低いレベルから中程度への移行を経験し，後のグループでは，高いレベルから中程度への移行を経験したのである。

　第2の学習セッションでは，はじめのセッションで分類しやすい題材を与えられた対象者のほとんどが，群化を使い続けており，それをやめたのは1名のみであった。分類することが，やりやすくてよい結果を導く，という動機づけ状態を経験することによって，対象者は同じやり方で学習を続ける気になったのである。きわめて対照的に，第1セッションで，分類が困難な題材を与えられた対象者は，群化が使いやすくなったにもかかわらず，46%が群化をやめていた。対象者は，難しいやり方をはじめのセッションで使用したために否定的な感情的反応をし，その動機づけ状態が，それを再使用するという選択を抑制

したと考えることができる。概して，使用が難しい操作は，たとえ効果的であっても使われなくなるのである。

結論

　本章では，COPES の枠組みを用い，(a) 現在の状態（結果）と望ましい状態（基準）に照らして，評価（フィードバック）の乖離を認識する，(b) その文脈（状況）において乖離を変更する行動（操作）を行う，という2つの特徴から自己調整学習をとらえた。第1の特徴は，動機づけ状態を示すものであり，第2の特徴は，その動機づけ状態を変えるために何かをすることを示すものである。このように考えると，自己調整学習は，動機づけられた行動の一例としてとらえることができる。
　私たちが提示したモデルでは，次の3つを自己調整学習の変更の明確な対象としている。課題を特徴づける状況，結果を生み出す操作，そして結果に対する評価を生徒自身（と他者）が行う際の判断の基準である。動機づけ状態は状況なので，自己調整学習の繰り返しの属性によって，他の要素を変更するのと同じように，変更の対象として焦点化ができる。動機づけの自己調整は，行動変化に関する比較的新しい観点であり，動機づけと学習（自己調整学習を含めて）の結びつきを理解するための試みをより複雑にするものである。それにもかかわらず，私たちはこの観点に立ち，状況，操作，基準の変更それぞれに焦点化すると，生徒は複数の独立した目標を同時に持つことができると考えている。
　こうした記述に対して，では，自己調整的でないものは何か？　という問いが立てられるのは当然のことであろう。この問いに対する私たちの答えは，「自己調整は結果が生み出された後で選択肢が考慮される現象である」というものである。この基準に照らすと，現在の研究知見は十分な情報を提供していない。生徒の動機づけ状態の認知を，将来の行動への意図と関係づける多くの研究があるが，その意図が実現されたか，そして実現されない場合に生徒がどう状況を修正したか，という点を検討した研究はほとんどない。こうした点は，自己調整学習が行われていたかどうか，そして，自己調整学習において動機づけ状態がどこでどのような役割を果たしていたか，を明らかにするために重要

である。

　私たちの分析から，認知的，動機づけ的な学習方略を開発していくべきであり，次の3点の問いが生徒に提起されるべきだと考えられる。すなわち，(a) 自分の動機づけ状態の目標はどのようなものか（基準），(b) 動機づけ状態が変化し，変動した場合にそれをどうやって知ることができるか（評価と該当する基準），(c) 動機づけ状態が最適なレベルに移行する場合にどの方略（操作）が適切か，である。そして，生徒の援助では，(a) 学習課題における動機づけ状態についてのメタ認知的認識を促進し，(b) 動機づけ状態のメタ認知的モニタリングを強化することによって，より積極的で生産的な学習を促すことができると考えられる。動機づけを，理解しにくい統制不能なもので，我慢するしかない特性ととらえるべきではない。そうではなく，動機づけは，自己と課題の特性の集合としてとらえられるものであり，生徒が自分にとって役立つように調整することを学べるものとしてとらえるべきなのである。

第 13 章

自己調整学習の適応的援助要請における動機づけの役割

リチャード・S・ニューマン
(Richard S. Newman)
University of California

▌ はじめに ▐

　わからない教材について質問することは，学習の過程の中で重要なことの1つである。生徒がひとりで勉強し，課題遂行をモニターし，自分では解決できないような問題に直面したとき，よくわかっている他者に援助を求めることは，適応的な学習方略である。しかし残念なことに，生徒たちは学校の課題をやり遂げるのに必要な援助を，たいてい自分から求めようとしない。生徒たちは，教師が自分のところへ来てくれるのをただ座って待っていることが多い。援助を頼んで，級友から能力がないと思われたくないからである。また，援助要請をしても，それが適切でないやり方であることもよく見かけられる。はじめに自分でやってみようとせずに，時々，不必要なときに援助を要請する。その生徒たちは，課題を理解することよりもただ答えを出すことに関心があるとか，ときには単に教師や級友の注意を引きたいだけのこともあるのだ。
　本章は3つの部分から構成される。はじめに，援助要請研究について簡単に概観する。特に適応的な援助要請が，理論的にどのように定義されてきたか，

実験的にどのように操作されてきたかについて着目する。次に，適応的援助要請をよく理解するために，生徒が難しい学習に直面したときによくやりがちな，いくつかの非適応的な行動との対比をする。その際，援助が必要かどうかについての生徒のアセスメントを中心に見ていく。本章の最後の節では，教師の実践的な関心のうち，特に，適応的な援助要請を行う際に，どのように生徒をサポートしていくべきかについて議論したい。

自己調整の適応的援助要請とは

◘理論的定義

適応的援助要請は自己調整学習の方略の1つである（Boekaerts, Pintrich, & Zeidner, 2000; Karabenick, 1998; Schunk & Zimmerman, 1998; Zimmerman & Schunk, 1989 を参照）。ではなぜ，適応的援助要請は「方略」と考えられているのだろうか。それは，援助要請が，学習のつまずきと課題解決との間を橋渡しする目標志向的で意図的な行為だからである（Newman, 1994）。この概念定義は，ネルソン・ル・ガル（Nelson-Le Gall, 1985）の研究をふまえたものである。より一般的には，それは成熟したコーピングの側面と考えられる。コーピングによって，困難に直面した人は特定の行動や戦略をあるストレッサーと結びつけることができる（Boekaerts, 1999; Skinner, Edge, Altman, & Sherwood, 2003）。

その他の学習方略と異なり（例えば，リハーサルや自己診断，参考書の使用など），適応的援助要請は他者が関与する対人的な方略である（Newman, 2000）。一見すると，他者の役割は自己調整の「自己」という部分とは矛盾する。ヴィゴツキー（Vygotsky, 1978）によると，子どもの認知発達は社会的影響と必ず結びついている。幼い子どもは，養育してくれる大人（通常は親）との社会的な交流に積極的に参加する。例えば，パズルをする場面で子どもがどうやっているか，あるいは何が必要かを大人は注意深く見守り，その子に必要なだけの援助（多くもなく少なくもなく）を与える。つまり足場づくりという形で手助けが与えられる。その子が必要とする援助が与えられ，不必要な援助はしだいに与えられなくなる。やがてその子は大人が行っていた調整的な役割

を引き受けるのである。この発達過程は，他者調整から自己調整への移行として述べられてきた。ヴィゴツキー理論の説明でよく見落とされがちなものとして，時折，他者調整へ戻るというメリットがある。難しい課題に直面すると，学習者は自分よりもよく知っている誰かに助けを求める。自己調整の重要な観点は，他者調整へ戻らなければならないときを知っているということである。自己が他者からの入力を受け入れるときを決める，つまり自らの指示によって足場を利用することである。言い換えれば，学習者は建設対象であると同時に「建設作業員」なのである。この二重の役割は，泳ぎや習いごとをするとき，熟達していく過程に含まれる活動の特徴である。自分の新たな限界に挑む必要がある場合，他者に頼ったり，自分でやってみたり，自分が納得できるところまで頑張ったり，専門家にさらなる援助を求めたりといったことを行きつ戻りつする。生涯を通じて，進んで他者に頼ろうとすることは，認知的，社会的，情動的な成熟性の表れである（Ainsworth, 1989）。

　本章では，援助要請を適応的援助要請と非適応的援助要請に分ける。この援助要請概念を自己に関する2つの観点によって区別する。1つ目は，適応的援助要請は自己内省を含むということである。適応的に援助要請を行うものは，社会的・認知的な能力を用いることで，学習のつまずきに対して次の3つの問い（つまり，決定や基準）を慎重に考える。

　1．援助要請の必要性
　　例：わからなくなってしまった。…一体何がわからなくて，何がわかっているだろうか？　自分自身で，スキルや方略，リソースすべてを使ってつまずきを解消しようとしただろうか？　そうしたにもかかわらず，まだわからない。援助を求める必要があると思う。
　2．援助要請の内容
　　例：何を尋ねればいいだろうか？　単に「わかりません」と言えばいいだろうか…あるいは，もっと詳しく聞いたほうがいいのだろうか？
　　先生の邪魔をして大丈夫だろうか？　…手を挙げるべき？　…そして「あの〜」と言えばいい？「すみませんが」と言えばいい？
　3．援助要請の対象者
　　例：だれに尋ねればいいだろうか？　答えを一番知っていそうな人はだれだろう？　自分のことを「ばかだなぁ」と思わないのはだれだろう？　先

生のほうが答えについてよく知っているのは当然だけど，友だちのほうが聞きやすいんだよなぁ。でも，友だちに聞いたら，先生は自分が友だちの答えを写していると思うだろうか。

　非適応的援助要請者と適応的援助要請者を区別する，自己に関する2つ目の観点は，情動と動機づけである。上述した必要性，要請内容，要請対象者に関する意思決定に加えて，適応的な援助要請者は援助要請に必要な対人的なリソースと，次のような自己の内部リソースを持ち合わせている（Connell & Wellborn, 1991）。つまり，援助要請することが妨げられるような要因（例えば，仲間との社会的比較，習得することよりも成績を強調するような教師や教室など）に直面したときに，自分の努力や興味をサポートし，続けることを許容してくれるようなリソースのことである。これらの情動・動機づけ的リソースには以下のものがある。

1. **目標**
   例：学習する意欲，良い成績を得ようとする意欲，協働して学ぼうとする意欲，級友と協力しようとする意欲。
2. **自分に関する信念**
   例：必要なら大人に援助を求めることができるということがわかっていて，難しい課題にも取り組もうとする自己効力感やコンピテンス。
3. **感情**
   例：他者が自分の弱みを認めることを受容できる自尊感情，学校の課題を楽しもうとしたり誇りに思ったりする感覚。

　重要なことは，援助要請の過程は不連続だということである。これらの情動・動機づけ的リソースは，意思決定の後に単純に独立して追加される要素ではない。目標や，信念あるいは感情は，援助要請するという意思決定を行動（つまり，実際に「教室で手を挙げる」など）に移すために必要なものである。しかしそれらもまた，援助要請の意思決定過程の一部に取り込まれる。また，生徒がやり遂げようとすることやその努力についてどのように感じるかには，意思決定過程に含まれる社会認知的コンピテンスが影響を与える。実際，「スキルと意思の融合」は自己調整的な行動の特色である（Paris, 1988; Boekaerts,

2006を参照)。

◻操作的定義

　自己内省（つまり，要請の必要性，内容，対象者）や情動・動機づけ的リソース（つまり，目標，自己信念，情緒）を含む援助要請の定義は，強い直感的なアピール力があるが，実証的に操作可能な変数に換えている研究者は少ない。本節では，それらの研究を紹介する。特に，発達的な知見（生徒の年齢，成績，知識量のそれぞれに応じた援助要請）に着目する。はじめに必要性（つまり，要請の内容とは別に）について検討した研究，次に，要請内容に関する研究を紹介する。援助者の選定を検討した研究は少なく，さらに内容や必要性と援助者の選定を連動させて検討した研究は，知っている限りでは見当たらない。ここでは，援助者としての教師（対仲間）に着目した議論を行いたい。援助要請研究では，様々な動機づけ概念（達成目標，社会的目標，自己効力感，認知されたコンピテンス）が扱われているが，ここでは達成目標に焦点を当てる（より詳細なレビューはNewman, 2000, 2002を参照）。

　援助の必要性　**必要性**は，他の基準（要請内容や援助者）を決める土台になる。適応的援助要請は，援助が真に必要なときだけに限られる。メタ認知と自己調整学習に関する研究では，援助が必要なときを正確に判断できる能力には発達差と個人差があることが示されている。年齢と知識量に伴って，生徒は，知識が十分でないことや理解が不完全あるいは，混乱していることなどに気づくようになる。そして，実際に課題をどれだけやれるかに対する客観的な判断がより正確にできるようになる（Brown, Bransford, Ferrara, & Campione, 1983; Newman, 2009; Winne, 2001を参照）。

　援助要請研究に**必要性**を組み込むために，実験室的な手法として，1対1の個別指導が使われてきた（例えば，生徒に，難しい課題と大人に援助を要請する機会を与える，という方法である）。その際，初期の失敗が必要性の客観的指標とされてきた。はじめに失敗した後に援助を要請することは，適切であり必要な援助要請ととらえられてきた。一方，最初の答えが正しいものであるときにも援助を要請することは，不適切で不必要なものと考えられている。ネルソン・ル・ガル（Nelson-Le Gall, 1987）は小学3年生と5年生に，質問してもいいとして，用語の定義を行わせた。子どもたちは，最初の仮の答えをし，援

助要請の選択肢を与えられ，最終的な答えを求められた。その結果，3年生は5年生よりも必要のない援助を要請する傾向にあった。同様の手法を5年生に用いて，ファン・デ・メィ（van der Meij, 1990）は，語彙が比較的貧弱な生徒は豊富な生徒よりも不必要な質問をすることを見出した。

答えに対する自信の主観的な判断基準を用いて，自信が低いことが，援助の必要性の指標と考える研究がいくつか報告されている。ネルソン・ル・ガル，クラッザー，ジョーンズ，デクーク（Nelson-Le Gall, Kratzer, Jones, & DeCooke, 1990）は，ネルソン・ル・ガル（Nelson-Le Gall, 1987）と同じ実験手法を用いて，3年生と5年生の援助要請を調べた。そこでは子どもたちは，はじめの仮の答えが正しいことにどれだけ自信があるかを尋ねられた。その結果，ネルソン・ル・ガルら（Nelson-Le Gall et al., 1990）は，3年生（かつ，低い言語的スキルを持つ生徒）よりも5年生（かつ，高い言語的スキルを持つ生徒）のほうが，必要性に関する主観的な判断と客観的な基準が一致すること（最初の答えが実際に正しい）が明らかになった。さらに，5年生（かつ，高いスキルを持つ生徒）は，最初の答えが間違っていそうだと感じたときに，より頻繁に援助を求めようとするのに対して，3年生（かつ，低いスキルを持つ生徒）では，最初の答えが合っていると思っても間違っていると思っても，同じような比率で援助を要請しようとしたのである。

必要性に応じた要請内容　もちろん，必ずしもすべての援助要請（それらが妥当な必要性に基づいているものだとしても）が適応的であるというわけではない。ある課題場面では，ある特定のタイプの要請が他のタイプよりも適応的である。援助要請研究は，情報を求める質問のいくつかのタイプに焦点を当てようとしてきた。例えば，説明を求める質問，ヒントを求める質問，確認する質問，最終的な答えを尋ねる質問である（Good, Slavings, Harel, & Emerson, 1987）。

適応的援助要請を操作的に定義する際に，必要性に応じた内容はどのように取り入れられてきたのだろうか。ネルソン・ル・ガル（Nelson-Le Gall, 1987）とネルソン・ル・ガルら（Nelson-Le Gall et al., 1990）の研究における子どもたちは，最初の答えに続いて，援助要請の選択肢が与えられ，それから最終的な答えを尋ねられたということを思い出してほしい。子どもたちは，2種類のタイプの援助のうち1つを要請できた。(a) ヒント（つまり，文章で使われているターゲットの単語の形式による間接的な援助）あるいは (b) 直接的な答え（つまり，おそらく「課題をうまくやり終えた別の子どもが残した」正しい，

最終的な答え）である。ネルソン・ル・ガル（Nelson-Le Gall, 1985）によれば，ヒントを求めることは，「道具的」援助要請（現在の知識を明確にしたり洗練しようとする意欲を示している）を示す一方で，直接的な答えを求めることは，「実効的」援助要請（知識が不足しているか，課題を手っ取り早く完成させようとする意欲かのどちらかを示す）を示しているのである。5年生（かつ，高いスキルを持つ子ども）は実験者に，直接的な答えよりもヒントを多く求めた。一方，3年生（かつ，低いスキルを持つ子ども）は，直接的な答えとヒントの間に差は見られなかった（Nelson-Le Gall & Jones, 1990を参照）。大事なことは，5年生（かつ，高いスキルを持つ子ども）が，直接的な答えを尋ねるのは，特に自分の答えに自信がないときに試みられるということである。一方，3年生（かつ，低いスキルを持つ子ども）では，要請内容と自信との間の関係はみられなかった。言い換えれば，要請内容の特定の種類と，必要性の認知という変数の関係を考えたとき，学習経験の豊富なものだけが適応的であるというエビデンスがあった。

　バトラーとニューマン（Butler & Neuman, 1995，またButler, 1998を参照）の研究では，2年生と6年生は難しいパズルを解くときに，ヒントかそれとも完全な解答のどちらを求めるかを調べた。その研究では，援助を求めたパズルの数を，自分ひとりで解けなかったパズルの数で割ることによって計算された援助要請率を，必要性の指標とした。また，最初の援助要請までにかかった時間を測定した。必要性の指標に関して，学年の影響は示されなかったものの，高学年の子どもほど援助要請までにかける時間が長く，つまずきに直面したときの根気強さを示唆している。

　最後に，ニューマンとシュエーガー（Newman & Schwager, 1995）の研究では，3年生と6年生が，今の習熟レベルを上回る数学の問題を解くように求められた。セッションは，1対1の個人指導の形で個別に実施された。個々の問題に対して，生徒はしたいだけ質問でき，次の5つの援助から選択できた。質問は，(a) 説明，(b) ヒント，(c) 答えの確認，(d) 最終的な答え，(e) その他，であった。質問には実験者がすべて回答した。はじめに，子どもたちは，2つのうち1つの目標条件が当てられた。つまり，習得目標（問題の解き方を学び理解するために）あるいは遂行目標（他の生徒よりもよくできるため，あるいは賢く見えるために。達成目標の討論については，Elliott, 1999; Midgley, 2002; Pintrich, 2001を参照）のどちらかを持って，達成するようにと言われた。

自然に出た質問をコーディングしたところ，理解していないことを示す曖昧な陳述や質問が多くみられた（例えば，「頭が空っぽ」「30!?」）。適応的援助要請の流れは，誤った答えの後で，問題を自分で解こうとする試みがされ，説明やヒントの要請が後に続いた。非適応的援助要請の流れは，自分で解こうとしないまま最終的な答えをすぐに求めるか，間違って答えその後自分で問題に向かっても追加して考えないかであった。6年生は3年生よりもヒントを多く求め，最終的な答えを求めたり，わからないという曖昧な表現をしない，という結果であった。習得目標を持った生徒は，遂行目標を持った生徒よりも誤りを修正したりつまずきを解消するのに役立てるフィードバック（答えの確認）を求める。生徒が適応的な援助要請の流れを示すことはまれである。2つのタイプの非適応的配列がよく行われ，習得目標よりも遂行目標が生徒によく見られたのである。

　要するに，適応的援助要請は，援助が必要で単に急場しのぎではないという正確な査定が要求されるのである。この査定に基づいて，生徒は，自分の要求に合った要請の内容と対象を慎重に検討し，要請をうまくやり遂げるのである。発達的な知見は，年齢や知識に伴って，生徒がいつ援助要請が必要であるかにしだいに気づくようになり，必要なときに援助要請をするようになり，援助のタイプを対応させることができるようになる（ヒント対最終の答え）。結論は，達成目標は援助要請と関係しているということである。習得目標を持った生徒（達成目標を持つ生徒に対して）は，自分の答えが正しいかどうかに関するフィードバックを得ることにより興味を持つ。一方，遂行目標を持った生徒（習得目標を持つ生徒に対して）は，非適応的な方法の援助を求めるのである（つまり必要がないときにもすぐに援助を求めようとしたり，あるいは援助が必要なときに援助をいらないとして援助の要請に失敗する）。

▌ つまずきに対処する場面での非適応的行動 ▐

◇非適応的援助要請に関連させた適応的援助要請の定義

　実験研究と対照的に，援助要請研究の多くは，主観的にも客観的にも援助要請の必要性を査定してこなかったし，実際の援助要請行動を測定しなかった

(もちろん，必要性について推測することは可能であるが)。たいてい，生徒たちに質問紙が配られて，例えば数学の授業で，質問しそうかするつもりかを報告させている。質問項目の文の中に条件に関する記述を入れることによって，援助の必要性の認知に配慮している（例えば，算数の問題で行きづまると，私は，それを続けられるようにだれかに助けを求める)。この最初の部分が条件に関する部分である。実験研究において，援助が課題完成に必要であるかどうかをより正確に査定する一方，自己報告による研究では，生徒が授業中のつまずきにどのように反応するかを査定する。こういった研究は，教室での実際の授業中には，適応的な援助要請がほとんど起きないことをはっきりと示している。生徒はたいてい，（質問することによって）自分がつまずいていることを教師や級友に知られるよりも，間違うことを選ぶのである（Newman, 2002; Ryan, Pintrich, & Midgley, 2001)。

生徒たちが，つまずいており，また援助を適切に求め**ない**とき，彼らはいったいどう**する**のだろうか？　明らかに，多くの小学生，中学生，高校生は，勉強をやめてしまっている（例えば，Covington, 1992; Steinberg, Dornbusch, & Brown, 1997)。勉強しなくなることは様々なかたちをとる。例えば，必要で役立つ援助を求める機会を無視し，避けて，受身になるのである。また，自分でまずやろうとせずに援助を求め，それによって本当の取り組みと結びついたやる気を妨げるのである。もちろん，教師や研究者は，生徒がつまずいてやる気が見えないときでも，もしかするとその生徒は生産的に思考しているかもしれないので，注意深く査定することが大切である。

適応的援助要請を十分に理解するためには，生徒がつまずきに対してとる非適応的なやり方と対比することが有効である。適応的援助要請は，援助が必要かどうかについての正確な査定が条件であるため，自己調整の過程のある時点における生徒のつまずきを分析することが有益である。表13.1は，生徒の援助要請行動を必要性の査定に対応させて4つの方法（やり方）として示したものである。

Ⅰ．適応的援助要請：必要なときに援助要請する。
Ⅱ．非適応的依存な援助要請：必要でなくても援助要請する。
Ⅲ．援助要請の非適応的な回避：必要なときでも援助要請しない。
Ⅳ．適応的な他の行動：必要がないときに援助要請しない★。

表13.1　必要性に対する援助要請行動の分類

援助は必要か？	行　動	
	援助要請する	援助要請しない
必要がある	区画Ⅰ 適応的援助要請 （自律的援助要請）[1] （適切な援助要請）[2]	区画Ⅲ 援助要請の非適応的な回避 （回避内面的行動）[1] （援助要請回避）[2]
必要がない	区画Ⅱ 非適応的依存的な援助要請 （実効的援助要請）[1] （依存的援助要請）[2]	区画Ⅳ 適応的な他の行動

1：Butler, 1998
2：Ryan et al., 2005

★　区画Ⅱと区画Ⅲは必要性について正確に測定されたものではない。援助要請を行う人が「本当の」必要性を正確に見極めることができるかどうかについては，本章の範疇を超えている。区画Ⅱの援助要請，つまり非適応的な依存的要請を行う生徒は，援助が必要でないという正確なアセスメントをしていても，援助を要請しているかもしれないし，援助が必要だという不正確なアセスメントによって要請しているかもしれない。同様に，区画Ⅲ，つまり非適応的な援助要請回避を行う生徒は，援助が必要ではないという不正確なアセスメントによって援助要請をしていないかもしれないし，援助が必要であるという正確なアセスメントにもかかわらず援助要請を回避しているかもしれないのである。

　援助要請の理論や研究はすべて，つまずきへのこの4つの行動－必要性アプローチに基づくものである（言い換えの専門用語は表13.1参照）。研究者は，暗黙裡あるいは明白に（a）区画Ⅰと区画Ⅳによる適応性と（b）区画Ⅱと区画Ⅲによる非適応性を概念化してきたのである。

◨非適応的援助要請に関連させた適応的援助要請の研究

　適応的援助要請と非適応的援助要請の実証的な対比を試みいくつかの研究がある。そのうちの特筆すべき3つの研究を紹介する。ルース・バトラー（Ruth Butler）とアリソン・ライアン（Allison Ryan），そして筆者（Newman, R. S.）の研究である。

　バトラー（Butler, 1998）の研究は，区画Ⅰ，Ⅱ，Ⅲを対比させたものである。バトラーは援助要請を行おうとしない生徒を3つの明確な援助回避（HA）

志向性で説明できることを理論化した（つまり，「自律性」「急場しのぎ」「能力焦点型」である）。これらの志向性，あるいは信念体系は，なぜ援助要請をしないのかという理由と同様になぜ援助要請をするのかという理由をそれぞれ「含んで」いる。研究の第1部で小学5，6年生に質問紙を実施した中では，自分で挑戦したいから援助要請をしないと答えた生徒も，（学習に必要ならば）援助を要請すると言っている。また，教師と話す時間をとりたくないため援助要請をしないと答えた生徒も，（答えがわかることで勉強が早く終わるなら）援助要請すると言っている。そして，つまずきを隠したいから援助要請をしないと話す生徒も，（良い成績をとらなければいけないというプレッシャーを感じたら）援助要請すると言っている。研究の第2部では，実験参加者の生徒たちに難しい数学の問題を解かせている。彼らには，ヒントか最終的な答えを要求する機会が与えられた。その中にはカンニング（正解をこっそり写す）による援助を得る方法も含めて，実験的に設定された。その結果，援助回避志向性が援助要請の異なるパターンと結びついていることが確認された。ヒント（つまり自律的援助要請）を要求するのは，自律的な援助回避志向性（区画Ⅰと比較）を持つ生徒に最も多くみられた。最終的な答えの要求（つまり実効的援助要請）は，急場しのぎ援助回避志向性（タイプⅡと比較）を持つ生徒に最もよく見られ，要請までの時間は最も短かった。カンニング（回避内密行為）は能力焦点型の援助回避志向性（区画Ⅲと比較）を持つ生徒（男子だけ）に多かった。

ライアン，パトリック，シン（Ryan, Patrick, & Shim, 2005）も，区画Ⅰ，Ⅱ，Ⅲを比較している。5，6年生の担当教師は，援助要請の傾向によって，生徒を以下の3グループに分類した。

(a) 適切な援助要請：例えば，本当に必要なときには援助を求めるが，過剰な依存ではない。（区画Ⅰと比較）
(b) 依存的援助要請：例えば，つまずくとすぐ援助を求める。（区画Ⅱと比較）
(c) 援助要請の回避：例えば，必要なときでも援助を求めない。（区画Ⅲと比較）

生徒の自己報告による援助要請の傾向は，教師の分類が妥当であることを示していた。質問紙では，要請を回避する生徒は，最も非適応的な心理的自己プロフィールを持っていた。つまり，習得目標が低く，遂行回避目標が高く，自

覚されたコンピテンスが低く，また，自覚された情動が低く，教師からの学習のサポートが少なく，授業で積極的な気持ちが少ないという結果であった。ほとんどの質問紙尺度で，依存的援助要請をする生徒は，適切な援助要請をする生徒と同様の結果を示していた。しかしながら，次の3つの尺度では，要請回避の生徒と類似した結果であった。つまり両群の生徒は，通信簿の点が低く，学力テストの得点も低く，授業での不安が高かった。

最後に，再びニューマンとシュエーガー（Newman & Schwager, 1995）の研究を見ておきたい。生徒には，3つの行動－要求による援助要請が確認された。適応的援助要請は，ひとりで問題を解こうとし，不正解になると，援助を要請する（区画Ⅰと比較）。また，非適応的援助要請配列については，(a) 必要ないかもしれないのにすぐに援助を求める（区画Ⅱと比較），(b) 必要なときに援助を求めることをしない（区画Ⅲと比較），の2つが示された。

◘欠けている関連：情動的・動機づけ要因の役割

適応的援助要請の概念的解釈によると，生徒は援助が必要ではないことがわかっていても教師に援助を求める。同じように，援助が必要であるとわかっていても援助を要請しない（要請を回避）。正確な判断を正確な行動に結びつけるためには，情動・動機づけ的なリソースが必要である。目標や自己信念，情動は，非適応的な反応を適応的援助要請と区別する重要な誘因といえる（表13.2参照）。

はじめに，区画ⅠとⅣについて見ていこう。この2つの区画は，同一の自己調整学習者において，異なるときに異なる行動として現れるものである。無反応（例えば援助要請をしないこと）は，観察できない。そのため，生徒たちが，実際には何をしているかについては全然わからない。しかし，区画Ⅳにおける自己調整学習者は，観察可能な行動をとっている。例えば，(a) 問題が不正解でも「新しくやる気」を示したりあるいは新しい方略を使ってひとりで学習を続ける，(b) 休憩する，(c) 課題を終わらせて，別の課題に取り組むか自分自身にほうび（テレビを見る，寝る）を与える，などである。両方の区画において，生徒たちの行動は学習目標や自律的要請回避志向によって動機づけられている。また，生徒たちの行動は，プラスの自己効力感や自覚されたコンピテンス，自尊感情，また，学校で興味・関心を持つことや楽しむことにも関連している。

第13章　自己調整学習の適応的援助要請における動機づけの役割

表13.2　行動と必要性パターンに関連する動機づけ

援助は必要か？	行　動	
	援助要請する	援助要請しない
必要がある	区画Ⅰ 目標 ・熟達目標 ・自律的要請回避志向[1] 自己信念 ・高い自己効力感とコンピテンス 感情 ・高い自尊感情，幸せ感，プライド	区画Ⅲ 目標 ・遂行回避目標 ・能力焦点型要請回避志向[1] 自己信念 ・低い自己効力感とコンピテンス 感情 ・低い自尊感情，不安，無力感，抑うつ症状
必要がない	区画Ⅱ 目標 ・遂行接近目標 ・作業回避 ・急場しのぎの要請回避志向[1] 自己信念 ・低い自己効力感と自覚されたコンピテンス 感情 ・低い自尊感情，不安	区画Ⅳ 目標 ・熟達目標 ・自律的要請回避志向[1] 自己信念 ・高い自己効力感と自覚されたコンピテンス 感情 ・高い自尊感情，ハピネス，プライド

1：Butler, 1998

　次に，区画ⅡとⅢについて見ていく。非適応的依存的な援助要請（区画Ⅱ）を行う生徒は，遂行目標や，遂行接近目標（有能と見られたい欲求）によって動機づけられる。また，ひとりで勉強すると不安に駆られる。ひとりで課題をやるために必要な自己効力感や自覚されたコンピテンスが低い。また，援助のために級友にはたらきかけるのに必要な自己信頼が欠けている。友だちや教師に，要求が多くうるさく質問すると思われるために，過度に依存的な子どもは，情緒面が未成熟だといううわさになるリスクがある。他方，必要ではないときに援助を求める生徒は，勉強回避的な目標や急場しのぎの要請回避志向に動機づけられている。努力しないで手っ取り早く勉強を終わらせたい，あるいは友だちと時間を過ごしたいので，自分で課題ができるかどうかを考えずに，援助を要請してしまうのである。援助要請を回避する生徒（区画Ⅲ）は遂行回避目標（能力のないことを見せたくない欲求）と能力焦点の援助要請に動機づけられている。学習のつまずきが，みんなの前で明らかになることによって，この区画の生徒は非常に不安になるのである。自己効力感や自覚されたコンピテ

スは低く,級友か教師に対する援助要請をはたらきかけるために必要な自信にも欠けている。誰かと一緒に勉強するのは心配なので,一緒には勉強しない。失敗は避けられないので,彼らは「なぜ自分は援助を求めるべきなのか」と自分自身に問いかける。無力感,失望,目的の喪失は,抑うつ症状として現れる。しかしながら,バトラー(Butler, 1998)の研究結果を思い出すと,良い成績を取らなくてはという親や友だちのプレッシャー(生徒の動機づけは自己決定ではなく外発的である,Ryan & Deci, 2000)があると,生徒の遂行の関心は,リスク志向の援助要請(つまり,カンニング,Anderman, Griesinger, & Westerfield, 1998 を参照)に向かいやすいのである。

区画ⅡとⅢは,同じ生徒が異なる場面でとる,質的に異なる,非自己調整的な行動を示している。また2つの行動は,2つの質的に異なる生徒のタイプの特徴だとも考えられる。生徒のプロフィールの個人差(区画ⅡとⅢの間)は,発達的に興味深い問題を提起する。つまり,「2つのタイプの生徒は,それぞれ別々に社会化されるのだろうか」,また,「これらの生徒は,学習面や社会面で異なる成果をあげるのだろうか」,「依存的援助要請はもしかすると,援助要請回避に対して発達的に先行する現象なのだろうか」。最後の疑問は,リスクや回復力に関するもので,「リスクのある依存的援助要請は,やがて,援助要請の回避につながっていくのだろうか」。もしそうならば,教育的介入は,どのように,そういったリスクに対処し過剰に依存的な生徒に対してより健全な(自己調整的)発達の道すじを与えるのだろうか。

非適応的な依存的援助要請について考えることは,重要な方法論的な問題の提起につながる。学校での勉強に対する援助は,(個人の能力や実際の課題成績に基づいた)客観的な基準によれば,必要ないかもしれないが,生徒の心配・不安を減らし急場をしのごうとする要求を満たすためには必要だろう。すなわち,必要性は,生徒個人の目標や自己信念,情緒面の文脈において考えられるべきなのである(Boekaerts, 1999 と比較)。非適応的な援助要請の根本的な原因を理解するため,そして,より一般的に,自己調整の「自己の視点」を理解するために,研究者たちは,情動・動機づけ的要因の役割に大きな注意を払わなければならないのである(Nadler, 1998; Schutz & Davis, 2000; Weiner, 2000 を参照)。

■ 教師の役割 ■

　援助要請が社会的相互作用であるということは，忘れてはならない重要な点である（Jackson, Mackenzie, & Hobfoll, 2000; Newman, 2000）。したがって，適応的援助要請が成功するためには，教師の存在と援助に対する意欲が必要である。終わりの節では，生徒の自己調整学習の基礎にある自己システムの欲求（関係性，自律性，コンピテンス，Connell & Wellborn, 1991）と，教師が生徒と関わり自律性やコンピテンスをサポートし，適応的援助要請を促進する（達成動機に及ぼす教師の影響については，Stipek, 2002 を参照）方法について述べる。

◆生徒との関わり

　教師が教室で適応的援助要請をすすめることができる仕組みの1つは，教師と生徒の関わりである。教師が，時間，情熱，愛情を共有するクラスでは，生徒は，注意深く，努力し，自己表現的であり学習に興味を示す。思いやりがあると認知された教師たちは，**間主観性**（教師と生徒の目的，興味の焦点，情緒を同調させること）によって特徴づけられるクラスづくりを行う。そういったクラスでは，教師たちは生徒の視点に立つことができ，生徒たちの考え方（例えば，ある特定の学習課題について）が理解でき，そして，この理解に基づいて，生徒の学習を適切に導くのである。面倒見のいい教師は，生徒が援助を必要か聞こうとし，質問し，尋ね，生徒につまずいた課題を理解させ，生徒から怖がられないように援助を行う。生徒たちは，こういったタイプのコミュニケーションを経験して，教師が信じるに足る援助者であるということを学んでいく。これによって多くの教師と生徒間の隔たりが和らぐのである（Patrick, Anderman, & Ryan, 2002）。

　教師の支持的な関わりによって，生徒たちは，援助要請の利点がコストを上回ることを認めるようになる。では，利点とは何だろうか。教師に対して援助を求める低学年の生徒は，教師の全体的で情緒的な特徴（やさしさや親切さ）のために援助を求めるのである。年齢が上がると，生徒は，教師が自分たちの

要求にあわせられる方法に気づくようになる。中学年ごろまでには，生徒たちは，教師が問題に気づき，アドバイスや時間を与え，授業で質問することへの励ましを与え，勉強を助けてくれるので，教師を援助してくれる存在だと判断する。小学生は，また教師を否定的に見ることもある。2年生以下の生徒は，援助を要請したときの教師の否定的な反応（例えば「先生は自分のことを賢くないと思っている」）を恐れる（Newman & Goldin, 1990）。教師が援助しようとしないときに，認知されるコスト感は大きい。高学年の生徒は，自己価値を守るために，教師の前で「賢くないと見られること」を恐れる。低学年では，一般的に利点が上回る。高学年から中学生以降では，生徒はたいてい，援助が必要なときに要請するかどうかを，援助要請の利点とコストを比べて悩むのである（Newman, 1990）。

◘自律性に対する支援

自己調整学習者は一般的に自律的であると感じている。教師が自律性をサポートしたり，適応的援助要請を促進するための重要な方法には，教師が教室で設定する達成目標が必要である（Ames, 1992）。教師は，長期にわたる習得，自律性，学習の内発的な価値の重要性を強調すると（例えば，到達度基準準拠型の評価や協同的活動の導入によって），クラスの習得目標が促進される。一方，教師が，特に生徒どうしの成績を比較するようなかたちで成績を強調すると（例えば，集団基準準拠型評価や競争的活動の導入によって），クラスの遂行目標が促進される。遂行接近目標（賢いと見られたい欲求）対遂行回避目標（賢くないと見られたくない欲求）は，特に学習に悪影響を及ぼす（Elliot, 1999）。

クラス全体にある目標を立てることに加えて，教師は，これまでの成績から教師や親によっておそらく設定されている生徒個人の目標を調整しなくてはならない。ある生徒たちは習得目標によって個人的に動機づけられていて，自分の課題の結果の正否についてフィードバックを要求しようとする。他の生徒たちは，遂行目標によって個人的に動機づけられていて，そういう種類の情報には興味を示そうとしない。成績を心配するような生徒を習得目標のクラスに入れると，自分の持っている援助要請を回避しようとする傾向を，克服しようとしたり，もしかすると補おうとするかもしれない（Newman, 1998）。教師は，個々の生徒の目標に合わせて，援助を避けたり諦めたりする生徒を援助するこ

とができる。例えば，教師は，生徒の遂行目標を習得目標に変更や修正をすることができる。学習と理解が強調される場面において，自分の遂行を注意深くモニタリングすることや，的確な要求に対応した情報やフィードバックを求めることなどの利点について，教師は生徒に説明する。このような方法で，「賢い援助要請者」は自分のスキルを高め，理解を深めることが可能となる。その結果，成果をあげ，好成績を取るのである。言い換えれば，援助要請の利点が援助要請のコスト（例えば，バツの悪さ）を上回るのである。

◆コンピテンスに対する支援

　教師は，どのようにして，生徒が適応的援助要請ができる，またそう感じるように支援できるのだろうか？　教師は教室の討論のパターンをつくり上げ，生徒はそのパターンを内化する。そして，質問の価値や有用性，スキルを学習していく。援助を求める友だちを批判するよりも尊重することが重要である。教師が思い違いを診断するために使う質問や問いかけは，最終的には，生徒たちが自分自身や他者に対して気のきいた質問をする助けになっていくのである。教師のフィードバックは生徒たちにいつ援助が必要かを知らせることになる。必要でも援助しないことが，生徒たちの適応的援助要請と依存的援助要請の区別のために必要な場合がある。特定の生徒たち（例えば，学業成績が下位の生徒）は，否定的なフィードバックとバツの悪さを避けるために，自発的に質問しないようになっていく（Eccles & Wigfield, 1985）。生徒たちに与えられる援助を方略的に活用するようにはっきりとすすめること（誤った問題を見直したり，もう一度解いてみようとすること）は，生徒が自分の理解状態をモニタリングし続けたり，さらに援助が必要かどうか決めたり，明確で正確で直接的な方法で援助を繰り返し求めるのに役立つ（Webb & Palincsar, 1996）。足場としての経験を通して（例えば，教師が援助要請に応えて，直接的で制御された答えよりも，ヒントや明示的でない指導をすること），生徒たちは，難しい課題を習得する機会を得て，質問が問題解決において価値のある手段であることを学ぶのである。教師が，ジレンマと不確かさは我慢できることを示す——それを分かち合い，そして，知的な挑戦へと形を変えていく——とき，生徒たちは，すべての問題を自分ひとりで解けないのはごくあたりまえだと悟るのである（Newman, 2000, 2002）。

必要性と要請内容に加えて，適応的援助要請の3つめの基準は，生徒の援助者選択の適切性である。教師は，ある学習場面で自分の求めに最もかなった人物を決めるという生徒の判断を援助することによって，適応的援助要請をサポートすることができる。例えば，難しい数学の問題につまずいたとき，すぐに友だちや隣の人に援助を求めようとしないほうがいいのである。振り返ってみると，生徒たちはスミス君（数学ができるけど説明がややこしい）よりも，メアリーさん（数学の達人）に質問をしていることがわかる。援助者の選択は明らかに，生徒が在籍する教室が判断基準として関連する。つまり，教師あるいは友だちからの援助を受けることができる教室，教師の中から援助者を選ぶことができる教室，あるいは様々な友だちの中から援助者を選ぶことができる教室である。教師は，援助を受ける有効なソースを大きくし，多様にするようクラスづくりをする。多くの研究では大人への生徒の援助要請が扱われているが，その他のソースとして，援助者としての友だちに着目した研究（Webb, Ing, Kersting, & Nemer, 2006）や，コンピュータ学習における援助要請を検討した研究（Aleven, McLaren, & Koedinger, 2006）も見られる。

▌ 結論 ▌

　適応的援助要請は，自己調整学習における方略の1つである。適応的援助要請の過程には，自己内省や自己の情動・動機づけ的要因がある。適応的援助要請の「適応的」とはどういうことだろうか？　短期的には，生徒の問題解決を援助することは，課題への関与や興味，学習を維持することに効果的である。そして長期的には，将来自分でつまずきに対応し，生涯にわたる知的な発達に必要なスキルと理解を準備するために効果的である。このような明確な利点にもかかわらず，生徒たちはこの方略を用いようとしないことが多い。このことは次の質問につながる。つまずいても適応的な援助要請をしない場合，生徒たちはどうするのだろうか？　本章では，適応的援助要請と非適応的行動（依存的援助要請と援助要請の回避）の違いに焦点を当てた。そして，適応的援助要請を促進する教師の役割について考えた。

　生徒にとっての直接的な利点に加えて，適応的援助要請は教師や級友にも役立つ間接的な利点ももたらす。適応的援助要請は教師の指導の感覚に対してプ

ラスの効果がある。それは，生徒が教師の指導に興味を持つことでわかる。その結果，教師と生徒の結びつきは強くなる。生徒が質問すると，教師は自分の指導について，何が理解されていて何が理解されていないかのフィードバックや診断的情報が与えられる。適応的援助要請は，探究的なクラスの環境や協同，そして知的な会話に役立つのである。クラスのどの生徒にとっても，それは理想的な学習のやり方のモデルになる。教師は生徒との結びつきや自律性への支援とコンピテンスを発達させることを通して，援助要請の方略を向上させる。しかも，教師にも相互的効果がある。教師が自分の役割（適応的援助要請を促進するものとして）を果たすために，忍耐強く，生徒の質問を聞かなければならないし，質問に性急に反応するのではなく，ただ答えるよりもどうすべきかを説明し，間違いを診断的な情報として大事にしなければならない。教師は，生徒の個別の要求——目標，自己信念，情動——に注意しなければならないことを，生徒から教えられる。適応的援助要請と適応的援助をすることの結びつきは重要な点である。事実，適応的援助要請は，教師の自己調整と同様に生徒の自己調整に対する1つの動機になり得るのである。

第 14 章

ジェンダー，自己調整と動機づけ

ジュディス・L・ミース
(Judith L. Meece)
The University of North Carolina
ジェーソン・ペインター
(Jason Painter)
The University of North Carolina

❚ はじめに ❚

　過去にアメリカで顕著であった学力の男女格差が縮小されてきたことは，最近の統計，研究報告，第三者評価結果などで明らかになっている（Wirt et al., 2004）。実際は，性差は縮小されているどころか，近年では女子生徒が男子生徒をしのいでいるという結果もよく発表されている。学習スキル，読解力，数学，思考力，空間能力，そして理科における学習成績の性差はその存在自体が疑わしくなってきたとされる（Willingham & Cole, 1997）。

　このように学習成績のみに焦点をあてた場合，男子生徒と女子生徒の差は顕著ではなくなった。しかし，態度，期待，動機づけ，自己信念，目標，それに自己調整などを考慮すると，科目による性差の存在は否定できない。このような違いが学習成果はもとより，生徒たちの選択（科目選択や進路における選択）にも影響することは，広く知られている。したがってバンデューラ（Bandura, 1986）が述べたように，教育現場では知識とスキルのみではなく，教育やキャリアに関する信念といった面も考慮することが大切なのである（p.

417)。

　本章の目的は，ジェンダーと自己調整過程に関する文献を紹介することである。まず，自己調整学習の認知過程やメタ認知過程，そしてその目標や学習行動への影響を考慮する (Zimmerman, 1989)。特に初等，中等そして高等教育における数学や理科など，近年まで男子が女子に優るとされていた分野での自己調整学習に関する研究に焦点を当てる。そして自己調整学習に大きな影響をもたらすとされる「目標」や「自己効力感の信念」に関する研究を紹介する。ジェンダー・ステレオタイプの影響が強いとされる数学，理科，国語，体育などの科目では，学習成果や自己調整学習そのものよりも，「はたして自分にできるであろうか」という自己信念に関する考えにおいて大きな性差があるとされている。これには社会的なジェンダー・ステレオタイプが関連しており，そのような文化的要素を討論した後でこの章を終えるものとする。

▌ 自己調整学習とジェンダー ▐

　現代の心理学や教育学研究における「自己調整学習」という構成概念の役割は重大なものである。**自己調整研究**はこれまで，目標達成をゴールとし，各自が行動，思考，情緒，環境などをモニターし調整する能力を解明してきた (Zimmerman, 1989)。したがって，自己調整という観念はメタ認知，達成目標，内発的動機づけ，行動制御，評価過程，目標設定の自律的な自己決定，目標実行の際の認知的かメタ認知的方略使用などの研究に欠かせないものである。この自己調整を，カローリ (Karoly, 1993, p. 25) は以下のように定義している。

> 　自己調整とは，個人が時と環境（文脈）を越えた目標達成に向けた活動をすすめる，内的あるいは交流的なプロセスである。この調整には，意識的あるいは自動的な方略などによる思考，情緒，行動，注意などの調節が関与する。また，自己制御が発生するのは，主に目標が顕著になったときや普段の行動に行き詰まったときである（例えば，課題が現れること，習慣的行動パターンでできないこと，など）。(p. 25)

　自己調整学習は，学習の効率化，学習結果の向上を進め，そして学習動機づけと学習への関与を高めるとされる (Ablard & Lipschultz, 1998; Alexander &

Judy, 1988; Bouffard-Bouchard, Parent & Larivee, 1991; Pintrich, 2000a; Pintrich & De Groot, 1990; Zimmerman & Martinez-Pons, 1986, 1990)。例えばピントリッチとデフロート（Pintrich & De Groot, 1990）は自己調整学習の方略を頻繁に使う生徒が，内発的動機づけ，自己効力感，そして学力において優れていることを立証した。ジマーマンとマルティネス-ポンズ（Zimmerman & Martinez-Pons, 1986）によると，成績の良い生徒は成績の悪い生徒に比べて14項目の自己調整の特徴的行動のうち，実に13項目でより高い頻度を示している。またいくつかの研究のレビューで，シャンクとジマーマン（Schunk & Zimmerman, 1994）は，自己調整学習に習熟した生徒は，そうでない生徒に比べて，認知，動機，そして成績において優れていると述べている。

　ひとことで自己調整学習と言うものの，実は様々な視点や理論が存在するのだが，ボーカーツとニーミバータ（Boekaerts & Niemivirta, 2000），ボロコウスキー（Borokowski, 1996），ピントリッチ（Pintrich, 2000b），ウィンとハドウィン（Winne & Hadwin, 1998），ジマーマン（Zimmerman, 2000）等の研究者たちが様々な見解を通してこの分野に貢献している。プースティネンとプルッキネン（Puustinen & Pulkkinen, 2001）が，これらの研究者たちによる自己調整学習の解釈を比較した。ボーカーツの理論はクール（Kuhl, 1985）の行動制御論およびラザルスとフォークマン（Lazarus & Folkman, 1984）の交流ストレス（Transactional Stress）理論に基づいている。一方，ボロコウスキーのモデルは情報処理やメタ認知の研究に基盤を持っている（Brown, 1978; Flavell & Wellman, 1977; Sternberg, 1985）。ピントリッチやジマーマンは，社会的認知理論をベースとしている（Bandura, 1986）。またウィンの場合特定の理論ではなく，いくつかの理論ベースやその応用の組み合わせで成り立っており，バンデューラら（Bandura, Zimmerman, Carver, & Scheier, 1990），クールとゴシュケ（Kuhl & Goschke, 1994），そしてパリスとバーンズ（Paris & Byrnes, 1989）などの影響を受けている。このメタ分析によると，これらの相違点はあるものの，すべての自己調整学習の理論やモデルが準備段階（予見，課題分析，計画，目標設定），実行段階（方略実行とモニタリング），そして評価段階（結果のフィードバックや内省）を含むのである。

　自己調整学習における性差研究は，主に社会的認知理論に基づいている（Ablard & Lipschults, 1998; Patrick, Ryan, & Pintrich, 1999; Zimmerman & Martinez-Pons, 1990）。この理論は学習者が，自己調整し，能動的になり，認

知的,自己調整的な方略を使って目標を設定し,追求し,達成することを強調する。その方略は効力感,興味,価値,目標志向,情動の知覚によって導かれ限定もされている（Pintrich & De Groot, 1990; Pintrich & Schrauben, 1992; Zimmerman, 2002）。

自己調整学習使用の性差の研究によると,女子は男子よりも自己調整学習の方略を使う頻度が高いとされている。ジマーマンとマルティネス-ポンズ（Zimmerman & Martinez-Pons, 1990）は,小学5年生,中学2年生,そして高校2年生にアンケートをとり,様々な学習の文脈（宿題,作文,試験勉強,実際の試験など）で14項目の方略の使用頻度を測った。目標設定,計画,記録取り,モニタリング,そしてより良い学習環境を見つける等の面で,総体的に女子の方略実行が男子に比べ優れているという結果を得た。その一方,行動に関する方略では性差は見られなかった。

アブラードとリップシュルツ（Ablard & Lipschultz, 1998）は,222人の中学1年生のうち,統一試験で上位3％以内の成績を収めた生徒を対象に自己調整学習に関する性差を調査した。すると,女子のほうが,成績や動機づけ等の要素を統制しても,総合的に自己調整学習の得点が有意に高かった。また女子のほうが,男子より学習の特定の文脈で自己調整学習の方略使用が多かった。例えば,女子の自己調整学習の方略使用の頻度は作文や読み書き一般に関しては高かった。

他の研究も科目による性差を示している。例えば,数学では,女子が男子よりも自己調整学習方略を使っていた。ポーケイとブルメンフェルド（Pokay & Blumenfeld, 1990）は,幾何の高校生の自己調整学習方略の使用頻度を調べた。女子高生が男子高生よりも,メタ認知的,一般的認知,そして幾何学的な方略の使用が多かった。そのうえ,女子は努力に関する方略でも優れていた。また,パトリックら（Patrick et al., 1999）は,中学1年生と2年生の数学を対象とした研究で,女子生徒の認知的方略使用が男子生徒よりも高いレベルであることを示した。それにもかかわらず,男子生徒が数学に関して自己効力感が高かったことは興味深いところである。

自己調整学習の性差の研究は,理科についてもいくつか存在する。3つの研究は（Anderman & Young, 1994; Neber & Schommer-Aikins, 2002; Pintrich & De Groot, 1990）,小学生から高校生まで性差はないと報告している。しかし,ミースとジョーンズ（Meece & Jones, 1996）は小学5年生と6年生を対象と

した研究で，平均的学力の女子児童の理科の方略活用（教材理解の分析や答え合わせなど）は，男子よりも優れているという結果を報告した。ただし，この結果は平均的学力の児童に限られていて，成績の良い児童や成績の悪い児童では，同様の結果は得られなかった。

よく問題視される読解力の性差（女子は男子よりも読解力に優る）を考慮すると，読書における自己調整学習の研究がこれまでほとんどないことには違和感を感じる。作文に関しては，女子の自己調整学習への信頼が男子に比べて大きいことが小学生（Pajares, Miller, & Johnson, 1999）および中学生（Pajares, Britner, & Valiante, 2000; Pajares & Valiante, 2001）を対象とした研究で示されている。これらの研究では，女子の児童・生徒がより高い頻度で，宿題を期限までに仕上げること，勉強を他のことより優先させること，授業や教科書で提示されている情報を記憶すること，クラスでの討論に参加することなどの方略を使用すると報告した。パハレスとバリアンテ（Pajares & Valiante, 2002）は，中・高校生にまでこの結果を拡張している。

◖このセクションのまとめ

自己調整学習の性差の研究は，これまでほとんど社会的認知理論を応用した自己報告と質問紙法に基づいたものであり，様々な領域を網羅している。その中で2, 3の例外を除くほとんどの結論は，女子生徒が男子生徒に比べ自己調整学習方略の活用をより活発に行っているということである。この結果はいくつかの点で重要である。

まず，これらの結果は女子が男子に比べて勉強熱心で自己制御しているという他の研究結果と一致している（Duckworth & Seligman, 2006）。この場合の「自己制御」とは，例えば，即答せずに答えを熟考したり，難問に取り組むにあたって焦らずに情緒を制御するなど，目標を達成するために反応を意識的に制御し思考する能力をいう。この自己制御は，自己調整学習と同様，試験の成績および学習能力と強い比例関係にある。したがって，行動の調整と制御をする力が，学習成績の性差と関係しているといえそうである。

その一方でこれまでの研究には，女子生徒は男子生徒に比べ有意味学習や自主的な学習に取り組まないという結果がある（Ridley & Novak, 1983; Fenemma & Peterson, 1985）。これらの研究はさらに男子生徒は女子生徒より

も自己制御をし，学習を先行知識に関係づけ，難題の解決法等を見出すことに優れているとしており，この方略をよく使うことが数学や理科の高い学力へと導くことも指摘されている。しかし，ここで紹介された自己調整学習や自己制御に関する自己報告データからは，このような結果は出ていないことに注目する必要がある（Duckworth & Seligman, 2006; Meece & Jones, 1996）。

▍ 達成目標志向の性差 ▍

社会的認知理論によると，目標は自己調整の過程に欠かせないものである（Bandura, 1986）。象徴的な意味では，理想的な達成結果を掲げた目標は，学習に関する行動を準備し，実施し，そして方向性を定める。学校場面での目標は，教師や仲間の評価を得る，好成績を取る，知識を獲得する，友だちをつくる，人気者になる，進学するなど，様々なかたちをとるのである。これらの目標は，具体性（Specificity），内容（Content），そして近時性（Proximity）などの3つの要素で分別することができる（Pintrich & Schunk, 2002）。短期間内で（proximal）また個別の行為（specific）によってつくられる目標が，自己調整学習に最も好ましい影響をもたらすのである（Schunk, 1989）。

1980年代初期から，動機づけ研究の最大の影響源は達成目標論にあると言っても過言ではない。達成目標論によると，目標は，「能力強化」または「能力実証」のいずれが動機であるかによって変わってくるとされる。**習得目標志向**（Mastery Goal Orientation）は，能力を高めたり，知識を深めることを焦点とするが，**遂行目標志向**（Performance Goal Orientation）は，他人より良い結果を残すことやほめられることを焦点とする（Ames, 1992; Dweck & Elliot, 1983; Nicholls, 1984）。さらに，この結果志向は，ほめられることや勝利することを焦点とする**遂行接近目標**と，悪い評価や負けることを避けることに主な動機を置く**遂行回避目標**の2つに細分される（Elliot & Church, 1997; Elliot & Harackiewicz, 1996）。

社会的認知理論と同様，達成目標論は，個人が学習場面で立てる目標は学習行動の広い範囲に重要な影響をもたらすという。まず，習得目標志向は，難しい活動の積極的な選択（Ames & Archer, 1988），──その活動は，興味，課題関与，頑張りであるが（Elliot & Dweck, 1988; Harackiewicz, Barron, Pintrich,

Elliot, & Thrash, 2002; Stipek & Kowalski, 1989)――と概念的理解と情報の記憶を助長する方略利用（Ames & Archer, 1988; Meece, Blumenfeld, & Hoyle, 1988; Meece & Miller, 2001; Nolen, 1988）などと比例するという研究結果が出ている。一方，遂行目標志向は，短絡的な方略利用（Graham & Golan, 1991; Meece et al., 1988; Nolen, 1988; Stipek & Gralinski, 1996）やセルフ・ハンディキャッピング（自分の成功を妨げる方略，Urdan, Midgley, & Anderman, 1998）等と関連があるとされる。ただし，遂行接近目標に焦点を置く大学生の好成績を示す研究結果もあるのが興味深いところである（Harackiewicz et al., 2002）。

　小中高生を対象とした達成目標志向の性差研究は少ない。アンダーマンとヤング（Anderman & Young, 1994）による小学生の理科における動機と方略使用の研究では，女子児童は，男子児童より習得目標志向が高く遂行目標志向が低いという結果が出ている。その一方，女子は男子ほど自己効力感が高くないという。ミースとジョーンズ（Meece & Jones, 1996）の研究では，同様に男子児童の理科の自己効力感の高さが顕著だったが，習得目標志向と遂行目標志向には性差がなかった。また，性差は児童の成績でも左右され，成績の悪いグループだと，男子児童は，同じく女子児童に比べ習得目標志向が強いとされる。ミドルトンとミジェリー（Middleton & Midgley, 1997）の研究では，黒人の女子生徒は黒人の男子生徒よりも習得目標志向が強いという結果が出ているが，白人の生徒において性差は見られなかった。一方，グリーンら（Greene, Debacker, Ravindran, & Knows, 1999）の高校生を対象とした研究では，数学の習得目標志向と遂行目標志向に性差はなかった。総合すると，これらの研究は，生徒の達成目標志向にはっきりした性差がないことを示している。性差は，学力，人種，教室などの要因によって左右されているのである。

▌ 自己効力感と能力の信念に関する性差 ▌

　自己効力感は，自己調整過程の基本的動機づけ信念とされる（Bandura, 1986; Schunk, 1994; Zimmerman & Kitsantas, 2005）。バンデューラの定義によると，自己効力感とは，ある課題を学習でき，うまく遂行し，結果を出すことができるという自信の評価である（Bandura, 1986）。**自己効力感**は，能力判断ではあるが，客観的な能力診断とは異なったものである。バンデューラ

(Bandura, 1986) は，複雑で難しい課題をやるには，これらをうまく使うためのスキルと強い自己効力感が必要であるという。もっと具体的にいえば，生徒が目前の課題を遂行するためのスキルと能力について十分だと思って学習場面に入るときに，課題に積極的に取り組むことができるのである。課題をやるときに生徒は，自分の進み方によい判断をし，その進み方を能力，努力，自己効力感と動機づけを高める方略の効果的使用に帰属する必要があるのだ(Schunk, 1994)。したがって，自己調整学習を理解するにあたり自己評価や帰属過程への考慮が欠かせないのである。

自己効力感や他の能力の信念の性差は，これまで幅広く研究されている。能力の信念における性差は，早くは小学校低学年からみられ，その差は実際の能力よりも顕著である。ここでは自己効力感評価と原因帰属のパターンに関する性差の研究を紹介していく。エクルスら (Eccles, Adler, Futterman, Goff, Kaczala, & Meece, 1983) の学習選択の期待価値モデルによると，能力の信念には2つの要素がある。1つは，能力に関する自己概念でそれは能力の領域固有の評価（科目別の自己能力評価）である。もう1つは期待で，特定の学習領域内の成功の確率についての判断である。自己効力感と同様，これらの概念は学習行動の認知的動機として機能するのである (Schunk & Zimmerman, 2006)。

◘自己効力信念

学習動機づけと成績の性差を理解するために，自己効力理論は幅広く応用されてきた (Bussey & Bandura, 1999)。性役割の社会化を通して，自己効力感に性差があるという認識を持つようになるという論点を，これから紹介していく。実際，自己効力感の性差に関する研究の大多数が性役割との関連を焦点としている。例えば，数多くの研究は，数学や理科において男子生徒が女子生徒よりも高い自己効力感を持つことを証明した (Anderman & Young, 1994; Pajares, 1996; Pintrich & De Groot, 1990; Zimmerman & Martinez-Pons, 1990)。ホワイトリー (Whitley, 1997) によるメタ分析によると，この自己効力感に関する性差はコンピュータ関係の分野でも顕著である。一方，言語や人文関係の分野ではこの性差は逆転し，パハレスとバリアンテ (Pajares & Valiante, 1997, 2001) が示したように，実際の作文成績に性差はなかったものの，女子中学生が男子中学生よりも高い自己効力感を作文に見せている。

また，年齢や学年が自己効力感の性差に大きく影響することも研究で明らかになっており（Schunk & Pajares, 2002），中学生になると性差は目立つようになる（Bandura, Barbaranelli, Caprara, & Pastorelli, 2001; Wigfield, Eccles, & Pintrich, 1996）。既出のホワイトリー（Whitley, 1997）のコンピュータ関係の分野での自己効力感についてのメタ分析によると，性差の平均効果量は年齢によって変わり，小中学校で.09，高校で.66，大学で.32，そして大人で.49となっている。自己効力感の信念の，年齢に関連した性差は，性役割の考えを受容することについて関心が増すためだと一般的には考えられている。それは普通，初期の青年期に起きる（Wigfield et al., 1996）。しかし，この自己効力感の信念の性差は，青年期前期では意外にもはっきりしないのである（Pajares & Graham, 1999; Roeser, Midgley, & Urdan, 1996）。

◪その他の能力に関する信念

エクルス（Eccles et al., 1983）の学習選択モデルは，男子と女子の能力に関する信念の重要な違いを証明してきた。この研究は，領域固有な能力の自己概念や達成期待に焦点を当てた。期待価値の枠組みを使った研究によると，わずかながら小学校低学年ですでに能力の自己認知に性差が発生する（Eccles, Wigfield, Harold, & Blumenfeld, 1993）。この研究の結果は自己効力感の信念と同様，性役割との親密な関係にある。男子児童は性役割において男性的とされる体育や算数で高い自己評価を示し，女子児童は女性的とされる音楽で自己評価が高かった（Eccles et al., 1993）。この領域での遂行は男女とも同じだったにもかかわらず，性差がみられたのである（Eccles et al., 1993）。

様々な横断的調査や縦断的調査によると，すべての子どもの能力の信念が学年を重ねるにつれ低下する（Wigfield & Eccles, 2000; Wigfield et al., 1997）。ただし，この変動の速度は性別と領域により異なるのである。女子の数学能力の自己評価は男子のそれよりもゆっくりと低下するので，長期的には数学能力の自己評価の性差は縮小される（Fredricks & Eccles, 2002; Jacobs, Lanza, Osgood, Eccles, & Wigfield, 2002）。言語科目においては，小学校入学時には性差はみられないが，男子児童の自己評価は小学校在学中に著しく低下し，中学校に到達するころには性差は顕著なものとなる。しかし数学同様，高校生になるころには多少性差が減少する（Jacobs et al., 2002）。一方，体育における性

差は，男子児童・生徒の自己評価がどの学年でも高いのである（Fredricks & Eccles, 2002; Jacobs et al., 2002）。

◧帰属のパターン

帰属の研究においても，成功や失敗の解釈の仕方に関する性差が目立つ。要するに，成功や失敗が能力，努力，課題の難易度，運などの要素にいかに帰属されるかに，性差がみられるのである。一般的に，男子生徒は女子生徒よりも成功を能力や努力といった内的要素に帰属する傾向があり，これが将来の遂行の自己効力感や期待の維持に結びつくのである。一方女子生徒は，成功を，才能や能力に――それが男子より上回っていたとしても――男子生徒ほど帰属しない（Eccles-Parsons, Adler, & Meece, 1984; Stetsenko, Little, Gordeeva, Grasshof, & Oettingen, 2000）。しかし，この帰属のパターンは全部の研究にあてはまるのではなく，科目などの領域により帰属のパターンが変わるとされている（Frieze, Whitley, Hanusa, & McHugh, 1982）。例えば数学では，女子は成功の能力帰属を避け，その代わり努力帰属を見出す傾向があり，このことが，数学が難しくなってくると成功期待を低下させるのだと指摘されている（Eccles et al., 1983; Parsons, Meece, Adler, & Kaczala, 1982; Wolleat, Pedro, Becker, & Fennema, 1980）。同様の性差は理科に関しても示されている（Kahle & Meece, 1994; Li & Adamson, 1995）。それに比べ，語学や人文科目に関しては，性差を示す研究は数少ない（Parsons, Adler, & Meece, 1984）。このように，原因帰属のパターンは存在するが，科目によって異なるのである。その結果は，生徒の能力レベルと，自由回答式か品等法かのような研究方法に左右されるという見解がある（Parsons, Meece et al., 1982）。

◧原因帰属と学習性無力感

これまでの研究で示されてきた帰属パターンの性差から，女子生徒は男子生徒より学習性無力感に陥りやすいといわれてきた（Dweck, 1986）。失敗を能力不足に帰属すること，失敗すると簡単に諦めることや問題解決方略のはっきりした退行などが，学習性無力感の症状とされる。実験室における子どもの帰属パターンに関する初期の研究では，原因帰属と行動パターンの性差が学習性無

力感と一致することがわかった（Dweck & Reppucci, 1973）。だが，原因帰属の研究同様，研究結果はどの研究でも一致しているのではない。例えば，パーソンズら（Parsons, Meece et al., 1982）は中学2年生から高校1年生までを対象に，順唱やアナグラム等の問題を用いて学習性無力感の性差を調べた。その結果によると，成功と失敗に関する帰属に性差はあったものの，それが必ずしも学習性無力感などに影響を及ぼすことはなかった（Kloosterman, 1990 も参照のこと）。つまり，努力，期待，結果，順唱やアナグラムの問題の間違いに性差はなかった。実際，失敗を経験したあとも，女子のほうが男子よりも数学に関しての努力度は高く，想定外の結果となっている。帰属の性差は強く支持された。帰属反応は，性役割などを含む多くの場面の要素に影響されているので，研究結果は明確ではない（McHugh, Frieze, & Hanusa, 1982; Parsons, Meece, et al., 1982; Parsons et al., 1984）。

◆このセクションのまとめ

これまで様々な能力評価の性差に関する研究が実施されてきた。これらの研究によると，自己調整学習とは異なり，科目による自己評価の相違が明らかになっている。自己効力感や能力の信念は，作文や読解で女子が高いのに対し，数学，コンピュータ関係の分野や理科では男子が高くなっている。ほとんどの研究は，自己信念の性差は実際の能力と比例しないという結果である。学力や学習参加に及ぼす自己効力感の信念の好影響（Schunk & Pajares, 2002）を考慮すると，これらの結果は意味深いものである。次節では，性役割の概念と信念に関して討論する。

▌ 自己効力感の源：性役割の概念と信念 ▌

アイデンティティの過程は，動機づけの発達に深く関係している。エリクソン（Erikson, 1963）によると，自己概念と外部の期待との統合はアイデンティティ発達の重要な側面である。たいていの西洋社会では，数学や理科は男性優位の分野とされ，読解や言語科目は女性優位の分野とされてきた（Eccles, 1994）。例えば，保護者や教師も，数学は男子優位の分野だと信じているとの

報告もある (Eccles et al., 1983; Jacobs & Eccles, 1992; Jussim & Eccles, 1992; Keller, 2001; Tiedemann, 2000)。さらに、アメリカの成人の間では、数学的とされる特徴（勝ち気さ、論理的思考、独立心など）は男子生徒の性役割だという見解が一般的である (Fenemma & Peterson, 1985)。保護者や教師がこのような保守的ジェンダー・ステレオタイプを持つと、男子は女子よりも数学では優れている、そして女子は男子よりも読解や言語科目では優れているとの錯覚的認知が発生する危険がある (Eccles, 1994)。これらの子どもの学習能力についての性差別的な意見は、実際の能力差はないのに、学校に入って間もなく見られるのである (Yee & Eccles, 1988)。例えば幼稚園児の母親の多くが、将来的に息子が算数を、娘が読解をできるようになることを知らず知らずのうちに期待している (Lummis & Stevenson, 1990)。さらに、保護者や先生が持つ性差別的信念は、子どもたち自身が持つ数学に関する自己効力感と結びつく傾向にある (Eccles, 1994; Jacobs & Eccles, 1992; Keller, 2001; Tiedemann, 2000)。要するに、大人が持つジェンダー・ステレオタイプが、子どもたち自身が自分の能力を見る際に影響するのである (Eccles, 1994)。前述した通り、自己効力感や能力の信念の性差は、算数、理科、言語科目、体育、音楽など、性差別化された分野において顕著である。したがって、社会に氾濫するジェンダー・ステレオタイプは、子どもが様々な分野で自分の能力を評価するときに重要な役割をすると述べる研究者は数多い (Bussey & Bandura, 1999; Eccles et al., 1993; Meece, Eccles, Kaczala, Goff, & Futterman, 1982; Pajares & Valiante, 2001, 2002)。

　これらの見解を指示するデータが実際に出ている。アメリカ、オーストラリアおよび日本での研究によると、生徒は男女とも数学を男性優位な科目であると返答する傾向にあった (Eccles et al., 1983; Hyde, Fennema, Ryan, Frost, & Hopp, 1990; Tartre & Fennema, 1995)。そのうえ、これらの国では、男子生徒は女子生徒よりも数学の男子優位の認識が強いとの結果が出ている。男子生徒は、数学では男性が女性より優れていると信じている。この傾向は、小中高生の間で明らかになっている (Forgasz, 1995; Jacobs, 1991; Tiedemann, 2000)。一方、意外にも子どものジェンダー・ステレオタイプと実際の能力の自己認知との関係は、確立されてはいない。エクルスら (Eccles et al., 1983) の数学に関する研究によると、女性よりも男性のほうが数学ができるという認識は、数学の能力や期待の自己認知とは無関係であった。その反面、エクルスとハロルド (Eccles & Harold, 1991) がその後体育に関して実施した研究では、スポー

ツに対するステレオタイプ的な考えと運動能力の自己認知とが強く関連していることが判明したのである。

子どもの自己概念が，性役割期待に準ずるものである場合，学習分野の文化的ステレオタイプはその影響がより顕著となる（Eccles et al., 1983）。例えば，数学や理科が男性優位な科目とすれば，生徒の性役割の自己認知は一定の学習領域で，これらの能力評価に深い関係を持つであろう。子どもは小学生の時点ですでに性役割に基づいた自己概念を持つ。例えば，数々の研究によると，女子は「やさしい」「暖かい」「同情的」などの女性的特徴を自己概念と結びつけ，男子は「負けず嫌い」「勝ち気」「はっきりしている」などの男性的特徴を自己概念と結びつけるという結果が出ている（Ruble & Martin, 1998）。また，性役割の概念が目標達成の期待にどう影響するかを検証した研究もいくつかある。エクルスら（Eccles et al., 1983）は，アンケート（Personality Attributes Questionnaire）を用い，青年の男女における男性的（有用性）および女性的（表現性）な特徴を測定した。男女ともに，有用性は高い数学能力の自己評価と比例したが，表現性にはこのような関連は見つからなかった。同様に大学生を対象とした研究でもハケット（Hackett, 1985）は，男性的特徴が数学の自己効力感と関連していることを見出した。最近では，パハレスとバリアンテ（Pajares & Valiante, 2001）が，中学生を対象に「子どもの性役割アンケート」（Children's Sex Role Inventory）を使い，女性的とされる分野である作文における自己能力評価への影響を調べた。この研究では，女性的／表現的であるという生徒の自己評価が作文能力に関する自己効力感および自己能力評価に強く影響することが判明した。さらに，性的特徴を統計的にコントロールした場合，作文の自己評価の性差に有意差はなかった。要するに，性差は性別自体よりも効力感と能力評価に密接な関係を持っていることが明白となった。したがって，男女ともに自分は男性的な特徴を持つとみなしていれば，数学ができると報告をしていた。同様に，男女ともに自分を表現的だとみなしていれば，読解や作文ができると報告したのである。

これまでの研究でジェンダー・ステレオタイプや性役割の概念が子どもの自己能力評価に影響することが明らかになっているが，先に述べたようにこれには以下の2つの条件がある。

①生徒は，特定の分野における性差に関する文化的ステレオタイプを認知しなければならない。

②生徒が性役割に準じた自己概念を持つ必要がある。

しかし，多くの研究で，性役割ステレオタイプと性役割信念よりも過去の成績のほうが，能力の信念と関係していることを忘れてはならない（Eccles et al., 1983）。また，本節のほとんどの研究が1990年以前に行われたものであり，それ以降の社会の変動（性差別撲滅運動の影響など）を反映していない可能性は否定できない。例えば，最近のオーストラリアの青年の研究によると，数学における性ステレオタイプはもう存在しないとされている。生徒たちは男女ともに数学の能力は同じだと認知しているということである（Forgasz, Leder, & Kloosterman, 2001）。それに加え，子どものジェンダー概念はここ15年ほどで格段に変動してきている（Ruble, Martin, & Barenbaum, 2006）。したがって，性ステレオタイプと自己能力評価の関係に関しては，さらなる研究が必要である。

結論

これまでの教育におけるジェンダーの研究は，統一試験結果，成績，認知能力，態度，動機づけ，自己信念，そして能動的参加などに焦点をあわせてきた。また，教育者は，特に数学や理科などの，男子優位とされてきた教科の性差の縮小に大きな成功を収めている。1970年代に顕著だった教育の性的格差は，現在ではごく微々たるものとなっている。しかし，特に読解や作文の統一試験では，女子の成績は男子の成績を常に上回っている。性的格差の改善というデータにもかかわらず，性差は，一定の学習分野における自己調整と自己効力感の信念の中に依然として残っている。

自己調整学習の研究では，女子が男子よりも優れているとの結果が多い。男子に比べ，女子は目標設定，計画，遂行のモニタリング，環境構成，援助要請などで優れている。また，女子のほうが学習に熱心に取り組むという結果も出ている。これらの結果は，数学や理科など男子優位とされる科目にもあてはまるが，これらの科目では，自己効力感と能力の信念については男子が優れているのである（Anderman & Young, 1994; Pokay & Blumenfeld, 1990）。またジマーマンとマルティネス−ポンズ（Zimmerman & Martinez-Pons, 1990）も，女子が男子より自己調整学習では優っているが，学習能力への自信は低いという。

目標や自己効力感の信念は自己調整学習過程に強い影響をもたらす。また、女子は男子よりも高い習得目標志向で学習するという研究結果があり、また女子は自己調整において男子よりも高い効力感を持つという。このような動機づけ信念のタイプは、概念理解と学力を高めるために必要な自己調整学習と最も深い関係を持つとされる（Meece, Anderman, & Anderman, 2006）。

　一方、能力の信念に関する研究はこれまで確定的な結果を出していない。概して、特に算数や作文のような性差があるとされる科目で、能力の一般的評価をするときに（例えば「数学は得意ですか？」）、性差が顕著となる傾向は否定できない。また、実際の能力に差がない場合でも、この性差が依然として存在することを示す研究がある。その理由の1つはそれぞれの分野の男女の自己効力感が違うことである。また、質問紙で男女の比較や評価を明示的に求められると、特にこのような性差がより目立つという結果も出ており、これはジェンダー・ステレオタイプが原因とされる（Schunk & Meece, 2006）。このような先入観が深く関連する科目（例えば、読解、数学、理科など）では、男子生徒は自己賞賛的な帰属を、女子生徒は自分の能力に関して控えめな帰属をし（Wigfield et al., 1996）、さらに、自分の力を成功の原因として割り引いてみるのである（Stetsenko et al., 2000）。説明はどうであれ、女子生徒は、自分の自己効力感や能力を低く評価するが、多くの努力をするのである。

▍　教育現場への示唆　▍

　本章で論じられた研究は、学校現場のスタッフへの数々のメッセージを含んでいる。相変わらず女子優位とされる読み書きを除いて、成績上の性差は近年減少してきた。数学などの科目では実際の得点よりも生徒たちの能力評価の性差が大きい。本章でレビューされた研究は、科目についての保守的なステレオタイプが偏見的な能力の自己評価につながる可能性を示唆する。また、ステレオタイプの脅威についての研究は、性的なステレオタイプをかき立てると、自己効力感の信念を否定的に動かして課題遂行を妨害することを示している（Bussey & Bandura, 1999）。長期にわたると、こうした自己認知によって、生徒は、能力に自信がない科目の価値を低くみるのである（Jacobs et al., 2002）。能力と価値の信念の両方が学習の行動選択、やる気、結果等を左右するのは明

らかであり，これは特に自由時間が増加するとされる青年期に顕著な傾向である（Eccles, Wigfield, & Schiefele, 1998; Schunk & Meece, 2006）。実際，中高生の時期に形成された自己効力感の信念は，将来の教育や職業の選択に大きな影響力を持っており（Bussey & Bandura, 1999），女性の理数系キャリアでの活躍が昨今においても乏しいという労働力の統計データの理由を物語っている（Meece, 2006）。したがって，自己効力感の影響について女子生徒と対話する機会を持ち，理数系のキャリアへの参入を図るような努力を援助することの大切さも指摘されている（Zeldin & Pajares, 2000）。

自己効力感の信念が低い生徒は，役割モデル，遂行のフィードバック，そして実際の活動の経験を積むことなどによって，能力感や自己効力感の向上を図ることが大切である（Bandura, 1986; Bussey & Bandura, 1999）。教師は生徒の能力認知や自己調整学習を，方略指導やフィードバックの実行によって促進することができる。教師が自己調整学習を育む教室環境をつくり出す様々な例が，表14.1である。生徒の自立，多様な指導方略，自己調整学習など，すべての科目での適用が可能である。教育者は生徒に，自分自身の学習における自分の役割を強調し，学習の責任を教師から学習者へと移行させる必要がある。教師は，生徒が制御できる特徴に焦点を当てることによって，学習を促進できる。それは努力，目標設定，理解や進行のモニタリング，忍耐，援助要請，時間の有効な利用などである。生徒に自身の思考や学習経過をモニタリングさせ，フィードバックを頻繁に与え，自己内省を重ねさせることも大切である。フィードバックは，努力や忍耐強さに加え，学習の際の思考過程に焦点を合わせると効果

表14.1　自己調整促進へ向けた教授法の改善

これらを強調せずに	これらを強調する
成績志向	教材の理解
教えこみのカリキュラム	生徒を教えるという認識
教師による管理	自立した学習をする生徒を支援する
教師による教授	生徒による討論
単元ごとの試験	頻繁なアセスメントとフィードバック
受動的学習	能動的，協力的，そして質問に基づいた学習
知識を与える教師	生徒の学習を促進し，動機づけする教師
1つの教授法	様々な教授法
記憶と暗記学習	目標設定，自己モニタリング，内省などのメタ認知方略
正解	努力，頑張り，正解に達するまでの思考プロセス

的である。生徒はどの年齢でも，会話，批判的質問，討論などを必要とする。別の言い方をすれば，教育者は「知識の配布」という教育概念にとらわれず，生徒に自己調整方略を身につけさせることを目的とすべきであり，生涯において独立した思考者で学習者になるために必要な道具を用意してやることが大切なのである。数学や読解，理科などの様々な教育改革は，生徒が方略的学習者や問題解決者になるための援助を目的にしている。

　シャンク（Schunk, 1984）は，生徒は自己調整学習スキルを向上させるに伴い，有能感が増大し，忍耐力，問題解決力が高くなり，学習の内発的興味も向上すると述べている。教師は，自己調整スキルの乏しい生徒は，「いつ，どの方略を使ったらよいのかわからない」「なぜ特定の方略が適切なのかわからない」ので，様々な学習方略が，どのような課題に効果的であるかを生徒に指導する必要がある。さらに，研究によると，スキルの向上は，特定の方略使用（因数分解を使ったから，正解が出たんだね）や，能力の向上（こういう計算，うまくできるようになったね）と結びついた教師のフィードバックが，効力感を高めることができる（Schunk & Gunn, 1986）。結局，教師が能力を向上し，学習障害を乗り越える学習方略の価値を強調すると，生徒は自己効力感の信念を強め，もっと自己調整方略を使用するようになることを，多くの研究は示唆しているのである。

　理数系の「男性的イメージ」と人文系の「女性的イメージ」を変えるためにはもっと多くの注意が払われなくてはならない。しかし学校の指導は，この差別的概念をむしろ強化する役割をしていることもまれではない（Meece & Scantlebury, 2006）。例えば，読み書きに関する学習教材や活動は，男子よりも女子の興味をそそる内容であると指摘されている（Brozo, 2002; Connell, 1996）。また，中学，高校のクラスの授業では，男子が優位だという傾向も顕著である（Parsons, Kaczala, & Meece et al., 1982; Tobin & Garnett, 1987）。また，女子は男子に比べ，競争的学習環境を嫌がる傾向がある（Eccles, 1994）。逆に，個人レッスンや班での共同学習が指導の主な形態である数学教室の授業では，女子の成功への能力や期待が増す（Parsons, Kaczala et al., 1982）。したがって，教師は，ある性に有利な教室の学習環境の偏りを避けて，教材と教授法を混合して使うことが大切である。

　生徒の興味や能力を判断する際には，ジェンダー・ステレオタイプにとらわれない努力が大切である。データによると，教師は女子生徒の数学での努力を

過大評価する傾向にあり，そのことで女子生徒は成功を能力よりも努力のせいにするのかもしれない（Madon, Jussim, Keiper, Eccles, Smith, & Palumbo, 1998）。どの年齢の生徒でも，教師から受け取る能力についての評価は，「素質のなさ」を生徒に暗示することがあるため注意が必要である（Weinstein, 1989）。教師の持つ期待が，自己充足的予測となり，生徒の能力についての自己概念，動機づけ，そして成績に影響する可能性を忘れないことが大切である（Weinstein & McKown, 1998）。教師は，男性能力と女性能力についての先入観よりも，個々の生徒の行動と成績に基づいた能力の正確な評価をすることが重要なのである。

　理数系科目に関しては，ここ10年ほどの間に幾度かの重要な改革が行われてきた。質問の多用，問題解決，班学習，実地体験授業などがその例としてあげられる。改革の努力は男女ともに良い結果をもたらすことが予想される。現在では，努力がどうしたら男女両方にとっての数学と理科の能力の自信向上につながるかは明らかではない。教師は，自己効力感の信念や動機づけを含む様々な成績における性差を検討するプログラム評価の大切さを強く主張していかなくてはならないのである。

　最後に，自己調整の使用についての性差に関する研究がこれまでほとんど実施されてこなかったことが，本レビューから明らかである。女子生徒の弱点とされる自己効力感と能力の信念の性差を考慮すると，なぜ女子生徒が自己調整学習方略の利用で男子生徒より勝るのかはわからないことになる。これは，自己効力感と自己調整学習のプラスの結びつきを示す過去の理論とかみ合わない（Schunk & Pajares, 2002）。男子は能力の高さを強調するため，あるいは伝統的に男性優位の科目の成績の低さを正当化するために，アンケートでは自己の努力を低くして答えている可能性もある（Meece & Jones, 1996）。その一方，女子が自己効力感や自信の低さを補うために学習課題の努力を強調する可能性もある。自己調整の性差は，女子生徒，男子生徒の両方に影響する。男子生徒は素質を発揮しきれなかったとき，女子生徒は努力にもかかわらず結果不振が続くとき，落胆してしまうことがある（Pomerantz, Altermatt, & Saxon, 2002）。また上述のように，教師は，女子の学習における好結果を，能力よりも努力に帰属する傾向がある（Li, 1999; Maddon et al., 1998）。これにより女子生徒は努力し続けるが，学習課題が難しくなると成功への期待を失ってしまうことは特記に値する（Eccles et al., 1983; Parsons et al., 1984）。したがって，生徒がどの

ように学習活動にアプローチし，また反応するかの性差については，さらなる注意と検討が切望されるのである。

第 15 章

文化的差異と文化アイデンティティの自己調整学習への動機づけの役割

デニス・M・マキナニー
(Dennis M. McInerney)
National Institute of Education, Nanyang Technological University, Singapore

▌ はじめに ▌

　職場，社会的分野，ならびに教育分野で，個人やグループが活動することを理解し，管理するために，動機づけと学習の様々な理論がこれまで展開されてきた。そのほとんどがアメリカやヨーロッパの先進国の視点に基づいている（Heckhausen, 1991）。文化的そして社会的な要素が，学習と動機づけに関する理論へ大きな影響をもたらすことは明白である。研究者といえども人間は生まれ育った土地の文化的環境の産物であり，その価値観は文化的要素から切り離すことができない☆。したがって，これらの理論を個人や集団の行動を理解しようとして文化的あるいは社会的に異なった場面に応用するには不適当な可能性が高く，慎重な検討が必要である。要するに，多様なグループの基本的価値観や，基本的価値が目立つ状況や文脈の意味は，ある程度変動するので，欧米主体の理論の他文化への応用や分析は非常に疑わしいもとのなる（Boykin et al., in press; Boykin & Bailey, 2000; Boykin, Tyler, & Miller, 2005; Delgado-Gaitan, 1994; Deyhle & LeCompte, 1994; Hollins, 1996; Rubie, Townsend, &

Moore, 2004; Trueba, 1993 を参照)。タイラー，アンダーマンとヘインズ (Tyler, Anderman, & Haines, 2006) は，「文化と結びついた教授法や学力の研究文献から，今集められることは，教室の指導や活動が，少数民族の価値をになったり，文化に根ざした行動の選択や傾向を盛り込んだり反映したりしないときに，学校の問題が生じるということである」と述べている (p. 66)。フェラーリとマハリンガム (Ferrari & Mahalingam, 1998) は，学習者が学校と他の教育場面において意味があるような方法と，与えられた経験から得られた利益は，社会化された文化環境を反映したものだと信じている。生徒の学習への取り組みを形成しているのは，個人，社会それに文化的な経験と歴史である。この歴史には，性，階級，人種，宗教，家族が含まれている。

> ☆ 現代アメリカで「文化」を語る際，必ずしも外国文化をさしているとは限らない。この章も例外ではなく，文化の違いという概念は主にアメリカ国内における黒人やアジア人，ラティーノ等「非欧州系白人アメリカ人」を示している。

生徒の関与を促進するカリキュラム，学習活動，教育方法は，何が容認でき，価値づけられるかを規定する社会，政治，宗教や文化などの文脈において設定される。この社会的，文化的，宗教的，政治的文脈の中で，個人やグループは，文化的，社会的環境の中では優れている必要があるスキルや特性を高める活動に参加し，成功を求めるのである。したがって，特定の文化的社会的構造において，「学習意欲」や「成功」の証とされる行動や結果が，他の文化的社会的構造では，同様の評価を受けない可能性が出てくる。学習意欲は社会文化的に複雑な概念であり，グローバルな視野から解析するためにはこの複雑さを考慮する必要がある。

学習と学習意欲に及ぼす文化の役割を理論的に理解するためには，まず文化あるいはアイデンティティといった基本的コンセプトの意味するところを理解することが大切である。また，文化とアイデンティティという文脈において，自己調整学習のような理論の構造を解明していくことが必須となる。要するに，自己調整学習理論が持つ要素のそれぞれが，どのような文化的意味合いを持っているのかを考慮することが必要なのである。結局，文化や文化的差異が学習，学習意欲，自己調整学習などに及ぼす潜在的影響を考慮することが欠かせないのである。

▌ 文化とは何か ▐

　これまで文化という概念の定義をめぐり，理論的な見方から様々な討議がなされてきている。文化に関する研究は頻繁に，間違った定義や，場合によっては，定義されないまま展開されてきた。これは，文化を独立変数として扱った研究でも否定できない傾向である☆。**文化**の定義には，物的概念とするか主観的概念とするかの２つがある（Triandis, 2002）。主観的概念としての文化には価値観，伝統，信念などが含まれ，それらはある社会的グループの行動の仲立ちをする（Parsons, 2003）。また，この主観的文化は，ある社会が自身の社会環境を理解する特徴的な方法であると定義されている（Triandis, 2002）。もう１つの主観的文化の定義は，私たちはいかに，なぜあるやり方で行動するのか，いかに現実をみるのか，真実とは何なのか，私たちの創造するものは何なのか，私たちが良い，好ましいと受容するものは何なのか，ということである（Westby, 1993, p. 9）。このように，文化の定義は学習における努力や成果に影響をもたらす価値観や信念などを含んでおり，様々な教育理論のより深い理解と応用に貢献する。また，この構成概念（価値を反映している）は，動機づけと学習についての特定の理論的見方の中に含まれている。例えば，主観的文化は，信念，態度，基準，役割，価値などを形成し，そのおのおのが学習と動機づけに影響をもたらす。実際，シュワルツ（Schwartz, 1992）は10の価値観（自己方向づけ，刺激，快楽，達成，権力，安心，適合，伝統，博愛，普遍主義）をあげ，その１つひとつが学習行動に影響する可能性を示した（Brickman, Miller, & McInerney, 2005; Liem, 2006）。

　　☆　厳密に言うと，文化は独立変数ではなく，グルーピング要素である。

　個人がどのようにして家庭，学校，職場などで諸活動に取り組むかという課題との関係では，文化が注目を集めるようになってきている（Cole, 1999; Tyler et al., 2006）。個人主義対集団主義，先進対発展途上，縦社会対横社会，欧米，儒教主義などの概念により文化は区別されている。これらの分類法は，文化比較のモデルとしての役割を果たす。また，このモデルは学習理論や動機づけの理論がいかにある社会の文化に適したものであるかの評価の基準となる

こともできる。動機づけや学習の文脈で考慮される価値や文化的特性には，個人主義，集団主義，競争，時間観念，集団志向，援助要請，知識の本質と知識の所有者，精神性，調和，情緒，責任感，共有権対私有権，敬老の意識，能動的学習対観察学習による受動的学習，などが存在する。文化的な見方からは次の疑問が生じる。学校教育を通し，どのような人間に育つことが望まれるか？ 子どもには，従順，控えめで思いやりのあることか，大胆で積極的であることのどちらに焦点が置かれるか？ グループの責任か個人の責任か，あるいは自分が責任を持つのか他者が責任を持つのか？ 社会的技能と認知的技能の評価のどちらが強調されるか？ 明らかにあるグループでは，自己調整行動は，新しい経験を積極的に求めること，冒険的であること，新しいスキルを試すこと，個人の技能と責任を示すこと，援助要請，行動の進歩をモニターすることである。あるいは，他のグループの自己調整行動は，集団志向，他者への援助，譲りの精神などである。言い換えると，自己調整過程から獲得される対人知識は，文化により違ってくるのである☆。

> ☆ これは非常に興味深い考察であるが，訳者が知る限りこのようなことを提唱する自己調整学習の理論は存在しない。また著者は詳細を曖昧にしており，詳しいプロセスは提示されていない。これからの研究においてこのような疑問が解決されることが望まれる。

文化はその性質上，保存し発展されるために，個人がグループの基準に従うような自己調整の概念と自己調整行動を内蔵してきた。したがって，文化的な価値観や信念などは，一般的な動機づけと学習過程の特性とあるグループの具体的な自己調整過程に影響するであろう（Eaton & Dembo, 1996; Liem, 2006; Park, 2000; Salili, Fu, Tong, & Tabatabai, 2001）。例えば，中国の社会は，社会主義と集団主義によって特徴づけられ，儒教哲学の影響下にあり，中国人は，敬虔，頑張りや教養を重視している。また，中国の人々は反復練習と記憶を通しての学習が最善の方法だと信じている（Salili et al., 2001）。中国の学校は秩序が整い，教師中心で，生徒はノートを取ってよく聞いている。また，数々のテストや課題により成績が判定される。この他にも儒教に基づく様々な考えが，自己調整および他の学習や動機づけ行動がつくられていく過程に影響を与えるのである。西欧の学習や動機づけの文脈は，全般的教育の学習の優秀さへの関心の薄さやテストすることへの関心の薄さによって特徴づけられる。しかし，例えば，近年アメリカの公立小・中学校で義務化された全国学力テストにみられるように，必ずしもこの西洋・東洋の壁は厚いものではなくなっている☆。

☆　ここに見られる「アジアのテスト偏重」と「西洋のバランスのとれた教育重視」は，アメリカにおける典型的な誤解である。歴史的に見ても，知能テストや統一テスト，統一大学入学試験などは20世紀初めからフランスやアメリカを中心に活発に開発，実施されており，日本をはじめとするアジア諸国は第二次世界大戦後になってようやく後を追う形となっている。また道徳や社会倫理などを幅広くカリキュラムに織り込んできた日本やアジア諸国の公立学校に比べ，一部の私立学校を除きアメリカの公立学校では主要教科と体育，芸術など以外にそのような指導は基本的にない。さらにブラウン大学のジン・リー（Jin Li）教授の研究から明らかなように，アジアでは古くから向学心，伝統芸能や音楽などの一般教養，文武両道，職人気質の概念などが学術的才能同様重視されてきて今にいたっている。子どもの自由をあまりにも重んじるアメリカの公立学校では，勉強と課外活動の「両立」という概念は一般的にまれである。

◘宗教と文化

　宗教と文化は密接な関係にある（Siu, 1996）。仏教，キリスト教，ヒンズー教，シーク教，イスラム教，アニミズム（神道のようにあらゆる自然事象を「神」と定義する，西洋の新興宗教）などが学習，動機づけ，自己調整に影響すると思われる。自己調整学習と宗教を直接調べた文献はないが，デシルバ（de Silva, 2000）は仏教やヒンズー教は自己管理と自己調整を重んずる宗教であり，自己調整学習との関係を示唆すると述べている。自己制御を含む自分の行動を管理する重要性は，仏教の経典でいたるところで強調されている（de Silva, 2000）。仏教では，怒りなどの感情の制御，外的刺激の遮断，望まない侵入的な認知の制御など，多くの自己制御の方略が強調され，その１つひとつが学習方法に影響するといわれている（de Silva, 2000）。おそらく，宗教，動機づけ，自己調整間の関係のはっきりした例は，仏教以外でもプロテスタントの倫理から由来する。ウェーバー（Weber, 1904, 1905）は**プロテスタントの倫理**を提唱したが，それは，勤勉，時間厳守，我慢，仕事優先などの価値観を中心とする（Rose, 1985）。資本主義におけるプロテスタンティズムと経済発展の密接な関係は，カトリック社会の発展と対照的であり，プロテスタトの労働の倫理が国の経済と労働体系に深く浸透していたことと，自己調整とはたらく動機づけの概念が市民の間に普及していたことを示している。したがって今日でも，大部分の人が伝統的なプロテスタントである背景と，大部分の人が伝統的なカトリックである背景における，自己調整の傾向には大きな相違があるということが可能であろう。ただし，ヒル（Hill, 1996）は，プロテスタントの倫理が西洋文化に多大なる影響をもたらしたので，プロテスタント教徒とカトリック教徒のグループの差は縮まっていると述べている。

儒教は宗教ではないとされるが，影響力を持っており，西洋とアジア諸国の文化的違いの検証に役立つコンセプトである☆。ミン（Min, 1995）のアジア系アメリカ人研究は，アジア系の諸文化がいかに儒教の教えを共有しているかを示しており，教育重視，恥の概念，権威主義，敬老の意識，家族中心の考えと責任感，感情の自己制御，グループの重視，適応主義，親孝行がその例としてあげられている。これらの価値観は，多様な文化的場面の動機づけと自己調整に強く関連しており，アジア系学生の好成績の一因として示唆されている。

> ☆ 日本では自国をアジアの一部とみなさない傾向が顕著であるが，西洋文化の視点からすると日本は中国，韓国，インド等と並び，アジアを代表する文化であるという自覚を持って本章を読まれたい。

◘文化アイデンティティ

自己アイデンティティはおなじみのものであり，これについては膨大な研究がある。最近になり文化アイデンティティに焦点を当てる研究が増加の傾向にある。**文化アイデンティティ**とは，文化に根づいた価値観，信念，民族の行動を基盤とする（Kronqvist, 1996; Phinney, 1990, 1991）。文化アイデンティティとは白人にとって無意識なものであるが，混血や有色人種にとっては顕著に意識される（Der-Karabetian & Ruiz, 1993; Pak, 2001; Phinney, 1990, 1991）。この文化アイデンティティは，動機づけや自己調整学習に対して影響力があり，教育的，社会的，そして文化的な規準に不一致があれば精神的ストレスが発生するであろう。これまで文化アイデンティティの強度と成績を関連させた研究がなされてきたが，グローバル化された現代の社会を反映し，文化アイデンティティが，動機づけと学習行動を調整する役割をすることが示されている☆。

> ☆ 著者はこの節で，文化アイデンティティと学習に関して特に漠然とした描写をしている。訳者の自著（例えば Akiba, 2006）の「文化アイデンティティの複雑性」に関する論文でも述べられているように，アメリカにおいては，一般的に少数民族は「少数民族」としての文化アイデンティティと「普通の」アメリカ人としてのアイデンティティをバランスを持って共有することが好成績につながっているとされる。しかし黒人においては，少数民族としてのアイデンティティは必ずしも好成績に結びつかない。それどころか，場合によっては高校中退など好ましくない結果と密接な関係にある。したがって，文化アイデンティティと学習行動や成績に関しては，この章で述べられているよりも進んだ研究がなされているのが実態である。

自己調整学習

　自己調整学習は，教育目標を達成するための自己調整された思考，感情，行動として定義されている。そこには，時間計画と管理，授業に出て集中すること，情報の編集・反復・処理，意欲的な勉強環境をつくること，社会的資源を効果的に使うことのような過程が含まれる（Schunk, 2001）。自己調整は，学習を能動的なものとしてとらえる。それは，学習者に教えられた経験の結果として自分に生じる暗黙の事象としてではなく，自分自身が能動的なやり方でやりとげるものである。学習者とは自分で始めるものなのである（Corno, 1987; Schunk, 2001; Zimmerman, 2000, 2004）。学習に対してメタ認知的に，動機づけ的に，また行動的に能動的に取り組むことが，生徒の自己調整学習につながるのである。さらに，学習方法や学習方略の効果をモニターし，様々な適切な方法のフィードバックに対応するのが自己調整のできる生徒なのである。自己調整学習は生徒個人が自発的に行うものであり，必然的に，自己効力感，結果の予測，課題への興味や価値，習得目標志向，学習とその遂行の満足度のような，大事な動機づけ信念が関連してくる（Zimmerman, 2000, 2004）。

　ジマーマンは自己調整学習には次の3つの段階があると言い，目標設定や方略計画，自己効力感の検討，結果予測，課題への興味と価値，目標志向性などの課題分析を含む**予見段階**，自己制御と自己観察方略によって成り立つ**遂行段階**，そして自己評価，原因帰属，自己反応のような自己判断と，さらに自己満足と情動，適応的防衛機制などを含む**内省段階**を識別している（Zimmerman, 2004）。自己調整のスキルは，モデリング，他者による指導やフィードバック，共同作業などにより獲得される。そのプロセスとして，他者モデルへの集中，情報処理と保持，実行，そしてモデルとされる行動を自分でやろうとすることの4つがあげられる（Zimmerman, 2004）。文化と学習文脈に反映している社会的要因は自己調整学習のスキルに大きく影響していて，自己調整と動機づけの間には密接な関係があることは明らかである（Zimmerman, 2004; Salili et al., 2001）。

　自己調整学習に関する討議は，主観的文化の観点からも可能である（Gutierrez & Rogoff, 2003）。それぞれの文化における観察学習の要因を考慮し，

その自己調整学習スキル取得への影響を検討するのは難しいことではない。動機づけや学習は自己調整モデルとどのような関係にあるのだろうか。自己調整学習の主要要素は何であろうか？　また，そのような要素は文化の境界線を越えて普遍的であろうか？　ジマーマン（Zimmerman, 2001）は，文化的根源に焦点をあわせず，個人における自発性，頑張り，適応性などを自己調整学習の主要要素としている（p. 1）☆。これは，生徒を受動的存在とする理論とは対照的であり，能動的学習者への焦点を示すものでもある。したがって，自己調整学習理論は次の前提を想定している。(a) メタ認知や動機づけの方略を選択的に利用して，生徒は自力で学習能力を向上する，(b) 生徒は有利な学習環境を能動的に選択し，組み立て，つくり出す，(c) 生徒は，指導が，どれだけ，どのような形で必要であるかを知っている（Zimmerman, 2001）。はたしてこのような前提が，アメリカ以外の文化にもあてはまるだろうか？　ジマーマンら（Zimmerman & Martinez-Pons, 1986, 1988; Zimmerman & Risemberg, 1997）は，どの文化にもあてはまるとされる以下の14の自己調整方略をあげた（例えば，Purdie, Hattie, & Douglas, 1996 を参照）。

☆　ジマーマンに限らず，西洋心理学はこれまで，主に個人1人ひとりの自由や個性を重視してきた。しかし近年に入り，心理学研究において環境の影響や文化的要素があまりにも軽視されていることへの懸念が高まり，個人重視の研究に対する警戒感が顕著になってきている。例えば，うつ病の治療に際しても，西洋心理学では環境的な誘因を無視し，療養や薬物治療などによる改善に焦点を置く，いわば個人レベルで表面的な治療が多い。しかし近年に入り，環境にはたらきかける解決法も大切であるという意見が高まっている。したがって，ジマーマンがここで示す個人主義的な自己調整学習の要因も個人重視の価値観を反映するものであり，近年においては異なった解釈を唱える声も増加の傾向にある。

1．自己評価
2．構成と変換（教材の構成を組み替える）
3．目標設定と計画
4．情報収集（本など）
5．記録とモニタリング
6．環境整備（勉強しやすいように物理的に環境を整える）
7．自己報酬（成功と失敗に報酬や罰を与える）
8．暗唱と記憶
9．〜11．友だち，教師，保護者からの援助要請をすること
12．〜14．テストやノート，教科書などを復習すること

第15章　文化的差異と文化アイデンティティの自己調整学習への動機づけの役割

　これらの方略は，文化により差異があるだろうか？　強調されるのはどれで，強調されないのはどれであるか？　差異のある可能性は否定できないようである。

◆自己調整学習の比較文化的パラドックス

　これまでの自己調整学習のパラダイムは，その大部分が西洋思想や西洋研究に基づいている。このパラダイムは，他の文化のグループが多少自己調整しているかどうかと，自己調整のレベルと性格は動機づけや成績とどのように関連しているかを確かめるために，他の文化のグループにも，しばしば適用されてきた。しかし多様な文化価値と信念を反映した，他の自己調整パラダイムはないのであろうか？　例えばある文化の枠組みでは，服従，他者によってあらかじめ決められた目標を達成すること，勤勉さ，教師の教授により伝えられた情報の尊重，記憶，暗記学習等が自己調整学習に深く関連する要素だとされているとする。一方，クリティカル思考，代案提示，自己選択，自己目標設定，あるいは多様な学習法の活用などの行動は，典型的な自己調整学習の枠組みから外れる。したがって，これらの行動は教師や親には自己調整の乏しさの証拠と解釈され，学習の妨げとみなされるであろう。西洋の研究では，生徒が自己調整的に（つまり，メタ認知的で，動機づけられていて，行動に積極的に）学習過程に参加しているときは高い成績を収めていることをはっきりと示している。そして，このような自己調整の特徴を持ちあわせない生徒は，やる気が低く成績も伸び悩んでいるのではなかろうか。しかしながら，儒教の教育を背景にした生徒が，西洋モデルと正反対の学習行動をすると，動機づけや成績はどうなるだろうか，自己調整していないと見られるのだろうか？　問題は，自己調整の代わりのパラダイムのもとに勉強する生徒は，実際に動機づけられ，効果的に勉強しているかどうかである。おのおのの文化の枠組みの中で「自己調整」の定義が異なるという可能性も提唱されている。例えば，集団主義や孔子の教えに基づいた文化ではその価値観を反映した教育方針が実施されているが，その環境は西洋では「受身」で「自己調整に欠ける」ととらえられかねない生徒の学習態度や行動に一致しており，この「文化的一致」がこのような生徒を好成績へと導いている。事実，西洋の生徒よりもアジア圏の生徒のほうが，特に理数系科目では高学力を持っている（Stevenson & Lee, 1996）☆。

☆　このようなステレオタイプがアメリカの学会や一般社会に氾濫しているが，最近になりニズベット（Nisbett, 2003）を筆頭にこれは誤った認識であるという議論がなされている。例えば，アジアの生徒が受身でクリティカルシンキング（批判的思考）能力や独創性に欠け，西洋の生徒がそれらに優れているという認識は，アメリカはもとより最近では日本でも顕著である。しかし，このような表面上の行動的相違に基づいた短絡的な議論に惑わされず，アメリカにおける教育の実態を検討することが大切である。例えばアメリカの生徒が一見クリティカルシンキングに優れているのは，議論の内容よりも個人主張が重視される学校制度下で，基礎学力が不足しているために教材を理解せず，単に批判を通し自己主張をする傾向のせいだということをニズベットの研究は示している。またアジア圏に住むアジアの生徒に限らず，アジア系アメリカ人もアメリカの教育制度内において他人種に比べ高い成功を収めていることを考慮すると，「文化的一致説」に違和感を感じる読者も多いかと思われる。日本国民や日系アメリカ人の総体的教育実績は第二次世界大戦以降常にアメリカの平均像を大きく上回っており，他文化に疎いアメリカにおける研究や応用をうのみにするのは危険な傾向である。

その反面，学習を外的に制御したり学習の自由を重視しない文化では，生徒を効果的で創造性のある，独立した学習者へと導くとされる自己調整学習のスキルが伸びないという議論もなされている（Ho, Peng, & Chan, 2001a, 2001b; Liu & Littlewood, 1997; Siu, 1996）。ホラ（Ho et al., 2001a, 2001b）は，儒教哲学に基づいた学校における生徒の特徴を描写し，それらが自己調整学習のスキルと正反対のものであるとした。例えば，決定の際の自己判断の欠如，試験と成績重視，受身な学習などが中国の生徒に頻繁に見られ，西洋的見方の自己調整学習とは程遠いと述べている（Ho et al., 2001b）。

　　　中国人の生徒は教師が教え，自分が教えられることを期待しており，自主性がない。また，プリントやノート取りを重視する傾向にある。彼らは独立心や自発性に乏しく，どの教材や課題をどのように学ぶかについて教師の指示を待つ。したがって指示がない課題や自由選択の場面では戸惑いを隠せず，質問をしたり能動的に授業に参加したりはしない。（pp. 226-227）

しかし，自己調整以外の要素がアジア系生徒の好成績に貢献しているのである。例えば中国や日本では教育や努力が重視されている。そのうえ，親は子どもに非常に高い目標を設定し，親が持つ大きな夢を「親孝行」の名のもとに実現する義務を子どもに与える。このような環境では，教育を「自己向上」ととらえる西洋と異なり，教育は自己批判となる（Kitayama, Markus, Matsumoto, & Norasakkunkit, 1997; Eaton & Dembo, 1996）[☆1]。したがって，この生徒の成績は先に描写されたような保守的な環境の中では伸びるが，自己調整学習のス

キルはみられない。よってこのような生徒の場合，アメリカの学校制度のように個人選択，問題解決や個人目標を重視する環境での学習だとうまくいかない可能性がある（Kurman, 2001 を参照）☆2。

> ☆1　訳者が北山ら（Kitayama et al., 1997）の研究を見る限り，この引用は不適切であると見受けられる。引用されている1997年の論文に限らず，北山ら（Kitayama et al., 1997）はこのような見解をしていない。また，日本の読者の中には著者の日本文化の描写をずさんに感じる方も多いかと思われる。
> ☆2　訳者自身の米国国勢調査データの解析（Akiba, 2006）やアジア系移民に関する研究（Akiba, 2007）でも明らかなとおり，アジアからアメリカへ移民した一世やその二世は教育やキャリア，収入等で白人や黒人など非アジア系アメリカ人を大幅に上回っている。この傾向は特に日系アメリカ人に顕著であり，著者のコメントはこのデータに反するものである。

◘文化，動機づけと自己調整の関係

　ここまで，文化や文化アイデンティティと自己調整学習に関する要素について述べてきたが，文化と動機づけ，自己調整にはいかなる関係があるのだろうか。自己調整学習は，文化の壁を越えて共通したものなのだろうか？　また，家族や宗教，将来の展望など，どのような文化的要素が自己調整学習に影響をもたらすのであろうか？　自己調整学習の目的は，過去の実績を保持し，現状を最大限に活用すること，あるいは将来に備えることなのだろうか？　自己調整学習は目標に左右される。もし文化的相違がないのなら，自己調整学習はどの文化においても効果的学習となるはずである。そこで，目標の文化的違いを分析する必要が出てくる。自己調整学習は習得目標とのつながりが強いとされ，目標の焦点が文化によりいかに違うかを検証することで，自己調整学習との関連も明白になるであろう（Ladson-Billings, 2001）。自己調整学習研究について，以下にイーミック（文化の内部者からの観点で行う研究法）とエティック（文化の外部者または中立者の観点で客観的に行う研究法）の両方から描写してみよう。

◘自己調整学習のイーミックとエティック

　イーミックとエティックは，それぞれ異文化研究法の2つの目的に関連している（Headland, Pike, & Harris, 1990）。第1の目的は特定の文化内で，その内

部者たちの視点からの行動の価値や意味合いを分析することであり，これは**イーミック**と呼ばれる。第2の目的は，複数の文化を研究対象とし，その言動の共通点を見出すことであり，これは**エティック**と呼ばれる（Brislin, 1980; Headland et al., 1990）。自己調整という概念は，異文化比較などの研究の可能性を考慮するとエティック的に興味深いものである。しかし，西洋で発祥したこの概念を，西洋以外の文化における文化的意味合いや環境的制約などを斟酌(しんしゃく)せずに，丸ごと「輸出」するのは危険である。このような「西洋文化の押しつけ」が発生すると，自己調整学習の持つ意味自体が失われてしまう。よって，自己調整学習の概念はエティック的な興味をそそるのだが，多文化における意味あいをまず吟味するイーミック的な研究なしには無意味である。残念ながら，これまでの自己調整研究はイーミック面を軽視してきている。どのようにエティックとイーミックが共存すべきかについては，図15.1を参照してほしい。

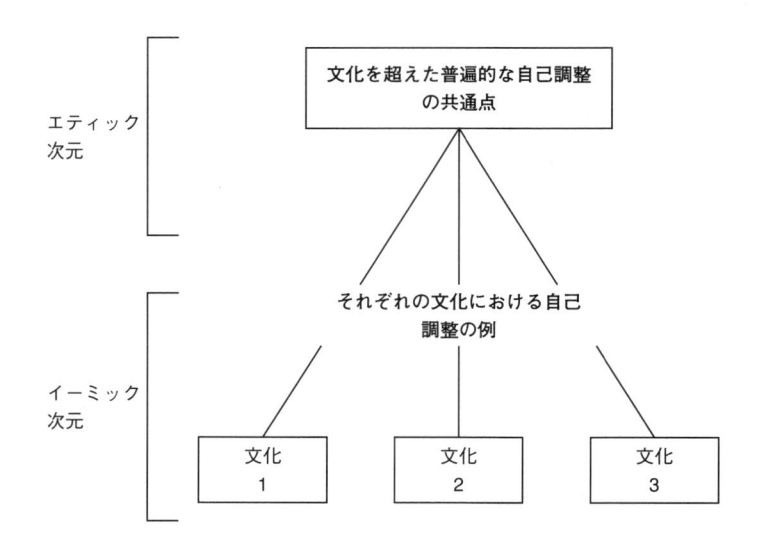

図15.1　それぞれの文化における自己調整から共通の要素を探るためのアプローチ

文献の概観

ここまで，文化，文化アイデンティティ，動機づけ，そして自己調整に関し筆者が重要とみなす論点を述べてきた。この節では，文化的相違点，文化アイデンティティ，動機づけ，そして自己調整についての研究データを紹介していく。文化と文化的相違点，文化アイデンティティ，動機づけ，そして自己調整はどのように扱われるのだろうか。また，文化や文化アイデンティティなどの定義，文化間の類似点等を述べていく。

◆文献

オラウセンとブラーテン（Olaussen & Bråten, 1999）の自己調整に関する研究では，異文化研究に必要な枠組みが確立されていないことが指摘されている。要するに，環境的違いを考慮せずに「アメリカ製」の理論や応用法を盲目的に他文化に押しつけるのは，好ましくないとしている。学校教育の持つ価値や，成績で重視されるのは能力と努力のどちらかということ，保護者や級友らによるサポートの大切さなどには，文化により大きな相違点があり，これらの3点は前述のように自己調整学習の要因としてあげられている。したがって，方略の活用などの自己調整学習のスキルに関しても文化間により違いが出てくるであろう。オラウセンらは，学習方略に関する質問紙（Learning and Study Strategies Inventory: LASSI）を使い，ノルウェーとアメリカの生徒における自己調整学習方略の使用度を調査した。アメリカとノルウェーの生徒には類似点が多かったものの，動機づけと態度に関しては相違点も見られた。ノルウェーの生徒はアメリカの生徒よりも教育を重視する傾向にあり，アメリカの生徒はノルウェーの生徒よりも結果自体ではなく努力を強調する傾向にあった。しかし総体的には，ノルウェーの生徒の自己調整学習の方略活用はアメリカ人学生と非常に似たものであるという結果が出ている。

パーディーとハティー（Purdie & Hattie, 1996）は，オーストラリアと日本の生徒の比較データを発表し，西洋の研究がいかに他文化で活用できるかを検討した。ジマーマンら（Zimmerman & Martinez-Pons, 1986）が提唱した14の

自己学習方略を24項目に拡張した改良版の質問紙が用意され，自分による答え合わせと学習環境整備の2つが両国において顕著であることが明らかになった。また，2国の相違点としては以下があげられた。まず，オーストラリアの生徒は日本の生徒に比べ，他者による答え合わせや，自己テスト，概要・下書き作り，ノートやファイル編集，目標設定，記録取り，自己報酬，教師への質問，ノートやテストなどの復習の方略を使うと回答する傾向が強かった。それに比べ日本の生徒は，記憶や教科書の復習を方略としてあげる傾向にあった。

　パーディーら（Purdie et al., 1996）は，自己調整の比較研究をさらに続け，日本の生徒は，オーストラリアの生徒よりも記憶と練習方略をよく使うが，日本の生徒は，記憶と再生を単なる学習の過程として解釈し，オーストラリアの生徒は，それらを学習成果そのものと解釈する傾向があることを見出している。これは文化間の学習に関する研究を進める際の，非常に大切な教訓を与えている。暗記は，低いレベルの学習方略と見られていて，アジアの生徒は，この方略を西洋の生徒よりもよく使うので表面的な学習者だとよく批判されてきた。しかし，この例では，記憶は理解を深める高いレベルの自己調整技法である。要するに，日本の生徒は，教材を理解する手段として暗記をするということを念頭に置くことが必要だ。パーディーら（Purdie et al., 1996）は，この記憶と理解の結びつきは儒教の教授と学習の概念に由来すると述べた。これによると，学習の概念は，オーストラリアの生徒よりも日本の生徒にとってのほうが幅広い意味があるのである。具体的には，オーストラリアの生徒は，学習を教室の，主に主要科目を勉強することだと考え，日本の生徒は，教室の学習だけでなく校外での活動をも反映して，自己実現の概念も学習の一部と考えているのである。

　記憶とそれが自己調整行動に果たしている役割は，多くの論文の中に繰り返し取り上げられているテーマである。例えば，サリリら（Salili et al., 2001）は，適応学習のパターン研究（Patterns of Adaptive Learning Study: PALS）で使われた質問紙を用い，動機づけと自己調整学習と文化の影響を調査した。香港系中国人，中国系カナダ人，そして欧州系カナダ人のうち，香港系中国人は他の2グループに比べ記憶重視が顕著であったが，自己調整や認知方略活用，習得目標志向などでは劣っていた。また，香港系中国人グループはカナダ人グループに比べ，勉強時間が長く，学習に不安を持ち，自己効力感が低いことが判明した。すべてのグループで自己調整学習や認知方略は，努力，自己効力感，習

得目標の3項目と正の相関関係にあった。また，この研究の様々な測定結果において，中国系カナダ人生徒は総体的に香港系中国人と欧州系カナダ人との中間に位置する傾向があることが判明した。これは，中国系カナダ人のカナダ文化への同化プロセスを示唆するものであろう。この結果やこれから説明するアーダンとジャンカルロ（Urdan & Giancarlo, 2000）の研究は，両者とも動機づけと自己調整学習に及ぼす，文化や文化変容の影響を描写している。要するに，他文化出身の生徒が西洋教育システムでの経験を積むにしたがい，自己調整の傾向が変容していく様子を示しているのである。

アーダンとジャンカルロ（Urdan & Giancarlo, 2000）は，移民の世代数（一世，二世，三世など），家族の絆の度合い，自己目標，自己調整学習や成績などの目標構造を調べたが，主要な関心は，自己目標志向（習熟，遂行接近と遂行回避）と認知された学級の目標構造が，高校の英語のクラスの自己調整と成績に関係しているかどうか，生徒の世代数と生徒の持つ家族への義務感の程度の違いに反映されているか，であった。アーダンとジャンカルロは，その結果，世代数と家族の絆の度合いが英語の自己調整および成績の目標と，目標構造に及ぼす効果を加減していると考えた。また彼らは，成績の良い生徒は劣る生徒より自己調整しており，強い習得志向を持つことと，習得目標構造を強く認知すること，強い家族の絆を持つことは，これらを持たない場合よりも自己調整していることを見出した。自己調整学習は，成績の良い生徒，習得志向を強調した目標構造を持つ生徒と，そして強い家族の絆を持つ生徒の間で特に顕著に見られた。本章の観点からすると，家族や文化的価値が自己調整学習の要因として仮定されたことは非常に興味深い。

本章で解説してきた研究の多くが，文化によって変容する，自己調整学習に対する家族という概念の大切さを示してきた。例えば，ゴレル，ホワン，チャン（Gorrell, Hwang, & Chung, 1996）も韓国とアメリカの生徒の校内と校外の活動で自己調整学習方略（自己評価，目標設定，計画，情報検索，自己モニタリング，環境構成，練習と記憶，友だち，教師または大人の援助要請）の活用具合を調べた。両方が自己調整学習方略をふんだんに活用することがわかった。しかし韓国の生徒は学校外での学習に関して特に自己調整学習の方略使用が勝り，アメリカの生徒は学校内での学習に関しての自己調整学習方略活用が勝っていた。ゴレルらは，韓国の生徒が校外で自己調整学習活用が多い理由は，家庭内と学校の文化的差異のせいだという。韓国の親は，自分の子どもが就学前

でも，様々な活動をすることを期待し，そのため，課外活動で問題解決活動の経験をするようになるのである。反対に，アメリカでは学校内においてこのような活動を経験するので，校内で自己調整的問題解決をする機会が多くなる。したがって，韓国の生徒は学校外の活動についても，家で勉強するときのように，直接の努力や積極的参加をする。それに対してアメリカの生徒は他者からの援助要請をするのである。ゴレルら（Gorrell et al., 1996）は，韓国の生徒は個人達成と課題方向づけ行動に集中するし，アメリカの生徒は，家族の援助に頼るように見えるという。ただし，これらは「傾向」としての文化的相違であり，同一文化内でも個人差があることを忘れてはならない。

　ゴレルら（Gorrell et al., 1996）は，自己調整に関し韓国とアメリカの間に2つの主要な相違点があると指摘した。まず宿題や課題に取り組むに際し，韓国の生徒は自己努力に頼る傾向が強かったのに対し，アメリカの生徒は，援助要請をする傾向があった。また，家での勉強を向上するやり方についても，韓国の生徒は学習に積極的に取り組むことをあげたが，アメリカの生徒は，援助要請をあげたのである。要するに，韓国の生徒が学習の焦点を自分自身に置くのと対照的に，アメリカの生徒は，他人からの手助けを重要視しているのである。

　一定の自己調整行動の文脈（つまり，困難の高低レベルを選択すること）の中で，カーマン（Kurman, 2001）は，シンガポールとイスラエルの達成場面において自己調整の文化的差異があることを見出した。この結果は，個人主義と集団主義の次元で両国を分類することに基づいて仮説が立てられた。その次元とは，特に権力との距離，あるいはある文化内のヒエラルキーのレベルあるいは縦列的集団主義についてである。アメリカなど権力距離の低い文化では，人々は根本的に平等であり，それに対して高い権力距離を持つ文化では，形式的で社会的ヒエラルキーの差異を大いに尊重する。低い権力距離文化は高い権力距離文化より自発性を尊重し奨励する。カーマンは，低い権力距離文化では，人々は，チャンスに意欲的で，リスクを冒しても難しい課題に取り組むことが予想できるという。シンガポールは権力距離が高く，イスラエルは低い。これをもとに，カーマンは，シンガポール人は保守的で，イスラエル人と比べると低いレベルを選び，この低いレベルは自己調整の効果を限定してしまうという。研究の結果はこの通りだった。カーマンは，達成場面のシンガポール人の自己調整過程が，イスラエル人と比べて，達成レベルを最大限にすることはないと結論した。具体的には，本章の文脈では，カーマンは「この研究の確信のある

第15章　文化的差異と文化アイデンティティの自己調整学習への動機づけの役割

結論は，自己調整過程は，文化的要素に強く影響されていることだ」（p. 501）と述べている☆。

> ☆　シンガポールの他にも日本や中国，韓国等のアジア諸国も，縦列的集団主義文化の代表とされる。ここで興味深いのは，アメリカやイスラエルに比べ，これらのアジア諸国（特に近年ではインドネシア）の生徒の学習達成度や「やる気」の高さが世界的に定評のあることである。したがって，シンガポールの生徒を受動的でチャレンジ精神に欠けるとするカーマン（Kurman, 2001）の研究結果は前述のゴレルら（Gorrell et al., 1996）の結果とも対照的であり，その有効性に関しては意見が分かれるところではないだろうか。訳者の見解では，縦列的集団主義と自己調整学習という2つの要素はこれら以外の多数の要素が混在する中にあり，他の要素を考慮せずに2つの要素の関連を検証することは根本的に不適切だと思われる。

◘自己調整と自己効力感

　自己調整という枠組みの中で，自己効力感は学習結果と関連する主要な要因とされる。イートンとデンボー（Eaton & Dembo, 1996, 1997）は，文化特有の信念と自己効力感の信念のどちらがアジア系アメリカ人と非アジア系アメリカ人の生徒の成績に影響を与えているかを調査した。アジア系アメリカ人の生徒は，非アジア系アメリカ人の生徒に比べ，低い自己効力感しかないが，好成績を収めている。アジア文化特有の失敗を恐れる信念が，自己効力感以上に学習意欲をそそっているのだという。また，イートンらは，アジア系アメリカ人の生徒の好成績は必ずしも学習意欲の高さのせいでなく，それは主にアジア系の親の権威主義的子育ての結果として，生徒が大人（教師や研究者）の権威や学校の要請に進んで従う傾向のせいだという☆。さらに，アジア系の親は生徒に非常に高い期待を持っており，生徒は好成績を収めないと家族の恥として親にとがめられるという。したがって，親からのプレッシャーがアジア系アメリカ人生徒のやる気の根源であり，このプレッシャーが，生徒の宿題，授業への集中度，教師からほめられること等，それぞれが学習に積極的に関係し，自己調整学習への好ましい影響をもたらす。アジア系生徒が好成績を収めるのはそのためである。自己調整の枠組みの中では，結果予測の動機づけ信念が，予見段階の過程では個人の利益も失敗へのおそれも含んでいる。自己調整学習の研究には失敗へのおそれが考慮されてきていないが，アジア系生徒の自己調整方略にはそれが顕著に見られるのである。

> ☆　チャオ（Ruth Chao）に代表されるアジア系民族の子育ての研究は，ここ10年ほど，「アジア系の独裁的子育て」や「抑圧的子育て」というアメリカ文化に横行する反アジアのステレオタイ

プをことごとく否定してきた。ここではアメリカ心理学界における異文化研究のずさんさを示すためにあえて修正を施さずに訳したが，読者におかれてはこのような叙述をうのみにしないことを切望する。

　自己効力感は自己調整学習の欠かせない構成要素である。クレーセン（Klassen, 2004）の研究では，自己効力感の異文化における役割を調べた。フィスクら（Fiske et al., 1998）を引用し，クレーセンは「これまで普遍的とされてきた心理学研究の結果は，限られた文化的背景の中で展開されてきた。自己効力感に関する研究は，主に西洋，特にアメリカでの研究によるものであり，自己効力感の持つ役割を理解するためには，さらなる異文化研究が必要とされる」と言う。クレーセンは個人主義対集団主義の対照概念に基づき，自己効力感と自己効力感の根源（つまり，自己効力感から引き出された源）をインド系カナダ人と欧州系カナダ人の文化的次元で調査した。彼は，「過去の実績や情緒の覚醒などの"個人的要素"は個人主義の文化圏（欧州系カナダ人）で高く価値づけられるのに対し，他人からの説得や代理経験などの"他者の要素"は集団主義の文化圏（インド系カナダ人）で強い影響力を持つと考えた（p. 732)☆」。

☆　カナダは近年インド系の移民が増加し，トロント等の英語圏主要都市では欧州系カナダ人との文化的対立が目立っている。一般的に，インド系移民は学業やキャリアにおいて平均的に成功度の高いグループとされている。

　関心の動機づけ変数（自己効力感，失敗へのおそれ，親の教育熱心さ）には有意な文化差が見つかった。それらの変数で，インド系カナダ人が欧州系カナダ人より有意に上回った。自己効力感の4つの根源では，欧州系カナダ人が代理経験では高かった。また，インド系カナダ人は，他人からの説得の影響度が高かったが，過去の実績と情緒の覚醒では両者に違いは見出されなかった。過去の実績が双方のグループの自己効力感に最も影響し，自己効力感は成績に影響した。しかし，本章の目的にとって大切なことは，クレーセンが次のことを見出したことである。南アジア・インド系カナダ人の生徒は，社会的比較と社会的階層に強くこだわる変わった文化的レンズで世界を見ていて，この独自な文化的見方は，彼らの動機づけの方法や動機づけ信念の形成のされ方に影響する（p. 739）。インド系カナダ人の生徒は，階層や地位が強調され，他者と比較されるような，上昇志向の自己を示した。インド系カナダ人の生徒では，親が勉強熱心な階層上昇志向グループが欧州系カナダ人グループよりも有意に多か

った。他の研究でも，親の教育熱心さは，西洋のグループよりもアジアのグループで，自己調整に関連する分野で重要な役割をすることが示されてきた。欧州系カナダ人の生徒は，上昇志向や比較の態度は少なく，実績と自己効力感を予測して自己を方向づけるのである。

クレーセン（Klassen, 2004）は，インド系カナダ人の自己効力感は他者によってより強力につくられると唱えた。例えば，パンジャブ人のシーク教徒の生徒は，他者が彼ら自身の能力についてどのようにし，何と言うかという認識から自らの自信をつくり上げる。自己信念と対比すると，インド系カナダ人の遂行を説明するのには，自己概念の他者志向や比較変数が，自己効力感に加えて必要とされる。それに対して，欧州系カナダ人の生徒には，自己効力感と過去の成績が，現在の成績を説明するのに十分である。クレーセンは次の結論を下している（p. 739）。現在の調査からわかったことは，文化と信念が，「個人の自己効力感の指標として注目され使われる情報のタイプ」と「個人の効力感についての信念をつくるとき，どの源からの有効な情報を重みづけし，統合するかという，組み合わせ規則と経験則」に「影響する」ということである。つまり自己効力感の異文化的，普遍的理解には，次のことを念頭に置かなくてはならない。文化によっては，自分の行動に他者の及ぼす影響が大きいということである。

ヤマグチとグリーン（Yamaguchi & Greene, 1997）は，ハワイの中・高校生を対象にして，人種，性別，学年，そしてコミュニティ居住の期間の長さが，学習の自己効力感と関連するという調査をした。子ども用自己効力感多次元尺度（Children's Multidimensional Self-Efficacy Scales, Bandura, 1989）より，以下の2項目が引用された。①自己調整学習への自己効力感に関する下位尺度と，②学力に関する自己効力感の下位尺度である。そして，データはアメリカ本土のデータと比較された（Zimmerman, Bandura, & Martinez-Pons, 1992）。ハワイの生徒は生物以外の科目において自己効力感が低く，ヤマグチたちはこれを，謙虚さを強調するハワイの文化の反映であると述べている。実際，過去の研究でもハワイのような集団主義の文化では自慢を避ける傾向が指摘されている（p. 9）。

ヤマグチとグリーン（Yamaguchi & Greene, 1997）は，性，人種，島での居住年数，学年と，学習の自己効力感および自己調整学習の自己効力感の結果変数を調べるために重回帰分析をした。この分析は，自己調整学習課題に対する

生徒の自己効力感を予測する変数では有意な結果を示したが，学力の自己効力感ではそうではなかった。性別と人種の2要素が，自己調整学習に関する自己効力感に深く関連しており，ハワイ原住民の男子生徒が最もこのタイプの自己効力感に乏しいことが判明した。ハワイ原住民男子が，女子やその他のグループに比べて自己調整学習の自己効力感に欠けるという結果を，ヤマグチらは社会文化的コンテクストに基づき以下のように説明している。ハワイ原住民男子と女子とでは，性別により家庭やコミュニティでの役割が異なっているが，学校活動においてはそのような性役割は提唱されない。教育に関する課題，特に自己調整に関連したものが，ハワイ原住民の男子の日常生活からかけ離れているのに対し，原住民の女子はそれらに日常的に接触している課題（例：整理整頓や兄妹の身支度，大人等と接して家族やコミュニティの連帯性を確保するなど）が似ているためだと考えられている。一方ハワイ原住民の男子は権力に対する反骨精神に富み，友情を基盤とした生活を送る傾向にある。したがって，文化的・社会文化的要素が自己調整に関する自己効力感に与える影響は明白である。

◧これらの研究から得られたこと

チュー，サリリ，そしてホン（Chiu, Salili, & Hong, 2001）が編集した『自己調整学習の様々な能力―多文化教育への教訓（*Multiple Competencies and Self-Regulated Learning: Implications for Multicultural Education*)』は以下のように述べている。

> 本書の執筆者たちは，自己調整学習に関する既存の研究結果や概念が学校制度の改正に有益な枠組みとなることを提唱している。また，前述のとおりこの人たちは様々な文化的背景を持っている。実際，その文化的経験が多様であるにもかかわらず，多様な生徒に対しても，学習における基本的目的に集中する最適な学習環境をつくるために教師が自己調整学習の普遍的な原則を使うということに，執筆者全員が合意している。(pp. 9-10)

筆者は，文化と自己調整学習の関係がこのように単純なものであるとは考えていない。帰属理論でワイナー（Weiner, 2004; McInerney & Van Etten, 2004a

も参照）が述べたように，自己調整学習の枠組み自体は文化を超えて適用するものだと仮定しても，何が構成概念を包括するか，そして，構成概念がどのように達成結果などの他の変数に関連するかに関する詳細は，文化のグループごとに異なる。時間のやりくり，メタ認知や学習方略，効果的で方略的な練習，目標達成，自己効力感などの自己調整は，学習者の文化的背景に関係なく，学習意欲や好成績に関連しているようである。しかしながら，これらの特性が，特に，教育の性質と価値づけや，努力と能力のどちらが大事かということ，失敗の恐怖が演じる役割，記憶や援助要請のような学習方略が顕著であること，親や他の大人の役割などにおいて表現される方法は，文化ごとに異なるのである。さらに，ある文化や教育的環境が，西洋文化で効果的だとされる自己調整学習方略の利用を難しくすることも明らかである。

▌ 応 用 ▌

　本章の冒頭で，イーミックとエティックの重要性に簡単にふれた。ここで，これらの概念と自己調整研究との関連を考えてみる。自己調整という概念はエティック，要するに文化という壁を越えた普遍的なものであるが。その反面，自己調整が「どのようなものであるか」はイーミック，つまり文化ごとに異なる要素である。同様に，主観的文化の観点から自己調整学習の検討ができることを本書のはじめに述べた。まず，特定の文化の社会的モデリングの要素が，自己調整学習スキルの性格や取得に影響することは明白である。動機づけや学習の自己調整モデルにおける明示的そして暗示的な要素は何であろうか？　自己調整学習の主な要素は何であり，またそれらはどの国でも共通だろうか？　これまで西洋の研究に反映されてきた自己調整学習理論の主要な要素は，その1つひとつが文化的適応という観点から検証されるべきである。例えば，自己調整学習の，

　①14の主要要素：自己評価，構成と変換，目標設定と計画，情報収集，記録とモニタリング，環境整備，自己報酬，暗唱や記憶，社会的な援助要請，そしてテストやノート，教科書などに目を通すこと
　②段階：予見，遂行，内省
　③構造：4つの過程に基づいたモデリング

のそれぞれが，比較文化の研究で批判的に検討されるべきである。それにもかかわらず，ここでみてきた異文化研究のほとんどが，これらの基本的概念を文化的視点から批評していない。

また，文化，動機づけ，そして自己調整の間の関連についても疑問がある。自己調整学習の性質は，異文化間においても普遍的なものであろうか？　家族，宗教，将来の概念などの，文化により異なる自己調整行動の要素はどうなのであろうか？☆1　人間は，過去の維持のため，現在を理解しはたらきかけるため，あるいは将来のために自己調整をするのであろうか？　自己調整学習とそれに適切な目標の関係は，異文化間では異なるものであろうか？　このような疑問は自己調整学習の文化的討議に欠かせないものであるが，ここで紹介した文献はこれらの問題を直接には扱っていない。したがって，前述の「14の要素」などにみられるような「エティックの無理じい」により，「擬似エティック」をつくり出し，限定的な視点を異文化に強要する事は避けるべきだ。例えば，自己調整は，ある文化では社会的に設定された目標に基づいた集団主義への服従を意味するが，他の文化では個人で立てた目標に基づいた選択を意味することもある。要するに，その社会で適切とされる「学習行動」を自己調整することが自己調整学習なのである☆2。したがって，文化によっては暗記学習，反復練習や記憶を重視するが，また文化によっては自立的な問題解決，選択，決定などが重要になり，その内容も変わるのである。アジア系の生徒の矛盾（つまり，自己調整学習のスキルが不足していてもやる気に満ちて成績も良いという）がこれで説明される☆3。自己調整学習が，社会の学習規準にうまく合わせることをいうのなら，アジア系の生徒は自己調整学習をしているといえよう。何が適応的自己調整方略で，何がそうでないかの区別と，その文化における非適応的なものと適応的なものの区別が大切なのである。

☆1　「将来の概念」に関しては，著者はここまで検討していない。この概念は，自己の将来をどのようにとらえるかによって現在の言動が違ってくるという論理に基づいたものである。例えば，将来を悲観する若者（特に貧困地区に住み，犯罪や人種差別などに苦しむ少数民族）は，その悲観主義と悲そう感から，人生設計や将来に向け準備する等の行動を避け，享楽主義に陥る傾向にあるとされる。

☆2　これは非常に前衛的なコメントであり，アメリカの心理学界でも昨今は様々な例に関してこのような声が頻繁に聞かれる。しかし，自己調整学習の文献のみを見るとこのような解釈は一般的ではなく，これからの展開に期待したい。

☆3　しかし，基本的な記憶や反復は個人主義とされるアメリカにおいても最も基本的かつ効果的な自己調整学習方略の1つであることを忘れてはならない（この章でも，自己調整学習方略14項目の8番としてあげられている）。また，丸暗記のみが得意と間接的に批判されているアジ

ア系生徒も，アジア圏だけでなく「アメリカ流」の学校制度のもとでも他の追随を許さない成功を収めている。したがって，この部分は控えめな解釈をするのが賢明であろう。

また，文化も変化することを忘れてはならない。ここで紹介した，文化変容に関連する文献の中にも，何が適応的学習行動であるかという規準の推移を指摘するものがあり，新しく適切な自己調整の枠組みが提唱されている。しかし，これらの自己調整の枠組みと，西洋におけるそれとの比較は無意味であろう。それに加え，アジア文化に関するステレオタイプも再考されるべきである。例えば，トレバ，チェン，アイマ（Trueba, Cheng, & Ima, 1993）は，アジア系アメリカ人の中には，現代社会にふさわしくないとしてアジア文化の価値観，服従，節度，謙虚さ，調和などを拒否する生徒もいるというエビデンスを見出した。

自己調整方略の利用から明らかなのは，その方略が何であれ，好成績につながるということであり，方略利用は成績と正比例するのである。しかし，学習と自己調整方略が何であるかは文化により違ってくる。どの文化にもみられる方略もあれば，記憶のように特定の文化のみに顕著なものもある。親や級友などの他人の存在，教育や学校に関する生徒の価値観などの仲介変数が，文化ごとに異なった影響を自己調整学習に与えるのである。

その程度に差はあるものの，ここで紹介した研究はすべて，非西洋文化の自己調整学習の内実を，西洋の自己調整学習の理論と照らし合わせる目的を持っている。特に「異文化」の自己調整学習の姿が，アメリカやオーストラリアのサンプルを西洋のサンプルとして文化比較されるケースが目立った。この研究法はトップダウン式と呼ばれ，間違った方法ではないが，研究者が異なる文化環境においてもそれが正しいことを立証するための擬似エティックである。換言すれば，西洋における価値観や構成概念はどこの文化にも通用するエティックであるという，「暗黙の了解」に基づいた研究が氾濫しているのである。もちろん，西洋の価値観がどこでも通用するというような前提は実際の研究データなしに掲げられるべきではない。逆に，イーミックに焦点を置き，ボトムアップ式の研究法を用いた多文化における自己調整学習の論文は見当たらない。そのような研究法に基づいた調査を行えば，西洋概念としての自己調整学習と，それ以外の文化固有の概念に相違点が見出される可能性もある。その反面，文化固有の自己調整学習の観念が，独特で比類のないものであることが判明する可能性も否定できないのである。また，自己調整学習という枠組みの中にもエ

ティック（文化的に普遍的）な部分があるかどうかも，ボトムアップ式研究を通して検討できる。これまでの研究は，このように非西洋文化における自己調整学習の特徴を見出す努力を怠ってきたが，異文化研究により，自己調整学習そのものの全容が明らかになる可能性があることは特記に値するだろう。

　自己調整学習の研究や応用に際して，理論的要素と，その文化に特有な要素を区別する必要が出てくる。言い換えると，理論は研究や実践をする際のひな形の役目をするが，自己調整の定義，測定，利用の内容は文脈によって異ならなくてはならない。すべての環境が学習に適しているわけではないので，学校や校外での子どもの学習を高めるのに適応的な自己調整の実践を可能にするため，環境を改善していくことも大切なのである。自己調整学習のエティックとイーミック要素の例が，表15.1に表記されている。また，自己調整学習に関す

表15.1　文化的背景に関連した解釈を必要とする自己調整の影響

社会的影響	学習へのアプローチ	学習と知識の定義	誘因	結果
階級と社会階層	能力 対 努力	変動的 対 不変	能力に関する信念 対 努力に関する信念	就職
家族	集団的イニシアチブ 対 個人的イニシアチブ	認知的 対 行動的	満足の遅延 対 即座の満足	個人目標達成 対 集団目標達成
ジェンダー	深い学習 対 表面的な学習			
級友	教え込み，教師先導，探索的，あるいは問題解決	生徒による自己構成	失敗への恐れ	知識
政治	環境改革	受容	未来志向	誇り
宗教	目標の志向性	自己啓発 対 社会的啓発	目標設定	序列化
権威の尊重	援助要請 記憶 粘り強さ プランニング 記録 自己チェック 自己制御 時間管理 意思の強さ	深い学習と達成課題 対 表面的な学習と達成課題	個人発達 結果期待 ステータス 過去の実績 自己効力感 恥 団結 成功	選択 恥

る基本的要因が，図15.2にまとめられている。

　これらの要素を見ていくと，いかに文化的文脈の分析が必要であるかが明白であろう。それぞれが文化に基づいた意味合いを持っており，理論家，研究者，教育者はそのような「あや」に気を配るべきだ。自己調整学習には，すべての学級で効果的な「レシピ」やマニュアルは存在しない。失敗を恐れる感情や暗

```
                  ┌─────────────────┐
                  │自己調整学習は，社会文化│
                  │的要素に影響される普遍的│
                  │概念であるという観点  │
                  └─────────────────┘
                  ┌─────────────────┐
                  │  エティックな次元   │
                  └─────────────────┘
```

社会的影響	学習に関する観念	学習や知識の定義	誘因	学習の結果
家族，宗教，学友など，だれが学業に関する価値観に影響を与えるか	教師と生徒の役割，学習法，適切なメタ認知方略の使用など	築かれるものか，授かるものか，変動するか，固定的かなど	褒美や罰，その価値	期待される結果とその結果の持つ価値や意味合い

自己調整行動
文化的に適切とされる自己調整行動
（援助要請，記憶，目標志向，やる気，時間管理，自己制御など）

文化 1	文化 1	文化 1	文化 1	文化 1
文化 2	文化 2	文化 2	文化 2	文化 2
文化 3	文化 3	文化 3	文化 3	文化 3

それぞれの文化における例

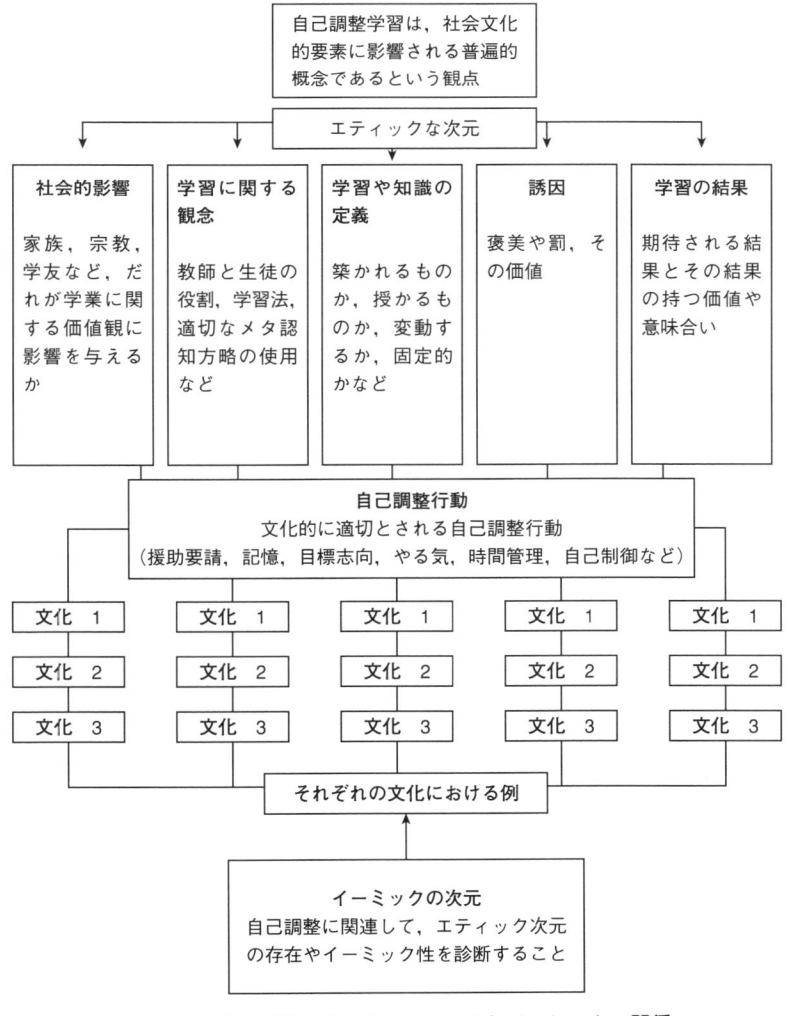

イーミックの次元
自己調整に関連して，エティック次元の存在やイーミック性を診断すること

図15.2　自己調整におけるエティックとイーミックの関係

記などの自己調整の実践が，どのような状況で効果的，あるいは非効果的であるかなどは，これからの研究で解明する必要がある。要するに特定の自己調整方略が効果的か否かを簡単に判断することは適切ではない。したがって，西洋文化圏以外の生徒を相手とした多文化教育の現場にあっては，自己調整学習研究は西洋の教育環境でしか進展していないという認識はきわめて重大な意味を持つのである。

引用文献

第1章

Anderman, E. M., & Young, A. J. (1994). Motivation and strategy use in science: Individual differences and classroom effects. *Journal of Research in Science Teaching*, 31, 811–831.

Bandura, A. (1991). Self-regulation of motivation through anticipatory and self-reactive mechanisms. In R. A. Dienstbier (Ed.), *Perspectives on Motivation: Nebraska symposium on motivation* (Vol. 38, pp. 69–164). Lincoln: University of Nebraska Press.

Bandura, A. (1997). *Self-efficacy: The exercise of control*. New York: Freeman.

Bandura, A., & Schunk, D. H. (1981). Cultivating competence, self-efficacy, and intrinsic interest through proximal self-motivation. *Journal of Personality and Social Psychology*, 41, 586–598.

Battle, A., & Wigfield, A. (2003). College women's value orientations toward family, career, and graduate school. *Journal of Vocational Behavior*, 62, 56–75.

Benware, C., & Deci, E. L. (1984). The quality of learning with an active versus passive motivational set. *American Educational Research Journal*, 21, 755–766.

Blackwell, L. S., Trzesniewski, K., & Dweck, C. S. (in press). Implicit theories of intelligence predict achievement across an adolescent transition: A longitudinal study and an intervention. *Child Development*.

Blumenfeld, P. C. (1992). Classroom learning and motivation: Clarifying and expanding goal theory. *Journal of Educational Psychology*, 84, 272–281.

Boekaerts, M., Pintrich, P. R., & Zeidner, M. (Eds.). (2000). *Handbook of self-regulation*. San Diego, CA: Academic Press.

Boekaerts, M., & Niemivirta, M. (2000). Self-regulated learning: Finding a balance between learning goals and ego-protective goals. In M. Boekaerts, P. R. Pintrich, & M. Zeidner (Eds.), *Handbook of self-regulation* (pp. 417–451). San Diego, CA: Academic Press.

Bouffard-Bouchard, T., Parent, S., & Larivee, S. (1991). Influence of self-efficacy on self-regulation and performance among junior and senior high-school age students. *International Journal of Behavioral Development*, 14, 153–164.

Cleary, T., & Zimmerman, B. J. (2001). Self-regulation differences during athletic practice by experts, nonexperts, and novices. *Journal of Applied Sport Psychology*, 13, 61–82.

Collins, J. L. (1982, March). *Self-efficacy and ability in achievement behavior*. Paper presented at the annual meeting of the American Educational Research Association, New York.

Corno, L. (1993). The best-laid plans: Modern conceptions of volition and educational research. *Educational Researcher*, 22, 14–22.

Cury, F., Elliot, A. J., Da Fonseca, D., & Moller, A. C. (2006). The social-cognitive model of achievement motivation and the 2 × 2 achievement goal framework. *Journal of Personality and Social Psychology*, 90, 666–679.

Deci, E. L. (1975). *Intrinsic motivation*. New York: Plenum.

Deci, E. L., & Ryan, R. M. (1987). *Intrinsic motivation and self-determination in human behavior*. New York: Plenum.

Deci, E. L., Schwartz, A., Sheinman, L., & Ryan, R. M. (1981). An instrument to assess adult's orientations toward control versus autonomy in children: Reflections on intrinsic motivation and perceived competence. *Journal of Educational Psychology*, 73, 642–650.

Dweck, C. S., & Leggett, E. L. (1988). A social-cognitive approach to motivation and personality. *Psychological Review*, 95, 256–273.

Eccles, J. (1983). Expectancies, values, and academic behaviors. In J. T. Spence (Ed.), *Achievement and achievement motives* (pp. 75–146). San Francisco: Freeman.

Eccles, J., Wigfield, A., & Schiefele, U. (1998). Motivation to succeed. In W. Damon (Series Ed.) & N.

Eisenberg, (Vol. Ed.), *Handbook of child psychology: Vol. 3. Social emotional, and personality development* (5th ed., pp. 1017–1095). New York: Wiley.

Elliot, A. J. (1997). Integrating "classic" and "contemporary" approaches to achievement motivation: A hierarchical model of approach and avoidance achievement motivation. In P. Pintrich & M. Maehr (Eds.), *Advances in motivation and achievement* (Vol. 10, pp. 143–179). Greenwich: JAI.

Elliot, A. J. (1999). Approach and avoidance motivation and achievement goals. *Educational Psychologist*, 34, 169–189.

Elliot, A. J., & Harackiewicz, J. M. (1996). Approach and avoidance achievement goals and intrinsic motivation: A mediational analysis. *Journal of Personality and Social Psychology*, 51, 1058–1068.

Elliot, A. J., & McGregor, H. A. (2001). A 2 × 2 achievement goal framework. *Journal of Personality and Social Psychology*, 80, 501–519.

English, H. B., & English, A. C. (1958). *A comprehensive dictionary of psychological and psychoanalytical terms*. New York: McKay.

Ericsson, K. A. (1997). Deliberate practice and the acquisition of expert performance: An overview. In H. Jorgensen & A. C. Lehmann (Eds.), *Does practice make perfect?* (pp. 9–51). Stockholm: NIH Publikasjoner.

Ericsson, K. A. (2006). The influence of experience and deliberate practice on the development of superior expert performance. In A. Ericsson, N. Charness, P. Feltovich, & R. Hoffman (Eds.), *Handbook of expertise and expert performance* (pp. 683–703). New York: Cambridge University Press.

Garcia, T., & Pintrich, P. R. (1994). Regulating motivation and cognition in the classroom: The role of self-schemas and self-regulatory strategies. In D. H. Schunk & B. J. Zimmerman (Eds.), *Self-regulation of learning and performance: Issues and educational applications* (pp. 127–153). Hillsdale, NJ: Erlbaum.

Gorrell, J., Hwang, Y. S., & Chung, K. S. (1996, April). *A comparison of self-regulated problem-solving awareness of American and Korean children.* Paper presented at the annual meeting of the American Educational Research Association, New York.

Graham, S., Harris, K. R., & Troia, G. A. (1998). Writing and self-regulation: Cases from the self-regulated strategy development model. In D. H. Schunk & B. J. Zimmerman (Eds.), *Self-regulated learning: From teaching to self-reflective practice* (pp. 20–41). New York: Guilford Press.

Grant, H., & Dweck, C. S. (2003). Clarifying achievement goals and their impact. *Journal of Personality and Social Psychology*, 85, 541–553.

Grolnick, W. S., & Ryan, R. M. (1987). Autonomy in children's learning: An experimental and individual difference investigation. *Journal of Personality and Social Psychology*, 52, 890–898.

Grolnick, W. S., & Ryan, R. M. (1989). Parent styles associated with children's self-regulation and competence in school. *Journal of Educational Psychology*, 81, 143–154.

Harackiewicz, J. M., Barron, K. E., & Elliot, A. J. (1998). Rethinking achievement goals: When are they adaptive for college students and why? *Educational Psychologist*, 33, 1–21.

Harp, S. F., & Mayer, E. (1997). The role of interest in learning from scientific text and illustrations: On the distinction between emotional interest and cognitive interest. *Journal of Educational Psychology*, 89, 92–102.

Heckhausen, H. (1991). *Motivation and action*. Berlin: Springer-Verlag.

Hidi, S., & Renninger, K. A. (2006). The four-phase model of interest development. *Educational Psychologist*, 41, 111–127.

Karabenick, S. A. (Ed.). (1998). *Strategic help seeking: Implications for learning and teaching*. Hillsdale, NJ: Erlbaum.

Kuhl, J. (1984). Volitional aspects of achievement motivation and learned helplessness: Toward a comprehensive theory of action control. In B. A. Maher (Ed.), *Progress in experimental personality research* (Vol. 13, pp. 99–171). New York: Academic Press.

Litsky, F. (1999, August 6). Geena Davis zeros in with bow and arrows. *New York Times*, p. D4.

Locke, E. A., & Latham, G. P. (2002). Building a practically useful theory of goal setting and task motivation: A 35-year odyssey. *American Psychologist*, 57, 705–717.

Loehr, J. E. (1991). *The mental game*. New York: Plume.

McCaslin, M., & Hickey, D. T. (2001). Self-regulated learning and academic achievement: A Vygotskian view. In B. J. Zimmerman & D. H. Schunk (Eds.), *Self-regulated learning and academic achievement: Theoretical perspectives* (2nd ed., pp. 227-252). Mahwah. NJ: Erlbaum.

McInerney, D. M., Hinkley, J., Dowson, M., & Van Etten, S. (1998). Aboriginal, Anglo, and immigrant Australian students' motivation beliefs about personal academic success: Are there cultural differences? *Journal of Educational Psychology*, 90, 621-629.

Midgley, C., Kaplan, A., & Middleton, M. (2001). Performance-approach goals: Good for what, for whom, under what circumstances, and at what cost? *Journal of Educational Psychology*, 93, 77-86.

Newman, R. S. (1990). Children's help-seeking in the classroom: The role of motivational factors and attitudes. *Journal of Educational Psychology*, 82, 71-80.

Newman, R. (1994). Academic help-seeking: A strategy of self-regulated learning. In D. H. Schunk & B. J. Zimmerman (Eds.), *Self-regulation of learning and performance: Issues and educational applications* (pp. 283-301). Hillsdale, NJ: Erlbaum.

Newman, R. S. (1998). Students' help seeking during problem solving: Influences of personal and contextual achievement goals. *Journal of Educational Psychology*, 90, 644-658.

Newman, R. S., & Schwager, M. T. (1995). Students' help seeking during problem solving: Effects of grade, goal, and prior achievement. *American Educational Research Journal*, 32, 352-376.

Nussbaum, D., & Dweck, C. S. (2006). *Self-theories and self-esteem maintenance*. Unpublished manuscript, Stanford University, Stanford, CA.

Oettingen, G., Honig, G., & Gollwitzer, P. M. (2000). Effective self-regulation of goal attainment. *International Journal of Educational Research*, 33, 705-732.

Pajares, F., & Valiante, G. (1997). Influence of self-efficacy on elementary students' writing. *Journal of Educational Research*, 90, 353-360.

Pajares, F., & Valiante, G. (2001). Gender differences in writing motivation and achievement of middle school students: A function of gender orientation? *Contemporary Educational Psychology*, 26, 366-381.

Pintrich, P. R. (2000a). An achievement goal theory perspective on issues in motivation terminology, theory, and research. *Contemporary Educational Psychology*, 25, 92-104.

Pintrich, P. R. (2000b). The role of goal orientation in self-regulated learning. In M. Boekaerts, P. Pintrich, & M. Zeidner (Eds.), *Handbook of self-regulation* (pp. 451-502). Orlando, FL: Academic Press.

Pintrich, P. R., & De Groot, E. V. (1990). Motivational and self-regulated learning components of classroom academic performance. *Journal of Educational Psychology*, 82, 33-40.

Pintrich, P. R., & Garcia, T. (1991). Student goal orientation and self-regulation in the college classroom. In M. L. Maehr & P. R. Pintrich (Eds.), *Advances in motivation and achievement: Goals and self-regulatory processes* (Vol. 7, pp. 371-402). Greenwich, CT: JAI Press.

Pintrich, P. R., & Schunk, D. H. (2002). *Motivation in education: Theory, research, and applications* (2nd ed.). Upper Saddle River, NJ: Merrill Prentice-Hall.

Rhodewalt, F. (1994). Conceptions of ability, achievement goals, and individual differences in self-handicapping behavior: On the application of implicit theories. *Journal of Personality*, 62, 67-85.

Robins, R. W., & Pals, J. L. (2002). Implicit self-theories in the academic domain: Implications for goal orientation, attributions, affect, and self-esteem change. *Self and Identity*, 1, 313-336.

Sansone, C., Weir, C., Harpster, L., & Morgan, C. (1992). Once a boring task always a boring task? Interest as a self-regulatory mechanism. *Journal of Personality and Social Psychology*, 63, 379-390.

Schiefele, U. (1992). Topic interest and levels of text comprehension. In K. A. Renninger, S. Hidi, & A. Krapp (Eds.), *The role of interest in learning and development* (pp. 151-182). Hillsdale, NJ: Erlbaum.

Schiefele, U., Krapp, A., & Winteler, A. (1992). Interest as a predictor of academic achievement: A meta-analysis of research. In K. A. Renninger, S. Hidi, & A. Krapp (Eds.), *The role of interest learning and development* (pp. 183-212). Hillsdale, NJ: Erlbaum.

Schunk, D. H. (1981). Modeling and attributional feedback effects on children's achievement: A self-efficacy analysis. *Journal of Educational Psychology*, 74, 93-105.

Schunk, D. H. (1983). Goal difficulty and attainment information: Effects on children's achievement. *Human Learning*, 2, 107–117.

Schunk, D. H. (1984). Self-efficacy perspective on achievement behavior. *Educational Psychologist*, 19, 48–58.

Schunk, D. H. (1994). Self-regulation of self-efficacy and attributions in academic settings. In D. H. Schunk & B. J. Zimmerman (Eds.), *Self-regulation of learning and performance: Issues and educational applications* (pp. 75–99). Hillsdale, NJ: Erlbaum.

Schunk, D. H. (1998). Teaching elementary students to self-regulate practice of mathematical skills with modeling. In D. H. Schunk & B. J. Zimmerman (Eds.), *Self-regulated learning: From teaching to self-reflective practice* (pp. 20–41). New York: Guilford Press.

Schunk, D. H., & Cox, P. D. (1986). Strategy training and attributional feedback with learning disabled students. *Journal of Educational Psychology*, 78, 201–209.

Schunk, D. H., & Gunn, T. P. (1986). Self-efficacy and skill development: Influence of task strategies and attributions. *Journal of Educational Research*, 79, 238–244.

Schunk, K. H., & Hanson, A. R. (1985). Peer models: Influence on children's self-efficacy and achievement. *Journal of Educational Psychology*, 77, 313–322.

Schunk, D. H., & Pajares, F. (2005). Competence perceptions and academic functioning. In A. J. Elliot & C. S. Dweck (Eds.), *Handbook of competence and motivation* (pp. 85–104). New York: Guilford Press.

Schunk, D. H., & Zimmerman, B. J. (Eds.). (1994). *Self-regulation of learning and performance: Issues and educational applications*. Hillsdale, NJ: Erlbaum.

Schunk, D. H., & Zimmerman, B. J. (1997). Social origins of self-regulatory competence. *Educational Psychologist*, 32, 195–208.

Schunk, D. H., & Zimmerman, B. J. (Eds.). (1998). *Self-regulated learning: From teaching to self-reflective practice*. New York: Guilford Press.

Shell, D. F., Murphy, C. C., & Bruning, R. H. (1989). Self-efficacy and outcome expectancy mechanisms. *Journal of Educational Psychology*, 81, 91–100.

Simons, J., Dewitte, S., & Lens, W. (2000). Wanting to have versus wanting to be: The effect of perceived instrumentality on goal orientation. *British Journal of Psychology*, 91, 335–351.

Triandis, H. (2002). Subjective culture. In W. J. Connor, D. L. Dinnel, A. Hayes, & D. N. Sattler (Eds.), *Online readings in psychology and culture* (Unit 15, Chapter 1). Bellingham, WA: Center for Cross-Cultural Research, Western Washington University.

Vansteenkiste, M., Simons, J., Lens, W., Sheldon, K. M., & Deci, E. L. (2004). Motivating learning, performance, and persistence: The synergistic effects of intrinsic goal contents and autonomy-supportive contexts. *Journal of Personality and Social Psychology*, 87, 246–260.

Vecsey, G. (1999, September 3). Seles feels windy blast from past. *New York Times*, p. D1.

Weiner, B. (1992). *Human motivation: Metaphors, theories, and research*. Newbury Park, CA: Sage.

Williams, G. C., & Deci, E. L. (1996). Internalization of biopsychosocial values by medical students: A test of self-determination theory. *Journal of Personality and Social Psychology*, 70, 115–126.

Wolters, C. A. (1999). The relation between high school students' motivational regulation and their use of learning strategies, effort, and classroom performance. *Learning and Individual Differences*, 11, 281–301.

Wolters, C. A., & Pintrich, P. R. (1998). Contextual differences in student motivation and self-regulated learning in mathematics, English, and social studies classrooms. *Instructional Science*, 26, 27–47.

Wolters, C. A., Yu, S. L., & Pintrich, P. R. (1996). The relation between goal orientation and students' motivational beliefs and self-regulated learning. *Learning and Individual Differences*, 8, 211–239.

Wolters, C. A. (2003). Regulation of motivation: Evaluating an underemphasized aspect of self-regulated learning. *Educational Psychologist*, 38, 189–205.

Zimmerman, B. J. (2000). Attainment of self-regulation: A social cognitive perspective. In M. Boekaerts, P. Pintrich, & M. Zeidner (Eds.), *Handbook of self-regulation* (pp. 13–39). Orlando, FL: Academic Press.

Zimmerman, B. J. (2002). Achieving self-regulation: The trial and triumph of adolescence. In F. Pajares & T. Urdan (Eds.), *Academic motivation of adolescents* (Vol. 2, pp. 1–27). Greenwich, CT: Information Age.

Zimmerman, B. J. (2006). Development and adaptation of expertise: The role of self-regulatory processes and beliefs. In A. Ericsson, N. Charness, P. Feltovich, & R. Hoffman (Eds.), *Handbook of expertise and expert performance* (pp. 707-724). New York: Cambridge University Press.

Zimmerman, B. J., Bonner, S., & Kovach, R. (1996). *Developing self-regulated learners: Beyond achievement to self-efficacy*. Washington, DC: American Psychological Association.

Zimmerman, B. J., & Kitsantas, A. (1997). Developmental phases in self-regulation: Shifting from process to outcome goals. *Journal of Educational Psychology*, 89, 29-36.

Zimmerman, B. J., & Kitsantas, A. (1999). Acquiring writing revision skill: Shifting from process to outcome self-regulatory goals. *Journal of Educational Psychology*, 91, 1-10.

Zimmerman, B. J., & Martinez-Pons, M. (1986). Development of a structured interview for assessing students' use of self-regulated learning strategies. *American Educational Research Journal*, 23, 614-628.

Zimmerman, B. J., & Martinez-Pons, M. (1988). Construct validation of a strategy model of student self-regulated learning. *Journal of Educational Psychology*, 80, 284-290.

Zimmerman, B. J., & Martinez-Pons, M. (1990). Student differences in self-regulated learning: Relating grade, sex, and giftedness to self-efficacy and strategy use. *Journal of Educational Psychology*, 82, 51-59.

Zimmerman, B. J., & Schunk, D. H. (Eds.). (2001). *Self-regulated learning and academic achievement: Theoretical perspectives* (2nd ed.). Mahwah, NJ: Erlbaum.

第2章

Aronson, J., Fried, C., & Good, C. (2002). Reducing the effects of stereotype threat on African American college students by shaping theories of intelligence. *Journal of Experimental Social Psychology*, 38, 113-125.

Beer, J. S. (2002). Implicit self-theories of shyness. *Journal of Personality and Social Psychology*, 83, 1009-1024.

Biddle, S., Wang, J., Chatzisaray, N., & Spray, C. M. (2003). Motivation for physical activity in young people: Entity and incremental beliefs about athletic ability. *Journal of Sports Sciences*, 21, 973-989.

Binet, A. (1973). *Les idées modernes sur les enfants* [Modern ideas on children]. Paris: Flammarion. (Original work published 1909)

Blackwell, L. S., Trzesniewski, K., & Dweck, C. S. (2007). Implicit theories of intelligence predict achievement across an adolescent transition: A longitudinal study and an intervention. *Child Development*, 78, 246-263.

Cury, F., Elliot, A. J., Da Fonseca, D., & Moller, A. C. (2006). The social-cognitive model of achievement motivation and the 2 × 2 achievement goal framework. *Journal of Personality and Social Psychology*, 90, 666-679.

Dweck, C. S., Chiu, C., & Hong, Y. (1995). Implicit theories and their role in judgments and reactions: A world from two perspectives. *Psychological Inquiry*, 6, 267-285.

Dweck, C. S., & Leggett, E. L. (1988). A social-cognitive approach to motivation and personality. *Psychological Review*, 95, 256-273.

Dweck, C. S., Mangels, J., & Good, C. (2004). Motivational effects on attention, cognition, and performance. In D. Y. Dai & R. J. Sternberg (Eds.), *Motivation, emotion, and cognition: Integrated perspectives on intellectual functioning* (pp. 41-55). Mahwah, NJ: Erlbaum.

Good, C., Dweck, C. S., & Rattan, A. (2006). *Talking about genius: The impact of genius as natural versus genius as effort-based on students' reactions to difficult math problems*. Unpublished manuscript, Columbia University, New York.

Grant, H., & Dweck, C. S. (2003). Clarifying achievement goals and their impact. *Journal of Personality and Social Psychology*, 85, 541-553.

Heine, S. J., Kitayama, S., Lehman, D. R., Takata, T., Ide, E., Leung, C., et al. (2001). Divergent consequences of success and failure in Japan and North America: An investigation of self-improving motivations and malleable selves. *Journal of Personality and Social Psychology*, 81, 599-615.

333

Hong, Y. Y., Chiu, C., Dweck, C. S., Lin, D., & Wan, W. (1999). Implicit theories, attributions, and coping: A meaning system approach. *Journal of Personality and Social Psychology*, 77, 588–599.

Kamins, M., & Dweck, C. S. (1999). Person versus process praise and criticism: Implications for contingent self-worth and coping. *Developmental Psychology*, 35, 835–847.

Mangels, J. A., Butterfield, B., Lamb, J., Good, C. D., & Dweck, C. S. (2006). Why do beliefs about intelligence influence learning success? A social-cognitive-neuroscience model. *Social, Cognitive, and Affective Neuroscience*, 1, 75–86.

Martocchio, J. J. (1994). Effects of conceptions of ability on anxiety, self-efficacy, and learning in training. *Journal of Applied Psychology*, 79, 819–825.

Molden, D. C., & Dweck, C. S. (2006). Finding "meaning" in psychology: A lay theories approach to self-regulation, social perception, and social development. *American Psychologist*, 61, 192–203.

Mueller, C. M., & Dweck, C. S. (1998). Intelligence praise can undermine motivation and performance. *Journal of Personality and Social Psychology*, 75, 33–52.

Niiya, Y., Crocker, J., & Bartmess, E. N. (2004). From vulnerability to resilience: Learning orientations buffer contingent self-esteem from failure. *Psychological Science*, 15, 801–805.

Nussbaum, D., & Dweck, C. S. (2006). *Self-theories and self-esteem maintenance.* Unpublished manuscript, Stanford University, Stanford, CA.

Ommundsen, Y. (2003). Implicit theories of ability and self-regulation strategies in physical education classes. *Educational Psychology*, 23, 141–157.

Raven, J. C. (1976). *Standard progressive matrices.* Oxford, U. K.: Oxford Psychologists Press.

Rhodewalt, F. (1994). Conceptions of ability, achievement goals, and individual differences in self-handicapping behavior: On the application of implicit theories. *Journal of Personality*, 62, 67–85.

Robins, R. W., & Pals, J. L. (2002). Implicit self-theories in the academic domain: Implications for goal orientation, attributions, affect, and self-esteem change. *Self and Identity*, 1, 313–336.

Sternberg, R. J. (2005). Intelligence, competence, and expertise. In A. Elliot & C. S. Dweck (Eds.), *The handbook of competence and motivation* (pp. 15–30). New York: Guilford Press.

Wood, R., & Bandura, A. (1989). Impact of conceptions of ability on self-regulatory mechanisms and complex decision making. *Journal of Personality and Social Psychology*, 56, 407–415.

第3章

Ames, C. (1992). Achievement goals and the classroom motivational climate. In D. H. Schunk & J. L. Meece (Eds.), *Student perceptions in the classroom* (pp. 327–348). Hillsdale, NJ: Erlbaum.

Ames, C., & Archer, J. (1988). Achievement goals in the classroom: Students' learning strategies and motivation processes. *Journal of Educational Psychology*, 80, 260–267.

Anderman, E. M., & Midgley, C. (1997). Changes in achievement goal orientations, perceived academic competence, and grades across the transition to middle-level schools. *Contemporary Educational Psychology*, 22, 269–298.

Anderman, L. H., & Anderman, E. M. (1999). Social predictors of changes in students' achievement goal orientations. *Contemporary Educational Psychology*, 24, 21–37.

Barron, K. E., & Harackiewicz, J. M. (2001). Achievement goals and optimal motivation: Testing multiple goal models. *Journal of Personality and Social Psychology*, 80, 706–722.

Birney, R., Burdick, H., & Teevan, R. (1969). *Fear of failure.* New York: Van Nostrand Reinhold.

Boekaerts, M., & Corno, L. (2005). Self-regulation in the classroom: A perspective on assessment and intervention. *Applied Psychology: An International Review*, 54, 199–231.

Bong, M. (2005). Within-grade changes in Korean girls' motivation and perceptions of the learning environment across domains and achievement levels. *Journal of Educational Psychology*, 97, 656–672.

Christensen, L., & Mendoza, J. L. (1986). A method of assessing change in a single subject: An alteration of the RC index. *Behavior Therapy*, 17, 305–308.

Church, M. A., Elliot, A. J., & Gable, S. L. (2001). Perceptions of classroom environment, achievement goals, and achievement outcomes. *Journal of Educational Psychology*, 93, 43–54.

Conroy, D. E., & Elliot, A. J. (2004). Fear of failure and achievement goals in sport: Addressing the issue of the chicken and the egg. *Anxiety, Stress & Coping: An International Journal*, 17, 271–285.

Conroy, D. E., Kaye, M. P., & Coatsworth, J. D. (2006). Coaching climates and the destructive effects of mastery-avoidance achievement goals on situational motivation. *Journal of Sport and Exercise Psychology*, 28, 69–92.

Covington, M. V. (1992). *Making the grade: A self-worth perspective on motivation and school reform*. New York: Cambridge University Press.

Cronbach, L. J., & Gleser, G. C. (1953). Assessing similarity between profiles. *Psychological Bulletin*, 50, 456–473.

Cury, F., Elliot, A. J., Da Fonseca, D., & Moller, A. C. (2006). The social-cognitive model of achievement motivation and the 2×2 achievement goal framework. *Journal of Personality and Social Psychology*, 90, 666–679.

Deci. E. L., & Ryan. R. M. (1985). *Intrinsic motivation and self-determination in human behavior*. New York: Plenum.

Deci, E. L., & Ryan, R. M. (2000). The "what" and "why" of goal pursuits: Human needs and the self-determination of behavior. *Psychological Inquiry*, 11, 227–268.

Dweck, C. (1986). Motivational processes affecting learning. *American Psychologist*, 41, 1040–1048.

Dweck, C. S. (1999). *Self-theories: Their role in motivation, personality, and development*. New York: Psychology Press.

Eccles, J. S. (1993). School and family effects on the ontogeny of children's interests, self-perceptions, and activity choices. In J. Jacobs (Ed.), *Nebraska Symposium on Motivation, 1992: Developmental perspectives on motivation* (pp. 145–208). Lincoln: University of Nebraska Press.

Elliot, A. J. (1997). Integrating "classic" and "contemporary" approaches to achievement motivation: A hierarchical model of approach and avoidance achievement motivation. In P. Pintrich & M. Maehr (Eds.), *Advances in motivation and achievement* (Vol. 10, pp. 143–179). Greenwich, CT: JAI.

Elliot, A. J. (1999). Approach and avoidance motivation and achievement goals. *Educational Psychologist*, 34, 169–189.

Elliot, A. J. (2005). A conceptual history of the achievement goal construct. In A. Elliot & C. Dweck (Eds.), *Handbook of competence and motivation* (pp. 52–72). New York: Guilford Press.

Elliot, A. J. (2006). The hierarchical model of approach-avoidance motivation. *Motivation and Emotion*, 30, 111–116.

Elliot, A. J., & Church, M. A. (1997). A hierarchical model of approach and avoidance achievement motivation. *Journal of Personality and Social Psychology*, 72, 218–232.

Elliot, A. J., & Conroy, D. E. (2005). Beyond the dichotomous model of achievement goals in sport and exercise psychology. *Sport and Exercise Psychology Review*, 1, 17–25.

Elliot, A. J., & Fryer, J. W. (in press). The goal construct in psychology. In J. Shah & W. Gardner (Eds.), *Handbook of motivational science*. New York: Guilford Press.

Elliot, A. J., Gable, S. L., & Mapes, R. R. (2006). Approach and avoidance motivation in the social domain. *Personality and Social Psychology Bulletin*, 32, 378–391.

Elliot, A. J., & Harackiewicz, J. M. (1996). Approach and avoidance achievement goals and intrinsic motivation: A mediational analysis. *Journal of Personality and Social Psychology*, 51, 1058–1068.

Elliot, A. J., & McGregor, H. A. (1999). Test anxiety and the hierarchical model of approach and avoidance achievement motivation. *Journal of Personality and Social Psychology*, 76, 628–644.

Elliot, A. J., & McGregor, H. A. (2001). A 2×2 achievement goal framework. *Journal of Personality and Social Psychology*, 80, 501–519.

Elliot, A. J., McGregor, H. A., & Gable, S. (1999). Achievement goals, study strategies, and exam performance: A mediational analysis. *Journal of Educational Psychology*, 91, 549–563.

Elliot, A. J., & Moller, A. C. (2003). Performance-approach goals: Good or bad forms of regulation? *International Journal of Education Research*, 39, 339–356.

Elliot, A. J., & Reis, H. T. (2003). Attachment and exploration in adulthood. *Journal of Personality and Social Psychology.* 85, 317−331.

Elliot, A. J., Shell, M. M., Bouas Henry, K., & Maier, M. A. (2005). Achievement goals, performance contingencies, and performance attainment: An experimental test. *Journal of Educational Psychology*, 97, 630−640.

Elliot, A. J., & Thrash, T. M. (2001). Achievement goals and the hierarchical model of achievement motivation. *Educational Psychology Review*,13, 139−156.

Elliot, A. J., & Thrash, T. M. (2002). Approach-avoidance motivation in personality: Approach and avoidance temperaments and goals. *Journal of Personality and Social Psychology*, 82, 804−818.

Elliot, A. J., & Thrash, T. M. (2004). The intergenerational transmission of fear of failure. *Personality and Social Psychology Bulletin*, 30, 957−971.

Fryer, J. W., & Elliot, A. J. (2007). Stability and change in achievement goals. *Journal of Educational Psychology*, 99, 700−714.

Grant, H., & Dweck, C. S. (2003). Clarifying achievement goals and their impact. *Journal of Personality and Social Psychology*, 85, 541−553.

Harackiewicz, J. M., Barron, K. E., & Elliot, A. J. (1998). Rethinking achievement goals: When are they adaptive for college students and why? *Educational Psychologist*, 33, 1−21.

Harackiewicz, J. M., Barron, K. E., Pintrich, P. R., Elliot, A. J., & Thrash, T. M. (2002). Revision of achievement goal theory: Necessary and illuminating. *Journal of Educational Psychology*, 94, 638−645.

Harackiewicz, J. M., Barron, K. E., Tauer, J. M., & Elliot, A. J. (2002). Predicting success in college: A longitudinal study of achievement goals and ability measures as predictors of interest and performance from freshman year through graduation. *Journal of Educational Psychology*, 94, 562−575.

Harwood, C., & Swain, A. (2002). The development and activation of achievement goals within tennis: II. A player, parent, and coach intervention. *Sport Psychologist*, 16, 111−137.

Jacobson, N. S., & Truax, P. (1991). Clinical significance: A statistical approach to defining meaningful change in psychotherapy research. *Journal of Consulting and Clinical Psychology*, 59, 12−19.

Kaplan, A., Gheen, M., & Midgley, C. (2002). Classroom goal structure and student disruptive behaviour. *British Journal of Educational Psychology*, 72, 191−212.

Kaplan, A., & Maehr, M. L. (1999). Achievement goals and student well-being. *Contemporary Educational Psychology*, 24, 330−358.

Karabenick, S. A. (2003). Seeking help in large college classes: A person-centered approach. *Contemporary Educational Psychology*, 28, 37−58.

Karabenick, S. A. (2004). Perceived achievement goal structure and college student help seeking. *Journal of Educational Psychology*, 96, 569−581.

Linnenbrink, E. A. (2005). The dilemma of performance-approach goals: The use of multiple goal contexts to promote students' motivation and learning. *Journal of Educational Psychology*, 97, 197−213.

Lopez, D. F. (1999). Social cognitive influences on self-regulated learning: The impact of action-control beliefs and academic goals on achievement-related outcomes. *Learning and Individual Differences*, 11, 301−319.

Maehr, M. L., & Midgley, C. (1996). *Transforming school cultures*. Boulder, CO: Westview Press.

McClelland, D. C. (1951). *Personality*. New York: Dryden Press.

McClelland, D. C., Atkinson, J. W., Clark, R. A., & Lowell, E. L. (1953). *The achievement motive*. New York: Appleton-Century-Crofts.

McGregor, H. A., & Elliot, A. J. (2002). Achievement goals as predictors of achievement-relevant processes prior to task engagement. *Journal of Educational Psychology*, 94, 381−395.

Meece, J. L., Anderman, E. M., & Anderman, L. H. (2006). Classroom goal structure, student motivation, and academic achievement. *Annual Review of Psychology*, 57, 487−503.

Meece, J. L., & Miller, S. D. (1999). Changes in elementary school children's achievement goals for reading and writing: Results of a longitudinal and an intervention study. *Scientific Studies of Reading*, 3, 207−229.

Meece, J. L., & Miller, S. D. (2001). A longitudinal analysis of elementary school students' achievement goals

in literacy activities. *Contemporary Educational Psychology*, 26, 454−480.
Middleton, M. J., Kaplan, A., & Midgley, C. (2004). The change in middle school students' achievement goals over time. *Social Psychology of Education*, 7, 289−311.
Middleton, M. J., & Midgley, C. (1997). Avoiding the demonstration of lack of ability: An underexplored aspect of goal theory. *Journal of Educational Psychology*, 89, 710−718.
Midgley, C., Kaplan, A., & Middleton, M. (2001). Performance-approach goals: Good for what, for whom, under what circumstances, and at what cost? *Journal of Educational Psychology*, 93, 77−86.
Moller, A. C., & Elliot, A. J. (2006). The 2 × 2 achievement goal framework: An overview of empirical research. In A. Mitel (Ed.), *Focus on educational psychology research* (pp. 307−326). New York: Nova Science.
Murray, H. (1938). *Explorations in personality*. New York: Oxford University Press.
Nicholls, J. (1984). Achievement motivation: Conceptions of ability, subjective experience, task choice, and performance. *Psychological Review*, 91, 328−346.
Pajares, F., & Valiante, G. (2001). Gender differences in writing motivation and achievement of middle school students: A function of gender orientation? *Contemporary Educational Psychology*, 26, 366−381.
Pekrun, R., Elliot, A. J., & Maier, M. A. (2006). Achievement goals and discrete achievement emotions: A theoretical model and prospective test. *Journal of Educational Psychology*, 98, 583−597.
Pintrich, P. R. (2000). Multiple goals, multiple pathways: The role of goal orientation in learning and achievement. *Journal of Educational Psychology*, 92, 544−555.
Roberts, B. W., Caspi, A., & Moffitt, T. E. (2001). The kids are alright: Growth and stability in personality development from adolescence to adulthood. *Journal of Personality and Social Psychology*, 81, 670−683.
Roberts, B. W., Walton, K. E., & Viechtbauer, W. (2006). Patterns of mean-level change in personality traits across the life course: A meta-analysis of longitudinal studies. *Psychological Bulletin*, 132, 1−25.
Robins, R. W., Fraley, R. C., Roberts, B. W., & Trzesniewski, K. H. (2001). A longitudinal study of personality change in young adulthood. *Journal of Personality*, 69, 617−640.
Roeser, R. W., Midgley, C., & Urdan, T. C. (1996). Perceptions of the school psychological environment and early adolescents' psychological and behavioral functioning in school: The mediating role of goals and belonging. *Journal of Educational Psychology*, 88, 408−422.
Ryan, A. R., & Pintrich, P. R. (1997). "Should I ask for help?" The role of motivation and attitudes in adolescents' help seeking in math class. *Journal of Educational Psychology*, 89, 329−341.
Ryan, R. M., Sheldon, K. M., Kasser, T., & Deci, E. L. (1996). All goals are not created equal: An organismic perspective on the nature of goals and their regulation. In P. Gollwitzer & J. Bargh (Eds.), *The psychology of action: Linking cognition and motivation to behavior* (pp. 7−26). New York: Guilford.
Schunk, D. H. (1995). Self-efficacy, motivation, and performance. *Journal of Applied Sport Psychology*, 7, 112−137.
Schunk, D. H. (1998). Teaching elementary students to self-regulate practice of mathematical skills with modeling. In D. Schunk & B. Zimmerman (Eds.), *Self-regulated learning: From teaching to self-reflective practice* (pp. 137−158). New York: Guilford.
Schunk, D. H., & Zimmerman, B. J. (1997). Social origins of self-regulatory competence. *Educational Psychologist*, 32, 195−208.
Seifert, T. L. (1996). The stability of goal orientations in grade five students: Comparison of two methodologies. *British Journal of Educational Psychology*, 66, 73−82.
Senko, C., & Harackiewicz, J. M. (2005a). Achievement goals, task performance, and interest: Why perceived goal difficulty matters. *Personality and Social Psychology Bulletin*, 31, 1739−1753.
Senko, C., & Harackiewicz, J. M. (2005b). Regulation of achievement goals: The role of competence feedback. *Journal of Educational Psychology*, 97, 320−336.
Sideridis, G. D. (2005). Goal orientation, academic achievement, and depression: Evidence in favor of a revised goal theory framework. *Journal of Educational Psychology*, 97, 366−375.
Stipek, D., & Gralinski, J. H. (1996). Children's beliefs about intelligence and school performance. *Journal of Educational Psychology*, 88, 397−407.

Urdan, T. (2004). Predictors of academic self-handicapping and achievement: Examining achievement goals, classroom goal structures, and culture. *Journal of Educational Psychology*, 96, 251–264.

Urdan, T., & Turner, J. C. (2005). Competence motivation in the classroom. In A. Elliot & C. Dweck (Eds.), *Handbook of competence and motivation* (pp. 297–317). New York: Guilford Press.

Van Yperen, N. W. (2006). A novel approach to assessing achievement goals in the context of the 2 × 2 framework: Identifying distinct profiles of individuals with different dominant achievement goals. *Personality and Social Psychology Bulletin*, 32, 1432–1445.

VandeWalle, D. (1997). Development and validation of a work domain goal orientation instrument. *Educational and Psychological Measurement*, 57, 995–1015.

Wentzel, K. R. (1993). Motivation and achievement in early adolescence: The role of multiple classroom goals. *Journal of Early Adolescence*, 13, 4–20.

Wentzel, K. R. (2005). Peer relationships, motivation, and academic performance at school. In A. Elliot & C. Dweck (Eds.), *Handbook of competence and motivation* (pp. 279–296). New York: Guilford Press.

Wolters, C. A. (2004). Advancing achievement goal theory: Using goal structures and goal orientations to predict students' motivation, cognition, and achievement. *Journal of Educational Psychology*, 96, 236–250.

Wolters, C. A., Yu, S. L., & Pintrich, P. R. (1996). The relation between goal orientation and students' motivational beliefs and self-regulated learning. *Learning and Individual Differences*, 8, 211–238.

Young, A. J. (1997). I think, therefore I'm motivated: The relations among cognitive strategy use, motivational orientation, and classroom perceptions over time. *Learning and Individual Differences*, 9, 249–283.

Zimmerman, B. J. (1989). A social cognitive view of self-regulated academic learning. *Journal of Educational Psychology*, 81, 329–339.

Zimmerman, B. J. (1998). Developing self-fulfilling cycles of academic regulation: An analysis of exemplary instructional models. In D. Schunk & B. Zimmerman (Eds.), *Self-regulated learning: From teaching to self-reflective practice* (pp. 1–19). New York: Guilford.

Zimmerman, B. J. (2000). Attaining self-regulation: A social-cognitive perspective. In M. Boekaerts, P. Pintrich, & M. Zeidner (Eds.), *Handbook of self-regulation* (pp. 13–39). San Diego, CA: Academic Press.

第4章

Ainley, M., & Chan, J. (2006, April). *Emotions and task engagement: Affect and efficacy and their contribution to information processing during a writing task.* Paper presented at the meetings of the American Educational Research Association, San Francisco.

Ainley, M., & Patrick, L. (2006). Measuring self-regulated learning processes through tracking patterns of student interaction with achievement activities. *Educational Psychology Review*, 18, 267–286.

Ainley, M., Corrigan, M., & Richardson, N. (2005). Students, tasks and emotions: Identifying the contribution of emotions to students' reading of popular culture and popular science texts. *Learning and Instruction*, 15, 433–447.

Ainley, M., Hidi, S., & Berndorff, D. (2002). Interest, learning, and the psychological processes that mediate their relationship. *Journal of Educational Psychology*, 94, 545–561.

Alexander, P. A. (1997). Mapping the multidimensional nature of domain learning: The interplay of cognitive, motivational, and strategic forces. In M. L. Maehr & P. R. Pintrich (Eds.), *Advances in Motivation and Achievement* (Vol. 10, pp. 213–250). Greenwich, CT: JAI.

Alexander, P. A. (2004). A model of domain learning: Reinterpreting expertise as a multidimensional, multistage process. In D. Y. Dai & R. J. Sternberg (Eds.), *Motivation, emotion, and cognition: Integrative perspectives on intellectual functioning and development* (pp. 273–298). Mahwah, NJ: Erlbaum.

Alexander, P. A., & Jetton, T. L. (1996). The role of importance and interest in the processing of text. *Educational Psychology Review*, 8, 89–121.

引用文献

Alexander, P. A., & Murphy, P. K. (1998). Profiling the differences in students' knowledge, interest, and strategic processing. *Journal of Educational Psychology*, 90, 435–447.

Ashby, F. G., Isen, A. M., & Turken, A. U. (1999). A neuropsychological theory of positive affect and its influence on cognition. *Psychological Review*, 106, 529–550.

Bandura, A. (1986). *Social foundations of thought and action: A social cognitive theory*. Englewood Cliffs, NJ: Prentice Hall.

Bandura, A. (1991). Self-regulation of motivation through anticipatory and self-reactive mechanisms. In R. A. Dienstbier (Ed.), *Perspectives on motivation: Nebraska Symposium on Motivation* (Vol. 38, pp. 69–164). Lincoln: University of Nebraska Press.

Bandura, A. (1997). *Self-efficacy: The exercise of control*. New York: Freeman.

Bandura, A., & Schunk, D. H. (1981). Cultivating competence, self-efficacy, and intrinsic interest through proximal self-motivation. *Journal of Personality and Social Psychology*, 41, 586–598.

Baron, R. M., & Kenny, D. A. (1986). The moderator-mediator variable distinction in social psychological research: Conceptual, strategic, and statistical considerations. *Journal of Personality and Social Psychology*, 51, 1173–1182.

Blumenfeld, P., Soloway, E., Marx, R., Krajcik, J., Guzdial, M., & Palincsar, A. (1991). Motivating project-based learning: Sustaining the doing, supporting the learning. *Educational Psychologist*, 26, 369–398.

Boekaerts, M. (1997). Self-regulated learning: A new concept embraced by researchers, policy makers, educators, teachers, and students. *Learning and Instruction*, 7, 161–186.

Boekaerts, M. (2002). Bringing about change in the classroom: Strengths and weaknesses of the self-regulated learning approach—EARLI Presidential Address, 2001. *Learning and Instruction*, 12, 589–604.

Boekaerts, M. (2006). Self-regulation with a focus on the self-regulation of motivation and effort. In W. Damon & R. M. Lerner (Gen. Eds.), (Vol. 4). *Handbook of child psychology in practice* (6th ed., pp. 345–377). New York: Wiley.

Davidson, R. J. (2000). The neuroscience of affective style. In M. Gazzaniga (Ed.), *The new cognitive neurosciences* (pp. 1149–1162). Cambridge, MA: MIT Press.

Deci, E. L. (1992). The relation of interest to the motivation of behavior: A self-determination theory perspective. In K. A. Renninger, S. Hidi, & A. Krapp (Eds.), *The role of interest in learning and development* (pp. 43–70). Hillsdale, NJ: Erlbaum.

Ellsworth, P. C., & Smith, C. A. (1988). Shades of joy: Patterns of appraisal differentiating pleasant emotions. *Cognition and Emotion*, 2, 301–331.

Flowerday, T., & Schraw, G. (2003). Effect of choice on cognitive and affective engagement. *Journal of Educational Research*, 96, 207–215.

Fredrickson, B. L. (1998). What good are positive emotions? *Review of General Psychology*, 2, 300–319.

Fredrickson, B. L., & Branigan, C. (2000). Positive emotions. In T. J. Mayne & G. A. Bonanno (Eds.), *Emotions* (pp. 123–151). New York: Guilford.

Goetz, T., Frenzel, A., Pekrun, R., & Hall, N. C. (2006). The domain specificity of academic emotional experiences. *Journal of Experimental Education*, 75 (1), 5–29.

Harackiewicz, J., & Sansone, C. (1991). Goals and intrinsic motivation: You can get there from here. *Advances in Motivation and Achievement*, 7, 21–49.

Harackiewicz, J. M., Barron, K. E., Tauer, J. M., & Elliot, A. J. (2002). Predicting success in college: A longitudinal study of achievement goals and ability measures as predictors of interest and performance from freshman year through graduation. *Journal of Educational Psychology*, 94, 562–575.

Harter, S. (1998). The development of self-representations. In W. Damon (Series Ed.) & N. Eisenberg (Vol. Ed.), *Handbook of child psychology: Vol. 3. Social, emotional, and personality development* (5th ed., pp. 553–617). New York: Wiley.

Hidi, S. (1990). Interest and its contribution as a mental resource for learning. *Review of Educational Research*, 60, 549–571.

Hidi, S. (1995). A re-examination of the role of attention in learning from text. *Educational Psychology Review*, 7, 323–350.

339

Hidi, S. (2001). Interest, reading and learning: Theoretical and practical considerations. *Educational Psychology Review*, 13, 191–210.

Hidi, S. (2003, August). *Interest: A motivational variable with a difference*. Plenary address presented at the 10th Biennial Meeting of the European Association for Learning and Instruction, Padova, Italy.

Hidi, S. (2006). Interest: A motivational variable with a difference. *Educational Research Review*, 1, 69–82.

Hidi, S., Ainley, M., Berndorff, D., & Del Favero, L. (2006). The role of interest and self-efficacy in science-related expository writing. In S. Hidi & P. Boscolo (Eds.), *Motivation and interest in writing* (pp. 201–216). Amsterdam: Elsevier.

Hidi, S., & Anderson, V. (1992). Situational interest and its impact on reading and expository writing. In K. A. Renninger, S. Hidi, & A. Krapp (Eds.), *The role of interest in learning and development* (pp. 215–238). Hillsdale, NJ: Erlbaum.

Hidi, S. & Baird, W. (1986). Interestingness—A neglected variable in discourse processing. *Cognitive Science*, 10, 179–194.

Hidi, S., & Berndorff, D. (1998). Situational interest and learning. In L. Hoffman, A. Krapp, K. A. Renninger, & J. Baumert (Eds.), *Interest and learning: Proceedings of the Seeon Conference on Interest and Gender* (pp. 74–90). Kiel, Germany: IPN.

Hidi, S., Berndorff, D., & Ainley, M. (2002). Children's argument writing, interest and self-efficacy: An intervention study. *Learning and Instruction*, 12, 426–446.

Hidi, S., & Boscolo, P. (2006). Motivation and writing. In C. MacArthur, S. Graham, & J. Fitzgerald (Eds.), *Handbook of writing research* (pp. 144–197). New York: Guilford.

Hidi, S., & Harackiewicz, J. (2000). Motivating the academically unmotivated: A critical issue for the 21st century. *Review of Educational Research*, 70, 151–179.

Hidi, S., & Renninger, K. A. (2006). The four-phase model of interest development. *Educational Psychologist*, 41, 111–127.

Hidi, S., Renninger, K. A., & Krapp, A. (2004). Interest, a motivational variable that combines affective and cognitive functioning. In D. Y. Dai & R. J. Sternberg (Eds.), *Motivation, emotion, and cognition: Integrative perspectives on intellectual functioning and development* (pp. 89–115). Mahwah, NJ: Erlbaum.

Hidi, S., Weiss, J., Berndorff, D., & Nolan, J. (1998). The role of gender, instruction and a cooperative learning technique in science education across formal and informal settings. In L. Hoffmann, A. Krapp, K. A. Renninger, & J. Baumert (Eds.), *Interest and learning: Proceedings of the Seeon Conference on Interest and Gender* (pp. 215–227). Kiel, Germany: IPN.

Hoffmann, L., & Häussler, P. (1998). An intervention project promoting girls' and boys' interest in physics. In L. Hoffmann, A. Krapp, K. A. Renninger, & J. Baumert (Eds.), *Interest and learning: Proceedings of the Seeon Conference on Interest and Gender* (pp. 301–316). Kiel, Germany: IPN.

Iran-Nejad, A. (1987). Cognitive and affective causes of interest and liking. *Journal of Educational Psychology*, 7, 120–130.

Isaac, J. D., Sansone, C., & Smith, J. L. (1999). Other people as a source of interest in an activity. *Journal of Experimental Social Psychology*, 35, 239–265.

Izard, C. E. (1977). *Human emotions*. New York: Plenum Press.

Izard, C. E., & Ackerman, B. P. (2000). Motivational, organizational, and regulatory functions of discrete emotions. In M. Lewis & J. M. Haviland-Jones (Eds.), *Handbook of emotions* (2nd ed., pp. 253–264). New York: Guilford.

Kaplan, S. (1992). Environmental preference in a knowledge-seeking, knowledge-using organism. In J. H. Barkow, L. Cosmides, & J. Tooby (Eds.), *The adapted mind: Evolutionary psychology and the generation of culture* (pp. 581–598). New York: Oxford University Press.

Kitsantas, A., & Zimmerman, B. J. (2002). Comparing self-regulatory processes among novice, non-expert, and expert volleyball players: A microanalytical study. *Journal of Applied Sport Psychology*, 13, 365–379.

Krapp, A. (2000). Interest and human development during adolescence: An educational-psychological approach. In J. Heckhausen (Ed.), *Motivational psychology of human development* (pp. 109–128).

London: Elsevier.

Krapp, A. (2002). Structural and dynamic aspects of interest development. Theoretical considerations from an ontogenetic perspective. *Learning and Instruction*, 12, 383–409.

Krapp, A. (2003). Interest and human development: An educational-psychological perspective. *Development and Motivation* (BJEP Monograph, Series II, 2), 57–84.

Krapp, A. (2005). Basic needs and the development of interest and intrinsic motivational orientations. *Learning and Instruction*, 15, 381–395.

Krapp, A., & Fink, B. (1992). The development and function of interests during the critical transition from home to preschool. In K. A. Renninger, S. Hidi, & A. Krapp (Eds.), *The role of interest in learning and development* (pp. 397–429). Hillsdale, NJ: Erlbaum.

Krapp, A., Hidi, S., & Renninger, K. A. (1992). Interest, learning, and development. In K. A. Renninger, S. Hidi, & A. Krapp (Eds.), *The role of interest in learning and development* (pp. 3–25). Hillsdale, NJ: Erlbaum.

Lipstein, R., & Renninger, K. A. (2006). "Putting things into words": 12-15-year-old students' interest for writing. In P. Boscolo & S. Hidi (Eds.), *Motivation and writing: Research and school practice* (pp. 113–140). Amsterdam: Elsevier.

Long, J. F., & Murphy, P. K. (2005, April). *Connecting through content: The responsiveness of teacher and student interest in a core course*. Paper presented at the meetings of the American Educational Research Association, Montreal, Canada.

McDaniel, M. A., Waddill, P. J., Finstad, K., & Bourg, T. (2000). The effects of text-based interest on attention and recall. *Journal of Educational Psychology*, 92, 492–502.

Meyer, D. K., & Turner, J. C. (2002). Discovering emotion in classroom motivation research. *Educational Psychologist*, 37, 107–114.

Mitchell, M. (1993). Situational interest: Its multifaceted structure in the secondary school mathematics classroom. *Journal of Educational Psychology*, 85, 424–436.

Nolen, S. B. (2001). Constructing literacy in the kindergarten: Task structure, collaboration, and motivation. *Cognition and Instruction*, 19, 95–142.

Nolen, S. B. (2007). The development of motivation to read and write in young children. *Cognition and Instruction*, 25, 219–270.

Panksepp, J. (1998). *Affective neuroscience: The foundations of human and animal emotion*. New York: Oxford University Press.

Panksepp, J. (2000). Emotions as natural kinds within the mammalian brain. In M. Lewis & J. M. Haviland-Jones (Eds.), *Handbook of emotions* (2nd ed., pp. 137–156). New York: Guilford.

Panksepp, J., & Moskal, J. (2004). Dopamine, pleasure, and appetitive eagerness: An emotional systems overview of the trans-hypothalamic reward system: I. The genesis of additive urges. In S. Bosch (Ed.), *The cognitive, behavioral, and affective neurosciences in psychiatric disorders*.

Pintrich, P. R. (1999). The role of motivation in promoting and sustaining self-regulated learning. *International Journal of Educational Research*, 31, 459–470.

Pintrich, P. R. (2000). The role of goal orientation in self-regulated learning. In M. Boekaerts, P. R. Pintrich, & M. Zeidner (Eds.), *Handbook of self-regulation* (pp. 451–502). San Diego, CA: Academic Press.

Pintrich, P. R. (2004). A conceptual framework for assessing motivation and self-regulated learning in college students. *Educational Psychology Review*, 16, 385–407.

Pintrich, P. R., & Schunk, D. H. (1996). *Motivation in education: Theory, research and applications*. Englewood Cliffs, NJ: Merrill/Prentice Hall.

Pintrich, P. R., & Zusho, A. (2002). The development of academic self-regulation: The role of cognitive and motivational factors. In A. Wigfield & J. S. Eccles (Eds.), *Development of achievement motivation* (pp. 249–284). New York: Academic Press.

Preacher, K. J., & Leonardelli, G. J. (2001, March). Calculation for the Sobel test: An interactive calculation tool for mediation tests [Computer software]. Retrieved on 9/20/2006 from http://www.unc.edu/~preacher/sobel.htm

Renninger, K. A. (1989). Individual differences in children's play interest. In L. T. Winegar (Ed.), *Social interaction and the development of children's understanding* (pp. 147–172). Norwood, NJ: Ablex.

Renninger, K. A. (1990). Children's play interests, representation, and activity. In R. Fivush & K. Hudson (Eds.), *Knowing and remembering in young children* (pp. 127–165). New York: Cambridge University Press.

Renninger, K. A. (2000). Individual interest and its implications for understanding intrinsic motivation. In C. Sansone & J. M. Harackiewicz (Eds.), *Intrinsic and extrinsic motivation: The search for optimal motivation and performance* (pp. 375–407). New York: Academic Press.

Renninger, K. A., & Hidi, S. (2002). Student interest and achievement: Developmental issues raised by a case study. In A. Wigfield & J. S. Eccles (Eds.), *Development of achievement motivation* (pp. 173–195). New York: Academic Press.

Renninger, A., & Leckrone, T. (1991). Continuity in young children's actions: A consideration of interest and temperament. In L. Oppenheimer & J. Valsiner (Eds.), *The origins of action: Interdisciplinary and international perspectives* (pp. 205–238). New York: Springer-Verlag.

Renninger, K. A., & Lipstein, R. (2006). Developing interest for writing: What do students want and what do students need? Special Issue, P. Boscolo (Ed.), *Età Evolutiva*, 84, 65–83.

Renninger, K. A., Ewen, L., & Lasher, A. K. (2002). Individual interest as context in expository text and mathematical word problems. *Learning and Instruction*, 12, 467–491.

Renninger, K. A., Sansone, C., & Smith, J. L. (2004). Love of learning. In C. Peterson & M. E. P. Seligman (Eds.), *Character strengths and virtues: A handbook and classification* (pp. 161–179). Washington, DC: American Psychological Association and New York: Oxford University Press.

Renninger, K. A., & Wozniak, R. H. (1985). Effect of interest on attention shift, recognition, and recall in young children. *Developmental Psychology*, 21, 624–632.

Sansone, C., & Harackiewicz, J. M. (1996). "I don't feel like it": The function of interest in self-regulation. In L. L. Martin & A. Tesser (Eds.), *Striving and feeling: Interactions among goals, affect and self-regulation* (pp. 203–228). Mahwah, NJ: Erlbaum.

Sansone, C., & Smith, J. L. (2000). Interest and self-regulation: The relation between having to and wanting to. In C. Sansone & J. M. Harackiewicz (Eds.), *Intrinsic and extrinsic motivation: The search for optimal motivation and performance* (pp. 341–372). New York: Academic Press.

Sansone, C., & Thoman, D. B. (2005). Interest as the missing motivator in self-regulation. *European Psychologist*, 10, 175–186.

Sansone, C., Weir, C., Harpster, L., & Morgan, C. (1992). Once a boring task always a boring task? Interest as a self-regulatory mechanism. *Journal of Personality and Social Psychology*, 63, 379–390.

Schiefele, U., & Krapp, A. (1996). Topic interest and free recall of expository test. *Learning and Individual Differences*, 8, 141–160.

Schiefele, H., Krapp, A., Prenzel, M., Heiland, A., & Kasten, H. (1983, July-August). *Principles of an educational theory of interest*. Paper presented at the seventh annual meeting of the International Society for the Study of Behavioral Development, Munich, West Germany.

Schraw, G., & Dennison, R. S. (1994). The effect of reader purpose on interest and recall. *Journal of Reading Behavior*, 26, 1–18.

Schraw, G., Flowerday, T., & Lehman, S. (2001). Increasing situational interest in the classroom. *Educational Psychology Review*, 13, 211–224.

Schraw, G., & Lehman, S. (2001). Situational interest: A review of the literature and directions for future research. *Educational Psychology Review*, 13, 23–52.

Schunk, D. H. (1991). Self-efficacy and academic motivation. *Educational Psychologist*, 26, 207–231.

Schunk, D. H. (1994). Self-regulation of self-efficacy and attributions in academic settings. In D. H. Schunk & B. J. Zimmerman (Eds.), *Self-regulation of learning and performance: Issues and educational applications* (pp. 75–99). Hillsdale, NJ: Erlbaum.

Schunk, D. H., & Zimmerman, B. J. (1994). *Self-regulation of learning and performance: Issues and educational applications*. Mahwah, NJ: Erlbaum.

Schunk, D. H., & Zimmerman, B. J. (1997). Social origins of self-regulatory competence. *Educational Psychologist*, 32, 195−208.

Scoble, K. (2005). *Self-efficacy and interest: Their role in an academic writing task.* Unpublished honors thesis, University of Melbourne, Melbourne.

Silvia, P. J. (2001). Interest and interests: The psychology of constructive capriciousness. *Review of General Psychology*, 5, 270−290.

Sloboda, J. A., & Davidson, J. W. (1995). The young performing musician. In I. Deliege & I. A. Sloboda (Eds.), *The origins and development of musical competence* (pp. 171−190). London: Oxford University Press.

Sosniak, L. A. (1990). The tortoise, the hare, and the development of talent. In M. Howe (Ed.), *Encouraging the development of exceptional skills and talents* (pp. 149−164). Leicester, U.K.: British Psychological Society.

Tomkins, S. S. (1962). *Affect, imagery, consciousness: Vol. 1. The positive affects.* New York: Springer.

Zimmerman, B. J. (1989). A social cognitive view of self-regulated academic learning. *Journal of Educational Psychology*, 81, 329−339.

Zimmerman, B. J. (2000a). Attaining self-regulation: A social cognitive perspective. In M. Boekaerts, P. R. Pintrich, & M. Zeidner (Eds.), *Handbook of self-regulation* (pp. 13−39). New York: Academic Press.

Zimmerman, B. J. (2000b). Self-efficacy: An essential motive to learn. *Contemporary Educational Psychology*, 25, 82−91.

Zimmerman, B. J. (2001). Achieving academic excellence: A self-regulatory perspective. In M. Ferrari (Ed.), *Pursuit of excellence* (pp. 85−109). Mahwah, NJ: Erlbaum.

Zimmerman, B. J. (2002). Achieving self-regulation: The trial and triumph of adolescence. In F. Pajares & T. Urdan (Eds.), *Academic motivation of adolescents* (pp. 1−27). Greenwich, CT: Information Age.

Zimmerman, B. J., & Bandura, A. (1994). Impact of self-regulatory influences on writing course attainment. *American Educational Research Journal*, 31, 845−862.

Zimmerman, B. J., & Kitsantas, A. (1997). Developmental phases in self-regulation: Shifting from process to outcome goals. *Journal of Educational Psychology*, 8, 29−36.

Zimmerman, B. J., & Kitsantas, A. (1999). Acquiring writing revision skill: Shifting from process to outcome self-regulatory goals. *Journal of Educational Psychology*, 91, 1−10.

Zimmerman, B. J., & Kitsantas, A. (2006). A writer's discipline: The development of self-regulatory skills. In S. Hidi & P. Boscolo (Eds.), *Motivation and interest in writing* (pp. 51−72). Amsterdam: Elsevier.

Zimmerman, B. J., & Schunk, D. H. (2004). Self-regulating intellectual processes and outcomes: A social cognitive perspective. In D. Y. Dai & R. J. Sternberg (Eds.), *Motivation, emotion, and cognition: Integrative perspectives on intellectual functioning and development* (pp. 323−349). Mahwah, NJ: Erlbaum.

第5章

Anderman, E. M., Maehr, M. L., & Midgley, C. (1999). Declining motivation after the transition to middle school: Schools can make a difference. *Journal of Research and Delrelopment in Education*, 32, 131−147.

Bandura, A. (1977). Self-efficacy: Toward a unifying theory of behavioral change. *Psychological Review*, 84, 191−215.

Bandura, A. (1986). *Social foundations of thought and action: A social cognitive theory.* Englewood Cliffs, NJ: Prentice Hall.

Bandura, A. (1996). Social cognitive theory of human development. In T. Husen & T. N. Postlethwaite (Eds.), *International encyclopedia of education* (2nd ed., pp. 5513−5518). Oxford, U.K.: Pergamon Press.

Bandura, A. (1997). *Self-efficacy: The exercise of control.* New York: Freeman.

Bandura, A. (2004). Swimming against the mainstream: The early years from chilly tributary to transformative mainstream. *Behaviour Research and Therapy*, 42, 613−630.

Bandura, A., & Schunk, D. H. (1981). Cultivating competence, self-efficacy, and intrinsic interest through proximal self-motivation. *Journal of Personality and Social Psychology*, 41, 586–598.

Bandura, A., & Walters, R. H. (1963). *Social learning and personality development*. New York: Rinehart and Winston.

Bargh, J. A., & Chartrand, T. L. (1999). The unbearable automaticity of being. *American Psychologist*, 4, 462–479.

Betz, N. E., & Fitzgerald, L. F. (1987). *The career psychology of women*. Orlando, FL: Academic Press.

Bouffard-Bouchard, T., Parent, S., & Larivée, S. (1991). Influence of self-efficacy on self-regulation and performance among junior and senior high-school aged students. *International Journal of Behavioral Development*, 14, 153–164.

Collins, J. L. (1982, March). *Self-efficacy and ability in achievement behavior*. Paper presented at the meeting of the American Educational Research Association, New York.

Cooley, C. H. (1902). *Human nature and the social order*. New York: Scribner.

Eccles, J. S. (1987). Gender roles and women's achievement-related decisions. *Psychology of Women Quarterly*, 11, 135–172.

Eccles, J. S., Midgley, C., & Adler, T. (1984). Grade-related changes in the school environment: Effects on achievement motivation. In J. Nicholls (Ed.), *Advances in motivation and achievement: The development of achievement motivation* (Vol. 3, pp. 283–331). Greenwich, CT: JAI Press.

Eisenberg, N., Martin, C. L., & Fabes, R. A. (1996). Gender development and gender effects. In D. C. Berliner & R. C. Calfee (Eds.), *Handbook of educational psychology* (pp. 358–396). New York: Simon and Schuster Macmillan.

Ericsson, K. A. (1996). The acquisition of expert performance: An introduction to some of the issues. In K. A. Ericsson (Ed.), *The road to excellence* (pp. 1–50). Hillsdale, NJ: Erlbaum.

Erikson, E. (1980). *Identity and the life cycle*. New York: Norton. (Original work published 1959)

Hackett, G. (1995). Self-efficacy in career choice and development. In A. Bandura (Ed.), *Self-efficacy in changing societies* (pp. 232–258). New York: Cambridge University Press.

Holt, J. (1970). *What do I do on Monday?* New York: Dutton.

Jacobs, J. E., Lanza, S., Osgood, W., Eccles, J. S., & Wigfield, A. (2002). Changes in children's self-competence and values: Gender and domain differences across grades 1 through 12. *Child Development*, 73, 509–527.

James, W. (1958). *Talks to teachers*. New York: Norton. (Original work published 1899)

Junge, M. E., & Dretzke, B. J. (1995). Mathematical self-efficacy gender differences in gifted/talented adolescents. *Gifted Child Quarterly*, 39, 22–26.

Lent, R. W., Brown, S. D., & Larkin, K. C. (1984). Relation of self-efficacy expectations to academic achievement and persistence. *Journal of Counseling Psychology*, 31, 356–362.

Montessori, M. (1966). *The secret of childhood*. New York: Ballantine Books.

Noddings, N. (1996, April). *Current directions in self research: Self-concept, self-efficacy, and possible selves*. Symposium presented at the meeting of the American Educational Research Association, New York.

Pajares, F. (1992). Teachers' beliefs and educational research: Cleaning up a messy construct. *Review of Educational Research*, 62, 307–332.

Pajares, F. (1996a). Role of self-efficacy beliefs in the mathematical problem-solving of gifted students. *Contemporary Educational Psychology*, 21, 325–344.

Pajares, F. (1996b). Self-efficacy beliefs in academic settings. *Review of Educational Research*, 66, 543–578.

Pajares, F. (1997). Current directions in self-efficacy research. In M. Maehr & P. R. Pintrich (Eds.), *Advances in motivation and achievement*. (Vol. 10, pp. 1–49). Greenwich, CT: JAI Press.

Pajares, F. (2005). Self-efficacy beliefs during adolescence: Implications for teachers and parents. In F. Pajares & T. Urdan (Eds.), *Adolescence and education. Vol. 5: Self-efficacy beliefs of adolescents* (pp. 339–367). Greenwich, CT: Information Age.

Pajares, F., Britner, S. L., & Valiante, G. (2000). Relation between achievement goals and self-beliefs of middle school students in writing and science. *Contemporary Educational Psychology*, 25, 406–422.

Pajares, F., & Graham, L. (1999). Self-efficacy, motivation constructs, and mathematics performance of entering middle school students. *Contemporary Educational Psychology*, 24, 124–139.

Pajares, F., Miller, M. D., & Johnson, M. J. (1999). Gender differences in writing self-beliefs of elementary school students. *Journal of Educational Psychology*, 91, 50–61.

Pajares, F., & Valiante, G. (1997). Influence of self-efficacy on elementary students' writing. *Journal of Educational Research*, 90, 353–360.

Pajares, F., & Valiante, G. (1999). Grade level and gender differences in the writing self-beliefs of middle school students. *Contemporary Educational Psychology*, 24, 390–405.

Pajares, F., & Valiante, G. (2001). Gender differences in writing motivation and achievement of middle school students: A function of gender orientation? *Contemporary Educational Psychology*, 26, 366–381.

Pajares. F., & Valiante, G. (2002). Students' self-efficacy in their self-regulated learning strategies: A developmental perspective. *Psychologia*, 45, 211–221.

Pajares, F., & Valiante, G. (2006). Self-efficacy beliefs and motivation in writing development. In C. A. MacArthur, S. Graham, & J. Fitzgerald (Eds.), *Handbook of writing research* (pp. 158–170). New York: Guilford Press.

Peirce, C. (1878). How to make our ideas clear. *Popular Science Monthly*, 12, 286–302.

Pintrich, P. R., & De Groot, E. V. (1990). Motivational and self-regulated learning components of classroom academic performance. *Journal of Educational Psychology*, 82, 33–40.

Pokay, P., & Blumenfeld, P. C. (1990). Predicting achievement early and late in the semester: The role of motivation and use of learning strategies. *Journal of Educational Psychology*, 82, 41–50.

Schunk, D. H. (1983a). Developing children's self-efficacy and skills: The roles of social comparative information and goal setting. *Contemporary Educational Psychology*, 8, 76–86.

Schunk, D. H. (1983b). Reward contingencies and the development of children's skills and self-efficacy. *Journal of Educational Psychology*, 75, 511–518.

Schunk, D. H. (1985). Self-efficacy and classroom learning. *Psychology in the Schools*, 22, 208–223.

Schunk, D. H. (1987). Peer models and children's behavioral change. *Review of Educational Research*, 57, 149–174.

Schunk, D. H., & Ertmer, P. A. (2000). Self-efficacy and academic learning: Self-efficacy enhancing interventions. In M. Boekaerts, P. R. Pintrich, & M. Zeidner (Eds.), *Handbook of self-regulation* (pp. 631–650). San Diego, CA: Academic Press.

Schunk, D. H., & Hanson, A. R. (1985). Peer models: Influence on children's self-efficacy and achievement. *Journal of Educational Psychology*, 77, 313–322.

Schunk, D. H., & Hanson, A. R. (1988). Influence of peer-model attributes on children's beliefs and learning. *Journal of Educational Psychology*, 81, 431–434.

Schunk, D. H., & Lilly, M. W. (1984). Sex differences in self-efficacy and attributions: Influence of performance feedback. *Journal of Early Adolescence*, 4, 203–213.

Schunk, D. H., & Pajares, F. (2005). Competence beliefs in academic functioning. In A. J. Elliot & C. Dweck (Eds.), *Handbook of competence and motivation* (pp. 85–104). New York: Guilford Press.

Schutz, A. (1970). *On phenomenology and social relations*. Chicago: University of Chicago Press.

Silverstein, S. (1974). *Where the sidewalk ends*. New York: HarperCollins.

Sondheim, S. (1987). *Into the woods: 1987 original Broadway cast* [CD]. New York: RCA Victor.

Wigfield, A., Eccles, J. S., & Pintrich, P. R. (1996). Development between the ages of 11 and 25. In D. C. Berliner & R. C. Calfee (Eds.), *Handbook of educational psychology* (pp. 148–185). New York: Simon and Schuster Macmillan.

Zeldin, A. L., & Pajares, F. (2000). Against the odds: Self-efficacy beliefs of women in mathematical, scientific, and technological careers. *American Educational Research Journal*, 37, 215–246.

Zimmerman, B. J. (1989). A social cognitive view of self-regulated academic learning. *Journal of Educational Psychology*, 81, 329–339.

Zimmerman, B. J. (1990). Self-regulating academic learning and achievement: The emergence of a social cognitive perspective. *Educational Psychology Review*, 2, 173–201.

Zimmerman, B. J. (1994). Dimensions of academic self-regulation: A conceptual framework for education. In D. H. Schunk & B. J. Zimmerman (Eds.), *Self-regulation of learning and performances: Issues and educational implications* (pp. 3–21). Hillsdale, NJ: Erlbaum.

Zimmerman, B. J. (2000). Attaining self-regulation: A social cognitive perspective. In M. Boekaerts, P. R. Pintrich, & M. Zeidner (Eds.), *Handbook of self-regulation* (pp. 13–39). San Diego, CA: Academic Press.

Zimmerman, B. J. (2002a). Achieving self-regulation: The trial and triumph of adolescence. In F. Pajares & T. C. Urdan (Eds.), *Adolescence and education* (Vol. 2, pp. 1–28). Greenwich, CT: Information Age.

Zimmerman, B. J. (2002b). Becoming a self-regulated learner: An overview. *Theory Into Practice*, 41, 64–70.

Zimmerman, B. J., & Bandura, A. (1994). Impact of self-regulatory influences on writing course attainment. *American Educational Research Journal*, 31, 845–862.

Zimmerman, B. J., Bandura, A., & Martinez-Pons, M. (1992). Self-motivation for academic attainment: The role of self-efficacy beliefs and personal goal setting. *American Educational Research Journal*, 29, 663–676.

Zimmerman, B. J., Bonner, S., & Kovach, R. (1996). *Developing self-regulated learners: Beyond achievement to self-efficacy*. Washington, DC: American Psychological Association.

Zimmerman, B. J., & Martinez-Pons, M. (1990). Student differences in self-regulated learning: Relating grade, sex, and giftedness to self-efficacy and strategy use. *Journal of Educational Psychology*, 82, 51–59.

Zimmerman, B. J., & Cleary, T. J. (2005). Adolescents' development of personal agency: The role of self-efficacy beliefs and self-regulatory skill. In F. Pajares & T. Urdan (Eds.), *Adolescence and education. Vol. 5: Self-efficacy beliefs of adolescents* (pp. 339–367). Greenwich, CT: Information Age.

第6章

Atkinson, J. W., & Birch, D. (1970). *The dynamics of action*. New York: Wiley.

Atkinson, J. W., & Birch, D. (1978). The dynamics of achievement-oriented activity. In J. W. Atkinson & J. O. Raynor (Eds.), *Personality, motivation, and achievement* (pp. 143–197). Washington, DC: Memishere.

Bembenutty, H., & Karabenick, S. A. (1998). Academic delay of gratification. *Learning and Individual Differences*, 10, 329–346.

Black, A. E. & Deci, E. L. (2000). The effect of student self-regulation and instructor autonomy support on learning in a college-level natural science course: A self-determination theory perspective. *Science Education*, 84, 740–756.

Boekaerts, M., Pintrich, P. R., & Zeidner, M. (Eds.). (2000). *Handbook of self-regulation*. San Diego, CA: Academic Press.

Carver, C. S. (2004). Self-regulation of action and affect. In R. F. Baumeister & K. D. Vohs (Eds.), *Handbook of self-regulation: Research, theory, and applications* (pp. 13–61). New York: Guilford Press.

Cervone, D., Shadel, W. G., Smith, R. E., & Fiori, M. (2006). Self-regulation: Reminders and suggestions from personality science. *Applied Psychology: An International Review*, 55, 333–385.

Creten, H., Lens, W., & Simons, J. (2001). The role of perceived instrumentality in student motivation. In A. Efklides, J. Kuhl, & R. M. Sorrentino (Eds.), *Trends and prospects in motivation research* (pp. 37–45). Dordrecht, The Netherlands: Kluwer Academic.

Creten, H., Nijsmans, I., Lens, W., Douterlungne, M., & Cossey, H. (1998). *Algemene vakken en beroepsleerlingen: Op dezelfde golflengte? Motivatie van leerlingen en functioneren van leerkrachten algemene vakken in het beroepssecundair onderwijs*. Leuven, Belgium: Department of Psychology and HIVA.

deCharms, R. (1968). *Personal causation*. New York: Academic Press.

deCharms, R. (1984). Motivation enhancement in educational settings. In R. E. Ames & C. Ames (Eds.), *Research on motivation in education. Vol. 1: Student motivation* (pp. 275–310). New York: Academic

Press.
deCharms, R. (1976). *Enhancing motivation: Change in the classroom.* New York: Irvington.
Deci, E. L. (1975). *Intrinsic motivation.* New York: Plenum Press.
Deci, E. L., Eghrari, H., Patrick, B. C., & Leone, D. L. (1994). Facilitating internalization: The self-determination perspective. *Journal of Personality*, 62, 119–142.
Deci, E. L., & Ryan, R. M. (1985). *Intrinsic motivation and self-determination in human behavior.* New York: Plenum.
Deci, E. L., & Ryan, R. M. (2000). The "what" and "why" of goal pursuits: Human needs and the self-determination of human behavior. *Psychological Inquiry*, 11, 227–268.
Deci, E. L., & Ryan, R. M. (Eds.). (2002). *Handbook of self-determination research.* Rochester, NY: University of Rochester Press.
Depreeuw, E., & Lens, W. (1998). *Procrastination in higher education students: Conceptual analysis and exploration of personal and contextual factors.* Paper presented at the Sixth WATM Conference, Thessaloniki, Greece.
De Volder, M., & Lens, W. (1982). Academic achievement and future time perspective as a cognitive-motivational concept. *Journal of Personality and Social Psychology*, 42, 566–571.
Dewitte, S., & Lens, W. (1999a). Determinants of the action identification level and its influence on self-control. *Psychologica Belgica*, 39, 1–14.
Dewitte, S., & Lens, W. (1999b). Volition: Use with measure. *Learning and Individual Differences*, 11, 321–333.
Dewitte, S., & Lens, W. (2000a). *Does goal awareness enhance self-control? Required effort moderates the relation between the level of action identity and persistence.* Unpublished research report no. 93, Research Center for Motivation and Time Perspective, University of Leuven, Belgium.
Dewitte, S., & Lens, W. (2000b). Exploring volitional problems in academic procrastinators. *International Journal of Educational Research*, 33, 733–750.
Dewitte, S., & Lens, W. (2000c). Procrastinators lack a broad action perspective. *European Journal of Personality*, 14, 121–140.
Dewitte, S., Verguts, T., & Lens, W. (2003). Implementation intentions do not enhance all types of goals: The moderating role of goal difficulty. *Current Psychology: Developmental, Learning, Personality, Social*, 22, 73–89.
Eccles, J. S., & Wigfield, A. (2002). Motivational beliefs, values, and goals. *Annual Review of Psychology*, 53, 109–132.
Elliot, A. J. (1999). Approach and avoidance motivation and achievement goals. *Educational Psychologist*, 34, 169–189.
Elliot, A. J. (2005). A conceptual history of the achievement goal construct. In A. Elliot & C. Dweck (Eds.), *Handbook of competence and motivation* (pp. 52–72). Andover, NJ: Guilford Press.
Feather, N. T. (1982). *Expectations and actions: Expectancy-value models in psychology.* Hillsdale, NJ: Erlbaum.
Ferrari, J. R. (2001). Procrastination as self-regulation failure of performance: Effects of cognitive load, self-awareness, and time limits on "working best under pressure." *European Journal of Personality*, 15, 391–406.
Fromm, E. (1976). *To have or to be?* New York: Continuum.
Gollwitzer, P. M. (1999). Implementation intentions: Strong effects of simple plans. *American Psychologist*, 54, 493–503.
Grolnick, W. S., & Ryan, R. M. (1987). Autonomy in children's learning: An experimental and individual difference investigation. *Journal of Personality and Social Psychology*, 52, 890–898.
Heckhausen, J., & Dweck, C. S. (Eds.). (1998). *Motivation and self-regulation across the life span.* Cambridge, U.K.: Cambridge University Press.
Husman, J., & Lens, W. (1999). The role of the future in student motivation. *Educational Psychologist*, 34, 113–125.

Kasser, T., & Ryan, R. M. (1996). Further examining the American dream: Differential correlates of intrinsic and extrinsic goals. *Personality and Social Psychology Bulletin*, 22, 280–287.

Kasser, T., Ryan, R. M., Couchman, C. E., & Sheldon, K. M. (2004). Materialistic values: Their causes and consequences. In T. Kasser & A. D. Kanfer (Eds.), *Psychology and consumer cultures: The struggle for a good life in a materialistic world* (pp. 11–28). Washington, DC: American Psychological Association.

Kernis, M. (2003). Toward a conceptualization of optimal self-esteem. *Psychological Inquiry*, 14, 1–26.

Kuhl, J., & Beckman, J. (1985). *Action control: From cognition to behavior*. Berlin: Heidelberg.

Kuhl, J., & Beckman, J. (Eds.). (1994). *Volition and personality: Action versus state orientation*. Seattle, WA: Hogrefe and Huber.

Kuhl, J., & Fuhrmann, A. (1998). Decomposing self-regulation and self-control: The volitional components inventory. In J. Heckhausen & C. S. Dweck (Eds.), *Motivation and self-regulation across the life span* (pp. 15–49). Cambridge, U.K.: Cambridge University Press.

Lay, C. H. (1986). At last, my research article on procrastination. *Journal of Research in Personality*, 20, 474–495.

Lens, W. (1986). Future time perspective: A cognitive-motivational concept. In D. R. Brown & J. Veroff (Eds.), *Frontiers of motivational psychology* (pp. 173–190). New York: Springer-Verlag.

Lens, W. (2001). How to combine intrinsic task-motivation with the motivational effects of the instrumentality of present tasks for future goals. In A. Efklides, J. Kuhl, & R. M. Sorrentino (Eds.), *Trends and prospects in motivation research* (pp. 23–36). Dordrecht: Kluwer Academic Publishers.

Lens, W., & Decruyenaere, M. (1991). Motivation and demotivation in secondary education: Student characteristics. *Learning and Instruction*, 1, 145–159.

Lens, W., Herrera, D., & Lacante, M. (2004). The role of motivation and future time perspective in educational counseling. *Psychologica* (Special Issue), 169–180.

Lens, W., Lacante, M., Vansteenkiste, M., & Herrera, D. (2005). Study persistence and academic achievement as a function of the type of competing motivational tendencies. *European Journal of Psychology of Education*, 20, 275–287.

Lens, W., & Rand, P. (1997). Combining intrinsic goal orientations with professional instrumentality/utility in student motivation. *Polish Psychological Bulletin*, 28, 103–123.

Lens, W., & Moreas, M.-A. (1994). Future time perspective: An individual and a societal approach. In Z. Zaleski (Ed.), *Psychology of future orientation* (pp. 23–38). Lublin, Poland: Towarzystwo Naukowe KUL.

Lens, W., Simons, J., & Dewitte, S. (2001). Student motivation and self-regulation as a function of future time perspective and perceived instrumentality. In S. Volet & S. Järvelä (Eds.), *Motivation in learning contexts: Theoretical advances and methodological implications* (pp. 233–248). New York: Pergamon.

Lens, W., Simons, J., & Dewitte, S. (2002). From duty to desire: The role of students' future time perspective and instrumentality perceptions for study motivation and self-regulation. In F. Pajares & T. Urdan (Eds.), *Academic motivation of adolescents* (Vol. 2, pp. 221–245, in the Adolescence and Education Series). Greenwich, CT: Information Age Publishing.

Lens, W., & Vansteenkiste, M. (2006). Motivation: About the "why" and "what for" of human behavior. In K. Pawlik & G. d'Ydewalle (Eds.), *International conceptual history of psychology* (pp. 249–270). Hove, U.K.: Psychology Press.

Locke, E. A., & Latham, G. P. (2002). Building a practically useful theory of goal setting and task motivation. A 35-year odyssey. *American Psychologist*, 57, 705–717.

Miller, R. B., DeBacker, T. K., & Greene, B. A. (1999). Perceived instrumentality and academics: The links to task valuing. *Journal of Instructional Psychology*, 26, 250–260.

Mischel, W. (1981). Objective and subjective rules for delay of gratification. In G. d'Ydewalle & W. Lens (Eds.), *Cognition in human motivation and learning* (pp. 33–58). Leuven & Hillsdale, NJ: Leuven University Press & Erlbaum.

Patrick, H., Neighbours, C., & Knee, C. R. (2004). Appearance-related social comparisons: The role of contingent self-esteem and self-perceptions of attractiveness. *Personality and Social Psychology Bulletin*,

30, 501−514.

Raynor, J. O. (1981). Future orientation and achievement motivation: Toward a theory of personality functioning and change. In G. d'Ydewalle & W. Lens (Eds.), *Cognition in human motivation and learning* (pp. 199−231). Leuven & Hillsdale, NJ: Leuven University Press & Erlbaum.

Reeve, J., Deci, E. L., & Ryan, R. M. (2004). Self-determination theory: A dialectical framework for understanding socio-cultural influences on student motivation. In D. M. McInerney & S. Van Etten (Eds.), *Big theories revisited* (pp. 31−60). Greenwich, CT: Information Age.

Ryan, R. M., & Connell, J. P. (1989). Perceived locus of causality and internalization: Examining reasons for acting in two domains. *Journal of Personality and Social Psychology*, 57, 749−761.

Ryan, R. M., & Deci, E. L. (2000). Self-determination theory and the facilitation of intrinsic motivation, social development, and well-being. *American Psychologist*, 55, 68−78.

Schafer, R. (1968). *Aspects of internalization*. New York: International Universities Press.

Schmeichel, B. J., & Baumeister, R. F. (2004). Self-regulatory strength. In R. F. Baumeister & K. D. Vohs (Eds.), *Handbook of self-regulation: Research, theory, and applications* (pp. 84−98). New York: Guilford Press.

Senécal, C., Julien, E., & Guay, F. (2003). Role conflict and academic procrastination: A self-determination perspective. *European Journal of Social Psychology*, 33, 135−145.

Shallice, T., & Burgess, P. (1993). Supervisory control of action and thought selection. In A. Baddeley & L. Weiskrantz (Eds.), *Attention: selection, awareness, and control* (pp. 171−187). Oxford, U.K.: Clarendon Press.

Simons, J., Dewitte, S., & Lens, W. (2000). Wanting to have versus wanting to be: The effect of perceived instrumentality on goal orientation. *British Journal of Psychology*, 91, 335−351.

Simons, J., Dewitte, S., & Lens, W. (2003). "Don't do it for me, do it for yourself." Stressing the personal relevance enhances motivation in physical education. *Journal of Sport and Exercise Psychology*, 25, 145−160.

Simons, J., Dewitte, S., & Lens, W. (2004). The role of different types of instrumentality in motivation, study strategies, and performance: Know why you learn, so you'll know what you learn! *British Journal of Educational Psychology*, 74, 343−360.

Simons, J., Vansteenkiste, M., Lens, W., & Lacante, M. (2004). Placing motivation and future time perspective theory in a temporal perspective. *Educational Psychology Review*, 16, 121−139.

Sirgy, M. J. (1998). Materialism and quality of life. *Social Indicators Research*, 43, 227−260.

Soenens, B., & Vansteenkiste, M. (2005). Antecedents and outcomes of self-determination in three life domains: The role of parents' and teachers' autonomy support. *Journal of Youth and Adolescence*, 34, 589−604.

Uchnast, Z. (Ed.). (2006). *Psychology of time: Theoretical and empirical approaches*. Lublin, Poland: Wydawnictwo KUL.

Vallacher, R. R., & Wegner, D. M. (1985). *A theory of action identification*. Hillsdale, NJ: Erlbaum.

Vallacher, R. R., & Wegner, D. M. (1987). What do people think they're doing? Action identification and human behavior. *Psychological Review*, 94, 3−15.

Vallerand, R. J., Fortier, M. S., & Guay, F. (1997). Self-determination and persistence in a real-life setting: Toward a motivational model of high-school drop-out. *Journal of Personality and Social Psychology*, 72, 1161−1176.

Van Boven, L., & Gilovich, T. (2003). To do or to have? That is the question. *Journal of Personality and Social Psychology*, 85, 1193−1202.

Vansteenkiste, M., Lens, W., & Deci, E. L. (2006). Intrinsic versus extrinsic goal contents in self-determination theory: Another look at the quality of academic motivation. *Educational Psychologist*, 41, 19−31.

Vansteenkiste, M., Lens, W., Dewitte, S., De Witte, H., & Deci, E. L. (2004). The "why" and "why not" of job search behavior: Their relation to searching, unemployment experience, and well-being. *European Journal of Social Psychology*, 34, 345−363.

Vansteenkiste, M., Lens, W., Soenens, B., & Luyckx, K. (2006). Autonomy and relatedness among Chinese sojourners and applicants: Conflictual or independent predictors of well-being and adjustment. *Motivation and Emotion*, 30, 273–282.

Vansteenkiste, M., Matos, L., Lens, W., & Soenens, B. (in press). Understanding the impact of intrinsic versus extrinsic goal framing on exercise performance: The conflicting role of task and ego involvement. *Psychology of Sport and Exercise*.

Vansteenkiste, M., Simons, J., Lens, W., Sheldon, K. M., & Deci, E. L. (2004). Motivating learning, performance, and persistence: The synergistic effects of intrinsic goal contents and autonomy-supportive contexts. *Journal of Personality and Social Psychology*, 87, 246–260.

Vansteenkiste, M., Simons, J., Lens, W., Soenens, B., Matos, L., & Lacante, M. (2004). Less is sometimes more: Goal-content matters. *Journal of Educational Psychology*, 96, 755–764.

Vansteenkiste, M., Simons, J., Soenens, B., & Lens, W. (2004). How to become a persevering exerciser? Providing a clear, future intrinsic goal in an autonomy supportive way. *Journal of Sport and Exercise Psychology*, 26, 232–249.

Vansteenkiste, M., Zhou, M., Lens, W., & Soenens, B. (2005). Experiences of autonomy and control among Chinese learners. Vitalizing or immobilizing? *Journal of Educational Psychology*, 97, 468–483.

Wegner, D. M., & Wheatley, T. P. (1999). Why it feels as if we're doing things: Sources of the experience of will. *American Psychologist*, 54, 480–492.

Wigfield, A., & Eccles, J. (1992). The development of achievement task-values: A theoretical analysis. *Developmental Review*, 12, 265–310.

Williams, G. C., Cox, E. M., Hedberg, V. A., & Deci, E. L. (2000). Extrinsic life goals and health-risk behaviors among adolescents. *Journal of Applied Social Psychology*, 30, 1756–1771.

Wolters, C. (2000). The relation between high school students' motivational regulation and their use of learning strategies, effort, and classroom performance. *Learning and Individual Differences*, 11, 281–299.

Zaleski, Z. (Ed.). (1994). Psychology of future orientation (pp. 23–38). Lublin, Poland: Towarzystwo Naukowe KUL.

Zimmerman, B., & Martinez-Pons, M. (1990). Student differences in self-regulated learning: Relating grade, sex, and giftedness to self-efficacy and strategy use. *Journal of Educational Psychology*, 82, 51–59.

Zimmerman, B. J., & Schunk, D. H. (2001). Reflections on theories of self-regulated learning and academic achievement. In B. J. Zimmerman & D. H. Schunk (Eds.), *Self-regulated learning and academic achievement: Theoretical perspectives* (2nd ed., pp. 289–307). Mahwah, NJ: Erlbaum.

第7章

Ames, C. (1992). Achievement goals and the classroom motivational climate. In D. Schunk & J. Meece (Eds.), *Student perceptions in the classroom* (pp. 327–349). Hillsdale, NJ: Erlbaum.

Atkinson, J. W. (1957). Motivational determinants of risk taking behavior. *Psychological Review*, 64, 359–372.

Au, K. H. (1997). Ownership, literacy achievement, and students of diverse cultural backgrounds. In J. T. Guthrie & A. Wigfield (Eds.), *Reading engagement: Motivating readers through integrated instruction* (pp. 168–182). Newark, DE: International Reading Association.

Bandura, A. (1997). *Self-efficacy: The exercise of control*. New York: Freeman.

Battle, A., & Wigfield, A. (2003). College women's value orientations toward family, career, and graduate school. *Journal of Vocational Behavior*, 62, 56–75.

Battle, E. (1965). Motivational determinants of academic task persistence. *Journal of Personality and Social Psychology*, 2, 209–218.

Battle, E. (1966). Motivational determinants of academic competence. *Journal of Personality and Social Psychology*, 4, 534–642.

Boekaerts, M., Pintrich, P. R., & Zeidner, M. (Eds.). (2000). *Handbook of self-regulation*. San Diego, CA: Academic Press.

Brophy, J. E. (1999). Toward a model of the value aspects of motivation for education: Developing appreciation for particular learning domains and activities. *Educational Psychologist*, 34, 75–86.

Brophy, J. E. (2004). *Motivating students to learn* (2nd ed.). Mahwah, NJ: Erlbaum.

Busemeyer, J. R., & Townsend, J. T. (1993). Decision field theory: A dynamic cognitive approach to decision making in an uncertain environment. *Psychological Review*, 100, 432–459.

Byrnes, J. P. (1998). *The nature and development of decision-making: A self-regulation perspective*. Mahwah, NJ: Erlbaum.

Carver, C. S., & Scheier, M. F. (2000). On the structural of behavioral self-regulation. In M. Boekaerts, P. R. Pintrich, & M. Zeidner (Eds.), *Handbook of self-regulation* (pp. 41–84). San Diego, CA: Academic Press.

Davis, M. H., & Tonks, S. (2004). Diverse texts and technology for reading. In J. T. Guthrie, A. Wigfield, & K. C. Perencevich (Eds.), *Motivating reading comprehension: Concept-Oriented Reading Instruction* (pp. 143–172). Mahwah, NJ: Erlbaum.

Durik, A. M., Vida, M., & Eccles, J. S. (2006). Task values and ability beliefs as predictors of high school literacy choices: A developmental analysis. *Journal of Educational Psychology*, 98, 382–393.

Eccles, J. S. (1984). Sex differences in achievement patterns. In T. Sonderegger (Ed.), *Nebraska Symposium on Motivation* (Vol. 32, pp. 97–132). Lincoln: University of Nebraska Press.

Eccles, J. S. (1993). School and family effects on the ontogeny of children's interests, self-perceptions, and activity choice. In J. Jacobs (Ed.), *Nebraska Symposium on Motivation, 1992: Developmental perspectives on motivation* (pp. 145–208). Lincoln: University of Nebraska Press.

Eccles (Parsons), J., Adler, T. F., Futterman, R., Goff, S. B., Kaczala, C. M., Meece, J. L., et al. (1983). Expectancies, values, and academic behaviors. In J. T. Spence (Ed.), *Achievement and achievement motivation* (pp. 75–146). San Francisco: Freeman.

Eccles, J. S., & Harold, R. D. (1991). Gender differences in sport involvement: Applying the Eccles' expectancy-value model. *Journal of Applied Sport Psychology*, 3, 7–35.

Eccles, J. S., & Wigfield, A. (1995). In the mind of the achiever: The structure of adolescents' academic achievement related-beliefs and self-perceptions. *Personality and Social Psychology Bulletin*, 21, 215–225.

Fredricks, J., & Eccles, J. S. (2002). Children's competence and value beliefs from childhood through adolescence: Growth trajectories in two male sex-typed domains. *Developmental Psychology*, 38, 519–533.

Guthrie, J. T. (2004). Classroom contexts for engaged reading: An overview. In J. T. Guthrie, A. Wigfield, & K. C. Perencevich (Eds.), *Motivating reading comprehension: Concept-Oriented Reading Instruction* (pp. 1–24). Mahwah, NJ: Erlbaum.

Guthrie, J. T., & Taboada, A. (2004). Fostering the cognitive strategies of reading comprehension. In J. T. Guthrie, A. Wigfield, & K. C. Perencevich (Eds.), *Motivating reading comprehension: Concept-Oriented Reading Instruction* (pp. 87–112). Mahwah, NJ: Erlbaum.

Guthrie, J. T., Van Meter, P., Hancock, G. R., McCann, A., Anderson, E., & Alao, S. (1998). Does Concept-Oriented Reading Instruction increase strategy-use and conceptual learning from text? *Journal of Educational Psychology*, 90, 261–278.

Guthrie, J. T., Hoa, L. W., Wigfield, A., Tonks, S. M., Humenick, N., & Littles, E. (in press). Reading motivation and reading comprehension growth in the later elementary years. *Contemporary Educational Psychology*.

Guthrie, J. T., & Wigfield, A. (2000). Engagement and motivation in reading. In M. Kamil, P. Mosenthal, P. D. Pearson, & R. Barr (Eds.), *Handbook of reading research* (Vol. 3, pp. 403–422). Mahwah, NJ: Erlbaum.

Guthrie, J. T., Wigfield, A., Barbosa, P., Perencevich, K. C., Taboada, A., Davis, M. H., et al. (2004). Increasing reading comprehension, motivation, and strategy use through Concept Oriented Reading Instruction. *Journal of Educational Psychology*, 96, 403–423.

Guthrie, J. T., Wigfield, A., Humenick, N. H., Perencevich, K. C., Taboada, A., & Barbosa, P. (2006). Influences of stimulating tasks on reading motivation and comprehension. *Journal of Educational Research*, 99, 232–247.

351

Guthrie, J. T., Wigfield, A., Metsala, J. L., & Cox, K. E. (1999). Motivational and cognitive predictors of text comprehension and reading amount. *Scientific Studies of Reading*, 3, 231–257.

Guthrie, J. T., Wigfield, A., & Perencevich, K. C. (Eds.). (2004a). *Motivating reading comprehension: Concept-Oriented Reading Instruction*. Mahwah, NJ: Erlbaum.

Guthrie, J. T., Wigfield, A., & Perencevich, K. C. (2004b). Scaffolding for motivation and engagement in reading. In J. T. Guthrie, A. Wigfield, & K. C. Perencevich (Eds.), *Motivating reading comprehension: Concept-Oriented Reading Instruction* (pp. 55–86). Mahwah, NJ: Erlbaum.

Guthrie, J. T., Wigfield, A., Von Secker, C. (2000). Effects of integrated instruction on motivation and strategy use in reading. *Journal of Educational Psychology*, 92, 331–341.

Harter, S. (1981). A new self-report scale of intrinsic versus extrinsic orientation in the classroom: Motivational and informational components. *Developmental Psychology*, 17, 300–312.

Hidi, S., & Harackiewicz, J. M. (2001). Motivating the academically unmotivated: A critical issue for the 21st century. *Review of Educational Research*, 70, 151–179.

Jacobs, J., Lanza, S., Osgood, D. W., Eccles, J. S., & Wigfield, A. (2002). Ontogeny of children's self-beliefs: Gender and domain differences across grades 1 through 12. *Child Development*, 73, 509–527.

Lutz, S. L., Guthrie, J. T., & Davis, M. H. (2006). Scaffolding for engagement in elementary school reading instruction. *Journal of Educational Research*, 100, 3–20.

Meece, J. L., Wigfield, A., & Eccles, J. S. (1990). Predictors of math anxiety and its consequences for young adolescents' course enrollment intentions and performances in mathematics. *Journal of Educational Psychology*, 82, 60–70.

Pintrich, P. R. (2000). The role of goal orientation in self-regulated learning. In M. Boekaerts, P. R. Pintrich, & M. Zeidner (Eds.), *Handbook of self-regulation* (pp. 451–502). San Diego, CA: Academic Press.

Pintrich, P. R., & De Groot, E. V. (1990). Motivational and self-regulated learning components of classroom academic performance. *Journal of Educational Psychology*, 82, 33–40.

Pintrich, P. R., & Zusho, A. (2002). The development of academic self-regulation: The role of cognitive and motivational factors. In A. Wigfield & J. S. Eccles (Eds.), *Development of achievement motivation* (pp. 173–195). San Diego, CA: Academic Press.

Renninger, K. A., & Hidi, S. (2002). Student interest and achievement: Developmental issues raised by a case study. In A. Wigfield & J. S. Eccles (Eds.), *Development of achievement motivation* (pp. 173–195). San Diego, CA: Academic Press.

Rheinberg, F., Vollmeyer, T., & Rollet, W. (2000). Motivation and action in self-regulated learning. In M. Boekaerts, P. R. Pintrich, & M. Zeidner (Eds.), *Handbook of self-regulation* (pp. 503–529). San Diego, CA: Academic Press.

Ryan, R. M., & Deci, E. L. (2002). An overview of self-determination theory: an organismic-dialectical perspective. In E. L. Deci & R. M. Ryan (Eds.), *Handbook of self-determination theory research* (pp. 3–33). Rochester, NY: University of Rochester Press.

Schiefele, U. (1999). Interest and learning from text. *Scientific Studies of Reading*, 3, 257–279.

Schunk, D. H., & Ertmer, P. A. (2000). Self-regulation and academic learning: Self-efficacy enhancing interventions. In M. Boekaerts, P. R. Pintrich, & M. Zeidner (Eds.), *Handbook of self-regulation* (pp. 631–649). San Diego, CA: Academic Press.

Schunk, D. H., & Pajares, F. (2002). The development of academic self-efficacy. In A. Wigfield & J. S. Eccles (Eds.), *Development of achievement motivation* (pp. 15–32). San Diego, CA: Academic Press.

Stipek, D. J. (1996). Motivation and instruction. In D. Berliner & R. Calfee (Eds.), *Handbook of educational psychology* (pp. 85–113). New York: Macmillan.

Stipek, D. J. (2002). Good instruction is motivating. In A. Wigfield & J. S. Eccles (Eds.), *Development of achievement motivation* (pp. 309–351). San Diego, CA: Academic Press.

Swan, E. A. (2003). *Concept-Oriented Reading Instruction: Engaging classrooms, lifelong learners*. New York: Guilford.

Webb, N. M., & Palincsar, A. S. (1996). Group processes in the classroom. In D. C. Berliner & R. C. Calfee (Eds.), *Handbook of educational psychology* (pp. 841–873). New York: Macmillan.

Wentzel, K. R. (1999). Social-motivational processes and interpersonal relationships: Implications for understanding motivation at school. *Journal of Educational Psychology*, 91, 76-97.

Wigfield, A. (1994). Expectancy-value theory of achievement motivation: A developmental perspective. *Educational Psychology Review*, 6, 49-78.

Wigfield, A. (1997, April). *Predicting children's grades from their ability beliefs and subjective task values: Developmental and domain differences*. Paper presented at the biennial meeting of the Society for Research in Child Development, Washington, DC.

Wigfield, A., & Eccles, J. (1992). The development of achievement task values: A theoretical analysis. *Developmental Review*, 12, 265-310.

Wigfield, A., & Eccles, J. S. (2000). Expectancy-value theory of motivation. *Contemporary Educational Psychology*, 25, 68-81.

Wigfield, A., & Eccles, J. S. (2002). The development of competence beliefs and values from childhood through adolescence. In A. Wigfield & J. S. Eccles (Eds.), *Development of achievement motivation* (pp. 92-120). San Diego, CA: Academic Press.

Wigfield, A., Eccles, J. S., Mac Iver, D., Reuman, D., & Midgley, C. (1991). Transitions at early adolescence: Changes in children's domain-specific self-perceptions and general self-esteem across the transition to junior high school. *Developmental Psychology*, 27, 552-565.

Wigfield, A., Eccles, J. S., Schiefele, U., Roeser, R., & Davis-Kean, P. (2006). Development of achievement motivation. In W. Damon (Series Ed.) & N. Eisenberg (Vol. Ed.), *Handbook of child psychology* (6th ed., Vol. 3, pp. 933-1002). New York: Wiley.

Wigfield, A., Eccles, J. S., Yoon, K. S., Harold, R. D., Arbreton, A., Freedman-Doan, C., et al. (1997). Changes in children's competence beliefs and subjective task values across the elementary school years: A 3-year study. *Journal of Educational Psychology*, 89, 451-469.

Wigfield, A., Guthrie, J. T., Tonks, S., & Perencevich, K. C. (2004). Children's motivation for reading: Domain specificity and instructional influences. *Journal of Educational Research*, 97, 299-309.

Wigfield, A., Tonks, S., & Eccles, J. S. (2004). Expectancy-value theory in cross-cultural perspective. In D. McInerney & S. Van Etten (Eds.), *Research on sociocultural influences on motivation and learning. Vol. 4: Big theories revisited* (pp. 165-198). Greenwich, CT: Information Age Press.

Wolters, C. A. (1999). The relation between high school students' motivational regulation and their use of learning strategies, effort, and classroom performance. *Learning and Individual Differences*, 11, 281-301.

Wolters, C. A. (2003). Regulation of motivation: Evaluating an underemphasized aspect of self-regulated learning. *Educational Psychologist*, 38, 189-205.

Wolters, C. A., & Pintrich, P. R. (1998). Contextual differences in student motivation and self-regulated learning in mathematics, English, and social studies classrooms. *Instructional Science*, 26, 27-47.

Wolters, C. A., & Rosenthal, H. (2000). The relation between students' motivational beliefs and their use of motivational regulation strategies. *International Journal of Educational Research*, 33, 801-820.

Wolters, C. A., Yu, S. L., & Pintrich, P. R. (1996). The relation between goal orientation and students' motivational beliefs and self-regulated learning. *Learning and Individual Differences*, 8, 211-239.

Zimmerman, B. J. (2000). Attaining self-regulation: A social-cognitive perspective. In M. Boekaerts, P. R. Pintrich, & M. Zeidner (Eds.), *Handbook of self-regulation* (pp. 13-39). San Diego, CA: Academic Press.

第8章

Anderson, J. R., & Bower, G. H. (1973). *Human associative memory*. Washington, DC: Winston.

Anderson, R. C., & Spiro, R. J. (Eds.). (1977). *Schooling and the acquisition of knowledge*. Hillsdale, NJ: Erlbaum.

Bandura, A. (1977). Self-efficacy: Toward a unifying theory of behavioral change. *Psychological Review*, 84, 191-215.

Bargh, J. A. (1997). The automaticity of everyday life. In R. S. Wyer (Ed.), *Advances in social cognition*

(Vol. 10, pp. 1–61). Mahwah, NJ: Erlbaum.

Bellack, A., Kliebard, H., Hyman, R., & Smith, F. (1966). *The language of the classroom*. New York: Teachers College Press.

Boekaerts, M., & Corno, L. (2005). Self-regulation in the classroom: A perspective on assessment and intervention. *Applied Psychology: An International Review*, 54, 199–232.

Brooks, D. (2006, May 7). Marshmallows and public policy. *New York Times*, p. 13.

Brown, A. L., & Campione, J. C. (1994). Guided discovery in a community of learners. In K. McGilly (Ed.), *Classroom lessons: Integrating cognitive theory and classroom practice* (pp. 229–272). Cambridge, MA: MIT Press/Bradford Books.

Bryan, T., & Burstein, K. (2004). Improving homework completion and academic performance: Lessons from special education. *Theory Into Practice*, 43, 213–219.

Corno, L. (1980). Individual and class level effects of parent-assisted instruction in classroom memory support strategies. *Journal of Educational Psychology*, 72, 278–292.

Corno, L. (1981). Cognitive organizing in classrooms. *Curriculum Inquiry*, 11, 360–377.

Corno, L. (1986). The metacognitive control components of self-regulated learning. *Contemporary Educational Psychology*, 11, 333–346.

Corno, L. (1987). Teaching and self-regulated learning. In D. C. Berliner & B. U. Rosenshine (Eds.), *Talks to teachers* (pp. 249–267). New York: Random House.

Corno, L. (1994). Student volition and education: Outcomes, influences, and practices. In B. Zimmerman & D. Schunk (Eds.), *Self-regulated learning and academic achievement: Educational applications* (pp. 229–254). New York: Springer-Verlag.

Corno, L. (2000). Looking differently at homework. *Elementary School Journal*, 100, 529–548.

Corno, L. (2004). Work habits and work styles: Volition in education. *Teachers College Record*, 106, 1669–1694.

Corno, L., Collins, K. M., & Capper, J. (1982). *Where there's a way there's a will: Self-regulating the low achieving student* (Report No. TM 820 465). East Lansing, MI: National Center for Research on Teacher Learning. (ERIC Document Reproduction Services ED222499)

Corno, L., & Mandinach, E. B. (1983). Using existing classroom data to explore relationships in a theoretical model of academic motivation. *Journal of Educational Research*, 77, 33–43.

Corno, L., & Mandinach, E. B. (2004). What we have learned about student engagement in the past twenty years. In D. M. McInerney & S. Van Etten (Eds.), *Big theories revisited: Research on sociocultural influences on motivation and learning* (Vol. 4, pp. 299–328). Greenwich, CT: Information Age.

Corno, L., & Randi, J. (1999). A design theory for classroom instruction in self-regulated learning? In C. M. Reigeluth (Ed.), *Instructional-design theory and models: A new paradigm of instructional theory* (Vol. 2, pp. 293–317). Mahwah, NJ: Erlbaum.

Dewey, J. (1922). Habits and will (pp. 15–42). *Human nature and conduct: An introduction to social psychology*. New York: Modern Library.

Duckworth, A. L., & Seligman, M. E. P. (2005). Self-discipline outdoes IQ in predicting academic performance of adolescents. *Psychological Science*, 16, 939–944.

Eccles, J. S., & Barber, B. L. (1999). Student council, volunteering, basketball, or marching band: What kind of extracurricular involvement matters? *Journal of Adolescent Research*, 14, 10–43.

Elawar, M. C., & Corno, L. (1985). A factorial experiment in teachers' written feedback on student homework: Changing teacher behavior a little rather than a lot. *Journal of Educational Psychology*, 77, 162–173.

Gibson, J. J. (1979). *The ecological approach to visual perception*. Boston: Houghton-Mifflin.

Gollwitzer, P. M. (1999). Implementation intentions: Strong effects of simple plans. *American Psychologist*, 54, 493–503.

Greeno, J. (2004). We must be doing something (actually, a lot) right. *Division 15 Newsletter, American Psychological Association*, 27 (3), 1, 3, 8.

Greeno, J. G., Collins, A. M., & Resnick, L. (1996). Cognition and learning. In D. C. Berliner & R. C. Calfee

(Eds.), *Handbook of educational psychology* (pp. 15–46). New York: Macmillan.

Harvey, P. C. (1982). *Variations on direct instruction in one third grade classroom*. Unpublished doctoral dissertation, Stanford University, Stanford, CA.

Johnson, E. (2004). *The hero in me: Reinforcing self-regulated learning as we connect to literary heroes*. Yale-New Haven Teachers Institute Curriculum Unit. Retrieved on June 5, 2007 from http://www.yale.edu/ynhti/curriculum/units/2004/2/04.02.03.x.html

Kelso, J. A. S. (1995). *Dynamic patterns: The self-organization of brain and behavior*. Cambridge, MA: MIT Press.

Kuhl, J. (2000). The volitional basis of personality systems interaction theory: Applications in learning and treatment contexts. *International Journal of Educational Research*, 33, 665–704.

Larson, R. W. (2000). Toward a psychology of positive youth development. *American Psychologist*, 55, 170–183.

McCann, E. J., & Turner, J. E. (2004). Increasing student learning through volitional control. *Teachers College Record*, 106, 1695–1714.

McCaslin, M., & Good, T. (1996). The informal curriculum. In D. C. Berliner & R. C. Calfee (Eds.), *Handbook of educational psychology* (pp. 622–672). New York: Macmillan.

McInerney, D. M., & Van Etten, S. (Eds.). (2004). *Big theories revisited: Research on sociocultural influences on motivation and learning* (Vol. 4, pp. 299–328). Greenwich, CT: Information Age.

McVee, M. B., Dunsmore, K., & Gavelek, J. R. (2005). Schema theory revisited. *Review of Educational Research*, 75, 531–566.

Mischel, H. N., & Mischel, W. (1983). The development of children's knowledge of self-control strategies. *Child Development*, 54, 603–619.

Newman, R. S. (1994). Adaptive help seeking: A strategy of self-regulated learning. In D. Schunk & B. Zimmerman (Eds.), *Self-regulation of learning and performance: Issues and educational applications* (pp. 283–301). Hillsdale, NJ: Erlbaum.

Oettingen, G., Honig, G., & Gollwitzer, P. M. (2000). Effective self-regulation of goal attainment. *International Journal of Educational Research*, 33, 705–732.

Palincsar, A. S., & Brown, A. L. (1984). Reciprocal teaching of comprehension-fostering and monitoring activities. *Cognition and Instruction*, 1, 117–175.

Perry, N., Phillips, L., & Dowler, J. (2004). Examining features of tasks and their potential to promote self-regulated learning. *Teachers College Record*, 106, 1854–1878.

Peterson, P. L. (1977). Interactive effects of student anxiety, achievement orientation, and teacher behavior on student achievement and attitude. *Journal of Educational Psychology*, 69, 779–792.

Pressley, M., Woloshyn, V., Lysynchuk, L. M., Martin, V., Wood, E., & Willoughby, T. (1990). A primer of research on cognitive strategy instruction: The important issues and how to address them. *Educational Psychology Review*, 2, 1–58.

Randi, J. (2004). Teachers as self-regulated learners. *Teachers College Record*, 106, 1825–1853.

Randi, J., & Corno, L. (1997). Teachers as innovators. In B. Biddle, T. Good, & I. Goodson (Eds.), *The international handbook of teachers and teaching* (Vol. 1, pp. 1163–1221). New York: Kluwer.

Randi, J., & Corno, L. (2000). Teacher innovations in self-regulated learning. In M. Boekaerts, P. R. Pintrich, & M. Zeidner (Eds.), *Handbook of self-regulation* (pp. 651–686). San Diego, CA: Academic Press.

Rohrkemper, M. M., & Corno, L. (1988, January). Success and failure on classroom tasks: Adaptive learning and classroom teaching. *Elementary School Journal*, pp. 297–313.

Schoenfeld, A. H. (1985). *Mathematical problem solving*. Orlando, FL: Academic Press.

Schunk, D. H., & Zimmerman, B. J. (1998). *Self-regulated learning: From teaching to self-reflective practice*. New York: Guilford.

Shoda, Y., Mischel, W., & Peake, P. (1990). Predicting adolescent cognitive and self-regulatory competencies from preschool delay of gratification: Identifying diagnostic conditions. *Developmental Psychology*, 26, 978-986.

Snow, R. E., & Lohman, D. F. (1984). Toward a theory of cognitive aptitude for learning from instruction.

Journal of Educational Psychology, 76, 347–376.

Stanford Aptitude Seminar: Corno, L., Cronbach, L. J., Kupermintz, H. K., Lohman, D. H., Mandinach, E. B., Porteus, A., et al. (2002). *Remaking the concept of aptitude: Extending the legacy of Richard E. Snow*. Mahwah, NJ: Erlbaum.

Trautwein, U., Ludtke, O., Schnyder, I., & Niggli, A. (2006). Predicting homework effort: Support for a domain-specific, multilevel homework model. *Journal of Educational Psychology*, 98, 438–456.

Turner, J. C., & Patrick, H. (2004). Motivational influences on student participation in classroom learning activities. *Teachers College Record*, 106, 1759–1785.

Veeman, S. (1984). Perceived problems of beginning teachers. *Review of Educational Research*, 54, 143–178.

Webb, N. M., & Palincsar, A. S. (1996). Group processes in the classroom. In D. C. Berliner & R. C. Calfee (Eds.), *Handbook of educational psychology* (pp. 841–876). New York: Macmillan.

Willingham, W. (1985). *Success in college*. New York: College Board.

Winne, P. H. (2004). Putting volition to work in education. *Teachers College Record*, 106, 1879–1887.

Winne, P. H., & Jaimeson-Noel, D. L. (2003). Self-regulating studying by objectives for learning: Students' reports compared to a model. *Contemporary Educational Psychology*, 28, 259–276.

Xu, J. (2004). Family help and homework management in urban and rural secondary schools. *Teachers College Record*, 106, 1786–1803.

Zimmerman, B. J. (2000). Attaining self-regulation: A social cognitive perspective. In M. Boekaerts, P. R. Pintrich, & M. Zeidner (Eds.), *Handbook of self-regulation* (pp. 13–39). New York: Academic Press.

第9章

Baumeister, R. F., & Vohs, K. D. (2004). *Handbook of self-regulation: Research, theory, and applications*. New York: Guilford Press.

Benware, C., & Deci, E. L. (1984). The quality of learning with an active versus passive motivational set. *American Educational Research Journal*, 21, 755–766.

Boekaerts, M., Pintrich, P. R., & Zeidner, M. (Eds.). (2000). *Handbook of self-regulation*. San Diego, CA: Academic Press.

Carver, C. S., & Scheier, M. F. (1998). *On the self-regulation of behavior*. New York: Cambridge University Press.

Chirkov, V., & Ryan, R. M. (2001). Parent and teacher autonomy-support in Russian and U.S. adolescents: Common effects on well-being and academic motivation. *Journal of Cross Cultural Psychology*, 32, 618–635.

Collins, A., Brown, J. S., & Newman, S. E. (1989). Cognitive apprenticeship: Teaching the crafts of reading, writing, and mathematics. In L. B. Resnick (Ed.), *Knowing, learning, and instruction: Essays in honor of Robert Glaser* (pp. 453-494). Hillsdale, NJ: Erlbaum.

deCharms, R. (1976). *Enhancing motivation: Change in the classroom*. New York: Irvington.

Deci, E. L., Eghrari, H., Patrick, B. C., & Leone, D. R. (1994). Facilitating internalization: The self-determination theory perspective. *Journal of Personality*, 62, 119–142.

Deci, E. L., Koestner, R., & Ryan, R. M. (1999). A meta-analytic review of experiments examining the effects of extrinsic rewards on intrinsic motivation. *Psychological Bulletin*, 125, 627–668.

Deci, E. L., & Ryan, R. M. (1985). *Intrinsic motivation and self-determination in human behavior*. New York: Plenum.

Deci, E. L., & Ryan, R. M. (1991). A motivational approach to self: Integration in personality. In R. Dienstbier (Ed.), *Nebraska Symposium on Motivation: Perspectives on motivation* (Vol. 38, pp. 237–288). Lincoln: University of Nebraska Press.

Deci, E. L., Schwartz, A., Sheinman, L., & Ryan, R. M. (1981). An instrument to assess adult's orientations toward control versus autonomy in children: Reflections on intrinsic motivation and perceived competence. *Journal of Educational Psychology*, 73, 642–650.

Deci, E. L., Spiegel, N. H., Ryan, R. M., Koestner, R., & Kauffman, M. (1982). Effects of performance standards on teaching styles: Behavior of controlling teachers. *Journal of Educational Psychology*, 74, 852–859.

Eisner, E. E. (1991). What really counts in schools. *Educational Leadership*, 48, 10–17.

Elliot, A. J., McGregor, H. A., & Thrash, T. M. (2002). The need for competence. In E. L. Deci & R. M. Ryan (Eds.), *Handbook of self-determination research* (pp. 361–387). Rochester, NY: University of Rochester Press.

Grolnick, W. S., & Ryan, R. M. (1987). Autonomy in children's learning: An experimental and individual difference investigation. *Journal of Personality and Social Psychology*, 52, 890–898.

Grolnick, W. S., & Ryan, R. M. (1989). Parent styles associated with children's self-regulation and competence in school. *Journal of Educational Psychology*, 81, 143–154.

Jang, H. (2006). *Supporting students' motivation, engagement, and learning during an uninteresting activity.* Manuscript submitted for publication.

Jang, H., Reeve, J., & Ryan, R. M. (2007). *Can self-determination theory explain what underlies the productive satisfying learning experiences of collectivistically-oriented South Korean adolescents?* Manuscript submitted for publication.

Kasser, T., & Ryan, R. M. (1996). Further examining the American dream: Differential correlates of intrinsic and extrinsic goals. *Personality and Social Psychology Bulletin*, 22, 280–287.

Koestner, R., Ryan, R. M., Bernieri, F., & Holt, K. (1984). Setting limits on children's behavior: The differential effects of controlling versus informational styles on intrinsic motivation and creativity. *Journal of Personality*, 52, 233–248.

Mace, C. F., Belfiore, P. J., & Hutchinson, J. M. (2001). Operant theory and research on self-regulation. In B. J. Zimmerman & D. H. Schunk (Eds.), *Self-regulated learning and academic achievement: Theoretical perspectives* (2nd ed., pp. 39–66). Mahwah, NJ: Erlbaum.

Meyer, D. K., & Turner, J. C. (2002). Turning the kaleidoscope: What we see when self-regulated learning is viewed with a qualitative lens. *Educational Psychologist*, 37, 27–39.

McCaslin, M., Bozack, A. R., Napoleon, L., Thomas, A., Vasquez, V., Wayman, V., & Zhang, J. (2006). Self-regulated learning and classroom management: Theory, research, and considerations for classroom practice. In C. M. Evertson & C. S. Weinstein (Eds.), *Handbook of classroom management: Research, practice, and contemporary issues* (pp. 223–252). Mahwah, NJ: Erlbaum.

McCaslin, M., & Hickey, D. T. (2001). Self-regulated learning and academic achievement: A Vygotskian view. In B. J. Zimmerman & D. H. Schunk (Eds.), *Self-regulated learning and academic achievement: Theoretical perspectives* (2nd ed., pp. 227–252). Mahwah, NJ: Erlbaum.

Mossholder, K. W. (1980). Effects of externally mediated goal setting on intrinsic motivation: A laboratory experiment. *Journal of Applied Psychology*, 65, 202–210.

Patrick, H. E., & Middleton, M. J. (2002). Using instructional discourse analysis to study the scaffolding of student self-regulation. *Educational Psychologist*, 37, 17–25.

Perry, N. E., Nordby, C. J., & VandeKamp, K. O. (2003). Promoting self-regulated reading and writing at home and school. *Elementary School Journal*, 103, 317–338.

Perry, N., VandeKamp, K. O., Mercer, L. K., & Nordby, C. J. (2002). Investigating teacher-student interactions that foster self-regulated learning. *Educational Psychologist*, 37, 5–15.

Pintrich, P. R., & De Groot, E. V. (1990). Motivation and self-regulated learning components of academic performance. *Journal of Educational Psychology*, 82, 33–40.

Reeve, J. (2002). Self-determination theory applied to educational settings. In E. L. Deci & R. M. Ryan (Eds.), *Handbook of self-determination research* (pp. 183–203). Rochester, NY: University of Rochester Press.

Reeve, J., Deci, E. L., & Ryan, R. M. (2004). Self-determination theory: A dialectical framework for understanding the sociocultural influences on student motivation. In D. McInerney & S. Van Etten (Eds.), *Research on sociocultural influences on motivation and learning: Big theories revisited* (Vol. 4, pp. 31–59). Greenwich, CT: Information Age Press.

Reeve, J., & Jang, H. (2006). What teachers say and do to support students' autonomy during a learning activity. *Journal of Educational Psychology*, 98, 209–218.

Reeve, J., Jang, H., Carrell, D., Barch, J., & Jeon, S. (2004). Enhancing high school students' engagement by increasing their teachers' autonomy support. *Motivation and Emotion*, 28, 147–169.

Reeve, J., Jang, H., Hardre, P., & Omura, M. (2002). Providing a rationale in an autonomy-supportive way as a strategy to motivate others during an uninteresting activity. *Motivation and Emotion*, 26, 183–207.

Reeve, J., Nix, G., & Hamm, D. (2003). The experience of self-determination in intrinsic motivation and the conundrum of choice. *Journal of Educational Psychology*, 95, 375–392.

Reis, H. T., Sheldon, K. M., Gable, S. L., Roscoe, J., & Ryan, R. M. (2000). Daily well-being: The role of autonomy, competence, and relatedness. *Personality and Social Psychology Bulletin*, 26, 419–435.

Roeser, R. W., Eccles, J. S., & Sameroff, A. J. (2002). School as a context of early adolescents' academic and socio-emotional development: A summary of research findings. *The Elementary School Journal*, 100, 443–471.

Ryan, R. M. (1982). Control and information in the intrapersonal sphere: An extension of cognitive evaluation theory. *Journal of Personality and Social Psychology*, 43, 450–461.

Ryan, R. M., & Connell, J. P. (1989). Perceived locus of causality and internalization: Examining reasons for acting in two domains. *Journal of Personality and Social Psychology*, 57, 749–761.

Ryan, R. M., & Deci, E. L. (2000a). Intrinsic and extrinsic motivation: Classic definitions and new directions. *Contemporary Educational Psychology*, 25, 54–67.

Ryan, R. M., & Deci, E. L. (2000b). Self-determination theory and the facilitation of intrinsic motivation, social development, and well-being. *American Psychologist*, 55, 68–78.

Ryan, R. M., Deci, E. L., & Grolnick, W. S. (1995). Autonomy, relatedness, and the self: Their relation to development and psychopathology. In D. Cicchetti & D. J. Cohen (Eds.), *Developmental psychopathology* (Vol. 1, pp. 618–655). New York: Wiley.

Ryan, R. M., & Grolnick, W. S. (1986). Origins and pawns in the classroom: Self-report and projective assessments of individual differences in children's perceptions. *Journal of Personality and Social Psychology*, 50, 550–558.

Ryan, R. M., Mims, V., & Koestner, R. (1983). Relation of reward contingency and interpersonal context to intrinsic motivation: A review and test using cognitive evaluation theory. *Journal of Personality and Social Psychology*, 45, 736–750.

Sansone, C., Weir, C., Harpster, L., & Morgan, C. (1992). Once a boring task always a boring task? Interest as a self-regulatory mechanism. *Journal of Personality and Social Psychology*, 63, 379–390.

Schunk, D. H. (2001). Social cognitive theory and self-regulated learning. In B. J. Zimmerman & D. H. Schunk (Eds.), *Self-regulated learning and academic achievement: Theoretical perspectives* (2nd ed., pp. 125–152). Mahwah, NJ: Erlbaum.

Shapira, Z. (1976). Expectancy determinants of intrinsically motivated behavior. *Journal of Personality and Social Psychology*, 34, 1235–1244.

Vallerand, R. J., Fortier, M. S., & Guay, F. (1997). Self-determination and persistence in a real-life setting: Toward a motivational model of high school dropout. *Journal of Personality and Social Psychology*, 72, 1161–1176.

Vallerand, R. J., & Reid, G. (1984). On the causal effects of perceived competence on intrinsic motivation: A test of cognitive evaluation theory. *Journal of Sport Psychology*, 6, 94–102.

Vansteenkiste, M., Simons, J., Lens, W., Sheldon, K. M., & Deci, E. L. (2004). Motivating learning, performance, and persistence: The synergistic effects of intrinsic goal contents and autonomy-supportive contexts. *Journal of Personality and Social Psychology*, 87, 246–260.

Williams, G. C., & Deci, E. L. (1996). Internalization of biopsychosocial values by medical students: A test of self-determination theory. *Journal of Personality and Social Psychology*, 70, 115–126.

Zimmerman, B. J. (2000). Attaining self-regulation: A social cognitive perspective. In M. Boekaerts, P. R. Pintrich, & M. Zeidner's (Eds.), *Handbook of self-regulation* (pp. 13–39). San Diego, CA: Academic Press.

Zimmerman, B. J., & Kitsantas, A. (2005). The hidden dimension of personal competence: Self-regulated learning and practice. In A. J. Elliot & C. S. Dweck (Eds.), *Handbook of competence and motivation* (pp. 509-526). New York: Guilford Press.

Zuckerman, M., Porac, J., Lathin, D., Smith, R., & Deci, E. L. (1978). On the importance of self-determination for intrinsically-motivated behavior. *Personality and Social Psychology Bulletin*, 4, 443-446.

第10章

Bandura, A. (1986). *Social foundations of thought and action: A social cognitive theory*. Englewood Cliffs, NJ: Prentice Hall.

Bandura, A. (1997). *Self-efficacy: The exercise of control*. New York: Freeman.

Butkowsky, I. S., & Willows, D. M. (1980). Cognitive-motivational characteristics of children varying in reading ability: Evidence for learned helplessness in poor readers. *Journal of Educational Psychology*, 72, 408-422.

Collins, J. (1982, March). *Self-efficacy and ability in achievement behavior*. Paper presented at the meeting of the American Educational Research Association, New York.

Heider, F. (1958). *The psychology of interpersonal relations*. New York: Wiley.

Kelley, H. H. (1967). Attribution theory in social psychology. In D. Levine (Ed.), *Nebraska Symposium on Motivation* (Vol. 15, pp. 192-238). Lincoln: University of Nebraska Press.

Kelley, H. H., & Michela, J. (1980). Attribution theory and research. *Annual Review of Psychology*, 31, 457-501.

Pintrich, P. R. (2000). The role of goal orientation in self-regulated learning. In M. Boekaerts, P. R. Pintrich, & M. Zeidner (Eds.), *Handbook of self-regulation* (pp. 451-502). San Diego, CA: Academic Press.

Relich, J. D., Debus, R. L., & Walker, R. (1986). The mediating role of attribution and self-efficacy variables for treatment effects on achievement outcomes. *Contemporary Educational Psychology*, 11, 195-216.

Schunk, D. H. (1982). Effects of effort attributional feedback on children's perceived self-efficacy and achievement. *Journal of Educational Psychology*, 74, 548-556.

Schunk, D. H. (1983). Ability versus effort attributional feedback: Differential effects on self-efficacy and achievement. *Journal of Educational Psychology*, 75, 848-856.

Schunk, D. H. (1984). Sequential attributional feedback and children's achievement behaviors. *Journal of Educational Psychology*, 76, 1159-1169.

Schunk, D. H. (1987). Peer models and children's behavioral change. *Review of Educational Research*, 57, 149-174.

Schunk, D. H. (1994). Self-regulation of self-efficacy and attributions in academic settings. In D. H. Schunk & B. J. Zimmerman (Eds.), *Self-regulation of learning and performance: Issues and educational applications* (pp. 75-99). Hillsdale, NJ: Erlbaum.

Schunk, D. H. (2001). Social cognitive theory and self-regulated learning. In B. J. Zimmerman & D. H. Schunk (Eds.), *Self-regulated learning and academic achievement: Theoretical perspectives* (2nd ed., pp. 125-151). Mahwah, NJ: Erlbaum.

Schunk, D. H., & Cox, P. D. (1986). Strategy training and attributional feedback with learning disabled students. *Journal of Educational Psychology*, 78, 201-209.

Schunk, D. H., & Gunn, T. P. (1986). Self-efficacy and skill development: Influence of task strategies and attributions. *Journal of Educational Research*, 79, 238-244.

Schunk, D. H., & Rice, J. M. (1986). Extended attributional feedback: Sequence effects during remedial reading instruction. *Journal of Early Adolescence*, 6, 55-66.

Shell, D. F., Murphy, C. C., & Bruning, R. H. (1989). Self-efficacy and outcome expectancy mechanisms in reading and writing achievement. *Journal of Educational Psychology*, 81, 91-100.

Weiner, B. (1979). A theory of motivation for some classroom experiences. *Journal of Educational Psychology*, 71, 3-25.

Weiner, B. (1992). *Human motivation: Metaphors, theories, and research*. Newbury Park, CA: Sage.

Weiner, B., Frieze, I. H., Kukla, A., Reed, L., Rest, S., & Rosenbaum, R. M. (1971). *Perceiving the causes of success and failure*. Morristown, NJ: General Learning Press.

Wigfield, A., & Eccles, J. S. (2002). The development of competence beliefs, expectancies for success, and achievement values from childhood through adolescence. In A. Wigfield & J. S. Eccles (Eds.), *Development of achievement motivation* (pp. 91–120). San Diego, CA: Academic Press.

Zimmerman, B. J. (1998). Developing self-fulfilling cycles of academic regulation: An analysis of exemplary instructional models. In D. H. Schunk & B. J. Zimmerman (Eds.), *Self-regulated learning: From teaching to self-reflective practice* (pp. 1–19). New York: Guilford Press.

Zimmerman, B. J. (2000). Attaining self-regulation: A social cognitive perspective. In M. Boekaerts, P. R. Pintrich, & M. Zeidner (Eds.), *Handbook of self-regulation* (pp. 13–39). San Diego, CA: Academic Press.

Zimmerman, B. J. (2006). Enhancing students' academic responsibility and achievement: A social-cognitive self-regulatory account. In R. J. Sternberg & R. Subotnik (Eds.), *Optimizing student success in school with the other three Rs: Reasoning, resilience, and responsibility* (pp. 179–197). Greenwich, CT: Information Age.

Zimmerman, B. J., & Kitsantas, A. (1999). Acquiring writing revision skill: Shifting from process to outcome goals. *Journal of Educational Psychology*, 89, 241–250.

第11章

Anderman, E. M., Austin, C. C., & Johnson, D. M. (2002). The development of goal orientation. In A. Wigfield & J. S. Eccles (Eds.), *Development of achievement motivation* (pp. 197–220). San Diego, CA: Academic Press.

APA Task Force on Psychology in Education. (1993, January). *Learner-centered principles: Guidelines for school redesign and reform*. Washington, DC: American Psychological Association and Mid-Continent Regional Educational Laboratory.

Bandura, A. (1988). Self-regulation of motivation and action through goal systems. In V. Hamilton, G. H. Bower, & N. H. Frijda (Eds.), *Cognitive perspectives on emotion and motivation* (pp. 37–61) Dordrecht, The Netherlands: Kluwer Academic.

Bandura, A. (1991). Self-regulation of motivation through anticipatory and self-reactive mechanisms. In R. A. Dienstbier (Ed.), *Perspectives on Motivation: Nebraska symposium on motivation* (Vol. 38, pp. 69–164). Lincoln: University of Nebraska Press.

Bandura, A. (1997). *Self-efficacy: The exercise of control*. New York: Freeman.

Bandura, A., & Cervone, D. (1983). Self-evaluative and self-efficacy mechanisms governing the motivational effects of goal systems. *Journal of Personality and Social Psychology*, 45, 1017–1028.

Bandura, A., & Schunk, D. H. (1981). Cultivating competence, self-efficacy, and intrinsic interest through proximal self-motivation. *Journal of Personality and Social Psychology*, 41, 586–598.

Bargh, J. A. (1990). Auto-motives: Preconscious determinants of social interaction. In E. T. Higgins & R. M. Sorrention (Eds.), *Handbook of motivation and cognition. Vol. 2: Foundations of social behavior* (pp. 93–130). New York: Guilford Press.

Boekaerts, M., & Niemivirta, M. (2000). Self-regulated learning: Finding a balance between learning goals and ego-protective goals. In M. Boekaerts, P. Pintich, & M. Zeidner (Eds.), *Handbook of self-regulation* (pp. 417–451). San Diego, CA: Academic Press.

Borkowski, J., & Thorpe, P. K. (1994). Self-regulation and motivation: A life-span perspective on underachievement. In D. H. Schunk & B. J. Zimmerman (Eds.), *Self-regulation of learning and performance: Issues and educational applications* (pp. 45–73). Hillsdale, NJ: Erlbaum.

Burton, D. (1979). The impact of goal specificity and task complexity on basketball skill development. *The Sport Psychologist*, 3, 34–47.

Burton, D., Nayler, S., & Holliday, B. (2001). Goal setting in sport: Investigating the goal effectiveness paradox. In R. N. Singer, H. A. Hausenblas, & C. Janelle (Eds.), *Handbook of sports psychology* (2nd ed., pp. 497–528). New York: Wiley.

Bryan, J., & Locke, E. (1967). Goal setting as a means of increasing motivation. *Journal of Applied Psychology*, 51, 274–277.
Carver, C. S., & Scheier, M. F. (1991). Self-regulation and the self. In J. Strauss & D. R. Goethals (Eds.), *The self: Interdisciplinary approaches* (pp. 168–207). New York: Springer-Verlag.
Chen, P. P. (2003). Exploring the accuracy and predictability of the self-efficacy beliefs of seventh-grade mathematics students. *Learning and Individual Difference*, 14, 79–92.
Chesney, A., & Locke, E. (1991). An examination of the relationship among goal difficulty, business strategies, and performance on a complex management simulation task. *Academic of Management Journal*, 34, 400–424.
Cleary, T. J., & Zimmerman, B. J. (2001). Self-regulation differences during athletic practice by experts, non-experts, and novices. *Journal of Applied Sport Psychology*, 13, 185–206.
Cleary, T. J., & Zimmerman, B. J. (2004) Self-regulation empowerment program: A school-based program to enhance self-regulated and self-motivated cycles of student learning. *Psychology in the Schools*, 41, 537–550.
Corno, L. (1993). The best-laid plans: Modern conceptions of volition and educational research. *Educational Researcher*, 22 (2), 14–22.
Deci, E. L., & Ryan, R. M. (1991). A motivational approach to self: Integration in personality. In R. Diensbier (Ed.), *Nebraska Symposium on Motivation. Vol. 38: Perspectives on motivation* (pp. 237–288). Lincoln: University of Nebraska Press.
English, H. B., & English, A. C. (1958). *Comprehensive dictionary of psychological and psychoanalytic terms*. New York: McKay.
Erez, M., & Kanfer, F. H. (1983). The role of goal congruence in goal setting and task performance. *Academy of Management Review*, 8, 454–463.
Fitzsimons, G. M., & Bargh, J. A. (2003). Thinking of you: Nonconscious pursuit of interpersonal goals associated with relationship partners. *Journal of Personality and Social Psychology*, 84, 148–164.
Fitzsimons, G. M., & Bargh, J. A. (2004). Automatic self-regulation. In R. F. Baumeister, & K. D. Vohs (Eds.), *Handbook of self-regulation: Research, theory, and applications* (pp. 151–170). New York: Guilford Press.
Garcia, T., & Pintrich, P. R. (1994). Regulating motivation and cognition in the classroom: The role of self-schemas and self-regulatory strategies. In D. H. Schunk & B. J. Zimmerman (Eds.), *Self-regulation of learning and performance: Issues and educational applications* (pp. 127–153). Hillsdale, NJ: Erlbaum.
Hollenbeck, J., Williams, C., & Klein, H. (1989). An empirical examination of the antecedents of commitment to difficult goals. *Journal of Applied Psychology*, 74, 18–23.
Howard, A., & Bray, D. (1988). *Managerial lives in transition*. New York: Guilford Press.
Kanfer, R., & Ackerman, P. L. (1989). Motivation and cognitive abilities: An integrative aptitude treatment interaction approach to skill acquisition. *Journal of Applied Psychology*, 74, 657–690.
Kingston, M. G., & Hardy, L. (1997). Effects of different types of goals on processes that support performance. *The Sport Psychologist*, 11, 277–293.
Kuhl, J. (1985). Volitional mediators of cognitive behavior consistency: Self-regulatory processes and action versus state orientation. In J. Kuhl & J. Beckman (Eds.), *Action control* (pp. 101–128). New York: Springer.
LaPorte, R., & Nath, R. (1976). Role of performance goals in prose leaning. *Journal of Educational Psychology*, 68, 260–264.
Latham, G. P., Erez, M., & Locke, E. (1988). Resolving scientific disputes by the joint design of crucial experiments by the antagonists: Applications to the Erez-Latham dispute regarding participation in goal setting. *Journal of Applied Psychology*, 73, 753–772.
Latham, G. P., & Saari, L. M. (1979). The effects of holding goal difficulty constant on assigned and participatively set goals. *Academic of Management Journal*, 22, 163–168.
Lewin, K., Dembo, T., Festinger, L., & Sears, R. (1944). Level of aspiration. In J. Hunt (Ed.), *Personality and the behavior disorders* (Vol. 1, pp. 333–378). New York: Ronald Press.

Locke, E. A., & Bryan, J. (1969). The directions function of goals in task performance. *Organizational Behavior and Human Performance*, 4, 35–42.

Locke, E. A., & Latham, G. P. (1990). *A theory of goal setting and task performance.* Englewood Cliffs, NJ: Prentice Hall.

Locke, E. A., & Latham, G. P. (2002). Building a practically useful theory of goal setting and task motivation: A 35-year odyssey. *American Psychology*, 57, 705–717.

Locke, E. A., Smith, K., Erez, M., Chah, D., & Schaffer, A. (1994). The effects of intra-individual goal conflict on performance. *Journal of Management*, 20, 67–91.

McCombs, B. L. (2001). Self-regulated learning and academic achievement: A phenomenological view. In B. J. Zimmerman & D. H. Schunk (Eds.), *Self-regulated learning and academic achievement: Theoretical perspectives* (2nd ed., pp. 67–123). Mahwah, NJ: Erlbaum.

Meichenbaum, D. (1977). *Cognitive-behavior modification: An integrative approach.* New York: Plenum.

Miller, G. A., Galanter, E., & Pribham, K. (1960). *Plans and the structure of behavior.* New York: Holt, Rinehart and Winston.

Paris, S. G., Byrnes, J. P., & Paris, A. H. (2001). Constructing theories, identities, and actions of self-regulated learners. In B. J. Zimmerman & D. H. Schunk (Eds.), *Self-regulated learning and academic achievement: Theoretical perspectives* (2nd ed., pp. 253–287). Mahwah, NJ: Erlbaum.

Pressley, M., Woloshyn, V., & Associates (Ed.). (1995). *Cognitive strategy instruction that really improves children's academic performance* (2nd ed.). Brookline, MA: Cambridge, MA.

Rothkopf, E., & Billington, M. (1979). Goal-guided learning from text: Inferring a descriptive processing model from inspection times and eye movements. *Journal of Educational Psychology*, 1, 310–327.

Schunk, D. H. (1982). Verbal self-regulation as a facilitator of children's achievement and self-efficacy. *Human Learning*, 1, 265–277.

Schunk, D. H. (1983). Goal difficulty and attainment information: Effects on children's achievement. *Human Learning*, 2, 107–117.

Schunk, D. H. (1984). Enhancing self-efficacy and achievement through rewards and goals: Motivational and informational effects. *Journal of Educational Research*, 78, 29–34.

Schunk, D. H. (1985). Participation in goal setting: Effects on self-efficacy and skills of learning disabled children. *Journal of Special Education*, 19, 307–317.

Schunk, D. H. (1989). Social cognitive theory and self-regulated learning. In B. J. Zimmerman & D. H. Schunk (Eds.), *Self-regulated learning and academic achievement: Theory, research, and practice* (pp. 83–110). New York: Springer-Verlag.

Schunk, D. H. (1996). Goal and self-evaluative influences during children's cognitive skill learning. *American Educational Research Journal*, 33, 359–382.

Schunk, D. H. (2001). Social cognitive theory and self-regulated learning. In B. J. Zimmerman & D. H. Schunk (Eds.), *Self-regulated learning and academic achievement: Theoretical perspectives* (2nd ed., pp. 125–151). Mahwah, NJ: Erlbaum.

Schunk, D. H., & Cox, P. D. (1986). Strategy training and attributional feedback with learning disabled students. *Journal of Educational Psychology*, 78, 201–209.

Schunk, D. H., & Ertmer, P. A. (1999). Self-regulatory processes during computer skill acquisition: Goal and self-evaluative influences. *Journal of Educational Psychology*, 91, 251–260.

Schunk, D. H., & Swartz, C.W. (1993). Goals and progressive feedback: Effects on self-efficacy and writing achievement. *Contemporary Educational Psychology*, 18, 337–354.

Seijts, G. H., & Latham, G. P. (2000). The construct of goal commitment: Measurement and relationships with task performance. In R. Goffin & E. Helmes (Eds.), *Problems and solutions in human assessment* (pp. 315–332). Dordrecht, The Netherlands: Kluwer Academic.

Steinberg, L., Brown, B. B., & Dornbusch, S. M. (1996). *Beyond the classroom.* New York: Simon-Schuster.

Weiner, B. (1979). A theory of motivation for some classroom experiences. *Journal of Educational Psychology*, 71, 3–25.

Weinstein, C. E., & Mayer, R. E. (1986). The teaching of learning strategies. In M. C. Wittrock (Ed.),

Handbook of research on teaching（3rd ed., pp. 315-327）. New York: Macmillan.

Wigfield, A., Tonks, S., & Eccles, J. S.（2004）. Expectancy-value theory in cross-cultural perspective. In D. M. McInerney & S. Van Etten（Eds.）, *Big theories revisited*（Vol. 4, pp. 165-198）. Greenwich, CT: Information Age.

Winne, P. H.（1997）. Experimenting to bootstrap self-regulated learning. *Journal of Educational Psychology*, 89, 397-410.

Wood, R., Mento, A., & Locke, E.（1987）. Task complexity as a moderator of goal effects. *Journal of Applied Psychology*, 17, 416-425.

Zimmerman, B. J.（2000）. Attainment of self-regulation: A social cognitive perspective. In M. Boekaerts, P. Pintrich, & M. Zeidner（Eds.）, *Self-regulation: Theory, research, and applications*（pp. 13-39）. Orlando, FL: Academic Press.

Zimmerman, B. J., & Bandura, A.（1994）. Impact of self-regulatory influences on writing course attainment. *American Educational Research Journal*, 31, 845-862.

Zimmerman, B. J., Bandura, A., & Martinez-Pons, M.（1992）. Self-motivation for academic attainment: The role of self-efficacy beliefs and personal goal setting. *American Educational Research Journal*, 29, 663-676.

Zimmerman, B. J., & Campillo, M.（2003）. Motivating self-regulated problem solvers. In J. E. Davidson & R. J. Sternberg（Eds.）, *The nature of problem solving*（pp. 233-262）. New York: Cambridge University Press.

Zimmerman, B. J., & Kitsantas, A.（1996）. Self-regulated learning of a motoric skill: The role of goal setting and self-monitoring. *Journal of Applied Sport Psychology*, 8, 69-84.

Zimmerman, B. J., & Kitsantas, A.（1997）. Developmental phases in self-regulation: Shifting from process to outcome goals. *Journal of Educational Psychology*, 89, 29-36.

Zimmerman, B. J., & Kitsantas, A.（1999）. Acquiring writing revision skill: Shifting from process to outcome self-regulatory goals. *Journal of Educational Psychology*, 91, 1-10.

Zimmerman, B. J., & Martinez-Pons, M.（1986）. Development of a structured interview for assessing students' use of self-regulated learning strategies. *American Educational Research Journal*, 23, 614-628.

Zimmerman, B. J., & Martinez-Pons, M.（1988）. Construct validation of a strategy model of student self-regulated learning. *Journal of Educational Psychology*, 80, 284-290.

第12章

Ask Dr. Math. *Ages of three children*. Retrieved September 4, 2006, from http://mathforum.org/library/drmath/view/58492.html

Dillon, D. G., & LaBar, K. S.（2005）. Startle modulation during conscious emotion regulation is arousal-dependent. *Behavioral Neuroscience*, 119, 1118-1124.

Hadwin, A. F., Tevaarwerk, K. L., & Ross, S.（2005, April）. *Do study skills texts foster self-regulated learning: A content analysis*. Paper presented at the annual meeting of the American Educational Research Association, Montreal, Quebec, Canada.

Hadwin, A. F., Winne, P. H., Stockley, D. B., Nesbit, J., & Woszczyna, C.（2001）. Context moderates students' self-reports about how they study. *Journal of Educational Psychology*, 93, 477-487.

Keith, N., & Frese, M.（2005）. Self-regulation in error management training: Emotion control and metacognition as mediators of performance effects. *Journal of Applied Psychology*, 90, 677-691.

Pintrich, P. R.（2000）. The role of goal orientation in self-regulated learning. In M. Boekaerts, P. R. Pintrich, & M. Zeidner（Eds.）, *Handbook of self-regulation*（pp. 452-494）. San Diego, CA: Academic Press.

Pintrirch, P. R.（2003）. A motivational science perspective on the role of student motivation in learning and teaching contexts. *Journal of Educational Psychology*, 95, 667-686.

Rabinowitz, M., Freeman, K., & Cohen, S.（1992）. Use and maintenance of strategies: The influence of accessibility to knowledge. *Journal of Educational Psychology*, 84, 211-218.

Schacter, S., & Singer, J. E.（1962）. Cognitive, social, and physiological determinants of emotional state.

Psychological Review, 69, 379–399.
Schunk, D. H. (1983). Ability versus effort attribution feedback: Differential effects on self-efficacy and achievement. *Journal of Educational Psychology*, 75, 848–856.
Schunk, D. H. (2005). Self-regulated learning: The educational legacy of Paul R. Pintrich. *Educational Psychologist*, 40, 85–94.
Winne, P. H. (2001). Self-regulated learning viewed from models of information processing. In B. J. Zimmerman & D. H. Schunk (Eds.), *Self-regulated learning and academic achievement: Theoretical perspectives* (2nd ed., pp. 153–189). Mahwah, NJ: Erlbaum.
Winne, P. H., & Hadwin, A. F. (1998). Studying as self-regulated engagement in learning. In D. Hacker, J. Dunlosky, & A. Graesser (Eds.), *Metacognition in educational theory and practice* (pp. 277–304). Hillsdale, NJ: Erlbaum.
Winne, P. H., & Jamieson-Noel, D. (2002). Exploring students' calibration of self reports about study tactics and achievement. *Contemporary Educational Psychology*, 27, 551–572.
Winne, P. H., Jamieson-Noel, D. L., & Muis, K. (2002). Methodological issues and advances in researching tactics, strategies, and self-regulated learning. In M. L. Maehr & P. R. Pintrich (Eds.), *Advances in motivation and achievement* (Vol. 12, pp. 121–155). Greenwich, CT: JAI.
Wolters, C. A. (1998). Self-regulated learning and college students' regulation of motivation. *Journal of Educational Psychology*, 90, 224–235.

第13章

Ainsworth, M. D. S. (1989). Attachments beyond infancy. *American Psychologist*, 44, 709–716.
Aleven, V., McLaren, B. M., & Koedinger, K. R. (2006). Towards computer-based tutoring of help-seeking skills. In S. A. Karabenick & R. S. Newman (Eds.), *Help seeking in academic settings: Goals, groups, and contexts* (pp. 368–424). Mahwah, NJ: Erlbaum.
Ames, C. (1992). Classrooms: Goals, structures, and student motivation. *Journal of Educational Psychology*, 84, 261–271.
Anderman, E. M., Griesinger, T., & Westerfield, G. (1998). Motivation and cheating during early adolescence. *Journal of Educational Psychology*, 90, 84–93.
Boekaerts, M. (1999). Coping in context: Goal frustration and goal ambivalence in relation to academic and interpersonal goals. In E. Fydenberg (Ed.), *Learning to cope: Developing as a person in complex societies* (pp. 175–197). Oxford, U.K.: Oxford University Press.
Boekaerts, M. (2006). Self-regulation: With a focus on the self-regulation of motivation and effort. In W. Damon, R. Lerner (Series Eds.), I. E. Sigel, & K. A. Renninger (Vol. Eds.), *Handbook of child psychology. Vol. 4: Child psychology in practice* (6th ed., pp. 345–377). New York: Wiley.
Boekaerts, M., Pintrich, P. R., & Zeidner, M. (Eds.). (2000). *Handbook of self-regulation*. San Diego, CA: Academic Press.
Brown, A. L., Bransford, J. D., Ferrara, R. A., & Campione, J. C. (1983). Learning, remembering, and understanding. In J. H. Flavell & E. M. Markman (Eds.), *Carmichael's manual of child psychology* (Vol. 1, pp. 77–166). New York: Wiley.
Butler, R. (1998). Determinants of help seeking: Relations between perceived reasons for classroom help-avoidance and help-seeking behaviors in an experimental context. *Journal of Educational Psychology*, 90, 630–643.
Butler, R., & Neuman, O. (1995). Effects of task and ego achievement goals on help-seeking behaviors and attitudes. *Journal of Educational Psychology*, 87, 261–271.
Connell, J. P., & Wellborn, J. G. (1991). Competence, autonomy, and relatedness: A motivational analysis of self-system processes. In M. R. Gunnar & L. A. Sroufe (Eds.), *Self processes in development: Minnesota Symposium on Child Psychology* (Vol. 23, pp. 43–77). Hillsdale, NJ: Erlbaum.
Covington, M. V. (1992). *Making the grade: A self-worth perspective on motivation and school reform*. Cambridge, U.K.: Cambridge University Press.

Eccles, J. S., & Wigfield, A. (1985). Teacher expectations and student motivation. In J. B. Dusek (Ed.), *Teacher expectations* (pp. 185–226). Hillsdale, NJ: Erlbaum.

Elliott, A. J. (1999). Approach and avoidance motivation and achievement goals. *Educational Psychologist*, 34, 169–189.

Good, T., Slavings, R., Harel, K., & Emerson, H. (1987). Student passivity: A study of question asking in K-12 classrooms. *Sociology of Education*, 60, 181–199.

Jackson, T., Mackenzie, J., & Hobfoll, S. E. (2000). Communal aspects of self-regulation. In M. Boekaerts, P. Pintrich, & M. Zeidner (Eds.), *Handbook of self-regulation* (pp. 275–302). San Diego, CA: Academic Press.

Karabenick, S. A. (Ed.). (1998). *Strategic help seeking: Implications for learning and teaching*. Hillsdale, NJ: Erlbaum.

Midgley, C. (Ed.). (2002). *Goals, goal structures, and patterns of adaptive learning*. Mahwah, NJ: Erlbaum.

Nadler, A. (1998). Relationship, esteem, and achievement perspectives on autonomous and dependent help seeking. In S. A. Karabenick (Ed.), *Strategic help seeking: Implications for learning and teaching* (pp. 61–93). Hillsdale, NJ: Erlbaum.

Nelson-Le Gall, S. (1985). Help-seeking behavior in learning. In W. Gordon (Ed.), *Review of research in education* (Vol. 12, pp. 55–90). Washington, DC: American Educational Research Association.

Nelson-Le Gall, S. (1987). Necessary and unnecessary help-seeking in children. *Journal of Genetic Psychology*, 148, 53–62.

Nelson-Le Gall, S., & Jones, E. (1990). Cognitive-motivational influences on the task-related help-seeking behavior of black children. *Child Development*, 61, 581–589.

Nelson-Le Gall, S., Kratzer, L., Jones, E., & DeCooke, P. (1990). Children's self-assessment of performance and task-related help seeking. *Journal of Experimental Child Psychology*, 49, 245–263.

Newman, R. S. (1990). Children's help-seeking in the classroom: The role of motivational factors and attitudes. *Journal of Educational Psychology*, 82, 71–80.

Newman, R. S. (1994). Adaptive help seeking: A strategy of self-regulated learning. In D. H. Schunk & B. J. Zimmerman (Eds.), *Self-regulation of learning and performance: Issues and educational applications* (pp. 283–301). Hillsdale, NJ: Erlbaum.

Newman, R. S. (1998). Students' help seeking during problem solving: Influences of personal and contextual achievement goals. *Journal of Educational Psychology*, 90, 644–658.

Newman, R. S. (2000). Social influences on the development of children's adaptive help seeking: The role of parents, teachers, and peers. *Developmental Review*, 20, 350–404.

Newman, R. S. (2002). What do I need to do to succeed ... when I don't understand what I'm doing!?: Developmental influences on students' adaptive help seeking. In A. Wigfield & J. Eccles (Eds.), *Development of achievement motivation* (pp. 285–306). San Diego, CA: Academic Press.

Newman, R. S., & Goldin, L. (1990). Children's reluctance to seek help with schoolwork. *Journal of Educational Psychology*, 82, 92–100.

Newman, R. S., & Schwager, M. T. (1995). Students' help seeking during problem solving: Effects of grade, goal, and prior achievement. *American Educational Research Journal*, 32, 352–376.

Paris, S. G. (1988). Motivated remembering. In F. E. Weinert & M. Perlmutter (Eds.), *Memory development: Universal changes and individual differences* (pp. 188–205). Hillsdale, NJ: Erlbaum.

Patrick, H., Anderman, L. H., & Ryan, A. M. (2002). Social motivation and the classroom social environment. In C. Midgley (Ed.), *Goals, goal structures, and patterns of adaptive learning* (pp. 85–108). Mahwah, NJ: Erlbaum.

Pintrich, P. R. (2000). The role of goal orientation in self-regulated learning. In M. Boekaerts, P. Pintrich, & M. Zeidner (Eds.), *Handbook of self-regulation* (pp. 451–502). San Diego, CA: Academic Press.

Ryan, A. M., Patrick, H., & Shim, S. O. (2005). Differential profiles of students identified by their teacher as having avoidant, appropriate, or dependent help-seeking tendencies in the classroom. *Journal of Educational Psychology*, 97, 275–285.

Ryan, A. M., Pintrich, P. R., & Midgley, C. (2001). Avoiding seeking help in the classroom: Who and why?

Educational Psychology Review, 13, 93-114.

Ryan, R. M., & Deci, E. L. (2000). Self-determination theory and the facilitation of intrinsic motivation, social development, and well-being. *American Psychologist*, 55, 68-78.

Schunk, D. H., & Zimmerman, B. J. (1998). *Self-regulated learning: From teaching to self-reflective practice*. New York: Guilford.

Schutz, P., & Davis, H. (2000). Emotions and self-regulation during test taking. *Educational Psychologist*, 35, 243-256.

Skinner, E. A., Edge, K., Altman, J., & Sherwood, H. (2003). Searching for the structure of coping: A review and critique of category systems for classifying ways of coping. *Psychological Bulletin*, 129, 216-269.

Steinberg, L., Dornbusch, S. M., & Brown, B. B. (1997). *Beyond the classroom*. New York: Simon and Schuster.

Stipek, D. (2002). *Motivation to learn: Integrating theory and practice*. Boston: Allyn and Bacon.

van der Meij, H. (1990). Question asking: To know that you do not know is not enough. *Journal of Educational Psychology*, 82, 505-512.

Vygotsky, L. S. (1978). *Mind in society: The development of higher psychological processes* (M. Cole, V. John-Steiner, S. Scribner, & E. Souberman, Eds.). Cambridge, MA: Harvard University Press.

Webb, N. M., Ing, M., Kersting, N., & Nemer, K. M. (2006). Help seeking in cooperative learning groups. In S. A. Karabenick & R. S. Newman (Eds.), *Help seeking in academic settings: Goals, groups, and contexts* (pp. 65-121). Mahwah, NJ: Erlbaum.

Webb, N. M., & Palincsar, A. S. (1996). Group processes in the classroom. In D. C. Berliner & R. C. Calfee (Eds.), *Handbook of educational psychology* (pp. 841-873). New York: Simon and Schuster Macmillan.

Weiner, B. (2000). Intrapersonal and interpersonal theories of motivation from an attributional perspective. *Educational Psychology Review*, 12, 1-14.

Winne, P. H. (2001). Self-regulated learning viewed from models of information processing. In B. J. Zimmerman & D. H. Schunk (Eds.), *Self-regulated learning and academic achievement: Theoretical perspectives* (pp. 153-189). Mahwah, NJ: Erlbaum.

Zimmerman, B. J., & Schunk, D. H. (1989). *Self-regulated learning and academic achievement: Theory, research, and practice*. New York: Springer-Verlag.

第14章

Ablard, K. E., & Lipschultz, R. E. (1998). Self-regulated learning in high-achieving students: Relations to advanced reasoning, achievement goals, and gender. *Journal of Educational Psychology*, 90, 94-101.

Alexander, P. A., & Judy, J. E. (1988). The interaction of domain-specific and strategic knowledge in academic performance. *Review of Educational Research*, 58, 375-404.

Ames, C. (1992). Classrooms: Goals, structures, and student motivation. *Journal of Educational Psychology*, 84, 261-271.

Ames, C., & Archer, J. (1988). Achievement goals in the classroom: Student learning strategies and motivation processes. *Journal of Educational Psychology*, 80, 260-267.

Anderman, E. M., & Young, A. J. (1994). Motivation and strategy use in science: Individual differences and classroom effects. *Journal of Research in Science Teaching*, 31, 811-831.

Bandura, A. (1986). *Social foundations of thought and action: A social cognitive theory*. Englewood Cliffs, NJ: Prentice Hall.

Bandura, A., Barbaranelli, C., Caprara, V. G., & Pastorelli, C. (2001). Self-efficacy beliefs as shapers of children's aspirations and career trajectories. *Child Development*, 72, 187-206.

Boekaerts, M., & Niemivirta, M. (2000). Self-regulated learning: Finding a balance between learning goals and ego-protective goals. In M. Boekaerts, P. R. Pintrich, & M. Zeidner (Eds.), *Handbook of self-regulation* (pp. 417-450). San Diego, CA: Academic Press.

Borkowski, J. G. (1996). Metacognition: theory or chapter heading? *Learning and Individual Differences*, 8, 391-402.

Bouffard-Bouchard, T., Parent, S., & Larivee, S. (1991). Influence of self-efficacy on self-regulation and performance among junior and senior high school age children. *International Journal of Behavioral Development*, 14, 153-164.

Brown, A. L. (1978). Knowing when, where, and how to remember: A problem of metacognition. In R. Glaser (Ed.), *Advances in Instructional Psychology* (Vol. 1). Hillsdale, NJ: Erlbaum.

Brozo, W. G. (2002). *To be a boy, to be a reader: Engaging teen and preteen boys in active literacy*. Newark, DE: International Reading Association.

Bussey, K., & Bandura, A. (1999). Social cognitive theory of gender development and differentiation. *Psychology Review*, 106, 676-713.

Carver, C. S., & Scheier, M. F. (1990). Origins and functions of positive and negative affects: A control-process view. *Psychological Review*, 97, 19-35.

Connell, R. W. (1996). Teaching the boys: New research on masculinity, and gender strategies for schools. *Teachers College Record*, 98, 206.

Duckworth, A. L., & Seligman, M. (2006). Self-discipline gives girls the edge: Gender in self-discipline, grades, and achievement test scores. *Journal of Educational Psychology*, 98, 198-208.

Dweck, C. S. (1986). Motivational processes affecting learning. *American Psychologist*, 41, 1040-1048.

Dweck, C. S., & Elliot, E. S. (1983). Achievement motivation. In E. M. Hetherington (Ed.), *Handbook of child psychology. Volume 4: Socialization, personality, and social development* (pp. 643-691). New York: Wiley.

Dweck, C. S., & Reppucci, N. D. (1973). Learned helplessness and reinforcement responsibility in children. *Journal of Personality and Social Psychology*, 25, 109-116.

Eccles, J. S. (1994). Understanding women's educational and occupational choices: Applying the Eccles et al. model of achievement-related choices. *Psychology of Women Quarterly*, 18, 585-609.

Eccles, J. S., Adler, T. F., Futterman, R., Goff, S. B., Kaczala, C. M., & Meece, J. L. (1983). Expectancies, values and academic behaviors. In J. T. Spence (Ed.), *Achievement and achievement motives* (pp. 75-146). San Francisco: Freeman.

Eccles, J. S., & Harold, R. D. (1991). Gender differences in sport involvement: Applying the Eccles' expectancy-value model. *Journal of Applied Sport Psychology*, 3, 7-35.

Eccles, J. S., Wigfield. A., Harold, R. D., & Blumenfeld, P. (1993). Age and gender differences in children's self- and task perceptions during elementary school. *Child Development*, 64, 830-847.

Eccles, J. S., Wigfield, A., & Schiefele, U. (1998). Motivation to succeed. In W. Damon (Series Ed.) & N. Eisenberg (Vol. Ed.), *Handbook of child psychology* (5th ed.). *Vol. 3: Social, emotional, and personality development* (pp. 1017-1095). New York: Wiley.

Eccles-Parsons, J., Adler, T. F., & Meece, J. L. (1984). Sex differences in achievement: A test of alternative theories. *Journal of Personality and Social Psychology*, 46, 26-43.

Elliot, A. J., & Church, M. A. (1997). A hierarchical model of approach and avoidance achievement motivation. *Journal of Personality and Social Psychology*, 72, 218-232.

Elliot, A. J., & Harackiewicz, J. M. (1996). Approach and avoidance achievement goals and intrinsic motivation: A mediational analysis. *Journal of Personality and Social Psychology*, 70, 461-475.

Elliot, E., & Dweck, C. (1988). Goals: An approach to motivation and achievement. *Journal of Personality and Social Psychology*, 54, 5-12.

Erikson, E. H. (1963). *Childhood and society*. New York: Norton.

Fenemma, E., & Peterson, P. (1985). Autonomous learning behavior: A possible explanation of gender-related differences in mathematics. In L. C. Wilkinson & C. B. Marrett (Eds.), *Gender-related differences in instruction* (pp. 17-35). New York: Academic Press.

Forgaz, H. J. (1995). Gender and the relationship between affective beliefs and perceptions of Grade 7 mathematics classroom learning environments. *Educational Studies in Mathematics*, 28, 153-173.

Forgaz, H., Leder, G., & Kloostersman, P. (2001). New perspectives on the gender stereotyping of mathematics. *Mathematics Thinking and Learning*, 6, 389-420.

Fredricks, J. A., & Eccles, J. S. (2002). Children's competence and value beliefs from childhood through adolescence: Growth trajectories in two male-sex-typed domains. *Developmental Psychology*, 38, 519–533.

Frieze, I. H., Whitley, B. E., Hanusa, B. H., & McHugh, M. C. (1982). Assessing the theoretical models for sex differences in causal attributions for success and failure. *Sex Roles*, 8, 333–343.

Graham, S., & Golan, S. (1991). Motivational influences on cognition: Task involvement, ego involvement, and depth of information processing. *Journal of Educational Psychology*, 83, 187–196.

Greene, B. A., DeBacker, T. K., Ravindran, B., & Krows, A. J. (1999). Goals, values, and beliefs as predictors of achievement and effort in high school mathematics classes. *Sex roles: A Journal of Research*, 40, 421–458.

Hackett, G. (1985). The role of mathematics self-efficacy in the choice of math-related majors of college women and men: A path analysis. *Journal of Counseling Psychology*, 32, 47–56.

Harackiewicz, J. M., Barron. K. E., Pintrich, P. R., Elliot, A. J., & Thrash, T. (2002). Revision of achievement goal theory: Necessary and illuminating. *Journal of Educational Psychology*, 94, 638–645.

Hyde, S., Fenemma, E., Ryan, M., Frost, L. A., & Hopp, C. (1990). Gender comparisons of mathematics attitudes and affect: A meta-analysis. *Psychology of Women Quarterly*, 14, 299–324.

Jacobs, J. E. (1991). Influence of gender stereotypes on parent and child mathematics attitudes. *Journal of Educational Psychology*, 83, 518–527.

Jacobs, J. E., & Eccles, J. S. (1992). The impact of mothers' gender-role stereotypic beliefs on mothers' and children's ability perceptions. *Journal of Personality and Social Psychology*, 63, 932–944.

Jacobs, J. E., Lanza, S., Osgood, D. W., Eccles, J. S., & Wigfield, A. (2002). Changes in children's self-competence and values: Gender and domain differences across Grades 1 through 12. *Child Development*, 73, 509–527.

Jussim, L., & Eccles, J. S. (1992). Teacher expectations II. Construction and reflection of student achievement. *Journal of Personality and Social Psychology*, 63, 947–961.

Kahle, J. B., & Meece, J. (1994). Research on gender issues in the classroom. In D. L. Gabel (Ed.), *Handbook of research on science teaching and learning* (pp. 1559–1610). New York: Macmillan.

Karoly, P. (1993). Mechanisms of self-regulation: A systems view. *Annual Review of Psychology*, 44, 23–52.

Keller, C. (2001). Effect of teachers' stereotyping on students' stereotyping of mathematics as a male domain. *The Journal of Social Psychology*, 14, 165–173.

Kloosterman, P. (1990). Attributions, performance following failure, and motivation in mathematics. In E. Fennema & G. C. Leder (Eds.), *Mathematics and gender* (pp. 96–127). New York: Teachers College Press.

Kuhl, J. (1985). From cognition to behavior: Perspectives for future research on action control. In J. Kuhl & J. Beckmann (Eds.), *Action control: From cognition to behavior*. Berlin: Springer-Verlag.

Kuhl, J., & Goschke, T. (1994). A theory of action control: mental subsystems, modes of control, and volitional conflict-resolution strategies. In J. Kuhl & J. Beckmann (Eds.), *Volition and personality: Action versus state orientation* (pp. 93–124). Seattle, WA: Hogrefe & Huber.

Lazarus, R. S., & Folkman, S. (1984). *Stress, appraisal, and coping*. New York: Springer.

Li, A. K. F., & Adamson, G. (1995). Motivational patterns related to gifted students' learning of mathematics, science and English: An examination of gender differences. *Journal for the Education of the Gifted*, 18, 284–297.

Li, Q. (1999). Teachers' beliefs and gender differences in mathematics: A review. *Educational Researcher*, 41, 63–76.

Lummis, M., & Stevenson, H. W. (1990). Gender differences in beliefs and achievement: A cross-cultural study. *Developmental Psychology*, 26, 254–263.

Madon, S., Jussim, L., Keiper, S., Eccles, J., Smith, A., & Palumbo, P. (1998). The accuracy and power of sex, social class, and ethnic stereotypes: A naturalistic study in person perception. *Personality and Social Psychology Bulletin*, 24, 1304–1318.

McHugh, M. C., Frieze, I. H., & Hanusa, B. H. (1982). Attributions and sex differences in achievement: Problems and new perspectives. *Sex Roles*, 8, 467–479.

Meece, J. L. (2006). Introduction to special issue. Explaining women's math and science related career choices at the end of the 20th century: Large scale and longitudinal studies from four nations. In H. M. G. Watt & J. S. Eccles (Eds.), *Educational research and evaluation*, 12, 297-304.

Meece, J., Anderman, E., & Anderman, L. (2006). Classroom goal structure, student motivation, and academic achievement. *Annual Review of Psychology* (Vol. 57, pp. 487-503). Chippewa Falls, WI: Annual Reviews.

Meece, J., Blumenfeld, P. C., & Hoyle, R. (1988). Students' goal orientations and cognitive engagement in classroom activities. *Journal of Educational Psychology*, 80, 514-523.

Meece, J. L., Eccles (Parsons), J. S., Kaczala, C., Goff, S. B., & Futterman, R. (1982). Sex differences in math achievement: Toward a model of academic choice. *Psychology Bulletin*, 91, 324-348.

Meece, J. L., & Jones, M. G. (1996). Gender differences in motivation and strategy use in science: Are girls rote learners? *Journal of Research in Science Teaching*, 33, 393-404.

Meece, J. L., & Miller, S. D. (2001). A longitudinal analysis of elementary school students' achievement goals in literacy activities. *Contemporary Educational Psychology*, 26, 454-480.

Meece, J. L., & Scantlebury, K. S. (2006). Gender and schooling: Progress and persistent barriers. In J. Worrell & C. Goodheart (Eds.), *Handbook of girls' and women's psychological health* (pp. 283-291). New York: Oxford University Press.

Middleton, M. J., & Midgley, C. (1997). Avoiding the demonstration of lack of ability: An underexplored aspect of goal theory. *Journal of Educational Psychology*, 89, 710-718.

Neber, H., & Schommer-Aikins, M. (2002). Self-regulated learning with highly gifted students: The role of cognitive, motivational, epistemological, and environmental variables. *High Abilities Studies*, 13, 59-74.

Nicholls, J. G. (1984). Achievement motivation: Conception of ability, subjective experience, task choice, and performance. *Psychological Review*, 91, 328-346.

Nolen, S. B. (1988). Reasons for studying: Motivational orientations and study strategies. *Cognition and Instruction*, 5, 269-287.

Pajares, F. (1996). Self-efficacy beliefs in academic settings. *Review of Educational Research*, 66, 543-578.

Pajares, F., Britner, S. L., & Valiante, G. (2000). Relation between achievement goals and self-beliefs of middle school students in writing and science. *Contemporary Educational Psychology*, 25, 406-422.

Pajares, F., & Graham, L. (1999). Self-efficacy, motivation constructs, and mathematics performance of entering middle school students. *Contemporary Educational Psychology*, 24, 124-139.

Pajares, F., Miller, M. D., & Johnson, M. J. (1999). Gender differences in writing self-beliefs of elementary school students. *Journal of Educational Psychology*, 91, 50-61.

Pajares, F., & Valiante, G. (1997). Influence of self-efficacy on elementary students' writing. *Journal of Educational Research*, 90, 353-360.

Pajares, F., & Valiante, G. (2001). Gender differences in writing motivation and achievement of middle school students : A function of gender orientation? *Contemporary Educational Psychology*, 26, 366-381.

Pajares, F., & Valiante, G. (2002). Students' self-efficacy in their self-regulated learning stages: A developmental perspective. *Psychologia*, 45, 211-221.

Paris, S. G., & Byrnes, J. P. (1989). The constructivist approach to self-regulation and learning in the classroom. In B. J. Zimmerman & D. H. Schunk (Eds.), *Self-regulated learning and academic achievement: Theory, research, and practice* (pp. 169-200), New York: Springer-Verlag.

Parsons, J., Adler, T. F., & Kaczala, C. M. (1982). Socialization of achievement attitudes and beliefs: Parental influences. *Child Development*, 53, 322-339.

Parsons, J. E., Adler, T., & Meece, J. L. (1984). Sex differences in achievement: A test of alternate theories. *Journal of Personality and Social Psychology*, 46, 26-43.

Parsons, J. E., Kaczala, C., & Meece, J. L. (1982). Socialization of achievement attitudes and beliefs: Classroom influences. *Child Development*, 53, 322-339.

Parsons, J. E., Meece, J. L., Adler, T. F., & Kaczala, C. M. (1982). Sex differences in attributions and learned helplessness. *Sex Roles*, 8, 421-432.

Patrick, H., Ryan, A. M., & Pintrich, P. R. (1999). The differential impact of extrinsic and mastery goal orientations on males' and females' self-regulated learning. *Learning and Individual Differences*, 11, 153–172.

Pintrich, P. R. (2000a). Multiple goals, multiple pathways: The role of goal orientation in learning and achievement. *Journal of Educational Psychology*, 92, 544–555.

Pintrich, P. R. (2000b). The role of goal orientation in self-regulated learning. In M. Boekaerts, P. R. Pintrich, & M. Zeidner (Eds.), *Handbook of self-regulation* (pp. 451–502). San Diego, CA: Academic Press.

Pintrich, P. R., & De Groot, E. V. (1990). Motivational and self-regulated learning components of classroom academic performance. *Journal of Educational Psychology*, 82, 33–40.

Pintrich, P. R., & Schrauben, B. (1992). Students' motivational beliefs and their cognitive engagement in classroom academic tasks. In D. H. Schunk & J. L. Meece (Eds.), *Student perceptions in the classroom* (pp. 149–183). Hillsdale, NJ: Erlbaum.

Pintrich, P. R., & Schunk, D. H. (2002). *Motivation in education. Theory, research, and applications* (2nd ed.). Columbus, OH: Merrill Prentice Hall.

Pokay, P., & Blumenfeld, P. C. (1990). Predicting achievement early and late in the semester: The role of motivation and use of learning strategies. *Journal of Educational Psychology*, 82, 41–50.

Pomerantz, E., Altermatt, E. R., & Saxon, J. L. (2002). Making the grade but feeling distressed: Gender differences in academic performance and internal distress. *Journal of Educational Psychology*, 94, 396–404.

Puustinen, M., & Pulkkinen, L. (2001). Models of self-regulated learning: A review. *Scandinavian Journal of Educational Research*, 45, 269–286.

Ridley, D., & Novak, J. (1983). Sex-related differences in high school science and mathematics enrollments: Do they give males a critical headstart toward science- and math-related careers? *Alberta Journal of Educational Research*, 29, 308–318.

Roeser, R. W., Midgley, C., & Urdan, T. C. (1996). Perceptions of the school psychological environment and early adolescents' psychological and behavioral functioning in school: The mediating role of goals and belonging. *Journal of Educational Psychology*, 88, 408–422.

Ruble, D. N., & Martin, C. L. (1998). Gender development. In W. Damon (Series Ed.) & N. Eisenberg (Vol. Ed.), *Handbook of child psychology: Vol. 3. Social, emotional, and personality development* (pp. 993–1016). New York: Wiley.

Ruble, D. N., Martin, C. L., & Berenbaum, S. A. (2006). Gender development. In N. Eisenberg (Ed.), *Handbook of child psychology. Vol. 3: Social, emotional, and personality development* (6th ed., pp. 858–932). New York: Wiley.

Schunk, D. (1984). Self-efficacy perspective on achievement behavior. *Educational Psychologist*, 19, 45–58.

Schunk, D. H. (1989). Self-efficacy and achievement behaviors. *Educational Psychology Review*, 57, 149–174.

Schunk, D. H. (1994). Self-regulation of self-efficacy and attributions in academic settings. In D. H. Schunk & B. J. Zimmerman (Eds.), *Self-regulation of learning and performance: Issues and educational applications* (pp. 75–99). Hillsdale, NJ: Erlbaum.

Schunk, D. H., & Gunn, T. P. (1986). Self-efficacy and skill development: Influences on task strategies and attributions. *Journal of Educational Research*, 79, 238–244.

Schunk, D. H., & Meece, J. L. (2006). Self-efficacy development in adolescents. In F. Pajares & T. Urdan (Eds.), *Self-efficacy beliefs in adolescents* (pp. 71–96). New York: Information Age Publishing.

Schunk, D. H., & Pajares, F. (2002). The development of academic self-efficacy. In A. Wigfield & J. S. Eccles (Eds.), *Development of achievement motivation* (pp. 16–31). New York: Academic Press.

Schunk, D. H., & Zimmerman, B. J. (1994). *Self-regulation of learning and performance: Issues and educational applications*. Hillsdale, NJ: Erlbaum.

Schunk, D. H., & Zimmerman, B. J. (2006). Competence and control beliefs: Distinguishing the means and ends. In P. A. Alexander & P. H. Winne (Eds.), *Handbook of Educational Psychology* (2nd ed., pp. 349–368). Mahwah, NJ: Erlbaum.

Sternberg, R. J. (1985). *Beyond IQ. A triarchic theory of human intelligence*. Cambridge, U.K.: Cambridge

University Press.

Stetsenko, A., Little, T. D., Gordeeva, T., Grasshof, M., & Oettingen, G. (2000). Gender effects in children's beliefs about school performance: A cross cultural study. *Child Development*, 71, 517–527.

Stipek, D., & Gralinski, J. H. (1996). Children's beliefs about intelligence and school performance. *Journal of Educational Psychology*, 88, 397–407.

Stipek, D. J., & Kowalski, P. (1989). Learned helplessness in task-orienting versus performance-orienting testing conditions. *Journal of Educational psychology*, 81, 384–391.

Tartre, L. A., & Fenemma, E. (1995). Mathematics achievernent and gender: A longitudinal study of selected cognitive and affective variables [Grades 6-12]. *Educational Studies in Mathematics*, 28, 199–217.

Tiedemann, J. (2000). Parents' gender stereotypes and teachers' beliefs are predictors of children's concept of their mathematical ability in elementary school. *Journal of Educational Psychology*, 92, 144–151.

Tobin, K., & Garnett, P. (1987). Gender related differences in science activities. *Science Education*, 71, 91.

Urdan, T., Midgley, C., & Anderman, E. M. (1998). The role of classroom goal structure in students' use of self-handicapping strategies. *American Educational Research Journal*, 35, 101–135.

Weinstein, R. (1989). Perception of classroom processes and student motivation: Children's view of self-fulfilling prophecies. In C. Ames & R. Ames (Eds.), *Research on motivation in education: Vol. 3. Goals and cognitions* (pp. 187–221). New York: Academic Press.

Weinstein, R. S., & McKown, C. (1998). Expectancy effects in "context": Listening to the voices of students and teachers. In J. Brophy (Ed.), *Advances in research on teaching. Vol. 7: Expectations in the classroom*. Greenwich, CT: JAI Press.

Whitley; B. E. J. (1997). Gender differences in computer-related attitudes and behavior: A meta-analysis. *Computers in Human Behavior*, 13, 1–22.

Wigfield, A., & Eccles, J. S. (2000). Expectancy-value theory of achievement motivation. *Contemporary Educational Psychology*, 25, 68–81.

Wigfield, A., Eccles, J. S., & Pintrich, P. R. (1996). Development between the ages of 11 and 25. In R. C. Calfee, & D. C. Berliner (Eds.), *Handbook of educational psychology* (pp. 148–185). New York: Prentice Hall International.

Wigfield, A., Eccles, J. S., Suk Yoon, K., Harold, R. D., Arbreton, A. J. A., Freedman-Doan, C., et al. (1997). Change in children's competence beliefs and subjective task values across the elementary school years: A 3-year study. *Journal of Educational Psychology*, 89, 451–469.

Willingham, W. W., & Cole, N. S. (1997). *Gender and fair assessment*. Mahwah, NJ: Erlbaum.

Winne, P. H., & Hadwin. A. F. (1998). Studying as self-regulated learning. In D. J. Hacker & J. Dunlosky (Eds.), *Metacognition in educational theory and practice* (pp. 277–304). Mahwah, NJ: Erlbaum.

Wirt, J., Choy, S., Rooney, P., Provasnik, S., Sen, A., & Tobin, R. (2004). *The condition of education 2004*. Washington, DC: U.S. Department of Education.

Wolleat, P. L., Pedro, J. D., Becker, A. D., & Fennema, E. (1980). *Sex differences in cognitive functioning: Developmental issue*. New York: Academic Press.

Yee, D. K., & Eccles, J. S. (1988). Parent perceptions and attributions for children's math achievement. *Sex Roles*, 19, 317–333.

Zeldin, A. L., & Pajares, F. (2000). Against the odds: Self-efficacy beliefs of women in mathematical, scientific, and technological careers. *American Educational Research Journal*, 37, 215–246.

Zimmerman, B. J. (1989). A social cognitive view of self-regulated learning. *Journal of Educational Psychology*, 81, 329–339.

Zimmerman, B. J. (2000). Attaining self-regulation: a social cognitive perspective. In M. Boekaerts, P. R. Pintrich, & M. Zeidner (Eds.), *Handbook of self-regulation* (pp. 13–39). San Diego, CA: Academic Press.

Zimmerman, B. J. (2002). Becoming a self-regulated learner: An overview. *Theory Into Practice*, 41, 64–72.

Zimmerman, B. J., & Bandura, A. (1994). Impact of self-regulatory influences on writing course attainment. *American Educational Research Journal*, 31, 845–862.

Zimmerman, B. J., & Kitsantas, A. (2005). The hidden dimension of personal competence: Self-regulated learning and practice. In A. Elliot & C. S. Dweck (Eds.), *Handbook of competence and motivation* (pp. 509–526). New York: Guilford Press.

Zimmerman, B. J., & Martinez-Pons, M. (1986). Development of a structured interview for assessing student use of self-regulated learning strategies. *American Educational Research Journal, 23*, 614–628.

Zimmerman, B. J., & Martinez-Pons, M. (1990). Student differences in self-regulated learning: Relating grade, sex, and giftedness to self-efficacy and strategy use. *Journal of Educational Psychology, 82*, 51–59.

第15章

Bandura, A. (1989). *Multidimensional scales of perceived self-efficacy*. Unpublished test, Stanford University, Stanford, CA.

Boykin, A. W., Albury, A., Tyler, K. M., Hurley, E. A., Bailey, C. T., & Miller, O. A. (in press). The influence of culture on the perceptions of academic achievement among low-income African and Anglo American elementary students. *Cultural Diversity and Ethnic Minority Psychology*.

Boykin, A. W., & Bailey, C. T. (2000). *The role of cultural factors in school relevant cognitive functioning: Synthesis of findings on cultural contexts, cultural orientations, and individual differences* (Tech. Rep. No. 42). Washington, DC: Center for Research on the Education of Students Placed at Risk (CRESPAR) /Howard University.

Boykin, A. W., Tyler, K. M., & Miller, O. A. (2005). In search of cultural themes and their expressions in the dynamics of classroom life. *Urban Education, 40*, 521–549.

Brickman, S. J., Miller, R. B., & McInerney, D. M. (2005, November). *Values, interests and environmental preferences for the school context*. Paper presented at the annual meeting of the Australian Association for Research in Education, Sydney, NSW, Australia.

Brislin, R. W. (1980). Translation and content analysis of oral and written materials. In H. C. Triandis & J. W. Berry (Eds.), *Handbook of cross-cultural psychology. Methodology* (Vol. 2, pp. 389–444). Boston: Allyn and Bacon.

Buddhism and psychotherapy Web site. Retrieved April 4, 2006, from http://ccbs.ntu.edu.tw/FULLTEXT/JR-JHB/jhb94220.htm

Chiu, C-Y., Salili, F., & Hong, Y-Y. (2001). The role of multiple competencies and self-regulated learning in multicultural education. In C-Y. Chiu, F. Salili, & Y.-Y. Hong (Eds.), *Multiple competencies and self-regulated learning: Implications for multicultural education. Research in multicultural education and international perspectives* (Vol. 2, pp. 3–13). Greenwich, CT: Information Age.

Cole, M. (1999). Cultural psychology: Some general principles and a concrete example. In Y. Engeström & R. L. Punamaki (Eds.), *Perspective on activity theory*. Cambridge, U.K.: Cambridge University Press.

Corno, L. (1987). Teaching and self-regulated learning. In D. C. Berliner & B. V. Rosenshine (Eds.), *Talks to teachers* (pp. 249–266). New York: Random House.

Delgado-Gaitan, C. (1994). Socializing young children in Mexican-American families: An inter-generational perspective. In P. M. Greenfield & R. R. Cocking (Eds.), *Cross cultural roots of minority child development* (pp. 55–86). Hillsdale, NJ: Erlbaum.

Der-Karabetian, A., & Ruiz, Y. (1993). Affective bicultural and global-human identity scales for Mexican-American Adolescents. ERIC Document Reproduction Service No. ED 376394.

De Silva, P. (2000). Buddhism and psychotherapy: The role of self-control strategies. *His Lai Journal of Humanistic Buddhism, 1*, 169–182. Retrieved April 4, 2006, from http://ccbs.ntu.edu.tw/FULLTEXT/JR-JHB/jhb94220.htm

Deyhle, D., & LeCompte, M. (1994). Cultural differences in child development: Navajo adolescents in middle schools. *Theory Into Practice, 33*, 156–167.

Eaton, M. J., & Dembo, M. H. (1996, April). *Difference in the motivational beliefs of Asian American and non-Asian students*. Paper presented at the annual meeting of the American Educational Research Association, New York.

Eaton, M. J., & Dembo, M. H. (1997). Differences in the motivational beliefs of Asian American and non-

Asian students. *Journal of Educational Psychology*, 89, 433−440.

Ferrari, M., & Mahalingam, R. (1998). Personal cognitive development and its implications for teaching and learning. *Educational Psychologist*, 33, 35−44.

Fiske, A. P., Kitayama, S., Marjus, H. R., & Nisbett, R. E. (1998). The cultural matrix of social psychology. In D. T. Gilbert, S. T. Fiske, & G. Lindzey (Eds.), *The handbook of social psychology* (4th ed., Vol. 2, pp. 915−981). New York: McGraw-Hill.

Gorrell, J., Hwang, Y. S., & Chung, K. S. (1996, April). *A comparison of self-regulated problem-solving awareness of American and Korean children.* Paper presented at the annual meeting of the American Educational Research Association, New York.

Gutierrez, K. D., & Rogoff, B. (2003). Cultural ways of learning: Individual traits or repertoires of practices. *Educational Researcher*, 32, 19−25.

Headland, T. N., Pike, K. L., & Harris, M. (1990). Emics and etics: The insider/outsider debate. Retrieved 4/4/2006 from http://www.sil.org/~headlandt/ee-intro.htm

Heckhausen, H. (1991). *Motivation and action*. Berlin: Springer-Verlag.

Hill, R. B. (1996). *History of work ethic*. Retrieved April 4, 2006, from http://www.coe.uga.edu/~rhill/workethic/index.html

Ho, D. Y.-F., Peng, S.-Q., & Chan, F. S.-F. (2001a). Authority and learning in Confucian-heritage education: A relational methodological analysis. In C.-Y. Chiu, F. Salili, & Y.-Y. Hong (Eds.), *Multiple competencies and self-regulated learning: Implications for multicultural education. Research in multicultural education and international perspectives* (Vol. 2, pp. 29−47). Greenwich, CT: Information Age.

Ho, D. Y.-F., Peng, S.-Q., & Chan, F. S.-F. (2001b). An investigative research in teaching and learning in Chinese society. In C.-Y. Chiu, F. Salili, & Y.-Y. Hong (Eds.), *Multiple competencies and self-regulated learning: Implications for multicultural education. Research in multicultural education and international perspectives* (Vol. 2, pp. 215−244). Greenwich, CT: Information Age.

Hollins, E. R. (1996). *Culture in school learning: Revealing the deep meaning*. Mahwah, NJ: Erlbaum.

Kitayama, S., Markus, H. R., Matsumoto, H., & Norasakkunkit, V. (1997). Individual and collective processes in the construction of the self: Self-enhancement in the United States and self-criticism in Japan. *Journal of Personality and Social Psychology*, 69, 925−937.

Klassen, R. M. (2004). A cross-cultural investigation of the efficacy beliefs of South Asian immigrant and Anglo Canadian non-immigrant early adolescents. *Journal of Educational Psychology*, 96, 731−742.

Kronqvist, E.-L. (1996). The development of the identity in the cultural context. ERIC Document Reproduction Service No. ED 403049.

Kurman, J. (2001). Self-regulation strategies in achievement settings. Culture and gender differences. *Journal of Cross-Cultural Psychology*, 32, 491−503.

Ladson-Billings, G. (2001). *Cross-over to Canaan: The journey of the new teachers in diverse classrooms*. San Francisco: Jossey-Bass.

Liem, A. D. (2006). *The influences of sociocultural and educational contexts on approaches to learning*. Unpublished doctoral dissertation, National University of Singapore.

Liu, N. F., & Littlewood, W. (1997). Why do students appear reluctant to participate in classroom learning discourse? *System*, 25, 371−384.

McInerney, D. M., & Van Etten, S. (2004a). Big theories revisited: The challenge. In D. M. McInerney & S. Van Etten (Eds.), *Research on sociocultural influences on motivation and learning. Big theories revisited* (Vol. 4, pp. 1−11). Greenwich, CT: Information Age.

McInerney, D. M., & Van Etten, S. (2004b). *Research on sociocultural influences on motivation and learning. Vol. 4: Big theories revisited*. Greenwich, CT: Information Age.

Min, P. G. (1995). An overview of Asian Americans. In P. G. Min (Ed.), *Asian Americans: Contemporary trends and issues* (pp. 10−37). Thousand Oaks, CA: Sage.

Olaussen, B. S., & Bråten, I. (1999). Students' use of strategies for self-regulated learning: Cross-cultural perspectives. *Scandinavian Journal of Educational Research*, 43, 409−432.

Pak, J. H. (2001, August). *Acculturation and identity of Korean women*. Paper presented at the 109th APA

Convention, San Francisco, August. ERIC Document Reproduction Service No. ED 471438.

Park, C. C. (2000). Learning style preferences of Southeast Asian students. *Urban Education*, 35, 245–268.

Parsons, E. C. (2003). Culturalizing instruction: Creating a more inclusive context for learning for African American Students. *High School Journal*, 86 (4), 23–30.

Phinney, J. (1990). Ethnic identity in adolescents and adults: A review of research. *Psychological Bulletin*, 108, 499–514.

Phinney, J. (1991). Ethnic identity and self-esteem: A review and integration. *Hispanic Journal of Behavioral Sciences*, 13, 193–208.

Purdie, N., & Hattie, J. (1996). Cultural differences in the use of strategies for self-regulated learning. *American Educational Research Journal*, 33, 845–871.

Purdie, N., Hattie, J., & Douglas, G. (1996). Student conceptions of learning and their use of self-regulated learning strategies: A cross-cultural comparison. *Journal of Educational Psychology*, 88, 87–100.

Rose, M. (1985). *Reworking the work ethic: Economic values and socio-cultural politics*. London: Schocken.

Rubie, C. M., Townsend, M. A. R., & Moore, D. W. (2004). Motivational and academic effects of cultural experiences for indigenous minority students in New Zealand. *Educational Psychology*, 24, 143–160.

Salili, F., Fu, H.-Y., Tong, Y.-Y., & Tabatabai, D. (2001). A cross-cultural comparison of the effect of culture and context of learning on student motivation and self-regulation. In C.-Y. Chiu, F. Salili, & Y.-Y. Hong (Eds.), *Multiple competencies and self-regulated learning: Implications for multicultural education research in multicultural education and international perspectives* (Vol. 2, pp. 123–140). Greenwich, CT: Information Age.

Schunk, D. (2001). Social cognitive theory and self-regulated learning. In B. J. Zimmerman & D. Schunk (Eds.), *Self-regulated learning and academic achievement. Theoretical perspectives* (pp. 125–151). Mahwah, NJ: Erlbaum.

Schwartz, S. H. (1992). Universals in the content and structure of values: Theoretical advances and empirical tests in 20 countries. In M. Zaqnna (Ed.), *Advances in experimental social psychology* (Vol. 25, pp. 1–65). New York: Academic Press.

Siu, S.-F. (1996). *Asian American students at risk. A literature review*. Report No. 8, Baltimore, MD: Johns Hopkins University, Center for Research on the Education of Students.

Stevenson, H. W., & Lee, S. Y. (1996). The academic achievement of Chinese students. In M. H. Bond (Ed.), *The handbook of Chinese psychology* (pp. 124–142). Hong Kong: Oxford University Press.

Triandis, H. (2002). Subjective culture. In W. J. Lonner, D. L. Dinnel, S. -A. Hayes, & D. N. Sattler (Eds.), *Online readings in psychology and culture* (unit 15, chap. 1). Bellingham, WA: Center for Cross-Cultural Research, Western Washington University. Retrieved 4/4/2006 from http://www:wwu.edu/~culture

Trueba, H. T. (1993). From failure to success: The roles of culture and cultural conflict in the academic achievement of Chicano students. ERIC Document Reproduction Service No. ED 387285.

Trueba, H. T., Cheng, L. R. L., & Ima, K. (1993). *Myth or reality: Adaptive strategies of Asian Americans in California*. Washington, DC: Falmer Press.

Tyler, K., Anderman, M., & Haines, R. T. (2006). Identifying the connection between culturally relevant pedagogy, motivation and academic performance among ethnic minority youth. In D. M. McInerney, M. Dowson, & S. Van Etten (Eds.), *Research on sociocultural influences on motivation and learning: Effective schools* (Vol. 6). Greenwich CT: Information Age.

Urdan, T., & Giancarlo, C. (2000). Differences between students in the consequences of goals and goal structures: The role of culture and family obligation. ED ERIC Document Reproduction Service No. 454 331.

Weber, M. (1904, 1905). *Die protestantische ethik und der geist des kapitalismus. Archiv fur sozialwissenschaft, 20–21*. Translated by T. Parsons. *The protestant ethic and the spirit of capitalism*. New York: Charles Scribner's Sons.

Weiner, B. (2004). Attribution theory revisited: Transforming cultural plurality into theoretical unity. In D. M. McInerney & S. Van Etten (Eds.), *Research on sociocultural influences on motivation and learning* (Vol. 4, pp. 12–30). Greenwich, CT: Information Age.

Westby, C. (1993). Developing cultural competence: Working with culturally/linguistically diverse families. In teams in early intervention introductory module. Albuquerque, NM: Training and Technical Assistance Unity, University of New Mexico School of Medicine.

Yamauchi, L. A., & Greene, W. L. (1997, March). *Culture, gender, and the development of perceived academic self-efficacy among Hawaiian adolescents*. Paper presented at the annual meeting of the American Educational Research Association, Chicago.

Zimmerman, B. J. (2000). Attaining self-regulation: A social cognitive perspective. In M. Boekaerts, P. R. Pintrich, & M. Zeidner (Eds.), *Handbook of self-regulation* (pp. 13-39). San Diego, CA: Academic Press.

Zimmerman, B. J. (2001). Theories of self-regulated learning and academic achievement: An overview and analysis. In B. J. Zimmerman & D. H. Schunk (Eds.), *Self-regulated learning and academic achievement. Theoretical perspectives* (pp. 1-37). Mahwah, NJ: Erlbaum.

Zimmerman, B. J. (2004). Sociocultural influence and students' development of academic self-regulation: A social-cognitive perspective. In D. M. McInerney & S. Van Etten (Eds.), *Research on sociocultural influences on motivation and learning. Big theories revisited* (Vol. 4, pp. 139-164). Greenwich, CT: Information Age.

Zimmerman, B. J., Bandura, A., & Martinez-Pons, M. (1992). Self-motivation for academic attainment: The role of self-efficacy beliefs and personal goal setting. *American Educational Research Journal*, 29, 663-676.

Zimmerman, B. J., & Martinez-Pons, M. (1986). Development of a structured interview for assessing student use of self-regulated learning strategies. *American Educational Research Journal*, 23, 614-628.

Zimmerman, B. J., & Martinez-Pons, M. (1988). Construct validation of a strategy model of student self-regulated learning. *Journal of Educational Psychology*, 80, 284-290.

Zimmerman, B. J., & Risemberg, R. (1997). Self-regulatory dimensions of academic learning and motivation. In G. Phye (Ed.), *Handbook of academic learning: Construction of knowledge* (pp. 106-125). New York: Academic Press.

人名索引

■A

アカーマン（Ackerman, B. P.）　75
アカーマン（Ackerman, P. L.）　229
エインリー（Ainley, M.）　61, 76, 78
アンダーマン（Anderman, M.）　304
アトキンソン（Atkinson, J. W.）　125

■B

バンデューラ（Bandura, A.）　65, 89, 90, 104, 105
バーボッサ（Barbosa, P.）　159
バーグ（Bargh, J. A.）　228
バーンドフ（Berndorff, D.）　76
ビドル（Biddle, S.）　29
ビネー（Binet, E. A.）　27
バーチ（Birch, D.）　125
ブラックウェル（Blackwell, L. S.）　33
ブルメンフェルド（Blumenfeld, P. C.）　102, 286
ボーカーツ（Boekaerts, M.）　68, 86
ブラニガン（Branigan, C.）　62
ブラーテン（Bråten, I）　315
ブロフィー（Brophy, J. E.）　142, 151
バートン（Burton, D.）　228
バットコウスキー（Butkowsky, I. S.）　212
バトラー（Butler, R.）　269, 272
バーンズ（Byrnes, J. P.）　285

■C

カーバー（Carver, C. S.）　228
チャン（Chan, J.）　78
チェン（Cheng, L. R. L.）　325
チュー（Chiu, C-Y.）　322
チャン（Chung, K. S.）　317
コリンズ（Collins, J.）　213
クーリー（Cooley, C. H.）　108

コーノ（Corno, L.）　161, 173
コックス（Cox, P. D.）　213, 236
クレッテン（Creten, H.）　126
カリー（Cury, F.）　35

■D

デシ（Deci, E. L.）　134, 183
デフロート（De Groot, E. V.）　99, 146
デンボー（Dembo, M. H.）　319
デウィット（Dewitte, S.）　121, 124
ディロン（Dillon, D. G.）　259
ダックワース（Duckworth, A. L.）　164
デュリック（Durik, A. M.）　146
ドゥエック（Dweck, C. S.）　25

■E

イートン（Eaton, M. J.）　319
エクルス（Eccles, J. S.）　103, 139
エリオット（Elliot, A. J.）　45
エリクソン（Erikson, E. H.）　293
アートマー（Ertmer, P. A.）　143

■F

フェラーリ（Ferrari, M.）　304
フィッツサイモン（Fitzsimons, G. M.）　228
フォークマン（Folkman, S.）　285
フレデリックソン（Fredrickson, B. L.）　62, 79
フライヤー（Fryer, J. W.）　45

■G

ジャンカルロ（Giancarlo, C.）　317
ゴルビツァー（Gollwitzer, P. M.）　123
ゴレル（Gorrell, J.）　317
グリーン（Greene, B. A.）　289

377

グリーン（Greene, W. L.） 321
ガン（Gunn, T. P.） 213
ガスリー（Guthrie, J. T.） 157

■H
ハケット（Hackett, G.） 295
ハドウィン（Hadwin, A.） 245
ヘインズ（Haines, R. T.） 304
ハラクウィッツ（Harackiewicz, J. M.） 68
ハーディ（Hardy, L.） 229
ハティー（Hattie, J.） 315
ハイダー（Heider, F.） 203
ヒディ（Hidi, S.） 61, 70, 76, 77
ヒル（Hill, R. B.） 307
ホア（Hoa, L. W.） 139
ホン（Hong, Y. Y.） 29
ホワン（Hwang, Y. S.） 317

■I
アイマ（Ima, K.） 325
アイザック（Isaac, J. D.） 83
イザード（Izard, C. E.） 62, 75

■J
ジャン（Jang, H.） 183
ジョーンズ（Jones, M. G.） 286

■K
カンファー（Kanfer, R.） 229
カローリ（Karoly, P.） 284
キングストン（Kingston, M. G.） 229
キサンタス（Kitsantas, A.） 197
クレーセン（Klassen, R. M.） 321
クラウダ（Klauda, S. L.） 139
クール（Kuhl, J.） 180
カーマン（Kurman, J.） 318

■L
ラバー（LaBar, K. S.） 259
ラカント（Lacante, M.） 126
レイサム（Latham, G. P.） 229

レイ（Lay, C. H.） 121
ラザルス（Lazarus, R. S.） 285
レンズ（Lens, W.） 117, 121, 124, 126
レビン（Lewin, K.） 221
リップスティン（Lipstein, R.） 84
ロック（Locke, E. A.） 229
ローマン（Lohman, D. F.） 163
ルッツ（Lutz, S. L.） 156

■M
マハリンガム（Mahalingam, R.） 304
マルティネス-ポンズ（Martinez-Pons, M.）
　101, 112, 286
マスター（Master, A.） 25
マッキャン（McCann, E. J.） 178
マキナニー（McInerney, D. M.） 303
ミース（Meece, J. L.） 283, 286
ミン（Min, P. G.） 308
モンテッソーリ（Montessori, M.） 108

■N
ネルソン・ル・ガル（Nelson-Le Gall, S.）
　264
ニューマン（Neuman, O.） 269
ニューマン（Newman, R. S.） 263, 269
ノッディングス（Noddings, N.） 102
ノーレン（Nolen, S. B.） 76, 82

■O
エッティンゲン（Oettingen, G.） 180
オラウセン（Olaussen, B. S.） 315
オムンゼン（Ommundsen, Y.） 33

■P
ペインター（Painter, J.） 283
パハレス（Pajares, F.） 89, 101, 113, 287,
　295
ハンクサップ（Panksepp, J.） 71
パリス（Paris, S. G.） 285
パトリック（Patrick, H.） 273, 286
パース（Peirce, C. S.） 89

378

ピントリッチ（Pintrich, P. R.） 66, 99, 146
ポーケイ（Pokay, P.） 102, 286
パーディー（Purdie, N.） 315, 316

■R

リーブ（Reeve, J.） 183
レリッシュ（Relich, J. D.） 212
レニンジャー（Renninger, K. A.） 70, 74, 84
ラインバーグ（Rheinberg, F.） 144
ロードワルト（Rhodewalt, F.） 35
ライス（Rice, J. M.） 211
ロレット（Rollet, W.） 144
ローゼンサール（Rosenthal, H.） 148
ライアン（Ryan, A. M.） 272, 273
ライアン（Ryan, R. M.） 134, 183

■S

サリリ（Salili, F.） 316
サンソネ（Sansone, C.） 68, 69, 80
シャイアー（Scheier, M. F.） 145, 228
シーフェリー（Schiefele, U.） 149
シャンク（Schunk, D. H.） 1, 143, 201, 211, 229, 236
シュッツ（Schutz, A.） 94
シュエーガー（Schwager, M. T.） 269
セリグマン（Seligman, M. E. P.） 164
シン（Shim, S. O.） 273
シルヴァスタイン（Silverstein, S.） 106
シモンズ（Simons, J.） 131
スミス（Smith, J. L.） 83
スノー（Snow, R. E.） 163
ソエネンス（Soenens, B.） 131
ソンドハイム（Sondheim, S.） 96
スワーツ（Swartz, C. W.） 229

■T

ソーマン（Thoman, D. B.） 69

トムキンズ（Tomkins, S. S.） 75
トレバ（Trueba, H. T.） 325
ターナー（Turner, J. E.） 179
タイラー（Tyler, K.） 304

■U

アーダン（Urdan, T.） 317

■V

バリアンテ（Valiante, G.） 101, 103, 287, 295
バレカー（Vallacher, R. R.） 121
ファンステンキスト（Vansteenkiste, M.） 117
ヴェルガッツ（Verguts, T.） 124
ヴォルマイヤー（Vollmeyer, T.） 144

■W

ウェーバー（Weber, M.） 307
ウェグナー（Wegner, D. M.） 121
ワイナー（Weiner, B.） 204
ウェンツェル（Wentzel, K. R.） 155
ウィグフィールド（Wigfield, A.） 139
ウィン（Winne, P. H.） 245
ウォルターズ（Wolters, C. A.） 144, 148, 256

■Y

ヤマグチ（Yamaguchi, L. A.） 321

■Z

ゼルディン（Zeldin, A. L.） 113
ジマーマン（Zimmerman, B. J.） 1, 65, 101, 197, 221, 286
ズショー（Zusho, A.） 66

379

事項索引

■あ
足場づくり　142, 155
アナグラム　212, 293
暗黙の了解　325

■い
イーミック　313, 323
移行目標　214
意思　14, 164, 257
意識　227
意思決定の過程　156
維持された状態としての興味　64
イプサティブ安定性　54
異文化　325
異文化比較　314

■う
ヴィゴツキー的観点　197
内側　186

■え
SMART　250
エティック　313, 323
MESS　235
援助の必要性　267
援助要請　263
援助要請の回避　48
援助要請の非適応的な回避　271

■お
横断的調査　291
親孝行　312

■か
解釈　94
階層モデル　46

外的調整　16, 134, 187
概念志向的読解指導　152
概念的知識目標　153
外発的動機づけ　16, 71
外発的な調整　257
外発的目標　130
外発的目標志向性　147
回避傾向　48
下位目標　129
学習志向性　153
学習習慣　161, 165
学習スキル　256
学習性無力感　292
学習対結果　229
学習チャート　170
学習のための学習　193
学習の遅延行動　118
学習文脈　151
学習方略に関する質問紙（LASSI）　315
学習目標志向性　147
獲得価値　141, 149
過剰学習　227
課題価値　12, 147
課題志向　118, 123
課題分析　232
課題方略　235
価値　146, 234
学校風土　47
喚起された状態としての興味　64
環境統制　148
間主観性　277
感情　266
感情の自己調整　259
関心の動機づけ変数　320

事項索引

■き
起源　226
基準　249, 251
帰属　202
帰属フィードバック　209
帰属理論　203
期待　13
期待－価値モデル　139
期待－価値理論　120, 133
客体　118
鏡映的自己　108
教室場面構成　169
競争志向のテスト制度　58
協同の支援　153
共変動　203
興味　9, 61, 70, 149
興味喚起方略　194
興味の高揚　148
興味の発達の4つの段階　72
近時性　223

■く
具体性　223
クラスの雰囲気　186
群化　260

■け
計画　143
結果　249, 251
結果期待　10, 93, 207, 234
結果目標　214
原因帰属　17
言語的報酬　186
検索　250

■こ
行為同定　121
行為同定理論　120
効果的目標　222
構成概念　140, 305, 323
行動制御論　285
行動の素朴な分析　203
行動のダイナミクス　120, 125
幸福感　49
交流ストレス理論　285
「固定的」知能観　26
コーピング・モデル　95
個人特性的興味　9, 149
個人特性としての興味　63, 72
コスト　13, 141
コツ　173
個別的興味　149
コントロール的　184
コンピテンス　100

■し
COPES　249, 253, 261
ジェンダー　20, 101, 283, 284
ジェンダー志向性　103
ジェンダー・ステレオタイプ　294
自覚された自己効力感　206
自覚した価値　207
時間管理　118
時間的展望　12
時間的展望理論　120
自己　118
自己アイデンティティ　308
自己概念　92
自己観察　232
自己決定理論　56, 185
自己効力（感）　10, 92, 64, 234, 319
自己効力感の源　293
自己効力信念　91, 110, 290
自己信念　114
自己制御　67, 232
自己調整　62, 97, 151, 202
自己調整学習　6, 175, 202, 309
自己調整学習の主要要素　310
自己調整学習の性差　287
自己調整学習のパラダイム　311
自己調整学習の4段階モデル　248
自己調整学習方略　317

381

自己調整行動の文脈　318
自己調整信念　102
自己調整スキル　98
自己調整的　145
自己調整のレパートリー　97
自己調整練習　213
自己動機づけ信念　66, 232
自己内省　67, 91, 98
自己内省過程　232
自己判断　232
自己反応　18, 232
自己評価　100, 143, 237
自己報告式の質問紙　147
自己報告式の尺度　159
自己報酬　148
自己満足　19
自己モニタリング　99
自信　100
持続性　120
実行意図　123
実地活動　153
失敗恐怖　48
失敗制御トレーニング　259
指導実践　152
自動的　166
自動的な自己調整　114
自発性　173
自分に関する信念　266
社会的説得　105
社会的動機づけ　19
社会的認知理論　90, 111, 205, 288
社会的比較　147
社会－認知的アプローチ　45
重回帰分析　165
集合　250
従属変数　165
縦断的調査　291
集中　118
習得目標　28
習得目標志向　288, 289
十分に発達した個人特性としての興味　64, 74
重要性　13
授業への参加　173
熟達回避目標　47
熟達経験　94, 105
熟達志向性　133
熟達志向的　153
熟達接近目標　47
熟達的自己対話　148
熟達モデル　95
主体　118
手段の動機づけ　127
受動的学習（者）　233, 239, 306
循環的性質　51
循環的フィードバック・ループ　241
状況　249
状況の興味　9, 149
状況に埋め込まれた適正理論　167
状態としての興味　63, 72
焦点　228
情動反応　222
情報処理　257
職業決定　112
所在　205
女性性志向　111
女性的イメージ　299
女性的表現性　112
「所有しようとする」志向性　130
自律性　189
自律性支援　153
自律性支援的指導行動　191
自律性のサポート　190
自律的自己調整　185
自律的調整　133, 184
真正の熟達　106
信念　10
信頼性変化指標　54
心理的欲求に関する基本理論　185, 188

■す

遂行　98, 143

遂行回避目標　47, 288
遂行志向的　118, 153
遂行－接近志向性　133
遂行接近目標　47, 288
遂行対結果　228
遂行段階　309
遂行段階過程　232
遂行的自己対話　148
遂行の模倣　64
遂行目標　34
遂行目標志向　288, 289

■せ

制御的指導行動　191
性差　289
生産的な動機づけ　182
性同一性　20
性役割期待　295
生理学的指標　105
接近傾向　48
セルフ・ハンディキャップ　35
宣言的知識　81
選択　118

■そ

総合指標　165
相互決定論　90
操作　249, 250
創造的思考　122
「増大的」知能観　26
創発した個人特性としての興味　64, 74
即時的な目標　128
「外に向かう」志向性　130
存在　92

■た

耐性　48
体制化　173
代理経験　105
対話的協力関係　180
達成価値　13, 139

達成価値のコスト　146
達成価値の測度　159
達成行動の調整　158
達成動機づけ　46
達成目標研究　57
達成目標志向　288
達成目標の安定性　51
達成目標の変化　53
達成目標理論　120, 130
達成欲求　47
多面的目標　50
多面的目標アプローチ　50
男性的イメージ　299
男性的道具性　112

■ち

知能観　28
注意集中　235
長期の記憶保持　48
調和　225

■て

適応学習のパターン研究　316
適応的援助要請　48, 264
適応的推論　19, 238
適性　176
テスト不安　118
手続的知識　81

■と

同一化的調整　134, 187, 194
動機づけ　3, 143
動機づけ資源　119
動機づけ信念　111
動機づけ変数　70
動機づけ理論　137
統合（化）　16, 186
統合的調整　187, 194
統制的調整　133
独立変数　165
取り入れ的調整　134, 187

努力　118, 222
努力管理方略　147

■な

内省　143
内省段階　309
内発的　130
内発的価値　13, 141
内発的動機づけ　15, 71
内発的動機づけのサポート　192
内発的動機づけの低下　49
内発的な調整　257
内発的目標　130
内面化　186, 194
内容　70

■に

忍耐　118
認知的自己調整　259
認知的評価理論　185, 186
認知的方略　98

■ね

ネガティブな感情　79
粘り強さ　222

■の

脳科学　38, 40
能動的学習（者）　233, 239, 306
脳のドーパミン　80
能力　92, 110
能力フィードバック　209

■は

How理論　184
恥の概念　308
発達の初期経験　58
幅広い関心　46

■ひ

比較能力志向性　147

非適応的依存的な援助要請　271
非適応的援助要請　265, 270
評価　249, 251
評価不安　48
表面的な情報処理　48

■ふ

深い情報処理　48
プロセス　42
プロテスタントの倫理　307
プロトタイプ　134
文化　21
文化アイデンティティ　308

■へ

勉強法　172

■ほ

防衛的推論　19, 238
防御的反応　238
方略使用　241
方略プランニング　233
ポジティブな感情　79
Why理論　184
What理論　184

■ま

マグネット・スクール　164
マクロな動機づけ　125
満足の遅延（delay of gratification）課題　164

■み

ミクロな動機づけ　121
民族同一性　21

■む

難しさ　225

■め

メタ感情的過程　117

メタ動機づけ的過程　117
メタ認知的過程　117
メタ認知的方略　98

■も

目標　46, 266
目標意図　123
目標志向　6
目標設定　18, 233
目標の押しつけ　186
目標複合体　46
モデリングによる観察　64
モニタリング　250
模倣レベル　85
問答方略　169

■ゆ

有益性　141
有機的統合理論　185, 186
ユーティリティ信念　13

有用性価値　141

■よ

良い学習習慣　175
余暇活動　126
予見　98, 143
予見過程　232
予見段階　309

■り

力動的システム　167
リハーサル　250

■れ

レイブン式知能検査　36
連想ネットワーク　162

■わ

ワイナーの理論　204
割増　204

訳者あとがき

　Dale H. SchunkとBarry J. Zimmerman の編著による『*Motivation and Self-Regulated Learning: Theory, Research, and Applications*』（Lawrence Erlbaum Associates, 2008年）の全訳をお届けする。原著出版から短期間で翻訳出版にこぎつけることができたのは，発刊の企画がジマーマンからあらかじめ知らされていたことによる。

　自己調整学習についてのジマーマンのこれまでの編著は5冊のシリーズからなる。最初が，『*Self-Regulated Learning and Academic Achievement: Theory, Research, and Practice*』（Springer-Verlag, 1989年）で，学習の自己調整の様々な理論的見方が扱われている。2作目は，『*Self-Regulation of Learning and Performance: Issues and Educational Applications*』（Erlbaum, 1994年）で，自己調整を研究するための概念的枠組みと主な領域——動機づけの自己調整，方法，遂行結果，利用できる環境——を対象にしたものである。この本は日本の自己調整学習の研究者たちに大きな刺激を与え，有益な方向を示してくれた。3作目は，『*Self-Regulated Learning: From Teaching to Self-Reflective Practice*』（Guilford, 1998年，邦訳『自己調整学習の実践』北大路書房，2007年）であり，教室や他の学習場面で自己調整原則を適用するやりかたを詳述したものであり，自己調整学習の実践の具体的な理解に役立っている。4作目が『*Self-Regulated Learning and Academic Achievement: Theoretical Perspectives*』（Erlbaum, 2001年，邦訳『自己調整学習の理論』北大路書房，2006年）で，1作目の改訂版であった。自己調整学習理論が従来の広汎な心理学諸理論の成果の集大成的な意味を持ち，またその理論は学習の広汎な分野に適用でき高い水準にあることを包括的に理解させてくれた。

　そして5作目が本書である。自己調整学習の動機づけの最新理論をそれぞれの分野の著名な研究者たちが解説し論評した内容である。4作目は1作目の改訂版であるので，本シリーズ4冊中3冊は北大路書房からの既刊であり，自己調整学習についてのジマーマン編著のシリーズはおおむね邦訳でご覧いただけ

ることになった。

　さて，自己調整研究の動向であるが，教育分野における初期のほとんどの研究は，モニタリング，組織化，リハーサル，時間管理，それに学習しやすい活動環境づくりのような，認知方略と行動に中心が置かれていた。しかし最近では，目標，帰属，自己効力感，結果期待，自己概念，自己尊重，社会的比較，情緒，価値，それに自己評価のような動機づけ過程の役割にしだいに中心が移ってきている。

　それを受けて，本書は，自己調整学習の動機づけ過程の役割を取り上げ，特にその最近の注目点を明らかにするねらいを持つ。動機づけ過程としては，目標，帰属，自己効力感，結果期待，自己概念，自己尊重，社会的比較，情動，価値，自己評価が取り上げられている。

　この主目的は，自己調整学習の動機づけの役割を実証する理論的で実証的なエビデンスを提供することであり，さらに，学習場面における動機づけと自己調整の原理の適用のしかたを検討することである。執筆には，動機づけの視点で自己調整研究を行ってきた著名な研究者たちがあたっている。自己決定理論のデシ，ライアン，時間的展望のベルギーのレンズの加わった豪華な布陣となっていて，それらの諸理論と自己調整学習との関係という大方の関心に応える構成となっている。各章には，動機づけ変数の記述，重要性の理論的説明，自己調整の役割を支持する研究のエビデンス，それに，自己調整スキルの発達を促し学力を高めるために動機づけ変数を学習の文脈へ組み込むやり方の提言がある。

　各章の内容を「序文」に沿って概略する。

　ジマーマンとシャンクによる第1章は，動機づけの過程の多様な形態の概観である。その過程は認知，情動，行動を生起させ調整する役割を担っている。そこでの基本的問題を取り上げ，自己調整における動機づけ研究の枠組みを提示している。

　以下の章では，自己調整における動機づけ研究の様々な領域を示す。ドゥエックとマスターは第2章で，知能の諸理論の役割と，その諸理論が，とりわけ自己調整学習の目標志向と動機づけにどのように影響するかを検討している。

　フライヤーとエリオットは第3章で，熟達遂行目標と接近回避目標との違いと，異なる目標の結合（例えば，熟達遂行目標と接近回避目標）が，自己調整学習の動機づけにおいてはどれだけ効果が異なるかを検討している。

訳者あとがき

　ヒディとエインリーによる第4章は，興味のタイプとそれとの自己調整の関連を調べたものである。パハレスの第5章は，社会的認知理論の枠組みを使って，自覚された自己効力感，あるいは，学習や課題を遂行する能力，自己効力感がどのように自己調整を動機づけるかについて検討した。レンズとファンステンキストの第6章は，自己調整学習の動機づけ要因として時間的展望を検討している。

　第7章では，ウィグフィールド，ホア，クラウダらが，期待価値理論の枠組みの検討のうえで，自己調整学習における価値に対する動機づけの影響を論じている。コーノの第8章は，動機づけと意思的調整方略との相互効果を討論している。リーブ，ライアン，デシ，ジャンの第9章は，自己決定理論の視点から自己調整における内発的動機づけを扱っている。シャンクの第10章は，自己効力感に及ぼす帰属の動機づけの影響と自己調整学習の他の達成結果を検討している。ジマーマンの第11章は，強い動機づけ効果を持つ基本的過程である目標設定を検討したものである。

　ウィンとハドウィンによる第12章では，学習を自己調整する努力の結果としての動機づけの問題を検討した。ニューマンの第13章は，自己調整に影響する基本的動機づけの変数としての援助要請の意欲を検討した。ミースとペインターは第14章で，生徒の自己調整の萌芽と動機づけの源としての性差を議論した。マキナニーの第15章は，自己調整学習の動機づけにおける文化差のあるグループの類似性と差異性について述べている。

　全体として，動機づけへの関心と自己調整学習研究がこれまで以上に広がりみせていることを示し，さらに今後の研究方向を展望するものとなっている。

　筆者は2007年秋にジマーマンから本書の出版企画を聞き，刊行されしだい翻訳にかかろうと考え，訳者には自己調整学習関係の研究実績のある専門家の方々を当てることを構想していた。要請した訳者の方々はいずれも快諾のうえで仕事にかかっていただき，正確な訳をつけることはもちろん，それぞれの研究の持ち味を出すことにも努力され，訳文，訳語や脚注にその成果がかいま見られる出来ばえとなっている。

　とりわけ，第14章，第15章を担当された秋場大輔准教授（ニューヨーク市立大学）が，長いアメリカでの研究歴を通して得られた識見である訳者注には学ぶところが多い。その中から重要な指摘の2, 3例を紹介しておこう。

　秋場は，マキナニーの言う「アジアのテスト偏重」と「西洋のバランスのと

れた教育重視」は，アメリカにおける典型的な誤解であるという。というのは歴史的に見ても，知能テストや統一テスト，統一大学入学試験などは20世紀初めからフランスやアメリカを中心に開発され，実施されたもので，日本をはじめとするアジア諸国は第二次世界大戦後になってようやく後を追う形となったという事情があるからである。

　また，アジアの児童・生徒は，受け身で批判的思考や独創性に欠けると言われる。そこで秋場は，アメリカの児童・生徒が一見批判的思考に優れて見えるのは，個人主張が重視される学校制度のもとで，基礎学力不足で教材を理解できず，批判の形で自己主張をするせいだという研究を紹介し，日本国民や日系アメリカ人の総体的教育実績は第二次世界大戦以降常にアメリカの平均値を大きく上回っていて，他文化の状況に疎いアメリカの研究やその応用を鵜呑みにするのは危険な傾向であると指摘している。

　さらにもう1つは自己調整学習研究の現状への警告である。ジマーマンに限らず，西洋心理学はこれまで主に一人ひとりの自由や個性を重視してきた。しかし近年，心理学研究では，環境や文化の影響が軽視されていることに対する懸念が高まり，個人重視の研究に対する警戒感が顕著になってきている。例えば，鬱病の治療でも，西洋心理学では環境誘因を無視し，療養や薬物治療などによる改善に焦点を置く，いわば個人レベルで表面的な治療が多い。そこで最近では，環境にはたらきかける解決法も重視すべきだという意見が強くなっている。ジマーマンらがここで示す個人主義的な自己調整学習の要因も個人重視の価値観を反映するものとみられ，近年では異なる解釈を唱える声も増加の傾向にある。

　秋場のアメリカの心理学研究の現状を踏まえてのこの視点は，日本で自己調整学習研究を進めている研究者にとっても的を射たものであり，この批判的指摘に十分対応することから研究の新しい方向性の探索が期待できるように思われるのである。

　自己調整学習についてはこれまで多くの解説，論文が刊行されているが，自己調整学習に関連した用語，訳語が必ずしも一致していない。本書の訳文では，編者の独断で訳語を選択し統一した。生じた責はひとえに編者にある。

　本書の刊行に際して，北大路書房のスタッフにはお骨折りいただいた。特に担当の柏原隆宏さんには構想から出版まで一方ならぬお世話になった。折々の電話やメールでの交信中の何気ない一言が次の新しいステップへの後押しにな

ったことも再三に及ぶ。心から御礼申し上げる。

　筆者たちは，自己調整学習研究に関心を持つ研究者，教師などでささやかな研究会を立ち上げ活動を始めている。

2009年10月

塚野州一

ジマーマン教授のプロフィール

　バリー・J・ジマーマンはニューヨーク市立大学の大学院と大学センターの教育心理学の特別教授（Distinguished Professor）であり，学習，発達，教授法科長である。研究論文，分担執筆，学会発表論文など200編以上を執筆し，児童・青年の社会的認知と学習の自己調整過程についての8冊の本を執筆し編集した。またアメリカ心理学会第15部門（教育心理学）の委員長を務めた。さらに，永年の卓越した研究によりアメリカ心理学会第16部門のシニア科学者賞と学習と教育の優れた研究を讃えるアメリカ教育研究学会のシルビア・スクリブナー賞を受賞した。

　現在，「*Contemporary Educational Psychology*」「*Journal of Educational Psychology*」「*Developmental Review*」「*Metacognition and Learning*」「*Educational Psychology Review*」「*Empirical Research in Vocational Education and Training*」の編集委員であり，学力に不安のある児童・生徒への教育介入の研究によって，アメリカ教育省から多額の研究助成を受けている。

【訳者紹介】

塚野　州一（つかの・しゅういち）　編訳，第1章，第10章，第11章
1970年　東北大学大学院教育学研究科教育心理学専攻博士課程退学
現　在　聖徳大学非常勤講師，富山大学名誉教授　博士（心理学）
主　著　『過去，現在，未来における自己の価値づけの変容過程とその規定要因
　　　　の検討』　風間書房　1996年
　　　　『みるよむ生涯発達心理学』（編著）　北大路書房　2000年
　　　　『みるよむ生涯臨床心理学』（編著）　北大路書房　2004年
　　　　『新しい学習心理学』（共訳）　北大路書房　2005年
　　　　『自己調整学習の理論』（編訳）　北大路書房　2006年
　　　　『自己調整学習の実践』（編訳）　北大路書房　2007年
　　　　『自己調整学習の指導』（共訳）　北大路書房　2008年

中谷　素之（なかや・もとゆき）　第2章，第3章
1967年　静岡県に生まれる
1998年　名古屋大学大学院教育学研究科教育心理学専攻博士後期課程中退
現　在　名古屋大学大学院教育発達科学研究科教授　博士（心理学）
主　著　『社会的責任目標と学業達成過程』　風間書房　2006年
　　　　『教育心理学』（分担執筆）　朝倉書店　2006年
　　　　『学ぶ意欲を育てる人間関係づくり』（編著）　金子書房　2007年
　　　　学校教育における社会心理学的視点：動機づけ・対人関係・適応　教育
　　　　　心理学年報，第46集，81-91．2007年
　　　　『心理学フロンティア』（分担執筆）　新曜社　2008年
　　　　Correlations for Adolescent Resilience Scale with Big Five Personality Scale. *Psychological Reports*, 98, 927-930. 2006年

伊藤　崇達（いとう・たかみち）　第4章，第5章
1972年　大阪府に生まれる
1998年　名古屋大学大学院教育学研究科教育心理学専攻博士課程後期課程退学
現　在　九州大学大学院人間環境学研究院准教授　博士（心理学）
主　著　教授・学習に関する研究の動向　教育心理学年報，第44集，82-90.
　　　　2005年
　　　　An Examination of the Causal Model for the Relationships among Self-
　　　　Efficacy, Anxiety, Self-Regulated Learning Strategies, and Persistence in
　　　　Learning: Focused on Cognitive and Motivational Aspects of Self-Regulated Learning Strategies.
　　　　（共著）*Educational Technology Research*, 28, 23-31. 2005年
　　　　『子どもの発達と心理』（分担執筆）八千代出版　2007年
　　　　『学ぶ意欲を育てる人間関係づくり』（分担執筆）金子書房　2007年
　　　　『やる気を育む心理学』（編著）北樹出版　2007年
　　　　『自己調整学習の成立過程』北大路書房　2009年

岡田　涼（おかだ・りょう）　第6章，第7章
1981年　三重県に生まれる
2008年　名古屋大学大学院教育発達科学研究科心理発達科学専攻博士後期課程修了
現　在　香川大学教育学部准教授　博士（心理学）
主　著　『学ぶ意欲を育てる人間関係づくり』（分担執筆）　金子書房　2007年
　　　　『やる気を育む心理学』（分担執筆）北樹出版　2007年
　　　　Motivational analysis of academic help-seeking: Self-determination in adolescents' friendship. *Psychological Reports*, 100, 1000-1012. 2007年
　　　　親密な友人関係の形成・維持過程の動機づけモデルの構築　教育心理学研究，56，575-588. 2008年
　　　　『友だちとのかかわりを促すモチベーション―自律的動機づけからみた友人関係―』　北大路書房　2013年

犬塚　美輪（いぬづか・みわ）　第8章，第12章
1976年　神奈川県に生まれる
2004年　東京大学大学院教育学研究科博士課程単位満了退学
現　在　東京学芸大学教育学部准教授　博士（教育学）
主　著　文章理解の困難を主訴とする高校生への読解方略指導―読解プロセスの観点から―（共著）LD研究，15，330-338. 2006年
　　　　書きこみ方略実行が文章理解に与える影響および読み手の学年とテキスト構造が書きこみ方略実行に与える影響　読書科学，50，41-50. 2007年
　　　　『メタ記憶』（分担執筆）　北大路書房　2008年

瀬尾　美紀子（せお・みきこ）　第9章，第13章
1995年　広島大学大学院理学研究科数学専攻博士課程前期修了
2006年　東京大学大学院教育学研究科教育心理学コース博士課程単位取得退学
現　在　日本女子大学人間社会学部准教授　博士（教育学）
主　著　学習上の援助要請における教師の役割―指導スタイルとサポート的態度に着目した検討―　教育心理学研究，56，243-255. 2008年
　　　　『メタ認知』（分担執筆）　北大路書房　2008年
　　　　『現代の認知心理学5　発達と学習』（分担執筆）　北大路書房　2010年
　　　　『自己調整学習』（分担執筆）　北大路書房　2012年

秋場　大輔（あきば・だいすけ）　第14章，第15章
1967年　北海道に生まれる
2000年　ブラウン大学大学院博士課程修了（Ph. D., 発達心理学）　同大学人間発達学センターのポストドクターおよび客員助教授に就任
現　在　ニューヨーク市立大学大学院センター教育心理学部および同大学クィーンズ・カレッジ教育学部教授／学部長
主　著　Japanese Americans. In P. G. Min (Ed.). *Asian Americans: Contemporary Trends and Issues* [2nd ed] (pp. 123-144). Thousand Oaks, CA: Sage Publications. 2006年
　　　　Educating the very young while you drive: Reality check on "edutainment" for parents and educators. *Childhood Education*. 印刷中
　　　　Cambodian-Americans and education: Understanding the intersections between cultural tradition and U. S. schooling. *The Educational Forum*. 印刷中
　　　　Learning: The relationship between a seemingly mundane concept and classroom practices. *The Clearing House: A Journal of Educational Strategies, Issues, and Ideas*. 印刷中

自己調整学習と動機づけ

| 2009年11月30日 | 初版第1刷発行 |
| 2021年5月20日 | 初版第3刷発行 |

＊定価はカバーに表示してあります。

編著者　ディル・H・シャンク
　　　　バリー・J・ジマーマン

編訳者　塚　野　州　一

発行所　（株）北大路書房

〒603-8303 京都市北区紫野十二坊町12-8
　　　電　話　（075）431-0361（代）
　　　ＦＡＸ　（075）431-9393
　　　振　替　01050-4-2083

©2009　　　　印刷・製本／シナノ書籍印刷㈱
　検印省略　落丁・乱丁本はお取り替えいたします
　　　ISBN 978-4-7628-2697-9　Printed in Japan

JCOPY ＜(社)出版者著作権管理機構 委託出版物＞

本書の無断複写は著作権法上での例外を除き禁じられています．複写される場合は，そのつど事前に，(社)出版者著作権管理機構（電話 03-5244-5088, FAX 03-5244-5089, e-mail: info@jcopy.or.jp）の許諾を得てください．